W0048152

Henry G. Tietze

ABSCHIED VON DIR

Wie man aus Lebenskrisen neue Kraft schöpfen kann

BASTEI-LÜBBE-TASCHENBUCH
Band 61176

1. Auflage April   1990
2. Auflage August   1990

© 1988 Copyright by Ernst Kabel Verlag GmbH, Hamburg
Lizenzausgabe: Gustav Lübbe Verlag GmbH, Bergisch Gladbach
Printed in West Germany, August 1990
Einbandgestaltung: Manfred Peters
Titelbild: Image Bank (Tillmann)
Satz: Fotosatz Prechtl, Passau
Druck und Bindung: Ebner Ulm
ISBN 3-404-61176-4

Der Preis dieses Bandes versteht sich einschließlich
der gesetzlichen Mehrwertsteuer

Inhalt

Als Single denken und fühlen · Was führt Menschen zusammen ·
Die Blindheit in der Partnerwahl · Persönlichkeit und Partnerbeziehung · Partnerwahl und Entwicklungsstufe · Die falschen Signale
bei der Partnerwahl · Die von der Kindheit geprägten Partnerwünsche · die Frage nach der Lebenszeit einer Bindung

Einführung

Eine Ehe ist auf dem (Ehen-)Prüfstand. Mit einem »Wir müssen jetzt zusammenhalten«-Blick heftet sich das Augenpaar der treuen Gemahlin unerschütterlich an das Gesicht des Gatten. Ihr Eindruck ergreift uns: Ja, sie hat es getan — das Personal entlassen, ihre sündhaft teuren Pelze für ein Butterbrot versetzt und den Familienschmuck versilbert. Aber tapfer steht sie ihm zur Seite. Bereit, ihn zu trösten und ihm die Hand zu halten — auch beim Umzug ins bescheidene Appartement. Wir wissen: Sie wird kämpfen wie eine Löwin, auch wenn alles um sie zerbricht; ihre Liebe soll aus der Konkursmasse draußenbleiben.

Die Moral: Edel sei der Mensch und hilfreich — dann wird's mit aller Partnerschaft gut. Das geprüfte Paar hat bestanden. Mit Note »1« auf der nach oben offenen Richterskala.

Aber bleibt diese »Marmor, Stein und Eisen bricht«-Philosophie in der Realität nicht oft genug ein blauäugig frommer Wunsch, nicht mehr als ein romantisch verklärter Anspruch? Zerbricht die Liebe nicht genausooft an einem Prüfstein, wie sie durch ihn inniger werden kann?

»Feuer ist der Prüfstein für Gold, harte Zeiten der für Männer«, schrieb der römische Dichter Seneca. Seine Erkenntnis ist durchaus übertragbar auf Mann und Frau, auf eine Partnerschaft. Harte Zeiten, Probleme, persönliche Krisen, Krankheit — im Grunde jede tiefgreifende Veränderung, die in die Balance eines Zweiergefüges eingreift, kann sich zu einem Test auswirken, der an die Substanz geht. Solche Prüfungen für eine Beziehung erscheinen in wandelbarer Kostümierung. In der Maske beruflicher Veränderungen oder persönlicher Probleme eines Partners. Das Aussteigen aus dem beruflichen Streßkarussell kann ebenso belastend sein wie das Aufsteigen auf der Karriereleiter. Häufig gerät eine Partnerschaft in eine Krise durch Extremsituationen, die sich niemand ausgesucht hat. Prüfsteine, die gleichsam wie ein Urteil über einen hereinstürzen: Plötzliche finanzielle Schwierigkeiten, eine schwere Krankheit, der Verlust eines liebgewordenen Menschen. Auch das Hinzukommen eines Dritten — sei es die Schwiegermutter oder ein Baby — kann so hohe Anforderungen an eine Beziehung stellen, daß sie ihnen nicht genügt und daran scheitert. Es ist eine allgemein bekannte Tatsache, die mancher erst aus ziemlich schmerzlicher Erfahrung lernen mußte: Dort, wo die Kommunikation abreißt, reißt auch der Beziehungsfaden, gibt eine Belastungsprobe der Liebe den Todesstoß. Eines ist sicher: Gleich, in welcher Verpackung ein Prüfstein ins Glashaus unserer Bindung bricht, mit ihm entscheidet sich, ob das Fundament der Beziehung ins Wanken gerät oder ob sie an der Bewältigung der Situation erstarkt. Extremsituationen können einen Menschen zu einer kleinen, armseligen Kreatur machen: Sie zwingen uns manchmal an den Rand unserer eigenen Grenzen, und sind sie existenzbedrohend, werden sogar Charaktere gebrochen, verzerrt, Eigenschaften in ihr Gegenteil verkehrt. So etwas ist nicht nur eine Herausforderung für den Betroffenen, sondern auch für den Partner. In welche Richtung das Pendel ausschlägt, hängt oft auch davon ab, wie lange sich eine Partnerschaft vorher schon bewährt hat. Eine Ehe, die sich 20 Jahre lang Belastungsproben gegenüber als tragfähig erwiesen hat, wird aller Wahrscheinlichkeit nach vor Extremsituationen weniger schnell kapitulieren als ein relativ jungfräulicher Zweierbund im zarten Alter von zehn Monaten. Es ist mit Sicherheit nicht nur die Gewohnheit, die zwei Menschen mit der Dauer ihrer Beziehung enger und unzertrennlicher zusammenfügt. Langwährende Partnerschaften haben einfach mehr Training, mehr Übung zur gemeinsamen Bewältigung schwieriger Aufgaben. Und daraus die Gewißheit, daß man sich im Notfall auf den anderen verlassen kann.

In Notzeiten rücken die Menschen enger zusammen, ist die landläufige Meinung. So wird es auch gern von Eltern und Großeltern geschildert, von Generationen, die den Krieg und die Nachkriegszeit bewußt miterlebten. Tatsächlich kann man dies belegen. Zum Beispiel an der Zahl der Eheschließungen. Sie war 1945 bis Anfang der fünfziger Jahre überdurchschnittlich hoch. Doch dies ist nur eine Seite der Medaille. Die andere: Im gleichen Zeitraum wurden auch überdurchschnittlich viele Ehen geschieden. Damit wird das erste Argument keinesfalls entkräftet. Vielmehr zeigen solche soziologischen Studien, daß einschneidende Ereignisse für den Menschen von janusköpfiger Gestalt sind und daß sie ganz massive Veränderungen bewirken können. Auch in positiver Hinsicht. Was uns helfen kann, im Partnerschaftsboot schwierige Klippen zu umschiffen, ohne zu stranden, sondern besser als strahlende Sieger von Bord zu gehen, sind nicht nur die Tatsachen, daß die Zeit für uns arbeitet und daß wir den »heißen Draht« brauchen — es ist noch etwas: Eine Art Erstehilfepaket, das jeder in seiner psychischen Expeditionsausrüstung mit sich durchs Leben trägt. Genauso wie der Mensch in der Lage ist, bei Gefahr für Leib und Leben instinktiv das Richtige zu tun und dafür blitzschnell unglaubliche Kräfte zu mobilisieren, vermag er solche Überleistungen auch im emotionellen Bereich zu vollbringen. Ganz automatisch. Wenn der Partner zum Beispiel krank wird oder eine Krise durchmacht, rückt die Beziehung zu ihm wieder mehr in den Mittelpunkt, und man kann überraschende Abwehrkonzepte entwickeln, um eine drohende Entfremdung abzuwenden. Mit welcher Intensität die Warnlampen im Kopf des Alarmierten blinken und wie stark er darauf reagiert, ist allerdings unterschiedlich. Das hängt vom sogenannten Bindungsverhalten ab, das bei jedem einzelnen verschieden stark ausgeprägt ist. Wenn wir uns also den Knöchel verstaucht haben, und der Liebste eilt nicht sofort, um Champagner zu kredenzen und uns auf Rosen zu betten, könnte das daran liegen, daß sein Bindungsverhalten zu wünschen übrigläßt. Es könnte freilich auch daran liegen, daß wir überhöhte Ansprüche an den anderen und die Beziehung stellen. Ein gerade bei Prüfsteinen in einer Partnerschaft weitverbreitetes Phänomen. Wer kennt sie nicht, diese magische Beschwörungsformel: »Wenn du mich wirklich liebst, dann auch mit Holzbein . . . mit einer Geliebten . . . im Rollstuhl . . . als Kriminellen.«

Es erhebt sich die Frage: Ist dies nicht eine gefährliche Illusion, der man sich da hingibt — gerade wenn man es mit der Partnerschaft ernst meint? Der Anspruch hat sehr viel mit Moral zu tun, insbesondere aber mit Unehrlichkeit, Gewissensqualen und Selbstbetrug. Sobald nämlich aus einem Stolperstein ein ganz massiver Felsbrocken wird, dem man gar nicht gewachsen ist. Vielleicht ist man dann gar nicht mehr fähig, einen Menschen zu lieben.

»Daß die Trauervögel über deinem Kopf fliegen, kannst du nicht verhindern. Wohl aber, daß sie in deinem Haare nisten.« Auf dieses chinesische Sprichwort stieß ich gerade zu jenem Zeitpunkt, als ich mich entschloß, dieses Buch zu schreiben. Absicht dieses Buches ist es, Ihnen, verehrte Leser, die Hintergründe von Partnerschaftskrisen aufzuzeigen, aber auch aufzuzeigen, wie wir mit einer so schweren Lebenskrise wie Trennung, aber auch Tod eines geliebten Menschen, fertig werden können.

In jedem Fall gilt es: Abschied zu nehmen. Abschied zu nehmen von dem Menschen, mit dem wir im wahrsten Sinne des Wortes in Freud und Leid vereint waren, aber auch Abschied zu nehmen von all den psychologischen Gegebenheiten, die im Zusammenhang mit diesem Menschen in uns leben. Um in der chinesischen Schrift das Wort Krise auszudrücken, braucht man zwei Symbole: Das Zeichen für Gefahr und das Zeichen für Chance. Von dieser uralten Weisheit, daß in einer Krise Gefahren, aber auch Chancen stecken, soll dieses Buch berichten.

Das Besondere an unserem Partner ist, daß er uns früher einmal ganz fern und später ganz nah war. Jahre unseres Lebens haben wir verbracht, ohne von der Existenz dieses Menschen zu wissen. Und dann sind wir ihm eines Tages begegnet. Als Arbeitskollegen, als Studienfreund, als Mitglied einer Gruppe, beim Sport oder Wandern, als Freund eines Freundes, als Freundin einer Freundin, als unbekannter Größe bei dem Versuch, über eine Bekanntschaftsanzeige einer Zeitung einen Partner kennenzulernen, oder als plötzlich aufblitzendem faszinierenden Gesicht in einer Menge von Menschen. Zwei Punkte im All wanderten aufeinander zu, berührten sich, verschmolzen. Sie wurden einander so ähnlich, daß jeder vergaß, woher er eigentlich kam. Und jetzt entfernen sich die beiden Punkte wieder voneinander, gleichmäßig oder rascher der eine und langsamer der andere, auf einer geraden Linie oder im Zickzack. Der eine versucht vielleicht verzweifelt, wieder die Bahn des anderen zu kreuzen, der andere taumelt richtungs- und ziellos in dunkel scheinende Weiten. Diese Bilder aus dem All können wir als Symbol für eine sich auflösende Ehe oder Partnerschaft nehmen.

Zwei Menschen trennen sich: Im Namen eines Lebens, das fortdauern soll. Doch die Trennung hat den Geschmack des Todes — im Leben. Und für die sich Trennenden ist diese Trennung häufig schlimmer als der Tod, weil es eine Kapitulation vor dem Tode im Leben ist. Denn beide spüren, daß ihr Leiden furchtbar sein wird, doch auch, daß dieses Leiden in dieser Fürchterlichkeit bloß kurz sein wird: Sie wissen also, daß jeder den anderen vergessen wird. Das ist die Gegenwart des Todes im Bewußtsein und der Tod des Bewußtseins. Das ist das Todesurteil, das jeder dieser Menschen über den anderen ausspricht, aber indem er den anderen zum Tode verurteilt, richtet er sich selbst: Denn das Urteil wird in seinem eigenen Bewußtsein und im Bewußtsein des anderen über ihn vollstreckt. Der andere stirbt bei lebendigem Leibe, aber er stirbt in mir, was doch wohl bedeutet, daß mein Bewußtsein stirbt, daß ich den Kadaver mitschleppen werde, einen Kadaver, der mir nicht einmal mehr leid tun wird. Aber nicht genug damit! Das Urteil wurde auch über mich gesprochen, auch ich sterbe ja im Bewußtsein des anderen, und während ich noch im meinem Körper lebe, bin ich schon im anderen ein Kadaver — in dem Menschen, der mich liebte und den ich liebte. Die Erinnerung, die noch lebt, ist eine kleinere oder größere Mumie. Von dieser inneren Leiche gilt es, sich eines Tages zu verabschieden, will man nicht, auf Dauer gesehen, partnerschaftsunfähig werden. Der Verlust eines geliebten Menschen, ob durch Tod oder Trennung, ist eine der schmerzlichsten Erfahrungen, die jemand machen kann. Und es ist nicht nur schmerzlich, einen Verlust zu erleiden, sondern auch sehr schmerzlich, zeuge eines Verlusts zu sein, da man so wenig helfen kann. Der Mensch, der einen Verlust erlitten hat, kann nur durch die Rückkehr der geliebten Person getröstet werden; wenn wir ihn auf irgendeine andere Weise zu trösten versuchen, wird er das fast als Beleidigung auffassen. Darum ist es für Außenstehende so schwierig, Menschen wirklich beizustehen, die mitten in einer Verlustkrise stecken.

Die Psychologie kennt in ihrer Trauerarbeit vier Phasen der Trauer. Es ist dabei gleichgültig, ob dieser Trauerprozeß durch Trennung oder Tod verursacht ist. Bleibt der betreffende Mensch in einer dieser vier Phasen stecken, wird es ihm in Zukunft schwerfallen, eine bindungsstarke Partnerschaft aufzubauen. Es gibt darüber hinaus weitere vier Trauerabwehrprozesse, die eine gesunde Aufarbeitung des Trennungs- und Trauerschocks verhindern. Dieses Buch möchte helfen, diese Trauerprozesse zu erkennen, zu durchschauen, und neue Wege aufzeigen, mit dieser inneren Trauer fertigzuwerden. Solange ein trauernder Mensch nicht glaubt, daß sein Verlust unwiderbringlich ist, hat er Hoffnung und fühlt sich zum Handeln getrieben; das jedoch führt zu all der Angst und dem Schmerz frustrierten Bemühens. Die Alternative, nämlich zu glauben, daß sein Verlust von Dauer ist, mag realistischer sein; dennoch ist sie zuerst zu schmerzhaft und vielleicht zu erschreckend, um lange darin zu verweilen. Vielleicht ist es darum barmherzig, daß der Mensch so angelegt ist, daß Aufschub gewährende geistige Prozesse und Verhaltensweisen Teil seiner Natur sind. Dennoch kann solcher Aufschub nur begrenzt sein, und die Aufgabe, das Dilemma zu lösen, bleib bestehen. Der Ausgang jeder Trauer hängt davon ab, wie ihm das gelingt. Entweder macht er Fortschritte in Richtung auf die Anerkennung der veränderten Umstände, die Revision seiner Vorstellungsmodelle und die Neudefinition seiner Lebensziele, oder er gerät in einen Zustand aufgehobenen Wachstums, in dem er Gefangener eines Dilemmas ist, das er nicht lösen kann. Uns sind die geistigen Prozesse und auch die Verhaltensweisen, die die Schmerzhaftigkeit der Trauer lindern, als Abwehrmechanismen bekannt und werden bezeichnet mit Begriffen wie Verdrängung, Abspaltung, Leugnung, Projektion, Verschiebung, Identifikation und Reaktionsbildung. So wird dieses Buch versuchen, die verschiedenen Prozesse zu unterscheiden und sie in den Begriffen des einen oder anderen Modells des psychischen Apparats und des einen oder anderen Fixierungspunktes zu unterscheiden. Bei nicht wenigen Menschen zeigt sich, daß sie irgendwann in ihrem Leben in einen chronischen Trauerprozeß hineingeraten sind, ohne letztendlich zu wissen, warum sie immer noch traurig sind. Es gehört schon ein tiefes menschliches Verständnis dazu, die Ursachen dieser chronischen Trauer aufzudecken und das Leben wieder in einen harmonischen Fluß zu bringen. Gleichgültigkeit dem Partner gegenüber, zynische Entwertung und Nicht-Ernstnehmen seiner Person, dauernde Feindseligkeit und beharrlicher Haß: Dieses absolute Nein kann zwei Menschen, die sich einmal geliebt haben, zu Festungen der Abwehr machen, zwischen denen kein

16

Funke von gegenseitiger Belebung und Kommunikation mehr springt. Das Nein dient nicht mehr dem Spannungsaufbau in der Liebe. Der natürliche Wellenrhythmus von Auf und Ab, Nähe und Distanz, Hoffnung und Enttäuschung, Vereinigung und Abgrenzung ist zu einem einzigen Nein gegen diesen Menschen geronnen. Keine gemeinsame Zukunft mehr mit ihm, sondern Zu-mir-Kommen und Bei-mir-Bleiben dank der Trennung von ihm: Dies ist mein einziges Ziel geworden. Das Nein hat die Grenze überschritten, wo es noch verbinden könnte. Jetzt ist es zu spät und zugleich zu früh, zu fragen, wie alles hätte anders gehen, wie die Eskalation des Nein hätte verhindert werden können. Jetzt heißt es noch nicht einmal einen neuen Weg suchen, sondern einfach: den alten Weg verlassen, den toten Ast abschneiden: Abtrennung ein für allemal.

Nicht die Trennung und Scheidung von einem Menschen verursacht den größten Schaden, sondern Trennung und Scheidung von sich selber, weil Einssein mit dem anderen auch immer Einssein mit sich selber, Selbstachtung und Selbstvertrauen bedeutet. Der Irrtum, es gäbe eine unauflösbare Schicksalsverknüpfung zweier Menschen, ist gerade bei denen verbreitet, die in einer Partnerschaft gescheitert sind.

Gretchens Satz zu Faust: »Wo ich ihn nicht hab, ist mir das Grab. Die ganze Welt ist mir vergällt«, gilt oft nicht nur für den Partner, der verlassen worden ist, sondern auch für den anderen, der die Initiative zur Trennung ergriffen hat. Er gilt auch für den, der nicht mehr liebt, sondern nur noch haßt. Ohne den anderen fühlen wir uns vom Leben abgeschnitten. »In der Trennung wird deutlich, daß mir nicht alles Menschenmögliche möglich ist, sondern meine Möglichkeiten begrenzt sind und ich in dieser gescheiterten Beziehung den Eros, die Einswerdung nicht zu verwirklichen imstande war. Nirgend stärker als in der Trennungssituation sind wir auf die Grenzen des Machbaren zurückverwiesen. Unser Unvermögen, diese Beziehung zu retten, gibt uns das allgemeine Gefühl von Ohnmacht. Es fällt uns schwer, auf das zu verzichten, was wir nicht verhindern können. Ich spreche natürlich nicht von der Trennung zweier Menschen, die sich nie geliebt haben. Daß einer vom Liebenden zum Hassenden geworden ist, ist das schmerzhafteste Eingeständnis seiner Eingrenzung. Er spürt, daß das Du auch ein Teil seiner Selbst war, sonst hätte er es nicht geliebt; aber seine Hingabe war begrenzt: An das Du und an jenen Teil in sich selber, der dem Du entsprach. Wir haben den Arm ausgestreckt und ihn wieder sinken lassen, haben das Du in uns hingenommen und wieder ausgestoßen. Dieser Teil unserer Welt war uns zu fremd, als daß wir uns mit ihm dauerhaft im Eros hätten verbinden können. Auch ist unsere Einflußnahme auf das Du begrenzt. Dieses ist frei, sich der gegenseitigen Spiegelung zu entziehen. Unsere Macht über den anderen ist beschränkt. Wir stehen nicht an seiner Stelle, können sein Denken, Fühlen und Handeln nicht bestimmen. Leicht verwechseln wir jetzt unser Unvermögen mit völliger Ohnmacht. Wir verallgemeinern unsere Erfahrung mit dem einen Menschen auf alle möglichen Erfahrungen mit anderen Menschen. Die Angst lähmt uns: »Wir können nicht lieben« und: »Wir sind es nicht wert, geliebt zu werden, sind kein liebenswerter Mensch.« Diese beiden Grundängste: Unfähigkeit zu lieben und Unmöglichkeit, geliebt zu werden, erzeugen Resignation. Die Passivität kann nur überwunden werden, indem wir uns aktiv in der Hingabe üben, nicht mehr an den Partner, von dem wir uns getrennt haben, zu denken, sondern uns innerlich mit der Partnerschaft und eigenen Fehlern auseinandersetzen. Die innere Auseinandersetzung mit uns und dem einst geliebten Menschen muß sobald wie möglich anfangen, damit aus dem Nein zum Du ein Ja zu mir selber werden kann und eine neue Entwicklung, später vielleicht auch eine neue Liebesbindung möglich wird. So bekommt die gescheiterte Beziehung den Sinn, den sie seit jeher hatte. Nach einer Trennung können wir uns in zwei Richtungen bemühen: Zur äußeren Abkehr vom Du und zur inneren Auseinandersetzung mit ihm. Um diese doppelte Bemühung geht es in diesem Buch. Die Abkehr vom anderen ist natürlich nicht an dem Tag beendet, an dem wir den gemeinsamen Wohnsitz aufgeben, die rechtliche Scheidung ausgesprochen wird. Sie hat schon vorher angefangen und ist noch nicht abgeschlossen. Die eigentliche Abkehr kann oft erst an diesem Tage anfangen. Jetzt heißt es zunächst, sich alle jene Unterschiede zwischen den soeben getrennten Partnern in den Auffassungen und der Lebensweise willentlich und ausführlich zu vergegenwärtigen. Unterschiede, die ein Zusammenleben und insbesondere die Liebesbindung unmöglich gemacht haben. In dieser Vergegenwärtigung der Unterschiede können auch banale Einzelheiten eine symbolische Rolle spielen.«[1]

Wenn wir dieses Buch: »Abschied von Dir« nennen, bedeutet das nicht, daß wir uns nur um die Trennung von zwei Menschen bemühen. Ebenso tiefgreifend und per-

[1] Aus: Peter Schellenbaum: Das Nein in der Liebe. Kreuz Verlag, Stuttgart 1984

sönlichkeitsverändernd kann der Tod eines Menschen für die betreffenden Hinterbliebenen sein. Das Tabu um das Sterben ist in den letzten Jahren aufgehoben worden, man darf vom Sterben sprechen. So scheint es an der Zeit, daß man jetzt auch das Tabu um das Trauern aufhebt, daß man trauern darf und soll. Da wir uns wesentlich aus den Beziehungen zu Mitmenschen verstehen, Bindungen ein wesentlicher Aspekt unseres Selbst- und Welterlebens sind, werden wir durch den Tod eines geliebten Menschen in unserem bisherigen Selbst- und Weltverständnis erschüttert. Die Trauer ist die Emotion, durch die wir Abschied nehmen, Probleme der zerbrochenen Beziehung aufarbeiten und soviel als möglich von der Beziehung und von den Eigenheiten des Partners integrieren können, so daß wir mit neuem Selbst- und Weltverständnis weiterzuleben vermögen. »Der Tod eines geliebten Menschen ist ein Extremerlebnis vom Tod und fordert die Trauer radikal. Zugleich ist dieses Erlebnis aber auch eine große Herausforderung zur Selbstverwirklichung angesichts der Veränderung. Gerade die Trauer kann ein Stück Selbstverwirklichung auslösen. Was für die Grenzsituation gilt, mag auch für viele andere Situationen des Menschen, wenn auch in abeschwächter Form, gelten, in denen sichtbar wird, daß der Tod immer in unser Leben hereinragt, immer wieder größere oder kleinere Veränderungen erzwingt, die mit dem Gefühl von Verlust gekoppelt sind und daher auch betrauert werden müssen.«[2] Weil wir Menschen sterblich sind, müssen wir immer wieder Abschied nehmen. Rückwirkend betrachtet ist unser Leben immer wieder bestimmten Abschiedssituationen unterworfen.

2 Aus: Verena Kast: Trauern — Phasen und Chancen des psychischen Prozesses. Kreuz Verlag, Stuttgart 1982

Trennung und Abschiednehmen ist ein Zentralthema eines jeden Lebens. Beim Tod eines geliebten Menschen erfahren wir, was Tod ist. Dieses Todeserlebnis widerfährt uns, trifft uns, läßt uns irre werden an uns und an allem, was wir bisher für selbstverständlich gehalten haben. Es erschüttert nicht nur unsere Welt- und Selbstverständnisse, es zwingt uns zur Wandlung — ob wir wollen oder nicht. Stirbt ein geliebter Mensch, so nehmen wir in seinem Sterben nicht nur unser eigenes Sterben vorweg; wir sterben in gewisser Weise auch mit ihm. Es wird uns kaum je so radikal bewußt wie beim Tod eines geliebten Menschen, in welchem Maß wir uns aus unseren Beziehungen zu anderen Menschen und Dingen verstehen und erfahren, in welchem Maße der Tod einer solchen Beziehung uns aufbricht und eine Neuorientierung verlangt. »Äußerlich verändert sich das Leben etwa dadurch, daß eine Ehefrau zur Witwe wird, unter Umständen mit finanziellen Problemen zu kämpfen hat, mit der Notwendigkeit, die Kinder allein zu erziehen, einen neuen Partner suchen zu müssen; oder ist die Witwe älter, muß sie nun plötzlich den Lebensabend allein verbringen, vielleicht ohne die dazugehörige praktische Begabung zu haben, weil der Mann ihr zuvor alles abgenommen hat. Äußerlich ändert sich das Leben auch dadurch, daß ein trauernder Mensch eben ein Trauernder ist, der von der Umwelt plötzlich anders behandelt, schlimmstenfalls tabuisiert wird, fast wie der Tod selber, im besten Fall zwar nicht gemieden, aber vorsichtig, unspontan behandelt wird.«[3] Aber nicht nur die Welt tritt dem Trauernden anders gegenüber. Der Trauernde selbst erlebt die Welt anders. Er

3 Aus: Verena Kast: Trauern. a.a.O.

hat einen Verlust erlitten, er ist mit einem Problem, das allerdings viele Probleme nach sich zieht, ganz beschäftigt. Alles andere interessiert ihn wenig, er hat keine Kraft für etwas anderes. Er kann nicht auf die Menschen zugehen, auch wenn er sie sehr nötig hätte, weil gerade die Wärme der anderen Menschen ihn daran hindern könnte, am Leben ganz irre zu werden. Gehen die anderen Menschen aber nicht auf ihn zu —, und das kann sich in unserer Gesellschaft ereignen, da uns eine rituelle Trauer fehlt, wie sie etwa bei den gläubigen Juden noch stattfindet — dann kann er auch nicht auf die anderen Menschen zugehen, die zudem noch erwarten, daß der Trauernde »normal« weiterlebt. Er entfremdet sich ihnen in seinem Kummer noch mehr, und er erlebt die Welt, der er nicht mehr gewachsen ist, bald als feindlich. So kann sich ein Zirkel der Isolierung, der Angst, der Weltentfremdung einstellen, in dem ein neues Weltverständnis nur schlecht oder überhaupt nicht aufzubauen ist.

Gerade in diesen schwierigen Lebenskrisen möchte das vorliegende Buch ein ratgebender Helfer sein. Hat schon der erwachsene Mensch Schwierigkeiten, mit Krisenzeiten wie Trennung und Tod sie uns bringen, fertigzuwerden, ist es unmöglich, einem Kind, dessen Vater oder Mutter stirbt, oder dessen Eltern sich trennen, seelisches Leid zu ersparen. Dieser Verlust ist eine mit nichts zu vergleichende seelische Belastung, die die weitere Entwicklung beeinflußt. Diese Gefahr kann gemildert oder abgewendet werden, wenn dem Kind geholfen werden kann, Mutter oder Vater so tief wie möglich zu betrauern. Und in der Tat ist es möglich, Kindern vom frühen Kleinkindalter an zu helfen, diese Trauerarbeit zu leisten.

Aber was heißt eigentlich trauern und welches sind die

Voraussetzungen, diese seelische Arbeit leisten zu können? Denn nicht jeder Mensch kann trauern. Es gibt Menschen, die sozusagen krankhaft trauern, das heißt, sie verwinden den Verlust eines geliebten Menschen nie, sondern bleiben, wie schon an anderer Stelle bemerkt, in einer chronischen Trauer stecken. In diesem Fall sprechen wir nicht mehr von Trauer, sondern von Depression. Einen Menschen zu betrauern, und dadurch seinen Verlust zu verschmerzen, heißt, ihm in manchen seiner geliebten Eigenschaften ähnlich zu werden, ihn dadurch in sich selbst aufzunehmen, sich dem Leben wieder zuzuwenden. Man nennt das Identifikation. Der Leichenschmaus ist ein Symbol für diese erfolgreiche Trauerarbeit. Der Tote lebt nicht im Trauernden weiter, sondern der Lebende hat vom Verstorbenen übernommen, was für beide einmal gut gewesen war. Um richtig einzuschätzen, welche Macht ein Trennungserlebnis für Kinder hat, müssen Eltern unbedingt verstehen, wie Kinder die Welt um sich herum und ihre eigene Position in ihr erleben. Mit Kindern meine ich Jungen und Mädchen von der Geburt an bis ins Jugendalter. Ihre Unreife, ihr Mangel an Welterfahrung und ihre seelische und körperliche Abhängigkeit von den Eltern, die in frühen Jahren umfassend ist, und bis zum Jugendalter immer noch wichtig bleibt, macht sie für starke Verlassenheitsängste, Gefühle des Unmutes, der Feindseligkeit und der Wut anfällig, die in ihnen zur Zeit der Scheidung oder der Trennung ihrer Eltern aufkommen. Für ein Kind werden diese Gefühle zur ungeheuerlichen Wahrheit, weil sie nicht durch das Vertrauen entkräftet werden, daß es für sich selber sorgen kann. Es fühlt sich tatsächlich verlassen und kann dann starke Ängste entwickeln. Plötzlich ist ein Elternteil nicht mehr da.

Wenn es möglich ist, daß die eine Hälfte seiner stabilen Welt so leicht von der Bildfläche verschwinden kann, was wird dann die andere Hälfte daran hindern, auch wegzugehen? Wer wird morgen dasein, um es zu beschützen und für es sorgen? Das sind, der kindlichen Logik entsprechend, völlig logische Ängste. In solchen Zeiten kann ein Kind, das vor der Trennung ganz unabhängig war, außerordentlich ängstlich werden, wenn man es mit einem Babysitter allein läßt, oder es weigert sich, zum Spielen hinauszugehen, aus Angst, daß der verbleibende Elternteil verschwunden ist, wenn es wiederkommt. Um seine panische Angst vor dem Verlassenwerden zu bekämpfen, leugnet ein Kind im allgemeinen die Realität, daß seine Eltern geschieden sind. Diese Verleugnung drückt sich oft darin aus, daß sie zu »Mamas tapferen kleinen Jungen« oder »der kleinen Stütze« werden, und die Eltern werden erleichtert aufseufzen, weil ihre Kinder alles »so vernünftig nehmen«. Aber sie sollten weiterblicken. Seelische Schäden machen sich oft erst nach Jahren deutlich bemerkbar. Menschen, die in einer der vier Trauerphasen steckengeblieben sind, spüren es deutlich: die unterbrochene und steckengebliebene Trauerarbeit schafft Schwierigkeiten bei einer erneuten oder ersten Partnerwahl.

Je mehr wir die kreativen Elemente im Trennungsprozeß bejahen, desto größer sind die Chancen, diese Gleichsetzung von Intimität und Verlassenwerden zu durchbrechen. Erstens werden wir als unabhängige Persönlichkeit stärker und damit weniger anfällig für das vergiftende Bedürfnis, die Liebe eines anderen Menschen dazu zu benutzen, unsere Existenz zu bestätigen und uns »ganz« zu fühlen. Zweitens lernen wir, das Neue an einer neuen Beziehung zu erkennen, und das ist es, was es mit der Phase des

Experimentierens nach der Trennung auf sich hat. Das geschieht, wenn wir neue Wege gehen, um mit Vertretern des anderen Geschlechts in einer Vielzahl von Beziehungen in Berührung zu kommen, von denen manche beiläufig und andere ernsthafter sind. Das ist eine Zeit in unserem Leben, in der wir ohne jegliche Fessel sind, wenn wir diese Beziehungen nicht durch das Verlangen ersticken, sie in ein vorgefertigtes Muster zu pressen.

Es ist die Zeit nach der Trauer, es ist die Zeit, um neue Beziehungen mit unterschiedlichem Grad an Verpflichtung auszuprobieren und zu sehen, wie sie zu den Bedürfnissen der sich herausschälenden Einzelperson passen, um herauszufinden, welche Menschen wir mögen oder nicht mögen, welche Aktivitäten und Lebensweisen wir genießen, wer uns gefällt oder nicht, und warum. Die Entscheidung zu einem größeren Maß an Intimität wird sich aus den Beziehungen selbst ergeben. Eine hastige Öffnung in Richtung neuer Partnerschaft während dieser Phase ist ein starkes Hemmnis für die persönliche Weiterentwicklung. Jeder Scheidungsanwalt rät seinen Klienten, sich nicht geradewegs in eine neue Partnerschaft zu stürzen. Diese Aussicht läßt sich sehr gut in dem Ratschlag zusammenfassen, den ein Anwalt einem Klienten gab, dessen Scheidung gerade rechtskräftig geworden war: »Heiraten Sie mindestens während der nächsten zwei Jahre nicht wieder, oder ich garantiere Ihnen, daß Sie sehr bald wieder hier sind, um dasselbe durchzumachen.«

Männer und Frauen, die sich so schnell in eine neue Ehe oder Partnerschaft stürzen, sind in irgendeinem Punkt in der Trauerphase steckengeblieben. Sie erleben sich immer noch als Halb-Personen und schreien heraus: »Ich brauche jemanden, zu dem ich gehöre«, anstatt die

Frage zu klären: »Zu wem will ich gehören?« Genauso destruktiv, wenn auch nicht so häufig, ist die Entscheidung, einer Partnerschaft völlig abzuschwören. Sie wird von Menschen getroffen, die eine solche Angst vor zukünftigem Leid haben, daß sie geloben, sich niemals mehr der Gefahr auszusetzen, die Intimität mit sich bringt. Sie sind der Vergangenheit genauso verhaftet wie die, die sich kopfüber in eine neue Partnerschaft stürzen. Sicher, sie werden vielleicht nie mehr verletzt, aber sie zahlen dafür den Preis, daß sie auf das gesteigerte Lebensgefühl verzichten, das eine offene und intime Beziehung zu einem anderen Menschen mit sich bringt. Für junge Witwen, junge Witwer, geschiedene Männer oder geschiedene Frauen, bedeutet das Sich-Zubewegen auf eine neue intime Beziehung das Stimmchen in sich zum Schweigen zu bringen, das sagt: »Vorsicht, denk daran, was geschehen ist, als du in der Vergangenheit jemandem zu nahe gekommen bist.« Die Zugkraft der Vergangenheit erkennen und sie außer Kraft setzen ist zweierlei. Man kennt das Phänomen sehr genau, daß der geschiedene Mann oder die geschiedene Frau, Witwen oder Witwer unbewußt die Wiederauflage des früheren Partners heiraten. Oft merken diese Menschen erst durch eine hingeworfene Bemerkung eines Freundes, wie genau sie die Vergangenheit wiederholt haben. Umgekehrt sehen wir in den neuen Beziehungen manchmal die Vergangenheit vermeintlich auch dort, wo sie überhaupt nicht ist. Wenn zwei Menschen etwas ähnliches tun, entspricht das nicht notwendigerweise derselben Absicht, noch fällt es unter dieselbe Bezeichnung. Wenn wir aber nicht wollen, daß Fehler, die in der Vergangenheit gemacht wurden, sich wiederholen, dann müssen wir uns die Frage stellen: Was kann ich dafür tun, damit sich das alles nicht wiederholt. Das vorliegende Buch möchte Hilfestellung bei der Beantwortung dieser Fragen geben. »In der ersten Begegnung mit einem Menschen begehen wir häufig zwei Fehler: Erstens verwechseln wir die spontane Liebeserfahrung mit einer vom Bewußtsein und vom Willen gesteuerten Erweiterung unseres konkreten Lebensraumes. Wir meinen also, es reiche aus, verliebt zu sein, um auf Dauer neue Menschen zu werden. Und wir verschließen uns zweitens der Einsicht, daß dieses Du, das so allgemeine und grenzenlose Liebesgefühle in uns auslöst, auch »nur« ein konkretes und begrenztes Stück Welt ist, um dessen Erschließung wir uns Schritt um Schritt zu bemühen haben.

Das Gelingen einer Liebe hängt von der Korrektur dieser beiden Fehler ab. Es geht darum, die geschenkte Liebe in eine auch gebende Liebe zu wandeln, in Hingabe, die sich in dem Bemühen ausdrückt, das Du zu verstehen und an seiner Entfaltung mitzuwirken. Rettend ist also die innere Auseinandersetzung mit dem Du. Das heißt paradoxerweise, daß wir nach der ersten Verliebtheit mehr Distanz nehmen und ins alte Ich zurückkehren sollen, um vom alten Standpunkt aus den neuen Standpunkt, der uns so kräftig ergriffen hat, ins Auge fassen zu können: Vom alten Ich das neue Du. An die Stelle der Verschmelzung tritt die Spannung zwischen zwei Menschen, die zwar verschieden sind, aber nach dem bekannten Bild Platons wie Hälften einer Kugel zueinanderpassen.«[4] An der Tatsache, daß Liebende nicht rechtzeitig nein sagen können, scheitern unzählige Liebesbeziehungen, die vielleicht durchaus keine Täuschung in der Partnerwahl waren, wie

4 Aus: Peter Schellenbaum: Das Nein in der Liebe. a.a.O.

es die nachträgliche Abwertung haben möchte. Die Chance, »mehr Mensch« zu werden und dem auf Entwicklung angelegten inneren Persönlichkeitsmuster näherzukommen, ist dann vertan, und sie kehrt in dieser Form nicht wieder. Auch der seelische Energieverlust ist nicht wieder gutzumachen. Der Mensch muß heute die so schwierige Aufgabe der gleichzeitigen Bindung und Abgrenzung eingehen. Das Nein in der Abgrenzung schafft die Voraussetzung zur Verwirklichung der tiefsten Sehnsucht im Menschen, nämlich der Sehnsucht nach Einheit, die mehr ist als das Bedürfnis nach irgendeiner Beziehung. Daß davon nicht nur einige geglückte oder mißglückte Ehen abhängen, liegt auf der Hand. Vom Gelingen des Nein in der Liebe hängt die Vision, die wir von uns und der Welt haben, ab: Entweder — infolge des totalen Nein gegen die Liebe — die Vision einer zerrissenen, vom Chaos bedrohten Welt, oder — infolge des integrierten Nein in der Liebe — die Vision einer Welt, deren Zerrissenheit und Chaos wir ein Stück Einheit und Ordnung stiften können. In diesem Sinne ist der Titel dieses Buches, »Abschied von Dir«, auf zwei Ebenen zu verstehen: Auf der einen Seite gilt es, Menschen, von denen wir uns durch Tod oder Trennung gelöst haben, zu verabschieden. Aber gleichzeitig auch: Uns von dem eigenen inneren Menschen zu verabschieden, der eine harmonische Partnerschaft verhindert hat.

Der Wetterstand einer Ehe

Zerstört, zerschlagen, in Trümmern: eine Liebe, ein Stück gemeinsamer Lebensweg. Das Ende der Beziehung — Trennung. Letzte Gespräche über Haushaltsauflösung — der Ton ist gereizt. Hektische Scheinaktivität: Wer behält den Hund, wer die Wohnung, wem gehören welche Bücher? Mehr gibt es nicht zu sagen. Wie kann man sich nur so einsam fühlen?

Der Mensch, dem wir einst vertraut haben, ist zum Feind geworden. Die Stunden der großen Liebe, die schönen Spaziergänge, Theaterbesuche, die Nächte warmer Nähe, wo sind sie geblieben? Der andere, ist das noch der Mensch, der mein Herz mit wärmender Liebe füllte? Eine kalte Front steht zwischen zwei Menschen. Ein Wir wurde zerhackt, was übrig blieb, ist ein angeschlagenes Ich und ein um Fassung ringendes Du. Das Wir gibt es nicht mehr.

Zwei Menschen sind füreinander nicht mehr »verfügbar«. Unsicherheit, Angst, Lebensangst sind die Folge. Verfügbarkeit, ein nüchternes Wort, kalt und abweisend. Dabei steht soviel Lebendiges dahinter. Einer von beiden ist krank, der andere pflegt ihn, ist mit seiner Liebe immer bei ihm, wenn es sein muß, sogar im Krankenhaus. Dem anderen ist vielleicht ein Elternteil gestorben, er leidet unter Trauer und Schmerz. Der andere Teil von diesem Wir ist mit seiner Kraft, mit seiner Liebe bei ihm, hilft ihm tragen. Die Nähe gibt Kraft. Verfügbarkeit! Aus und vorbei. Zwei Menschen, die sich liebten, sind wieder allein. Wir machen uns sowenig Gedanken über so etwas wie Verfügbarkeit. Die tausend Dinge, die eine Partnerschaft ausmachen, sie sind Alltag, werden häufig kaum noch wahrgenommen. Erst nach einer Trennung begreifen wir, was sie uns bedeuteten. Die An- oder Abwesenheit des Menschen, den wir lieben, ist ein wichtiger Bestandteil in einer Partnerschaft. Verfügbarkeit bedeutet Nähe, das Gefühl, da ist jemand um mich, jemand, dem ich vertraue, der da ist, wenn ich ihn brauche, für den ich genauso verfügbar bin, wenn er mich braucht. Ohne Verfügbarkeit sind wir allein. Und wenn wir mit diesem Alleinsein nicht umgehen können, dann sind Angst und Unsicherheit die Folge. Verfügbar sein, das heißt: wenn ich den anderen in seiner Firma anrufe, werde ich seine warme Stimme am Telefon hören. Verfügbar sein, das bedeutet: wenn ich nachts wach werde, und ich meinen Arm ausstrecke, dann fühle ich den warmen Körper des anderen, ich höre seinen ruhigen Atem. Er ist da, das beruhigt, tut gut. Aber jetzt ist das Bett nebenan leer. Wenn ich in der Firma anrufe, begegnet mir eine nüchterne oder kalte Stimme. Der andere ist nicht mehr verfügbar.

Jede Partnerschaft lebt unter den zwei Polen: Bindung und Rückzug. Absolute Nähe über Jahre gibt es nicht. Immer wieder wird es Zeiten geben, wo der eine oder der andere sich zeitweilig zurückzieht. Trotzdem ist er verfügbar, wenn er gebraucht wird. Untersuchungen des menschlichen Verhaltens während und nach einem Unglück enthalten zahllose Beispiele dafür, daß kein Mitglied einer Familie imstande ist, etwas Sinnvolles zu tun, solange nicht alle Familienmitglieder zusammen sind. Derartige Untersuchungen beschreiben auch die ungeheure Beruhigung, die die Gegenwart von vertrauten Personen mit sich bringen kann. In einer gesunden Partnerschaft hat das Bindungsverhalten gegenüber dem Rückzugsverhalten Vorrang.

Es gibt aber auch Menschen mit einem starken Hang zum Rückzugsverhalten. Das kann schon in früher Kindheit geprägt sein, und wenn das so ist, dann haben derartige Menschen es sehr schwer in einer Partnerschaft. Wo der Rückzugsdrang stärker als der Bindungsdrang, da stirbt eine Partnerschaft allmählich, da stirbt auch die Liebe, die diese beiden Menschen verbunden hat. Das Rückzugsverhalten verstärkt sich, wenn der andere die Furcht durch Drohungen, Gewaltanwendungen oder Zuwendung zu einem anderen Menschen verstärkt, das heißt, wo das Vertrauen durch Seitensprünge zerstört wird.

Bindungsverhalten und Rückzugsverhalten sind zwei grundverschiedene Verhaltensweisen.

Ich möchte ihnen an dieser Stelle Günter K., 55 Jahre alt, von Beruf Redakteur, vorstellen. Günter K. ist in dritter Ehe mit Eva Maria verheiratet, achtzehn Jahre jünger als er. Günter K. hat in seinem Leben soviele Trennungen und damit verbundene Trauer und Schmerz erlebt, daß wir sein Leben anhand von Beispielen aufzeigen möchten, das heißt, Sie können in diesem Buch einen extremen Fall von Bindung und Rückzugsverhalten kennenlernen und dabei miterleben, wie sich allmählich durch neue Erkenntnisse ein Wandel im Leben des Günter K. bemerkbar macht. »Günter, du bist jetzt das dritte Mal verheiratet, was bedeuteten Bindung und Rückzug in deinem Leben?«

Er lehnt sich zurück, schließt die Augen, als müsse er nachdenken. Dann öffnet er die Augen wieder, ich spüre, daß er nicht gerne über das Thema spricht. »Eigentlich war ich dreimal verheiratet, weil ich nicht nein sagen konnte.«

Mein fragender Blick veranlaßte ihn wohl weiterzusprechen: »Als ich das erste Mal heiratete — Margot war zwei Jahre älter als ich — war ich achtundzwanzig. Ich kam gerade aus den Staaten, wo ich beruflich zu tun hatte. Margot drängte auf Heirat. Irgendwo hatte ich das ja auch schon erwogen. Aber da war ein Widerstand in mir, den ich nicht erklären konnte. Trotzdem war ich einverstanden.«

Ich beugte mich zu ihm hinüber: »Kannst du dir diesen Widerstand erklären?«

Günter nickte lebhaft. »Heute schon. Ich liebte Margot sehr. Sie war Witwe, Mutter von zwei kleinen Mädchen. Das Mütterliche an ihr gefiel mir.«

»Du hast dir also eher eine neue Mutter als eine Frau gesucht?«

»Heute würde ich das auch so sehen. Weißt du, ich kam schon mit acht Jahren, kriegsbedingt, vom Elternhaus weg. Trennung und Abschiedsschmerz spielten schon in jungen Jahren eine große Rolle in meinem Leben. Heute weiß ich, daß ich bei Margot das nachzuholen versuchte, was ich in der Kindheit nicht bekommen hatte. Obwohl ich eine große Sehnsucht nach Geborgenheit und Nähe in mir spürte, hielt ich mich Margot gegenüber immer auf Distanz. Ich hielt sie mir irgendwo vom Leibe.«

»Und Margot, liebte sie dich?«

»Am Anfang glaubte ich das, aber sie sprach mich häufig mit dem Namen ihres verstorbenen ersten Mannes an. Und mir wurde klar, sie wollte durch mich versorgt sein.«

Ich sah ihn fragend an.

»Ja, ja, ich auch«, schob er rasch hinterher. »Ich wollte ja auch versorgt sein. Während der Zusammenarbeit mit meiner Psychotherapeutin begriff ich, daß ich mir eine Frau gesucht hatte, die die Mutterrolle übernehmen sollte, die eine ›nährende‹ Rolle in meinem Leben übernehmen sollte. Damit war sie überfordert. Auch ich war überfordert als Ernährer einer Frau mit zwei Kindern. Die Ehe hielt nur drei Jahre.«

Die zweite Ehe, die Günter K. führte, dauerte etwa zehn Jahre. Er hatte sich etwas ganz Besonderes ausgedacht, wie er meinte. Er heiratete eine Frau, die er nicht liebte, ging also auf eine Vernunftsehe zu. Eine Ehe, die zehn Jahre mehr Rückzug als Bindung bedeutete.

»Bei Karin hatte ich ständig das Gefühl, als ob mir etwas fehle.«

»Sie hat dich also nicht bemuttert?« fragte ich ihn.

»Ganz im Gegenteil. Karin hat mich sehr verwöhnt. Sie las mir jeden Wunsch von den Augen ab. Alles schien perfekt. Objektiv gab es nichts, was mich hätte veranlassen können, diese Ehe aufzugeben.«

»Und warum doch?«

»Ich sagte es ja schon, etwas fehlte mir. Karin tat alles, aber ich hielt mich auf Distanz wie ein Wachhund, der darauf lauerte, daß irgend etwas passieren müsse. Aber es passierte nichts. Karin war immer gleichmäßig freundlich, sie verwöhnte mich, bemutterte mich extrem. Es war einfach zum Kotzen langweilig, ich lief ihr dann irgendwann davon, ließ mich auf ein Abenteuer ein. Heute weiß ich, was mir fehlte. Es fehlte mir die unbedingte Nähe, die ich nie zulassen konnte.«

»Jetzt bist du das dritte Mal verheiratet«, sagte ich zu ihm und wußte, daß wir jetzt auf den wundesten Punkt zu sprechen kommen würden. »Man könnte meinen, daß du nach zwei gescheiterten Ehen gelernt hättest, worauf es ankommt.«

Günter lehnte sich zurück, verschränkte die Arme hinter dem Kopf und ein spitzbübisches Lächeln verklärte sein Gesicht. »Ja«, sagte er, »jetzt habe ich es gepackt und jetzt halte ich es fest.«

»Du hast also tatsächlich gelernt?«

Er schüttelte energisch den Kopf. »Eva Maria und ich sind jetzt acht Jahre beieinander. Am Anfang sah es gar nicht so aus, als ob wir zusammenbleiben würden. Eva Maria war kein Muttertyp und sie war nicht der Mensch, der sich alle meine Launen, Verrücktheiten, Allüren gefallen ließ. Ich hatte mehr Widerstand und Rückzugsverhalten als je zuvor. Sie wollte mit mir zusammenziehen und ich wehrte mich mit Händen und Füßen. Wir hatten Kräche, viel mehr als mit Margot und Karin zusammen. Ich erlebte Eva Maria als halsstarrig, aggressiv und uneinsichtig, aus meiner Sicht war sie böse und streitlustig.«

»Und bei ihr bist du geblieben?«

»Vor einigen Jahren kam es bei mir zum Zusammenbruch, ich erlitt einen schweren Herzinfarkt. Damals, in der Intensivstation des Krankenhauses, begriff ich wohl zum ersten Mal, daß mit mir etwas nicht stimmte. Ich begann Psychotherapie zu machen. Eva Maria glaubte, daß auch ihr das nicht schaden könne, und so begannen wir beide hart an uns zu arbeiten.«

»Eure Situation besserte sich also?«

»Überhaupt nicht, sie wurde immer schlimmer.«

»Wieso?«

»Jaja, in der Therapie kam so viel altes Zeugs hoch, alte verdrängte Gefühle, ich habe alles auf Eva Maria projiziert, ihr die Schuld an meinen Gefühlen zugeschoben. Es gab heftige Ausbrüche zwischen uns, ich warf sie so ungefähr jedes Jahr einmal hinaus, ich schlug sie sogar.«

»Warum?«

»Na damals glaubte ich, daß sie mich einfach bis zur Weißglut reizte. Heute weiß ich es besser.«

»Und . . .«

»Es war immer in jenen Situationen, wenn sie mich zu verlassen drohte, weil ich oft so ekelhaft war, daß sie es nicht mehr aushalten konnte. Ich spürte, wie dann über den Streit die Wut in mir hochkroch. Aber heute weiß ich, daß hinter der Wut eine ganz erbärmliche und gemeine Angst stand: die Angst, verlassen zu werden und allein dazustehen.«

»Du hast Psychotherapie gemacht, weißt du nun, warum dir das alles widerfahren ist?« fragte ich ihn.

Er sog tief die Luft ein. »Ja, es gab mehrere Punkte in meiner Kindheit, die hinter dieser Angst standen. Mit acht Jahren mußte ich, bedingt durch den Krieg, das Elternhaus verlassen. Ich kam nie mehr zurück. Und dann war da noch die Geschichte mit meiner Schwester. Ich war vier Jahre alt, als meine Mutter mit ihr schwanger war. Mutter redete damals immer so dummes Zeug daher, von wegen, sie würde das neue Baby viel lieber haben als mich, und ich sei schuld, daß es ihr während der Schwangerschaft so schlecht ging. Als Renate dann geboren war, hatte ich tatsächlich das Gefühl, alleingelassen worden zu sein. Damals entstand mein Bock, mein Trotz, meine Wut. Und die große Angst vor Frauen, darum war ich wohl immer mehr auf Rückzug als auf Nähe bedacht. Ich mißtraute wohl allen. Dann kam noch hinzu, daß ich, nachdem ich mit acht Jahren das Elternhaus verlassen hatte, bis zum Kriegsende in sogenannten KLV-Lagern nur unter Buben lebte. Die ganze Entwicklung, bis zur Pubertät mit Mädchen irgendwie zusammenzusein, fehlte mir. Der letzte Hammer passierte, als ich gerade in der Pubertät war. Meine Eltern ließen sich scheiden — zur selben Zeit wurde mein Elternhaus ausgebombt. Für mich bedeutete das, nie mehr zurück, niemals mehr heim zu kommen.«

Unterbrechen wir hier das Gespräch mit Günter K. Ich glaube, man muß nicht Psychologe sein, um zu begreifen, welche verhängnisvollen Ereignisse zu diesem Rückzugsverhalten geführt hatten. Das Schlimmste, was Günter K. zu erzählen hatte, war, berichtete er an einem anderen Tag: Seine Mutter hatte mehrfach den Gashahn aufgedreht, mit Selbstmord gedroht. Und so entstand eine ungeheure Todesangst und gleichzeitig Verlustangst in ihm.

Günter K. hatte schon in frühester Kindheit Demütigung, Wut, Verratensein und eine Reihe anderer schmerzhafter Gefühle, ausgelöst durch einen Menschen des anderen Geschlechts, in seiner Kindheit kennengelernt. Wie sollte sich da ein vertrauensvolles Verhältnis Frauen gegenüber entwickeln. Wie ein unsichtbares Band blieb das, was die Mutter ihm angetan hatte, auf unbewußter Ebene lebendig. Die Bindung zwischen Mutter und Kind bleibt ein Leben lang bestehen, ja sie überdauert es. Dies trifft auch zu, wenn das Band scheinbar zerrissen ist oder verleugnet wird. Alles, was eine Mutter tut, bleibt im ganzen Leben ihres Kindes wirksam, ja ihr Einfluß reicht sogar in die folgende Generation hinein. Was sie an innerer Substanz besitzt, gibt sie dem Kind weiter, und dieses reagiert darauf in seiner Weise. Dieser Prozeß vollzieht sich unabsichtlich und zwangsläufig, aber er wird durch Umwelteinflüsse verändert und modifiziert durch den Vater, die anderen Familienmitglieder; Freunde, Nachbarn, durch das weitere Umfeld von Schule und vieles andere. Jedes neue Erlebnis, in welchem Stadium auch immer, beeinflußt die Entwicklung der Persönlichkeit, das Selbst und seine Beziehung zur Umwelt, den Werdegang mit all seinen Erfolgen und Mißerfolgen, die Wechselwirkungen und das Gleichgewicht von Körper und Geist, was bei Günter K. in einem Herzinfarkt mündete. Wir werden in diesem Buch noch die Hintergründe für diese Erkrankung aufdecken. Günter K. hatte sich durch die erneute Schwangerschaft der Mutter und ihren speziellen Umgang damit zurückgesetzt gefühlt. Sein Leben lang war in ihm das Bedürfnis auf der einen Seite, diese Schlappe auszugleichen und gleichzeitig der Drang, es irgendwie seiner Mutter »heimzuzahlen«. Nur, seine Mutter konnte er nicht mehr damit treffen. »Bezahlen« mußten seine drei Ehefrauen.

Wir wissen längst, daß durch Verlusterfahrungen in der frühen Kindheit die Verletzlichkeit durch neue, tatsächliche oder eingebildete Verlusterfahrungen intensiviert werden. Wir soll man mit Verlust fertig werden in einer Welt, von der der Philosoph Heraklit sagt: »Alles fließt und nichts bleibt; alles weicht und nichts steht fest.«

Damals, als Günter K.s Schwester geboren wurde, da hat er nicht nur die Mutter aus seiner Sicht verloren. Er hat seine Allmacht verloren. Sie funktionierte nicht. Es war ihm damals nicht gelungen, die Situation zu meistern. Gerade das Alter um vier herum ist ein kritisches Alter in der Entwicklung des Kindes. Hier entwickeln sich Muster von Intimität oder Mißtrauen in der kindlichen Seele. Im Alter von vier Jahren entdeckt das Kind seine Liebesfähigkeit. Wie sollte ein Muster von Abhängigkeit und Intimität keine Spur hinterlassen, wie nicht die Spur sein, nach der wir später die Welt auszurichten versuchen? Wir machen später verwickelte Dinge, von denen wir nicht wissen, warum wir sie tun. Günter K. schlug seine Frau, in Wirklichkeit war es das vierjährige Kind in ihm, das die Mutter schlagen wollte, strafen dafür, daß er ihre Liebe an die Schwester abtreten mußte.

Wir maskieren später unsere Erinnerungen, versuchen sie zurückzugewinnen, oder zu verändern, zu verleugnen und zu »vergessen«, doch wir können nicht behaupten, daß die Art und Weise, wie wir die Person, die unsere frühen Bedürfnisse erfüllt hat — oder auch nicht —, empfunden haben, heute keine Rolle mehr spielt. Bewußt oder unbewußt sind unsere Erwartungen von Liebe und Verlust, unser Bedürfnis, uns um jeden Preis zu verlieren oder zu finden, eine Reaktion auf eine Zeit, an die wir uns nicht erinnern können. Es ist peinlich und demütigend, sich damit abzufinden, daß unser reifes Intimleben von solchem »Kleinkindkram« bestimmt wird. Doch es ist unvermeidlich.

Das kindliche Allmachtsgefühl, die Überzeugung, wir kontrollieren die Welt, ja wir seien die Welt und auch das Universum, erhält einen derben Schlag, sobald wir merken, daß wir mit dieser Allmacht nicht allein, sondern abhängig sind von anderen. Was das allmähliche Aufgeben der kindlichen Allmacht erträglich macht, ist die Fürsorge der Mutter; bleibt sie aus, wird das Allmachtsgefühl verstärkt durch Wut und Trotz, Machtstreben, Bestrafungszwang und vielem anderen.

Eigentlich schade, daß uns in unserem Repertoire ein goldenes Wort der alten Römer zu fehlen scheint: Ducunt fata volentem, nolentem trahunt — den Willigen führt das Schicksal, den Unwilligen zerrt es dahin.

Günter K. wollte immer seiner Verlust- und Trennungsangst ausweichen. Er benötigte drei Ehen, um zu begreifen, daß die einzige Chance darin lag, sich dieser Angst zu stellen. Er und auch Millionen andere Menschen erleben immer wieder, daß scheinbar Liebe und Leiden zusammengehören. Ist das aber wirklich so? Für Günter K. gab es in früher Kindheit eine Verlusterfahrung, die einen natürlichen Trauerprozeß zur Folge haben sollte. Er aber war unfähig, seine Trauer zu leben, Wut- und Bockhaltung lassen das Gefühl der Trauer nicht zu. Die Unfähigkeit zu trauern aber beruht auf der Unfähigkeit zu lieben. Diese Unfähigkeit zu lieben entstand, als er sich von seiner Mutter zurückgestoßen fühlte.

Aus der Liebe wächst die Freude wie die Traurigkeit, heißt es. Also ein schlichtes Sowohl-als-Auch? Das wäre zu einfach. Liebe ohne Schmerz und Traurigkeit gibt es tatsächlich. Liebe ohne Freude aber nicht. Selbst der unglücklich Liebende ist häufig besser dran als der Nichtliebende. Liebe, Schmerz und Angst gehören nicht unbedingt zusammen. Aber sie sind jene Meilensteine unseres Lebens, an denen wir reifen können. Wir können davonlaufen wie Günter K. es zweimal tat, oder wir können uns den inneren Konflikten stellen, wie er es in der dritten Ehe tat.

Jede tiefe Liebe beginnt mit dem Zufall einer Begegnung. Psychotherapeuten glauben nicht gerne an Zufälle, es sei denn an die Dinge, die uns zufallen. Zuviel stellt sich als unbewußte Handlung heraus. Dennoch bleibt nach Abzug unserer geheimen, uns selbst verborgenen Absichten ein unabsehbarer Rest von Zufall, der unser Leben bestimmt. Wir verleugnen ihn schon in unserer Geburt und erst recht in unserem Tod. Wer der Liebe ins Gesicht sieht, erkennt auch dort das »Schick«sal, das uns geschieht.

Die Liebe ist die Kraft in uns, die Leben in allen seinen Formen entstehen läßt: unser Gefühl, wirklich dazusein; unsere Kinder; unsere schöpferischen Werke, unser Spielen ohne nützliches Ziel. Liebe erkennt das Leben, sie macht nicht blind. Das tut nur Verliebtheit. Liebe macht sehend. Aber wir sehen mit dem Leben auch unser Sterben. Sein und Nicht-Sein, Glück und Unglück der Liebe erzeugen sich wechselseitig. Tod und Liebe sind zwei Seiten eines Geschehens. Wenn die Liebe eines Tages stirbt, dann stirbt nicht als erstes die Liebe, es hat etwas mit Bindung und Rückzug zu tun. Wenn die Liebe stirbt, dann befindet sich einer von zwei Menschen auf dem Rückzug. Der andere kann ihm nicht folgen, weil er den Weg nicht kennt. Der Rückzug nämlich ist ein Rückzug in die Kindheit, dorthin, wo wir die erste Verletzung bekamen. In dieser Zeit ist die Trennungsangst entstanden, unter der so viele Menschen leiden.

Liebe enthält bestimmte Grundmöglichkeiten menschlichen Erlebens. Die wichtigste davon ist das Gefühl, sich so angenommen zu fühlen, wie wir glauben zu sein. Der Partner soll jene Identität in uns wahrnehmen und anerkennen, die uns als unser Selbstbild bewußt ist. Den anderen Teil, den wir selbst nicht wahrnehmen, soll er nach Möglichkeit auslassen, weil dieser Teil uns fremd erscheint. Das umfaßt zugleich die Hoffnung, daß die Schwächen und Fehler, die wir haben mögen, liebend mit einbezogen und deshalb nicht abgewiesen werden.

Die Urgestalt solchen Erlebens ist aber mit der von früher durchaus vorhandenen Angst verbunden, übersehen, abgewiesen zu werden und ungeliebt zu bleiben. Diese Furcht wird um so größer sein, je weniger wir das Gefühl haben, wirklich liebenswert zu sein. Je mehr Selbstzweifel, desto größer die Angst, ungeliebt zu bleiben, wenn wir selbst unser härtester Kritiker sind. Diese Befürchtungen stammen jedoch aus einer Grunderfahrung in unserer frühesten Umgebung, meist von den Eltern. Oft ist der subjektive Eindruck, nicht genug geliebt worden zu sein, das Ergebnis eines falschen Anspruchs oder eines eigenen geheimen Grolls gegen die Eltern.

Trotzdem darf man sagen, würden sich alle Liebenden ein wenig genauer die Familienstruktur des Partners, das Beziehungsgefüge, wie der Alltag in der Familie gelebt wird, ansehen, so wäre manche Enttäuschung vermeidbar. Nicht selten gehen Liebende in eine Partnerschaft mit dem Gefühl, daß nun alles ganz anders werde als im Elternhaus.

Das Gelingen einer Partnerschaft hängt weitgehend von der Wandlungsbereitschaft und Wandlungsfähigkeit beider Partner ab. Es gibt viele Maskierungen und Verpanzerungen gegen die Liebe, die wir oft nicht erkennen, ihnen liegt ein geheimer Schwur zugrunde: »Nie wieder will ich den Schmerz erleben, abgewiesen zu werden.« Menschen, die mit diesem Schwur leben, müssen um jeden Preis Nähe verhindern. Sie fürchten sich, geliebt zu werden, weil sie dadurch in eine schmerzhafte innere Lage geraten. Sie haben Angst, daß ihr eigener Wunsch zu lieben wieder aufgerührt wird, nachdem sie ihn mit bitterem Schmerz einst für immer begruben, als ihre Liebe abgewiesen wurde. Ihre kühle Distanz und Abweisung jeder persönlichen Nähe ist ein Mittel der Schmerzvermeidung. Die vom

Volksmund geprägten Spottnamen »Hagestolz« oder »alte Jungfer« übersehen die inneren Zusammenhänge der scheinbaren Menschenfeindlichkeit, die aus Enttäuschung wuchs. Dieser Rückzug von intensiveren Beziehungen in eine Verpanzerung aus Angst vor Schmerz und Verletzlichkeit, gleichsam wie eine leere Festung, führt nicht nur zur Verarmung der Gefühlswelt, deren Erlebnisse vermieden werden sollen. Wenn nicht ein Weg gefunden werden kann, Zuneigung, Fürsorge für andere und damit Liebe auf andere Weise auszudrücken und zu erleben, wird eine solche Festung leicht zum Gefängnis. Menschen, die den mit der Liebe verbundenen Schmerz vermeiden möchten, geraten leicht in die Gefahr, durch ihren Rückzug die Kontrolle über die Wirklichkeit, die eigene und die fremde, zu verlieren. Ihre Welt wird zu einer Eigenwelt, deren Regeln so weit von denen der Allgemeinheit abweichen, daß sie einer gewissen Verrücktheit oder Exzentrizität bezichtigt werden. Man kann aber auch sagen, daß sich tatsächlich etwas in ihnen verrückt hat. Nämlich, sie sind abgewichen von ihrer eigenen Liebesfähigkeit und damit auch von den Fähigkeiten, alten Schmerz zuzulassen.

»Wann lerntest du, deinen Schmerz zuzulassen?« fragte ich Günter K.

»Mit meinem Herzinfarkt«, antwortete er.

»Einfach so?« bohrte ich weiter.

»Vielleicht nicht einfach so. Heute würde ich sagen, daß all der Schmerz, der seit frühester Kindheit in mir lebte, sich durch den Infarkt Luft machte. Aber auch danach begriff ich noch nicht gleich. Es folgten Jahre der mühseligen Psychotherapie, eine Millimeterarbeit und zugleich ein kriminalistisches Meisterwerk. Mein innerer Schmerz hatte sich derart maskiert und verkrochen, daß es schwer war, an den inneren, alten seelischen Schmerz heranzukommen.«

»Es wurde also so allmählich besser?« fragte ich weiter.

»Du bist selbst Psychotherapeut«, erwiderte er ärgerlich, »du mußt es wissen und du weißt es auch, daß eine solche Therapie ein ewiges Auf und Ab ist, daß seelische Wogen aufwallen, alte Gefühle hochkommen, daß du manchmal das Gefühl hast, durch einen dreckigen Sumpf zu waten und ein anderes Mal durch das Feuer eines inneren Vulkan gejagt wirst.«

»Möchtest du darüber mit mir reden?« fragte ich ihn.

»Soweit es zum Bereich meiner Ehe mit Eva Maria dazugehört, warum nicht. Also, paß auf. Das Fatale war, daß mein Vater eine Woche vor mir einen Infarkt hatte, an dem er etwa sechs Wochen später starb. Damit war für mich endgültig das Aus gegeben, doch noch die Anerkennung von ihm zu bekommen, die ich mir ein Leben lang ersehnt hatte.

Als ich mich im Krankenhaus in der Intensivstation wiederfand, da hatte ich das Gefühl, ein gefällter Baum zu sein, den man mit einem einzigen Hieb umgehauen hatte. Und dieses Gefühl blieb über Jahre in mir bestehen. Nicht bewußt. Ich hatte es einfach beiseite geschoben. Ich wollte ja nach außen nicht als ein halber Mann dastehen, ich wollte erfolgreich sein im Beruf und auch erfolgreich in den Augen meiner damaligen Freundin und späteren Frau Eva Maria.«

»Du hattest also dieses Ohnmachtsgefühl beiseite geschoben«, sagte ich, »es ist nun aber einmal so, daß Gefühle, Erlebnisse, die wir unbearbeitet wegdrängen, auf anderen Ebenen wirksam werden. Wie war das bei dir?«

»Davon merkte ich zunächst nichts, obwohl es da war.

Ich brachte meine Schwierigkeiten nicht mit diesem Gefühl in Verbindung.«

»Wie wirkte es sich aus?«

»Versetz dich doch einmal in meine Lage«, er kam mit dem Oberkörper näher an mich heran, als wollte er damit andeuten, wie wichtig das war, was er mir erzählen wollte. »Ich war ein gefällter Baum. Hatte in mir das Gefühl, kein richtiger Mann mehr zu sein, sozusagen nur noch die Hälfte wert zu sein. Das war meine Ausgangsbasis nach dem Infarkt. Auf der anderen Seite hatte ich eine achtzehn Jahre jüngere Partnerin, die zudem noch sehr attraktiv ist. Kannst du dir vorstellen, wie einem da zumute ist? Nein, das kannst du nicht, auch als Therapeut nicht.«

Er hatte recht, wir wissen sehr viel über psychische Mechanismen. Jeder Therapeut ist auch ein Mensch mit einem eigenen Innenleben und mit eigenen Schwächen und Schwierigkeiten, aber, was damals in Günter K. vor sich ging, das kann man erst mitbekommen, wenn man es selbst erlebt hat.

»In der Rehabilitationsklinik ging es los«, berichtete Günter K. weiter. »Eva Maria besuchte mich oft. Oder wir telefonierten abends miteinander. Aber nur bis abends um zehn. Danach durften weder Gespräche hinausgehen noch angenommen werden. Und ab diesem Zeitpunkt begann die Angst. Was sie wohl machte, ob sie daheim blieb, ob sie mit jemandem ausging, oder gar Männer in ihre Wohnung einlud, ob sie mit ihnen schlief. Sicher würde sie das tun. Gesunde Männer — was hatte einer mit einem Herzinfarkt zu bieten?

Das schlimme ist, daß ich, wäre ich gesund und sie in der Klinik gewesen, das vielleicht getan hätte. Das, was in mir lebte, das traute ich ihr zu. Ich hatte all die Jahre seit dem Infarkt Angst, sie könnte mit einem jüngeren, gesünderen, vitaleren Mann abhauen. Als ich längst aus der Klinik war, als wir zusammenlebten, und auch als wir verheiratet waren, diese Angst blieb immer. Dabei hat Eva Maria mich nie betrogen. Sie liebt mich wirklich. Aber in mir war das Gefühl, daß ich als halber Mann nicht mehr liebenswert war. Die Krankheit lag wie ein Makel über mir. Eva Maria ist ein starker Mensch. Ich habe den großen Fehler gemacht, anstatt mich von ihrer Stärke wieder nach oben ziehen zu lassen, habe ich sie zu mir nach unten in die Schwäche gezogen. Ich habe sie eingeengt, habe mich an sie geklammert, habe sie für meine eigene Schwäche ›bestraft‹. Sie war zum Schluß irgendwie nicht mehr sie selbst. Nicht mein Herzinfarkt, nicht meine vermutliche Schwäche hat sie dazu gebracht, sondern einzig und allein meine Angst, sie an jemand anderen, jüngeren, vitaleren zu verlieren.«

»Und trotzdem seid ihr immer noch zusammen?«

»Ja, darüber freuen wir uns beide, denn es ist mir doch gelungen, zu erkennen, wo ich mich hineinmanövriert hatte, und das nur, weil ich Angst hatte.«

Bindungsverhalten und Fluchtverhalten werden häufig durch die gleiche Reizsituationen ausgelöst und dienen immer der gleichen Funktion, nämlich dem Schutz. Es überrascht daher überhaupt nicht, daß beide Verhaltensformen oft auf ähnliche Weise erlebt werden. Wenn wir in einer Lebenssituation stehen, die in uns den Wunsch aufkommen läßt, zu fliehen oder uns zurückzuziehen, dann empfinden wir uns wohl als ängstlich oder erschrocken oder beunruhigt. Wenn durch eine ähnliche Situation unser Bindungsverhalten angesprochen wird, wenn der Partner aber nicht »verfügbar« ist, dann haben wir ähnliche Empfindungen, wie sagen vielleicht: »Ich war beunruhigt, daß ich dich nicht finden konnte.« — »Ich war erschrocken, daß ich dich nicht antraf.« Oder: »Ich war ängstlich, da sollen doch so viele Verkehrsunfälle auf der Autobahn gewesen sein.«

Die psychologische Wissenschaft weiß schon längst, daß alle Angst — zumindest alle neurotische Angst — letzten Endes Trennungsangst ist, eine Reaktion auf die Trennung von einem schützenden bergenden Elternteil.

Es gibt Menschen, die ebenso ein übermäßiges Bindungsverhalten zeigen, wie sie auch Rückzugsverhalten zeigen. Ständig pendeln sie zwischen beiden Polen hin und her. Wie Günter K. zum Beispiel, er hatte es in seinem Leben so eingerichtet, daß seine Frau Eva Maria ständig für ihn verfügbar war. Er hatte seine Stellung als Redakteur aufgegeben und arbeitete freiberuflich für Zeitschriften und Illustrierte. Das führte dazu, daß er ständig daheim war, er konnte kontrollieren, was seine Frau tat, konnte sie für alle möglichen persönlichen »Dienstleistungen« einspannen, um so sicher zu sein, daß sie ihm nicht davonlief. So eine Haltung bezeichnen wir als Abhängigkeitsverhalten. Noch klarer definieren wir dieses Verhalten als eine Angstbindung. Er litt also ständig unter einer teils bewußten oder auch unbewußten Verlustangst. Stolz sprach er gegenüber Freunden von seiner engen Bindung zu seiner Frau und erkannte nicht, daß neben der Liebe vor allem die Angst es war, die ihn so eng an sie kettete. Da er sich selbst als »einen halben Mann« empfand, als einen kranken Menschen, erhoffte er sich insgeheim von seiner gesunden, jungen Frau Kraft, Vitalität und Hilfe. Er konnte zu diesem Zeitpunkt noch nicht erkennen, daß er unwissentlich sich in eine Regression, also einen Rückfall in die Säuglingszeit begeben hatte, wo er als Kleinkind total abhängig von seiner Mutter war. Über seine Erkrankung schaffte er die gleiche abhängige Situation. Erst als er im Laufe seiner Psychotherapie lernte, die Angstbindung aufzugeben, selbst wieder Verantwortung für sein Leben zu übernehmen, konnten die meisten Schwierigkeiten dieses Paares überwunden werden. Menschen, die wie Günter K. unter einer Angstbindung »leiden«, haben meist in ihrer Kindheit eine schlimme Erfahrung machen müssen. Trennungsängste bei Kindern haben meist sehr reale Gründe: Entweder waren sie selbst oder ihre Mütter einmal für längere Zeit im Krankenhaus oder sie haben eine andere Trennungserfahrung hinter sich. Bei Günter K. gab es sehr reale Gründe für seine Trennungsangst. Zum einen war er vor der Geburt der Schwester für einige Zeit zu Freunden gegeben worden. Dann mußte er die für ihn schreckliche Feststellung machen, daß er die Liebe seiner Mutter an die Schwester verloren hatte. Das allein hätte schon seine Trennungsangst begründet. Hinzu kam die häufige Drohung der Mutter, den Gashahn aufzudrehen, um ihre »undankbaren Kinder« zu verlassen. Schließlich mußte er achtjährig das Elternhaus für immer verlassen, und als die Eltern sich scheiden ließen, kurz darauf das Elternhaus ausgebombt wurde, da schwand alle Hoffnung, je wieder ein Zuhause zu haben. All diese Ängste lebten unbewußt in ihm, und sie machten das Eheleben der beiden zeitweilig zum Inferno.

Der britische Psychiater John Bowlby sagt dazu: »Zu den einflußreichsten Faktoren bei der Trennungsangst zählen erstens Drohungen aus disziplinarischen Gründen, das Kind zu verlassen, und zweitens die Erkenntnis des

Kindes, daß elterliche Streitigkeiten die Gefahr in sich bergen, daß ein Elternteil fortgeht.«

Tief im Innern von Günter K. lebte ein mörderischer Haß. Viele Menschen, denen es ähnlich erging, leben mit so einem gewaltigen Haß auf einen Elternteil in sich, den sie unwissentlich auf den Partner projizieren.

Eine Trennungsperiode, eine Trennungsandrohung oder eine andere Form der Zurückweisung lösen bei einem Kind oder auch beim Erwachsenen sowohl Angst als auch Wutverhalten aus. Beides richtet sich gegen die »Bindungsfigur«, die Mutter oder später die Partnerin. Angstbindung soll maximale Zugänglichkeit der »Bindungsfigur« sichern; Wut ist sowohl ein Vorwurf, die sich auf das bezieht, was geschehen ist, und es geschieht aber auch eine Abschreckung, damit es nicht wieder passiert. Auf diese Weise werden Liebe, Angst und Wut, manchmal auch Haß, durch ein und dieselbe Person ausgelöst. Wenn man sich die häufigen Streitereien zwischen Eheleuten betrachtet, die durch Wut und Angst ausgelöst werden, wenn man weiter bedenkt, daß eigentlich nicht der Partner gemeint ist, sondern daß hier alte Wut aus der Kindheit übertragen wird, können wir vielleicht verstehen, daß manche Ehescheidung nicht nötig wäre, wenn sich die betreffenden Personen ihren Ängsten und Aggressionen stellten und vielleicht durch eine Therapie erkennen könnten, daß die Liebe ohne Wut und Angst noch groß genug ist, um ein harmonisches Leben zu zweit zu führen.

Ist eine Ehesituation soweit gediehen, daß eine Versöhnung erst einmal nicht mehr möglich scheint, kommt es häufig zur Scheidung oder Trennung. Das Gefährliche an dieser Situation für die Betreffenden ist nicht die Trennung oder Scheidung selbst, sondern der Umstand, daß die einzelnen Streitsituationen und das, was zur Trennung geführt hat, wieder genau wie in der Kindheit verdrängt wird. Nach einer Weile neigen diese Menschen dann dazu, zwischen Anhimmelung und Verurteilung des Partners zu schwanken, um sich dann, am Ende des Verarbeitungsprozesses, schablonenartig für eine endgültige Vorstellung zu entscheiden: »Das war die große Liebe meines Lebens und ich bin an meinem Glück vorbeigegangen.« Oder: »Dieser Mensch war mein Unglück.«

Bei einer derartigen Einstellung passiert es dann, daß eine zweite oder dritte Ehe nach dem alten Grundmuster sich wiederholt. Nichts hat sich geändert. Die Unfähigkeit, die bestehende Ambivalenz, die sich aus der Diskrepanz zwischen der härtesten Versagung und der sehnsüchtig herbeigewünschten Gewährung ergibt, wird durch die Isolierung der Merkmale überdeckt. Anders, wenn man sich verhält wie Günter K., der zumindest in der dritten Ehe erkannte, daß er sich mit seiner Vergangenheit und mit der bestehenden Partnerschaft auseinandersetzen müsse, um am Ende die eigenen Fehler zu erkennen und daraus neue Entscheidungen zu treffen. Nur durch eine solche Verhaltensweise ergibt sich die Chance, doch noch zu einer erfüllenden, harmonischen Partnerschaft zu gelangen.

Günter K.: »Damals, als unser Sohn Dominik geboren war, beobachtete ich die liebevolle Interaktion zwischen Eva Maria und Dominik und fragte mich: Müssen wir erst Liebe erfahren und dann verlassen werden, um das Verlassensein zu kennen? Ich meine, wenn wir überhaupt keine Liebe, keine liebevollen Eltern hatten, können wir dann trotzdem Angst vor dem Verlassensein haben?«

Ich antwortete ihm: »Ehe wir psychisches Verlassensein erfahren können, müssen wir, darin sind sich alle Fachleute einig, zuerst eine Bindung hergestellt haben, eine besondere Beziehung. Wenn wir erst einmal über eine entsprechende Erinnerung verfügen und feststellen können, daß jemand nicht da ist, dann sind die psychologischen und physiologischen Reaktionen nicht sehr verschieden, ganz gleich, wie alt wir sind.«

»Warum«, so fragte Günter K. weiter, »muß man, wenn man schon in der Kindheit so viel mitgemacht hat, noch als Erwachsener unter den Folgen der Kindheit leiden?«

Wir würden uns in der Liebe gern entspannen, aber wir wissen nicht, wie man das macht. Wir geben weder uns selbst noch unserem Partner genug Raum zum Atmen, und wir klagen über Langeweile. Der Partner klagt, er werde erstickt. Einer von uns geht andere Wege. Eifersucht bricht aus. Die Beziehung geht kaputt. Wir haben das erreicht, was wir am meisten fürchteten: Wir sind allein. Und wenn neue Liebe angeboten wird, haben wir wieder das Gefühl, sie werde uns entzogen, wenn wir den Partner nicht dazu bringen, uns *dauernd* zu lieben.

Das ganze wird zu einem Trick, einer Fertigkeit, einem Ausdauertest, weil wir uns im Grunde nicht liebenswert fühlen. Um die Ecke lauert der Mißerfolg. Wir gehören zu den Leuten, die scherzhaft sagen: »Ich werde dich verlassen, bevor du mich verläßt.« Hier zeigt sich die Angst vor Bindung. Menschen mit dieser Angst drehen sich immer mehr im Kreise flüchtiger Bekanntschaften, Abenteuer und Episoden, bis dann das System in die gegenteilige Bewegung umschlägt, in den panikartigen Rückzug. Der Abbruch und Verlust aller äußeren Kontakte dauert dann solange, bis ein neuer Wiederholungszwang die Kreisbewegung nach außen zwingt und derselbe Ablauf von vorne beginnt. Bindung wird abgewehrt durch Vielfalt von Beziehungen. Wie kommt es zu einem solchen Verhalten? Nicht selten sind Unsicherheit der geschlechtlichen Identität verursacht durch frühe Probleme der Ablösung von der Mutter und Teilidentifizierung mit dem Gegengeschlecht die Ursache für eine tiefverankerte, jedoch unbewußte Zwiespältigkeit. Auch das Symptom des Partnerwechsels mit Hilfe eines anderen neuen Partners deutet auf den Suchcharakter, der in dieser Art der Schwierigkeiten zu lieben zum Ausdruck kommt. Besondere Überempfindlichkeit der eigenen Liebe, die Angst, Einbußen aus Minderwertigkeitsgefühlen künstlich überhöhten Selbstbildes durch Konfrontation von seiten eines Partners zu erleiden, ist eine häufige Begleiterscheinung, die oft in der unausgesprochenen Formel zum Ausdruck kommt: »Du mußt mich so lieben, wie ich mich selbst sehe. Wenn du das nicht kannst, muß ich gehen.« Hier ist die Schwierigkeit zu lieben von einer geschwulstartig gewucherten, überhöhten Selbstliebe verursacht, die der Angst entstammt, eine Besonderheit ist der unbewußte Sexualneid auf das andere Geschlecht. Man findet nicht selten männliche Partner, die nichtsahnend dauernd demonstrieren, daß sie die »besseren weiblich-mütterlichen Qualitäten« haben, wie umgekehrt weibliche Partner, die dauernd betonen müssen, wieviel entschiedener, entschlossener, aktivitätsbereiter und »männlicher« sie sind als der jeweilige Partner des Gegengeschlechts. Die darin enthaltene Konkurrenz mit dem Partner bleibt dabei weitgehend unbewußt.

Allein zu leben ist ein überaus bizarrer Umstand. Ein

unnatürlicher Zustand. Wir leben in einer Welt ohne Beständigkeit. Die Hälfte der Ehen endet heutzutage in Scheidung. Früher wuchsen Kinder mit der Angst vor dem »schwarzen Mann« auf; das waren symbolische Ängste. Heute sind die Ängste real geworden. Studien zeigen, daß das, was Kinder am meisten fürchten, um das sich ihre Alpträume drehen, die realen Ängste sind, einen Elternteil zu verlieren.

Gerade weil das Erleben des Alltäglichen unvermeidlich mit unlustvollen Entsagungen, Enttäuschungen und Aufschubforderungen verbunden ist, die eine sofortige Befriedigung aufkommender Triebwünsche, keineswegs nur sexueller Art, unmöglich erscheinen lassen, bildet sich eine unbestimmte Unzufriedenheit heraus, die nach dem Gegengewicht befriedigender Erlebnisse verlangt. Ein berufstätiger Mann, dessen Tag mit einer Reihe ungewöhnlicher Versagungserlebnisse (Frustrationen) verbunden war, wird nicht ohne weiteres in der Lage sein, sich, wenn er heim kommt, mit erneuten Versagungsängsten zu konfrontieren. Vielmehr will er seinen »Berufspanzer« ablegen können, ohne befürchten zu müssen, dadurch verwundbarer und durch unerwartete Angriffe überrascht zu werden. Umgekehrt wird eine Frau, die den Tag im Kleinkrieg mit unberechenbaren Kindern, Wäsche und Hausarbeit verbracht hat, einer Ermutigung bedürfen, und genauso verwundbar sein, wenn statt dessen neue, zusätzliche Forderungen des Mannes, gleichsam wie von einem weiteren Kind, an sie gestellt werden. Allein die Logik würde verlangen, daß beide Partner aus dieser Einsicht des unweigerlich aufeinander Angewiesenseins sich bemühen, zueinander zu finden, um die Last zu teilen, die jeder zu tragen hat.

Leider gehorchen dieser Logik die aufgestauten, frustrierten Impulse keineswegs, solange Liebe nicht als ein Lernprozeß verstanden wird, sondern als ein Geschenk des Himmels betrachtet wird.

Wenn ein Mann nach einigen Überstunden heim kommt und regelmäßig seine Familie vor dem Fernsehschirm vorfindet und die Frau ihn auffordert, sich sein Essen selbst zu machen, dann wird dieser Mann eines Tages aufbegehren. Erhält er von seiner Frau die trotzige Antwort, daß auch sie ihr Recht auf Feierabend hat, wird es zu Diskussionen kommen, wonach, wenn es öfter passiert, der Mann seinen Abendbrottisch in eine Wirtschaft verlegt. So wird das Fernsehprogramm allmählich zum Schlußpunkt einer Ehe.

In nicht wenigen Ehen ist der Racheengel und der Trotz ein ständiger Begleiter durch alle Ehesituationen. Trotzige Rache erinnert an die Geschichte des kleinen Buben, der im eisigen Winter an der Straßenecke den Vorübergehenden seine blaugefrorenen Hände triumphierend vorzeigt: »Es geschieht meinem Vater ganz recht, wenn ich mir meine Finger erfriere, warum kauft er mir auch keine Handschuhe?« Er unterschlägt dabei, daß er schon zum dritten Mal die Handschuhe verloren hat und der Vater ihm zur Wahl stellte, zu Hause zu bleiben oder sich draußen seine Hände zu erfrieren. Er unterschlägt auch das Angebot, durch Übernahme von Hausarbeit sich seine Handschuhe zu verdienen. Ähnlich steht es um die Trotzreaktion in der Partnerschaft: Der Partner muß zum Sündenbock gestempelt werden, an dem man sich durch Selbstschädigung rächen will, um sich nicht eingestehen zu müssen, daß dieser Trotz Abwehr gegen die Einsicht in eigene Schwächen und Fehler enthält, die wir dem anderen nicht einräumen wollen. Auch hier ist das Ausbrechen aus der Ehe oft nur die Verweigerung dieses Wandels, entstanden aus falschen Vorstellungen über die Liebe und zu hohen Ansprüchen. Natürlich kann Trotz auch aggressiv über Leichen gehen, der andere soll aus dem Weg sein, weil er als lebendiger Zeuge allein schon durch sein Vorhandensein zum ewigen Mahner der eigenen Verweigerung geworden ist. Die Neigung, auseinanderzulaufen und ohne innere Wandlung den gleichen vergeblichen Versuch an anderer Stelle neu zu beginnen, ist größer im jüngeren Alter, weil die Zeitstrecke dann noch lange genug erscheint.

Erinnern wir uns. Die erste Ehe von Günter K. dauerte etwa zweieinhalb Jahre, da war er um die dreißig. Die zweite Ehe dauerte immerhin schon etwa zehn Jahre. Aber erst in der dritten Ehe, die jetzt etwa acht Jahre andauert, begriff er, worauf es ankommt: Daß er selbst etwas tun müsse, daß nicht das Weglaufen die Probleme löst, sondern nur der Wandel in ihm. Mancher mag sich an dieser Stelle fragen, warum soll sich nicht auch der Partner wandeln? Das mag sicher richtig sein, aber diese Entscheidung muß erstens jeder für sich fällen. Dinge wandeln sich nicht dadurch, daß wir sie von anderen Menschen verlangen, jeder muß bei sich selbst anfangen. Darüber hinaus zeigt die Erfahrung, daß sobald einer von zwei Partnern sich wandelt, der andere — wenn auch zunächst unbewußt — nachzieht. Dieses Prinzip klappt deswegen in mancher Ehe nicht, weil möglicherweise einer der beiden Partner sich gegen diesen Wandel sträubt, er bekommt sozusagen vor sich und dem neuen Partner panische Angst, er fühlt sich der Situation nicht gewachsen und läuft weg. Aber dort, wo beide Partner bereit sind, etwas für sich, ihre Liebe zu tun, dort wird der Wandel allmählich eintreten.

Werden die falschen und abgestorbenen Selbstbilder und Einschätzungen in eine neue Partnerschaft mit hineingeschleppt und konserviert, so ändert sich auch in einer neuen Beziehung nichts. Auch Zeit und Handeln werden damit in einem Einmachglas eingesperrt, während das Leben jenseits dieser gläsernen Wand vorüberzieht — ungreifbar.

Je mehr wir uns in bestimmten Bereichen selbst idealisieren und überschätzen, desto weniger können wir uns in anderen, verborgenen Bezirken so annehmen, wie wir tatsächlich sind. Weil wir uns aber auf eine bestimmte Weise für unannehmbar halten, neigen wir dazu, diese Unannehmbarkeit zu verbergen und andere zu täuschen. Das ist deshalb auf Dauer nicht möglich, weil gerade die Verhüllungstendenz jeden anderen neugierig macht — gewiß nicht in böser Absicht, sondern weil ein ungeklärter, verschlossener Bereich mehr Unsicherheit und Unklarheit in einer Partnerbeziehung bedeutet und mit zunehmender Annäherung nicht mehr aufrechterhalten werden kann. Die meisten Menschen werden neugierig, wenn sie in einer Alltagssituation wahrnehmen, daß an einer auffälligen Stelle etwas verdeckt wird. Die offene Erklärung einer Schwäche, eines Irrtums oder Fehlers bereiten dann einen Zugang und die Möglichkeit zur Änderung. Wer in dem Wahn lebt, immer perfekt sein zu müssen und keine Fehler machen zu dürfen, lebt in der falschen Vorstellung, man dürfe sich — und auch anderen — nichts vergeben. Ein solches Selbstbild der Fehlerlosigkeit läßt sich niemals aufrechterhalten. Ein solches Selbstbild läßt Offenheit und Nähe nicht zu. Der andere würde sich betrogen fühlen, zwischen zwei Menschen entstünde eine Wand. Denn natürlich läßt sich das selbstgebastelte Idealbild, das wir anderen anzubieten versuchen, niemals aufrechterhalten, gewiß nicht in der Nähe und Verwundbarkeit offener Partnerschaft und Intimität. Der richtige Weg in die Partnerschaft läuft nicht über eine Erleuchtung oder jähe Erkenntnis, vielmehr geschieht es Schritt um Schritt in dem Ausmaß, in dem wir fähig werden, falsche Idealbilder abzubauen und um der Liebe willen zu korrigieren. Offene Partnerschaft bedeutet, vielleicht zunächst mehr verletzt werden und diese Verletzungen zu ertragen, sie bedeutet aber auch Nähe und die Möglichkeit, sich zu wandeln. Es gilt nicht den Verletzungen auszuweichen, sondern an dem wunden Punkt, der eigenen Verwundbarkeit, zu arbeiten.

Denn es ist eine Tatsache, daß wir immer dort verwundet werden, wo wir schon einen wunden Punkt haben. Gelingt es, diese bestimmte Verwundbarkeit aufzugeben, zu wandeln, kann kein Mensch mehr seinen Pfeil gegen diesen Punkt schießen, er träfe uns nicht mehr und verliert dadurch die Lust, überhaupt zu schießen.

Das alle ist nicht ganz einfach. Wir müssen nämlich das Dilemma der elterlichen Liebe klarsichtig und unsentimental beurteilen lernen. Noch das geborgenste Kind, das von glücklichen Eltern klug aufgezogen wird, muß für das Geschenk der familiären Liebe einen hohen Preis bezahlen. Die Arme, die uns halten, formen unseren Charakter, bevor wir einen freien Willen haben. Die Autoritäten prägen unserer Psyche ihre offiziellen Mythen ein, bevor wir versuchen, unsere eigene Geschichte zu entwikkeln. Die Bande, die uns Sicherheit geben, schränken uns auch ein. Liebe baut das Gefängnis des Charakters.

Die lange Zeit der Abhängigkeit, die für die menschliche Kindheit typisch ist, sorgt dafür, daß wir alle das Erwachsenenalter leicht oder stark angeschlagen erreichen. Jeder von uns hat einen Charakter, einen Panzer, eine Reihe von konditionierten Reaktionen, vorgeformten Meinungen und unüberprüften Werten, eine Maske oder Persönlichkeit, die wir in Anwesenheit von anderen Menschen tragen. Aber im Verborgenen unseres privaten Selbst gibt es auch einen inneren Bezirk, in dem wir unsere Psyche zu entwickeln beginnen. Auf diesem Spielplatz schmecken wir zum ersten Mal die Freiheit, und wir entdecken, daß unser Sein nicht endgültig durch die Regeln der Gemeinschaft festgelegt ist.

Eine Ehe — wenn beide bereit sind, an sich zu arbeiten — muß nicht endgültig unglücklich bleiben, wenn wir den Spiegel der Behinderungen anschauen und es zulassen, durch das Tal der Vergangenheit zu gehen. Es ist nun einmal eine Lebenswahrheit, daß der Tag der Nacht folgt. Die Nacht sind die Verdrängungen unserer Kindheit. Wagen wir diese »Nachtmeerfahrt«, empfängt uns am Ende der Reise ein tieferes Verständnis für uns selbst und für den Partner.

Liebe ist Schicksal und Gnade, nicht Arbeit oder Leistung. Sie verspricht, daß »man an einem zauberhaften Abend auf der anderen Seite des überfüllten Raumes einen Fremden erblickt und irgendwie sofort weiß: Du bist mein Schicksal.« Sie lädt uns ein, die Kontrolle zu verlieren und uns Gefühlswallungen hinzugeben. »Der und kein anderer.« Hilflos aber glücklich wie ein Kind, empfänglich, aber nicht verantwortlich. »Du hast meine Liebe geweckt, aber ich wollte es nicht.« Wir können die Bürden der Mäßigung, der Vernunft, all die strengen Tugenden, um die wir ständig uns bemühen, ablegen, wenn »der alte Zauber uns in den Bann zieht«. Eine sanfte Gewalt zieht uns aus den Gewohnheiten. Dionysos macht uns trunken und blind vor Ekstase. Wir sind außer uns, haben unser normales Ich verlassen.

Liebe ist geoffenbartes Geheimnis. Das Geheimnis ist im Herzen verborgen, Heimat ist das, wo das Herz schlägt. Unsere Hände mögen schuften, unsere Gehirne erfinden, aber nur durch die Öffnung des Herzens wird die Welt zu einem heimischen Herd. Wenn wir uns leer, trostlos und verlassen fühlen, ist das Vakuum in unserem Herzen.

Die Liebe gibt uns ein Ziel. Liebe ist ein Weg, naturgegeben, ein Sinn für unser aller Leben. Aber das Ziel ist niemals ein abstrakter Plan, niemals eine Blaupause universeller Vernunft. Liebe hebt jede Isolierung auf. Liebe ist Bewunderung. Wir küssen den Boden, auf dem sie geht. Irgendwie fühlen wir uns in Anwesenheit der geliebten Person demütig, als sei uns eine große, unverdiente Ehre zuteil geworden. Wir flüstern nur noch, sind uns bewußt, daß wir von etwas, das größer und mächtiger ist als wir, eingefangen worden sind.

Liebe ist ausschließlich. Liebende sind voneinander fasziniert, haben für nichts anderes mehr Augen. »Nur du, du, du allein . . .« Halt!

Jeder weiß es und fast jeder kennt es. So und ähnlich kann Liebe beginnen. Und doch erleben Millionen Menschen, daß die Liebe in die Sackgasse gerät, aus der es scheinbar kein Entrinnen mehr gibt. Wo vorher das Hochgefühl vorherrschend war, endet es eines Tages in Schmerz und Verzweiflung.

Warum?

Schicksal?

Unser Schicksal wird durch mehr als durch Liebe und Abneigung gelenkt. Unsere Entscheidungsfreiheit ist so groß, daß wir sogar beschließen könnten, unser angeborenes Mitgefühl und unser Bewußtsein so zu entstellen, daß wir vor lauter Unmenschlichkeit nicht mehr spüren, was mit uns los ist. Obwohl wir nicht wissen, wie der Begriff des menschlichen Schicksals intellektuell zu klären wäre, stimmen wir darin überein, daß einige Menschen die Bedingungen vergewaltigen, die uns als Menschen kennzeichnen.

Der Sinn, der unser Leben prägt, läßt sich nicht durch allgemeine Formeln aufdecken. Obwohl es uns schrecklich mißlingen kann, unser individuelles Schicksal zu erfüllen und dies allgemein erkennbar wäre, gibt es doch keine universelle Formel, nach der wir in unserem Leben einen Sinn finden könnten. Mit anderen Worten: Unser Schicksal, der Sinn unseres Lebens, unsere Berufung läßt sich nur in der Intimität unserer Erfahrungen entdecken. Unser Schicksal wird nur uns enthüllt. Jeder von uns wird bei seinem Namen gerufen. Eine leise Stimme, die wir leicht überhören, flüstert: »Dies ist deine Arbeit, dein Ort, dies sind deine Kinder, dies ist deine Frau oder dies ist dein Mann, dies ist deine Ehe, dies ist deine Familie. Dies ist die Bürde, die du zu tragen hast, du wirst die Last nicht einfach wegwerfen können, du kannst dich nur erleichtern, wenn du dir Stück für Stück von deinem Buckel nimmst, es dir anschaust, neu überdenkst, neu hineinfühlst und dich entscheidend fragst, ob du das noch brauchst.«

Dies ist die Heilung, die uns obliegt. Das ist die Gabe, die wir entfalten können. Das sind die Wunden, an denen wir lecken müssen. Dies ist die Arena, in der sich das Schauspiel unseres Lebens abspielt.

Auf unsere Berufung zu hören, der Witterung unseres Schicksals zu folgen, ist eine andauernde und schwierige Aufgabe. Oft übersehen wir Hinweise. Zum Beispiel dann, wenn wir den Partner als Feind betrachten, anstatt die Gnade der eigenen Spiegelung in ihm zu erkennen.

Der Mangel an Vertrauen

So falsch es ist, eine Partnerschaft als bequeme, oberflächliche Ergänzung einzurichten, so richtig ist es doch, sich gegenseitig auf existentielle Fragen Antworten zu geben, die der einzelne in seiner Begrenztheit sich selbst zu geben außerstande ist. Daß ich solche erlösenden Antworten — nicht nur Worte, sondern auch konkrete Gesten und Handlungen — geben und bekommen kann, gibt mir das Gefühl für die Lebendigkeit meiner Liebe. Sie als bloße Ergänzung zu bezeichnen, hieße sie bagatellisieren. Antworten führen nicht immer zu Ganzheit und Harmonie, sondern ebensooft in Konflikte, Ratlosigkeit und innere Zerrissenheit. Sogar die momentane Kälte des Partners als Antwort auf bestimmtes Verhalten meinerseits hat einen Anspruch auf einen Platz in der Liebe. Sie kann unter Umständen bei mir mehr in Bewegung setzen als ein konstruiertes Ergänzungsverhalten, zu dem sich der andere entgegen seinen kalten, abweisenden Gefühlen »gutwillig« zwingt.

Viele Menschen fühlen sich bestenfalls zu Beginn einer Partnerschaft lebendig. Sobald der Kleinkrieg der Ehe beginnt, kommen Bindung und Rückzug stärker ins Spiel.

Wenn dann das Selbstwertgefühl nicht stabil ist, kommt es schnell zu Krisen. Schon am Anfang jeder Partnerschaft tauchen Fragen auf wie: Wer trifft die wichtigsten Entscheidungen in der Beziehung? Wer verwaltet die gemeinsame Kasse, wer macht den Haushalt? Und so weiter.

Günter K. hatte ein gewisses Selbstwertgefühl. Aber es war selbstgemacht. Er hatte hart gearbeitet, um es zu erwerben: gute Leistungen im Studium, gutes Gehalt, eine große Wohnung, attraktives selbstgefertigtes Image, die vielen Mädchen, die in ihn verliebt waren. Das Problem ist, daß diese ganze Staffage ein Versuch war, das gutzumachen, was er in frühen Entwicklungsjahren vermißt hatte. Er stellte mit Recht sein Selbstvertrauen in Frage und überlegte sich, ob es nicht nur aufgesetzt sei. Manchmal fühlte er sich selbstzentriert und »grandiosa«. Warum sonst hatte er trotz seines zur Schau getragenen Selbstwertgefühles keinen inneren Frieden? »Ich war dauernd müde«, sagte er über seine Manöver und Manipulationen, weil er sich ständig überforderte. Ständig mußte er alles kontrollieren, vor allem seine Frau. Sie dagegen hatte seine Bemühungen um Kontrolle längst durchschaut.

Und Günter K.? In ihm lebte längst der Zweifel: Natürlich würde sie ihn eines Tages verlassen. Er selbst würde ja auch bei niemand bleiben wollen, wie er es ist.

Wenn Menschen ihr ganzes Selbstwertgefühl nicht in ihr eigenes Identitätsgefühl investiert haben, sondern in den »Besitz des anderen Menschen«, dann verlieren sie alle Kontrolle, wenn sie die andere Person verlieren. Menschen, die unsicher sind, meinen, sie müßten jeden kontrollieren. Wenn sie ihre Wut, ihre Eifersucht, ihren Neid nicht kontrollieren können, dann müssen sie, um diese Gefühle nicht aufzuwühlen und um nicht zu explodieren, alle und alles um sich herum kontrollieren.

Für die meisten von uns gilt, daß wir manchmal ein Selbstwertgefühl haben; manchmal ist es auch mit Ichbezogenheit und Grandiosität vermischt. Manchmal tun wir nur so, als hätten wir es, manchmal machen wir uns selbst vor, wir hätten es, manchmal verläßt es uns gerade dann, wenn wir es am meisten brauchen. Eines ist sicher: Selbstwertgefühl ist nicht wie elektrisches Licht: entweder an oder aus.

Menschen mit gesundem Selbstwertgefühl spüren vielleicht eine gewisse Verringerung, wenn ihr Partner von einem anderen Gesicht verzaubert ist. Sie leben mit diesen kleinen Schwankungen, doch insgesamt hat ihr Selbstwertgefühl eine gewisse Beständigkeit. Schon in den Anfängen einer Ehe entscheidet sich, wie gut oder wie schlecht sie laufen wird. Trotz und Eigensinn, eigentlich Verhaltensweisen aus frühen Kindheitstagen, begleiten nicht selten den Start in die Ehe. Die dabei eingenommenen Drohhaltungen und Abweisungsgebärden erinnern ein wenig an die soziale Hack- und Rangordnung bei manchen Tierarten. Aber worauf beruhen Trotz und Eigenwilligkeit?

Bei Maupassant rächt sich eine vernachlässigte Ehefrau an ihrem Mann, indem sie sich willentlich fremden Männern anbietet und prostituiert. Ihr Motiv ist Rache, nicht Sexualität.

Und warum das alles? Nur, weil viele Menschen ständig urteilen, verurteilen, vergleichen, bewerten.

Konkurrenz im Beruf ist anders als Konkurrenz in der Liebe. Berufliche Konkurrenz ist Verhalten, das spät gelernt wird. Berufliche Konkurrenz mobilisiert unsere Fähigkeiten, Konkurrenz in der Liebe, vor allem, wenn sie nur in der Phantasie besteht, lähmt unsere Energien.

Kein Mann durchläuft seine Knabenjahre ohne wiederholte Wettbewerbserfahrungen von Gewinnen und Verlieren. Im Unterschied zu seiner Schwester muß der Knabe sichtbar konkurrieren. So sind Jungen eben. Das soll nicht heißen, irgend jemand beträte den Kampfesplatz ohne seine ganz individuelle psychische Beschaffenheit, die im wesentlichen dadurch bestimmt ist, wie es ihm in den frühen Familienkämpfen um Stellung und Platz ging. Der Junge trägt genauso wie seine Schwester eine subjektive Punkttafel seiner Chancen mit sich herum.

»Bist du eifersüchtig, Günter?« frage ich ihn und treffe ihn völlig unerwartet.

Er schob seine rechte Hand vor die Augen und schien die Fingernägel intensiv zu studieren. Dann kam langsam seine Antwort: »Für mich bedeutet das Vergleich«, antwortete er zunächst abweisend. »Wenn ich mir Eva Maria mit einem anderen Mann vorstelle, ist das, was mich aufregt, daß sie mich mit ihm vergleichen wird und ich dabei schlecht abschneiden werde.«

»Gab es andere?« frage ich ihn.

Er nickte eifrig. »Häufiger. Ich habe Seelenqualen gelitten. Ich dachte damals, daß kein Mensch so leiden könnte wie ich.«

»Was war besonders schlimm daran?« bohrte ich weiter.

Ein verlegenes Lächeln überzog sein Gesicht: »Ich weiß heute nicht mehr genau, was schlimmer war, diese riesengroße Angst, die von Wut und Traurigkeit überdeckt war, oder die Tatsache, daß alle Liebesverhältnisse meiner Frau nur in meiner Phantasie existierten. Heute weiß ich, daß Eva Maria mich nie betrogen hat. Wie sollte sie es auch sonst an der Seite eines solch verrückten Kerls, wie ich einer bin, ausgehalten haben, und sie ist geblieben und liebt mich heute noch.«

»Wie war das damals? Magst du darüber reden?«

»Das erste Mal war es am schlimmsten. Eva Maria besuchte ein Seminar zur Weiterbildung. Sie schwärmte von dem Seminarleiter, sagte, wenn es mich nicht gäbe, mit dem könnte sie schlafen. Einmal kam sie eine ganze Stunde später. In meinem Kopf spielten sich die verrücktesten Liebesszenen ab. Ich ›sah‹, wie und wie oft sie es mit ihm trieb, war innerlich dabei, sah, wie ungeheuer potent dieser Mann war. Ich spürte, wie meine Wut immer mehr stieg. Spürte die Angst in mir, sie an diesen Mann zu verlieren. Als sie tatsächlich kam, war sie ganz erschöpft. Aha, dachte ich, muß ja schlimm gewesen sein. Auf die Idee, daß sie vom Seminar einfach müde war, kam ich nicht. Für mich war sie müde, weil sie in seinen Armen gelegen hatte.«

»Und was passierte dann? Sie wird dir doch erzählt haben, was wirklich war?

»Dafür hatte ich taube Ohren. Ich hatte sie doch schon innerlich, bevor sie kam, angeklagt, beurteilt, verurteilt. Sie hatte keine Chance, daß sich meine Meinung ändern würde. Und diese Geschichte hing mir Jahre nach. Immer wieder wurde sie innerlich von meinem Zweifel genährt, immer wieder spielte ich dieses Spiel: Anklagen — urteilen — verurteilen. Damals begann meine Haltung, daß ich sie zu belauern begann, ich war immer auf der Hut, wollte sie bei irgendeiner Lüge ertappen, wollte sie irgendwo schuldig sehen. Irgend etwas in mir wollte nicht einsehen, daß sie eine liebende Frau war, die nur mich wollte.«

»Und du selbst, bist du immer treu gewesen?«

»Das ist ja das schlimme. Ich tat es. Ich rechtfertigte mich damit, daß das mein gutes Recht war. Es war ja nur Rache, Bestrafung. Vor allem, wenn wir uns wieder einmal getrennt hatten, sie war ja selbst ›schuld‹, wenn sie mich im Stich ließ. Und gerade in solchen Zeiten steigerte sich meine Eifersucht ins Unermeßliche. Ich spürte nicht, daß ich das, was ich tat, auf sie übertrug, ihr zutraute. Ich wollte irgendwo, daß sie schuldig wurde. Nur sie tat mir den Gefallen nicht.

Die schlimmste Stunde war, als ich in der Psychotherapie meine Trotz- und Bockhaltung aufgab und erkannte, daß alles nur in meinem Kopf existiert hatte: Ich hatte Eva Maria bewertet, hatte mich mit ihren ›Liebhabern‹ verglichen, hatte sie abgeurteilt. Jetzt, nachdem ich diese verdammte Werterei aufgegeben habe, leben wir viel friedlicher und glücklicher: Eva Maria kam jetzt auch mehr aus sich heraus. Fürchtet sich nicht mehr vor mir, hat mehr eigenen Raum, und das kommt auch mir zugute.«

Neid steht der Liebe im Wege. Und Günter K. war neidisch, neidisch auf den imaginären anderen Mann, neidisch auf dessen mögliche Potenz, neidisch auf dessen Aussehen.

Ebenso schadet Wut der Liebe. Immer wenn jemand auf seinen Partner über längere Zeit wütend ist, ist die Bindung zwischen ihnen geschwächt statt gestärkt, und der Partner zieht sich dann immer mehr zurück. Besonders schlimm wird es, wenn aggressive Gedanken oder Handlungen die Grenze zwischen Abschreckung und Rachsucht überschreiten. Eine derartige Wut tritt immer dann am stärksten auf, wenn die Angst vor Verlust und Trennung hintergründig auftaucht. Schlimm ist es auch dann, wenn diese Verlust- und Trennungsangst unbegründet ist, wie es sich bei Günter K. zeigte. Das kommt dann nicht selten so weit, daß der bedrängte Partner, der sich ständig bedroht fühlt, sich immer mehr zurückzieht, und er merkt es selbst nicht, wie sich seine Gefühle erkalten, sich wandeln und schließlich in Gleichgültigkeit enden. So wird dann aus einer Verlustangst des Angreifers irgendwann ein tatsächlicher Verlust, der dann zu einer Katastrophe führen kann.

Günter K. war eifersüchtig, und zwar auf eine krankhafte Art. Bevor wir uns von ihr lösen können, sollten wir erkennen, daß es das Problem Eifersucht als Gefühl oder Empfindung gar nicht gibt. Solange wir an Eifersucht denken, werden wir mit ihr nicht fertig. Eifersucht ist ein emotionaler Komplex, bestehend aus Wut, Traurigkeit, Angst und Neid. Was uns angeht, ist die Frage, wie Eifersucht, bewußt oder unbewußt, das Muster unseres Lebens bestimmt. Günter K. war sich irgendwie bewußt, daß Eifersucht manches in seinem Leben zerstört hatte, daß er die Eifersucht bis in sein viertes Lebensjahr zurückverfolgen konnte. Damals wurde nämlich seine Schwester geboren. Er hätte sie am liebsten mit ihrem Korb zum Fenster hinausgeworfen. Statt dessen vergrub er all seine Enttäuschung, die Mutter verloren zu haben, seine Wut darüber, seine Angst, seine Traurigkeit, tief in sich, ließ sich nichts anmerken, entschied sich, sich zurückzuziehen. In ihm entstand das Gefühl: »Mich liebt ja keiner!« Mit der Konsequenz, daß Zweifel und Mißtrauen sich in ihm ausbreiteten, daß er seiner Mutter, der Schwester, allen Frauen dieser Welt zu mißtrauen begann. Und seinen Haß vergrub er ebenfalls in sich. Mit zunehmender Geschlechtsreife begann er um das weibliche Geschlecht zu werben. Auf der einen Seite war die tiefe Sehnsucht nach Liebe und Geborgenheit, auf der anderen Seite das Bedürfnis nach Rache und Satisfaktion, sich für die Schmach, die er als vierjähriges Kind erlitten hatte, zu rächen. Dieser Konflikt war unbewußt, zeigte sich aber immer wieder am Scheitern von Partnerschaften. Günter K. baute sich ein unbewußtes Reaktionsmuster von Anziehung und Abwehr auf.

Ihm erging es wie jenen Autofahrern, die gleichzeitig Gas geben und bremsen. Real wußte er nicht, warum er wirklich wütend auf seine Frau war. Real wußte er nicht, warum er sie schuldig haben mußte. Erst nachdem die Wut, der Haß, die Traurigkeit dorthin zurückgekehrt waren, wo sie hingehörten, zu der Mutter und Schwester, erst, als er seine Projektionen von seiner Frau zurückgenommen hatte, konnte er ein vertrauensvolles Verhältnis zu ihr aufbauen.

Der Kernpunkt jeder Eifersucht ist der Neid. Neid ist ein Vorgang zwischen zwei Parteien, während zu dem, was wir Eifersucht nennen, immer drei gehören. Wir können neidisch sein auf etwas, was ein anderer hat: Potenz, Charme, einen schlanken Körper, Geld, einen Liebhaber. Wären wir vielleicht weniger eifersüchtig, wenn wir auch einen Liebhaber hätten?

Wir sind eifersüchtig auf einen Rivalen, der uns das wegzunehmen droht, was wir lieben. Im Augenblick wollen wir es bei dieser Definition lassen, im Laufe dieser Arbeit wird sich das noch klarer herausschälen.

»Deine ganze reale Wut auf Eva Maria hatte etwas mit Neid zu tun«, sagte ich zu Günter K. »Sie hatte einen Vater, der sich um sie kümmerte, deiner hat sich einen Deut um dich geschert. Sie hatte sich mit ihren Geschwistern vertragen, du hattest zu deiner Schwester sofort ein Feindbild aufgebaut. Was deinen bitteren Groll ausmachte, war Neid. Das neidische Gefühl, daß dir deine bevorzugte Position, der gute Platz in der Nähe deiner Mutter, bevor deine Schwester geboren wurde, seit der Existenz deiner Schwester genommen wurde.«

Neidische Menschen haben schreckliche Probleme mit dem Gedemütigtsein.

Was er wirklich fühlte, war Geschwisterrivalität, ödipale Rivalität. Wenn man älter wird, kommen andere Dinge und intensivieren den frühen Neid. Er war auf den Seminarleiter neidisch gewesen, weil er instinktiv spürte, daß er seine Frau vernachlässigte, er gab ihr aus einem unbewußten Rachegefühl heraus nicht das, was sie wirklich verdient hätte. Und als dann der vermeintliche Nebenbuhler auftauchte, war er in Wirklichkeit neidisch auf die glücklichen Stunden, welche die beiden seiner Ansicht nach verlebten.

Im tiefsten Kern seiner Seele erlebte er aber immer noch den Neid auf die Schwester, die ihm den Platz an der Seite der Mutter genommen hatte. Neid ist auch das Gefühl von Kränkung und Groll, hervorgerufen durch den Anblick oder das Wissen von Vorteilen, die eine andere Person besitzt. Kränkung wiederum ist das Gefühl der Demütigung, verursacht durch eine Enttäuschung, Zurückweisung. Wer neidisch ist, fühlt sich gekränkt oder unzufrieden über das Glück oder die Qualitäten einer anderen Person.

Nach dem Philosophen Max Scheler entspringt Neid im gewöhnlichen Wortsinn aus dem Ohnmachtsgefühl, das sich dem Streben nach einer Sach oder einem anderen Menschen dadurch entgegenstellt, daß es einem anderen gehört. Die Spannung zwischen diesem Streben und dieser Ohnmacht führt aber erst dort zum Neid, wo der Haß mit im Spiel ist. Man begegnet dem Besitzer in gehässiger Weise. Erst das Gefühl dieser Ohnmacht, an diese

Sache oder jenen Menschen nicht heranzukommen, führt in das Gefühl des Leidens durch Selbsttäuschung.

Instinktiv spüren viele Leute, daß Neid etwas beinhaltet, dessen sie sich schämen. Er kommt aus einem früheren, wilderen Entwicklungsstadium als die eifersüchtigen Gefühle. Neid dreht sich immer darum, Dinge zu verderben. Im Grunde ist es der Wunsch, zu zerstören.

»Ich habe immer geglaubt, daß ich niemals neidisch bin«, gestand Günter K. »Männern gönnte ich ihre Erfolge, ohne zu spüren, daß ich diese Erfolge gar nicht wollte. In anderen Situationen machte ich die Erfolge von bestimmten Freunden herunter, machte sie wertloser, im Sinne, was ist schon dran, das kann ja jeder. Ich bin sehr spät daraufgekommen, daß ich Männern aus dem Wege ging, weil ich neidisch auf sie war. Ich war neidisch auf das, was sie erreicht hatten, ich war neidisch auf ihre Ehefrauen, die meiner Ansicht nach das hatten, was meine Frau nicht hatte. Ich habe nie in meinem Leben einen Führerschein gemacht und immer damit geprahlt, daß ich das nicht nötig hatte. In Wirklichkeit war ich neidisch auf die Autos und Fahrtüchtigkeit der anderen. Ich wollte nicht so sein wie sie, darum machte ich keinen Führerschein, aus purem Trotz. Als ich noch nicht verheiratet war, war ich stolz darauf, Erfolg bei Frauen zu haben, obwohl ich keinen tollen Wagen fuhr. Auf der anderen Seite habe ich mich gefreut und mich gut gefühlt, wenn jemand neidisch auf mich war. Ich bin Redakteur mit einer großen Entscheidungsbefugnis. Ich konnte entscheiden, welcher Autor und welche Story ins Blatt genommen wurde. Ich entschied, welche Frauen fotografiert und herausgestellt wurden. So hatte ich Macht über Frauen und Männer gleichermaßen.«

Zuzugeben, daß wir jemanden aus Neid hassen, heißt zugeben, daß der andere etwas hat, was wir gerne hätten. Warum sonst sollte man ihn beneiden. Wenn man also seinen Neid akzeptiert und Schuldgefühle deshalb empfindet, daß man jemandem wehtun möchte, den man in Wirklichkeit bewundert, dann kann das Vertrauen in den Partner wiederhergestellt werden. Vertrauen in die guten Eigenschaften, die wir bewundern und für die unser Neid uns blind machte. Schließlich ist es eine wunderbare Sache, unserem Partner gegenüber zuzugeben, daß wir einem blöden Gefühl aus der Kindheit aufgesessen sind, dessen wir uns eigentlich schämen.

»Ich bin lange Jahre wie ein Blinder durchs Leben getappt«, sagt Günter K. »Erst als ich den Trotz, den Bock, meine Neidgefühle lassen konnte, ging es mir besser. Es war, als wäre ich sehend geworden. Jetzt erst erkannte ich, was für eine wunderbare Frau an meiner Seite lebte und lebt. Es war kein kleiner Schock, als ich erkannte, daß ich sie fast wegen meiner dummen Verhaltensweisen verloren hätte.«

Ihm war es gelungen, was man so vielen Männern und Frauen wünschen möchte: »Es tut mir leid«, sagte er seiner Frau und meinte es auch so. Wir haben immer die Möglichkeit, Dunkles und Negatives im anderen zu sehen und ihm dadurch und auch uns selbst das Leben schwer zu machen. Wir können die Sache aber auch so betrachten, daß es eine Menge Dinge in unserem gemeinsamen Leben gibt, für die wir unserem Partner dankbar sein können. Es gibt so viele gemeinsame glückliche Stunden, die wir auch der Offenheit, dem Vertrauen und der Liebe unseres Partners verdanken. Nur wenn wir uns zu unserer Destruktivität bekennen, können wir das Gute im anderen akzeptieren. Damit Liebe geäußert werden kann, muß Dankbarkeit über den Neid siegen.

Wenn andererseits die Beziehung nicht liebevoll genug ist, wenn sie auf Besitzanspruch, Narzißmus, sexueller Ausbeutung, Abhängigkeit oder Furcht begründet ist, wenn der »geliebte Mensch« uns nicht genügend zu »bieten« hat, dann wird der Wunsch, die Beziehung wiederherzustellen, nicht so groß sein. Aber in flammend heißer Wut werden die Fehler, die wir nicht sehen wollen, enthüllt. Es ist der Neid, der die Eifersucht in Verruf gebracht hat. Wenn wir sagen, wir seien eifersüchtig, wo wir eigentlich neidisch sind, können wir unsere scheußlichen Gefühle hinter der Größe des Wortes verbergen. Innerhalb des Eifersuchtsdreiecks ist mancher Vater neidisch auf das, was das Kleinkind hat, auf jene Eigenschaften, die dafür sorgen, daß er nicht mehr im Brennpunkt der Liebe seiner Frau steht. Dabei spielt es keine Rolle, daß es dieselben Eigenschaften sind, die der Mann an seinem Kind bewundert. Liebe und Neid bestehen nebeneinander. Die Arbeit der Ehemänner und Väter besteht darin, sie zu trennen.

»Lieber Gott, bitte gib, daß beide das überleben«, betete Günter K. im stillen, als er neben Eva Maria saß, ihre Hand hielt, die jedesmal krampfhaft drückte und ihren Schmerz zeigte, der sie bei jeder Wehe überkam. Günter K. war bei Dominiks Geburt dabei. Seine ganze Konzentration war auf Eva Maria gerichtet. Liebevoll wischte er ihr den Schweiß von der Stirn. Spürte seine eigene Angst nicht, spürte nicht, daß jede schmerzhafte Wehe ihm selbst weh tat. Während der Schwangerschaft hatte es Schwierigkeiten zwischen Günter und Eva Maria gegeben. Instinktiv lehnte er das ab, was da im Werden war.

Bewußt spürte er seinen Neid nicht, spürte nicht, daß das, was da im Bauch seiner Frau wuchs, eine Konkurrenz für ihn werden könnte. Bei der Geburt war er »voll da«, stand seinen Mann, begrüßte seinen Sohn liebevoll, kümmerte sich um Eva Maria.

Kein Mensch hätte je meinen können, daß er mit seinem Sohn Schwierigkeiten bekommen könnte. Er liebte ihn ja und er liebte seine Frau. Er liebte sie aber nicht zusammen. Jeden von ihnen einzeln ja, aber zusammen bildeten sie eine Einheit, in der er nicht drinnen war.

»Warst du eifersüchtig auf das Kind?« fragte ich Günter K.

»Ja und nein. Ich wußte es damals nicht, ich hatte nur das Gefühl, daß Eva Maria sich viel zuviel mit dem Kind beschäftigte. Soviel wußte ich auch, daß ein Kind gefüttert, gebadet, gewickelt werden muß. Aber auch darüber hinaus beschäftigte sie sich dauernd mit Dominik. Ich hatte das Gefühl, daß ich einfach draußen war. Sie bildeten eine Einheit, und wenn ich wütend war, hatte ich das Gefühl, diese Einheit sei gegen mich gerichtet. Ich begann mich damals zurückzuziehen, konnte das, was mir jeden Tag vor Augen gehalten war, auf die Dauer nicht ertragen. Heute würde ich mir gerne noch ein Kind wünschen. Da könnte Eva Maria erleben, daß Neid und Eifersucht vorüber sind. Ich habe nie geglaubt, daß ich neidisch auf meinen Sohn sein könnte. Ich habe das immer so empfunden, als hätte meine Frau sich vor mir zurückgezogen. In Wirklichkeit war es umgekehrt, ich war es, der sich beleidigt in den Schmollwinkel zurückgezogen hatte.«

Was es so schwer macht, Neid einzugestehen, ist das, was man mit eigenen Augen sieht. Eva Maria hatte sich ja tatsächlich ihrem kleinen Dominik zugewandt. Aber das ist schließlich ganz natürliche Symbiose von Mutter und Kind. Günter K. hätte, statt neidisch zu sein, an diesem Glück teilhaben können, sich ebenfalls seinem Sohn zuwenden können, seiner Frau zeigen können, wie glücklich und dankbar er ist, daß sie ihm so einen prächtigen Jungen geschenkt hatte. Aber er wiederholte das Spiel, das er schon bei der Geburt seiner Schwester gespielt hatte. Er zog sich beleidigt zurück, als hätte man ihm etwas angetan. Unbewußt hatte ihm seine Frau einen Rivalen ins Haus geholt. Ödipus in voller Konsequenz. Seine stille Wut konnte seine Frau nicht erreichen, die hatte er in sich vergraben, aber ihre Liebe konnte ihn auch nicht erreichen, sowie ihre Aufmunterungen, in den Kreis einzutreten.

Es sind die vielen kleinen, unbewußten Prozesse, die in eine Krise in der Ehe führen. Für Günter K. war der Ödipuskomplex nicht bewußt. Er erlebte, daß seine Frau sich von ihm abgewandt hatte. Das führte zu häufigen Krächen. Oft verließ sie ihn, weil sie es mit ihm nicht aushalten konnte. Manchmal ging es soweit, daß er sie mit seiner Wut aus der gemeinsamen Wohnung trieb. Daß diese Ehe heute trotz all der schweren Zeiten glücklich ist, liegt daran, daß sie beide nicht aufgegeben hatten, immer wieder setzten sie sich in Gesprächen auseinander, sie machten beide Psychotherapie. Letztlich kann man sagen, daß ihre Liebe zueinander stärker war als alles andere.

Wenn wir uns mehr von unserer innerlichen Wut eingestehen können, dann haben wir eine größere Chance, sie zu bewältigen. Frauen sagen, sie können keinen Mann finden, der bereit ist, eine liebevolle Bindung einzugehen. Viele Männer sagen, die Bindung, nach der Frauen heute verlangen, gäbe den Frauen alle Macht. Es kann auch eine Form von Vergeltung sein.

Als Günter K. das Gefühl hatte, seine Frau übte mit dem Kind Macht über ihn aus, da zog er sich zurück, vergrub sich in seine Arbeit. Auch Eva Maria mußte ihren Teil Verantwortung dafür übernehmen, daß diese Sackgasse, bei der Mann und Frau sich verlieren, vermieden wurde. Wenn eine Frau schwanger wird, ist es natürlich, daß sie sich zurückzieht. Doch sie sollte sich bewußt bemühen, ihren Mann an der ungeheuren Veränderung, die mit der Schwangerschaft eingeleitet wird, teilhaben zu lassen. Sie ist im Begriff, eine neue Rolle zu übernehmen. Männer fangen an, einen Teil dieser Rolle für sich zu verlangen. Später wird die Frau ihren Mann brauchen und ärgerlich sein, wenn er nicht da ist. Je mehr sie ihn miteinbezieht, desto mehr Kapital spart sie an. Wenn sie ihm hilft, Eifersucht auf das Kind zu vermeiden, dann wird er begierig sein, ihr Verbündeter zu sein. Was Männer abschreckt, ist, daß es wesentlich schwieriger für einen Mann ist, in die Welt der Frauen einzutreten als für eine Frau in die Männerwelt. Hinauszugehen und Geld zu verdienen ist ein reifer, unabhängiger Akt für eine Frau, ein Schritt in die Zukunft. Für den Mann ist die Welt der Frauen die, vor der er in seiner Kindheit davonlief. Sie repräsentiert für ihn Rückzug, Regression und Verlust. Den Frauen mag die Feindseligkeit der Männer auf dem Arbeitsmarkt nicht gefallen, doch sie werden zum Durchhalten ermutigt. Für einen Mann ist es nahezu undenkbar, sich dem idealisierten Paar Mutter und Kind aufzudrängen.

Männer fürchten Frauen. Und sie fürchten den Ort, an dem sie einmal klein und ohnmächtig waren: das Kinderzimmer. Eine Mutter mit einem Kind, selbst wenn es seines ist, kann einen Mann in die Flucht schlagen.

Umgekehrt ist sie am besten geeignet, ihn einzubeziehen. Frauen haben andere Frauen ermutigt, die »Nur-für-Männer-Barrieren« niederzureißen. Männer werden von anderen Männern kaum dafür geachtet oder bewundert, daß sie das übernehmen, was als Frauenarbeit bezeichnet wird. Weil Elternschaft keinen Geldwert hat und den Männern große Angst um ihre Geschlechtsidentität einflößt, sehen sie darauf herab.

Auch eine Mutter empfindet nicht immer und nicht rund um die Uhr freundliche Gefühle für ihr Kind. Widerwille zwischen Müttern und Kindern entsteht meist nur in bestimmten Situationen oder richtet sich gegen einzelne Verhaltensweisen. So mag eine Mutter Widerwille gegen ihr Kind empfinden, wenn es schreit oder wenn es die Windeln voll hat; wenn ihr zweijähriger Sprößling im Garten Erde oder Würmer in den Mund steckt, wenn ältere Kinder beim Essen schmatzen oder sich zanken; wenn halbwüchsige sich nicht waschen und eine entsprechende »Duftmarke« hinterlassen oder lärmende, unordentliche Freunde mit nach Hause bringen. Umgekehrt ist auch das Kind manchmal voller Ablehnung gegen das, was die Mutter sagt oder tut; wenn es sich nicht verstanden sieht, wenn seiner Meinung nach unsinnige Dinge von ihm verlangt werden, dann mag es die Mutter oder auch den Vater nicht.

Ärger und Wut entstehen schnell und vergehen auch schnell wieder; und man ärgert sich besonders gerne über Menschen, die man liebt. Wir ärgern uns, weil wir frustriert sind oder Angst empfinden. Eine Mutter ärgert sich vielleicht, weil ihr Kind herumtrödelt, und wird wütend, wenn sie deswegen den Bus verpassen. Oder sie ist verzweifelt, weil ihr Kind verschwunden ist, aber sobald es wieder auftaucht, bricht sie in Wut aus. Widerwille kann leicht in Ärger umschlagen. So mag eine Mutter voll Widerwillen beobachten, wie ihr Kind achtlos die Tür aufreißt, ins Zimmer hereintrampelt oder sich unbekümmert hinflegelt; zerbricht es dabei eine teure Vase, dann wird sie mit Sicherheit wütend.

Ärger und Widerwille sind Formen von Feindseligkeit, die keine negativen Auswirkungen haben, wenn man sich ihrer bewußt ist und sie zum Ausdruck bringen kann, und sei es nur sich selbst gegenüber. Bei Menschen, die dazu nicht fähig sind, werden diese Gefühle unterdrückt und nach innen gewandt. Zunächst harmlose Gefühle können dann unter Umständen schädliche Formen annehmen.

Haß ist von längerer Dauer als Widerwille oder Ärger. Ärger ist eine einfache, primäre Gefühlsregung; Haß hingegen ist ein komplexes Gefühl. Haß ist nicht das Gegenteil von Liebe. Das Gegenteil von Liebe wäre Lieblosigkeit. Haß ist Bestandteil der Liebe und ein aus tiefster Not geprägter Aufschrei nach Liebe. Freud schrieb 1915, Haß sei die Antwort auf Bedrohung des Ichs oder des Selbst. In seinen späteren Schriften sah er darin die Manifestation des Todestriebs. Auch wir wollen in diesem Buch Haß als ein dauerhaftes, komplexes Gefühl betrachten, dessen man längst nicht immer gewahr ist. Bei vielen Menschen läßt sich Haß mit einer Welle vergleichen, die das Bewußtsein in regelmäßigen Abständen überspült und dann wieder ins Unbewußte zurücksinkt. Er ist eng mit Liebe verknüpft und wird durch ganz bestimmte Umstände ausgelöst. Er richtet sich gegen den ganzen Menschen und nicht gegen einen einzelnen Charakterzug oder eine bestimmte Verhaltensweise.

Es ist irreführend, wie schon gesagt, sich Haß als Gegenteil von Liebe vorzustellen; so wie die Rückseite einer Münze auch ein Teil der Münze ist, so ist auch Haß ein Bestandteil der Liebe, ihre »Rückseite« sozusagen. Das Gegenteil von Liebe, die Lieblosigkeit, ist kein primär feindseliges Gefühl, auch wenn manche Formen von Feindseligkeiten getarnt auftreten können, dann nämlich, wenn sie unbewußt bleiben. Der Haß ist Teil einer jeden Liebesbeziehung. Er bleibt ohne schädliche Folgen, wenn er nicht zu mächtig wird, wenn die Liebe überwiegt, wenn er bewußtgemacht und als »Rückseite« all unserer Beziehungen akzeptiert werden kann.

Wer neidisch ist, starrt voller Feindseligkeit auf die scheinbaren Vorteile des anderen, seine größere Begabung, sein Geld, seine Freunde und vieles mehr. Neid ist eine Mischung aus negativem Selbstwertgefühl und Ärger. Neid ist ein Gefühl der Mißgunst. Nicht nur Väter sind auf ihre Kinder neidisch. Auch Mütter sind voll davon, wenn sie sich klarmachen, daß ihre Kinder noch jung sind und größere Freiheit und mehr Chancen haben als sie selbst; wenn sie das Gefühl haben, daß andere Mütter mehr Glück mit ihren Kindern haben als sie selbst, oder sich die Vorteile kinderloser Frauen vorstellen.

Grundsätzlich scheint Neid immer dem Gefühl zu entspringen, selbst zu kurz gekommen zu sein oder etwas entbehrt zu haben. Obwohl der Neid so weit verbreitet ist, tritt er nicht so selbstverständlich im Zusammenhang mit anderen feindlichen Gefühlen auf wie Wut oder Haß.

Böswilligkeit ist der lebhafte Wunsch, jemanden körperlich oder seelisch zu verletzen oder zu zerstören — und mag als zeitweiliger oder auch nur momentaner Impuls auftreten. Wenn wir uns ärgern oder von plötzlichem Haß erfüllt sind, ist Bosheit eine normale, bewußte und leicht verständliche Reaktion. Aber oft und in vielen Ehen wird sie gar nicht offen geäußert. Da böswillige Gedanken, vor allem gegen Menschen, die uns sehr nahe stehen, mit unseren Moralvorstellungen nicht zu vereinbaren sind und in der Regel nicht gebilligt werden, gestehen wir sie meist nicht offen ein, ja häufig geben wir sie nicht einmal vor uns selber zu. Man kann mit böswilligen Gedanken, die man selbst nicht akzeptiert, auch so fertigwerden, daß man ihr Ausmaß und ihre Bedeutung herunterspielt.

»Ich versuchte immer, die Dinge, die ich gesagt hatte, herunterzuspielen«, sagte Günter K. »Manchmal war es so, daß ich auf irgend etwas wütend war, mich maßlos ärgerte, ohne mir ganz darüber im klaren zu sein, was es war. Ich grantelte dann an solchen Tagen vor mich hin. Wenn es dabei blieb, dann wurde ich irgendwie damit fertig. Aber meist blieb es nicht dabei. Es passierte, daß Eva Maria irgend etwas sagte oder tat, was ich in den falschen Hals bekam. Wie ein wütender Hund, dem man einen Tritt verpaßt hatte, griff ich sie an.«

»Und was tat deine Frau?«

»Na, die biß dann ganz schön zurück. Die konnte auch ganz schön wütend werden. Nach so einem Streit hatte ich dann völlig vergessen, daß ich schon vorher wütend war. Für mich war sie dann die Schuldige, die angefangen hatte.«

Das ist das Dilemma vieler Ehen, jeder sucht die Schuld und Verantwortung beim anderen. Aber wollen wir wirklich mit uns weiterkommen, hilft es überhaupt nicht, den anderen in irgendeiner Weise zu beschuldigen. Wir könnten ihm hundert Jahre Vorwürfe machen, nichts würde sich ändern. Erst wenn wir erkennen, daß wir da einen wunden Punkt haben, der uns weh tut, auf den wir ärgerlich und schmerzlich reagieren, erst wenn wir erkennen, daß wir einen Bahnhof oder Landeplatz für die Angriffe anderer in uns haben, besteht eine Chance, herauszukommen, indem wir den Bahnhof dichtmachen. Das bedeutet, an die Anfangssituation in die Kindheit zurückzukehren, den urtümlichen, verdrängten Schmerz noch einmal zu durchleben, um ihn dann abzulegen. So schließt sich ein Bahnhof, so werden wir mit unseren Aggressionen fertig.

Die Angst vor dem Bösen ist im Grunde nichts als die Angst vor der eigenen Unzulänglichkeit. Unvollkommenheit und Schwäche, die uns befürchten läßt, daß wir nicht immer in der Lage sind, darüber hinauszuwachsen. Man kann Menschen in eine Krankheit oder einen pathologischen Mechanismus treiben, wenn man sie mit der Angst vor dem Bösen in der Welt und in sich selbst antreibt oder in irgendeiner Form manipuliert. Es genügt daher nicht, nur das Gewissen zu sensibilisieren, sondern es sind Lebens- und Entwicklungshilfen im Umgang mit Unvollkommenem mit der Tatsache des Menschen zu gestalten. Keine Lösung des Konflikts ist erreicht, wenn wir die Realität der Welt und unser eigenes So-sein verleugnen und mit positivem Wert identifizieren. Wer sich gebärdet, als sei er Christus, und seine eigene menschliche, unzulängliche Seite nicht erkennt oder verleugnet, lebt in einer gefährlichen Inflation der Seele. Er ist dem Guten nicht näher als all die anderen, die in der Mühsal der menschlichen Auseinandersetzung stehen und in der Erkenntnis leben, daß auch sie selbst ein unvollkommener Teil dieser unserer Welt sind. Es ist wichtig, daß wir den ganzen Schrecken unserer destruktiven Seite unserer Natur spüren. Eine der Konsequenzen übermäßigen Neides ist das frühe Einsetzen von Schuldgefühlen. Eifersucht, unsere Art von Eifersucht, die oft dem symbiotischen Bedürfnis entstammt, sich an jemanden zu binden, drückt sich häufig in dem gierigen Wunsch aus, die Menschen, die wir lieben, ganz zu besitzen. Unsere Liebe ist also häufig gar keine Liebe. Häufig handelt es sich um ein Schuldgefühl.

»Mein ganzes Leben lang mußte ich, wann immer ich mich verliebte, alles unter Kontrolle haben«, sagte Günter K. »Ich mußte die Menschen in meiner Nähe beinahe einschließen. Wie kann das Liebe sein, frage ich dich?«

»Diese besitzergreifende, verschlingende Liebe hat nicht einmal etwas mit Eifersucht zu tun«, versuchte ich ihm zu erklären. »Es ist der Neid auf die Macht des anderen Menschen über dich, dir Liebe zu geben oder vorzuenthalten. Beim Neid ist gerade der Mensch, den du liebst, auch derjenige, den du umbringen möchtest, und wenn auch nur auf symbolischer Ebene. Darum entsteht das Gefühl der Schuld.«

»Ich verstehe das nicht ganz.«

»Weil du als Kind wütend warst und du es nicht sein durftest. In unserer Gesellschaft darf ein Mann wütend sein, eine Frau nicht. Männer können vor Wut eine Erektion bekommen, keiner lastet es ihnen an. Frauen bekommen die rote Karte, wenn sie Wut zeigen. Sie sollen die Beziehung zusammenhalten. Biologisch heißen sie das Eindringen des Mannes willkommen.«

»Wenn Frauen also ihre Wut unterdrücken, bekommen auch sie Schuldgefühle?«

»Genau.«

»Das bedeutet doch, ich selbst habe meine Schuldgefühle daher, daß ich meine Wut Eva Maria gegenüber nicht herausgelassen hätte. Aber ich habe es doch getan. Ich war so wütend, daß ich sie hätte erwürgen mögen.«

»Du hast die Wut an der falschen Stelle rausgelassen. Es wäre wichtig gewesen, die Wut herauszulassen, als deine Schwester geboren wurde. Deine Wut, die du auf den Vater hattest, hättest du ihm zeigen müssen, nicht Eva Maria, deine Wut auf deine Mutter hättest du ihr zeigen müssen. Aber dadurch, daß du zu einem folgsamen Knaben gemacht wurdest, hast du deine Wut geschluckt, sie in dich hineingefressen und du fühltest dich dauernd irgendwie schuldig. Aber nicht genug damit. Du mußtest irgend etwas tun, um wirklich schuldig zu werden. Eva Maria und dein Sohn Dominik boten sich regelrecht an dafür. Und so schloß sich der Teufelskreis.«

Schuldgefühle sind nicht sinnloses, neurotisches Leid. Ein Schmerz im Körper ist Warnzeichen für eine körperliche Erkrankung. Schuldgefühl ist ein Schmerz in der Seele. Wir tun etwas, was wir nicht tun wollen, das wir an uns nicht mögen. Aber wir empfinden eine schreckliche Freude daran, es dennoch zu tun. Wenn wir einmal erkennen, daß das empfundene Schuldgefühl nicht vage und namenlos ist, sondern Groll über die Macht, die jemand, den wir bewundern oder lieben, über uns hat, kann das Schuldgefühl einem Zwecke dienen. Es sagt: hier ist Neid. Wenn wir Neid eingestehen können, können wir sagen, daß es uns leid tut. Wir können es uns gestatten, den falschen Stolz des Sich-nie-Entschuldigens, nie etwas Erklärens zu überwinden. Wir können Abbitte leisten, Wiedergutmachung. Jede Liebesbeziehung ist ein Ausbalancieren von Macht. Zu dem traditionellen Neid, den jedes Geschlecht auf die Macht des anderen empfand, ist nun noch die neue Dynamik der Frauen in einer Männerwelt gekommen. Die Abwehrmechanismen gegen Neid, die unsere Eltern geschützt haben, funktionieren nicht mehr. In jeder Beziehung muß der geliebte Mensch frustrieren, früher oder später, wissentlich oder unwissentlich. Und wenn wir nicht von Anfang an verstehen, daß wir neidisch auf die Macht des anderen sind, dann nimmt unsere Wut eine zerstörerische Wendung.

Untersuchungen zeigen, daß die Beziehungen sich verschlechtern, wenn Frauen auf dem Markt ebenso mächtig werden wie die Männer. Die Identität des Mannes ist dadurch bedroht. Auch seine Abwehrmechanismen gegen Neid auf die Macht der Frau sind zerstört. Sie hatte ohnehin schon zuviel Macht und nun hat sie auch noch seine: Junge Ehen, in denen die Frau ehrgeizig ist, sind weniger stabil. Das liegt nicht daran, daß eine ehrgeizige Frau notwendigerweise mit ihrer Ehe unzufrieden wird, oder süße Kirschen sucht, sondern viel mehr an ihrem Mann, der nicht mit einer ehrgeizigen oder erfolgreichen Frau leben möchte. Bei verheirateten Paaren, deren Ehe zerbrochen ist, stellen wir fest: Je ehrgeiziger die Frau, desto größer die Wahrscheinlichkeit, daß der Ehemann die Beziehung beenden wollte.

Voller Schuldgefühle wegen Beziehungen, die durch Besitzansprüche, Groll, Neid und Eifersucht von ihnen zerstört wurden, scheinen sich immer mehr und mehr Menschen von der Liebe abzuwenden. Wer geliebt sein will, selbst aber nicht Liebe zu geben vermag, bleibt in seinem Egoismus gefangen und auf der Stufe eines Säuglings. Das sind die Menschen, die immer haben wollen und nie genug haben. Um den Menschen sozial werden zu lassen, muß er lieben lernen. Nur wer zu geben vermag, ist sozial.

Zuviel Tabuisierung erzeugt Angst vor verbotenen Reaktionen, Angst vor möglichen Wünschen im eigenen Innern und schafft damit Unsicherheit und Lebensverengung. Dann muß der Mensch allzuvieles in sich verleugnen, verdrängen und muß zwiespältig gegen sich selbst leben. Nur wenige sind soweit bewußtseinsfähig, daß sie sich mit dieser Problematik auseinandersetzen können. Die allermeisten Menschen versuchen in solchen Lebensverengungen mit zunehmender Verdrängung zurechtzukommen. Viele Regungen und Wünsche werden aus dem Bewußtsein weggeschoben, müssen vergessen werden und fallen dem unbewußten Teil der Seele anheim. Wir können heute einiges über die psychischen Abläufe, die daraus folgen, aussagen. Beobachtungen beim einzelnen wie auch beim Kollektiv zeigen immer wieder dasselbe: Was verdrängt wurde, bringt bestimmte seelische Reaktionen in Gang, die gesetzmäßig und zwanghaft ablaufen. Zunächst erfolgt eine Bewußtseinseinengung. Man kann alles, was mit dem Verdrängten auch nur im fernsten Zusammenhang steht, nicht ertragen und reagiert darauf mit starkem Affekt, der übertrieben und unsachlich ist. Mit Hilfe der Projektionen wird das, was in mir selbst als böse und gefährlich und darum als bekämpfenswert empfunden und erlebt wurde, nun in die Außenwelt hineingesehen und dort mit affektiver Wut und Heftigkeit bekämpft. Der Kampf mit dem Verdrängten konnte in der eigenen Seele nicht vollzogen werden und muß darum in der Außenwelt stattfinden. Das Gegenüber wird zum Feind. Die Umwelt wird zum Kampffeld. Denn ein schwaches und unreifes Ich kann sich nicht eingestehen, daß auch im eigenen Innern das verborgen ist und sich melden könnte, was der dunklen Seite des Lebens gehört. Wer als kleines schwaches Ich um Anerkennung ringen muß, wehrt die Möglichkeit, die eigene Dunkelheit zu erkennen, immer ab. Darum sind Jugendliche, die um ihr Selbstwertgefühl noch strampeln, immer intolerant und distanzieren sich von all denen, die nicht ihrem Trend folgen. Menschen, die gezwungen sind, viel zu verdrängen, benötigen für diesen Prozeß viel psychische Energie. Die aus dem Bewußtsein geschobene Konfrontation mit dem Verdrängten führt zu Fanatismus und irrationaler Kampfbereitschaft, zu Ablehnung und Bekämpfung von Lebenswirklichkeiten, von Tatsachen und Lebenshaltungen, die einer mit vollem Bewußtsein geführten sachlichen Klärung bedürften. Fanatiker könnten deshalb zum blinden Kampf taugen, könnten etwas in Bewegung setzen, doch sind sie aus ihrer Unsachlichkeit heraus aufgrund eines eingeengten Horizonts nicht in der Lage, konstruktive Aufbauarbeiten, reale Gestaltungen zu vollbringen.

Die Verdränger suchen die Lösungen nicht in der eigenen Persönlichkeit, vielmehr suchen sie sich einen Sündenbock, der für irgend etwas, was in der Welt nicht in Ordnung ist, verantwortlich gemacht wird. Es ist verständlich, daß dieser Sündenbock in der nächsten Nähe gesucht wird. Meist muß der Partner dafür herhalten, nicht selten werden auch Kinder zu Sündenböcken gestempelt. Damit beginnt ein verhängnisvoller Mechanismus. Je ichschwächer wir sind, um so weniger können wir Wahrheit und Lebenswirklichkeiten verkraften, um so mehr verdrängen wir. Je mehr wir aber verdrängen, um so mehr werden wir eingeengt, verlieren Entwicklungschancen und werden aggressiv. Frustration durch

Mangel an Ich-Stärke und affektive Stauungen durch Verdrängung und behinderte Lebenserfahrung führen häufig in eine Depression, die sich oft hinter aggressivem Gehabe und destruktiven Stellungnahmen verbirgt. Wenn auch keine depressive Verstimmung sichtbar wird, so entwickelt sich doch immer ein gestörtes Verhältnis zu gewissen Bereichen der Umwelt. Um sich aus dem Überdruck gestauter Affekte zu befreien, hilft die Projektion, mit deren Hilfe wir den Sündenbock finden oder zumindest den Schwachen. Böse sind dann immer die anderen, weshalb wir sie ablehnen, belächeln, bespötteln, ausschließen, lächerlich machen, oder aber wir finden noch üblere Methoden, um die Lust am Hacken und Sich-Weiden an unserer überlegenen Position zu genießen.

Auch durch passives Verhalten kann dies zum Ausdruck kommen. Wir müssen darum hellhörig werden, wenn Menschen auftreten, die sich immer sehr im Recht, immer mit dem Guten identisch fühlen. Dieses uralte menschliche Problem wurde schon in der Bibel deutlich formuliert: Der Sünder ist Gott näher als der Pharisäer, weil dieser sich seiner Menschlichkeit und seiner verdrängten Probleme nicht bewußt ist und in Selbsttäuschung lebt. Es ist eine alte Tatsache, daß man mit dem Sünder im eigenen Innern leichter zurechtkommen kann als mit dem Pharisäer in sich. Wer bei sich selbst gewahr wird, daß er in sich trotz all seiner Bemühungen doch viel Ungereimtes, Unvollkommenes, Unausgereiftes, Unbewältigtes trägt, wird zwar immer wieder auf sich selbst geworfen und zum Nachdenken gebracht, er erlebt sich aber auch als positiv auf dem Weg zum Menschsein. Wer sich allzusehr mit dem Gutsein, dem Besserwissen, dem absoluten Rechtmachen identisch weiß, ist auf sich selbst meist so sehr bedacht, daß er wenig Zuwendung für den anderen hat und kein Verständnis für die Unzulänglichkeiten und Andersartigkeiten von anderen aufbringt, auch nicht gegenüber seinem Partner oder seinen Kindern. Die Gefahr verborgener narzißtischer Selbsterhöhung ist dann allzugroß. Der Genuß des eigenen Erfolges wird geliebt und die eigene Tüchtigkeit zelebriert, ohne das Gefühl der Dankbarkeit gegenüber einer günstigen Lebenssituation, ohne die Fröhlichkeit über ein weises Schicksal, das einem manches Bemühen gelingen ließ und einem auf die Sonnenseite des Daseins verhalf. Die Selbstgefälligen vergöttern sich und setzen sich selbst auf einen Thron. Solche Menschen sind in vielen Bereichen unsozial. Sie verstehen nicht das menschliche Leiden um sich herum, haben kein Gefühl für den anderen und anders gelagerte Probleme als die eigenen. Der Bezug zum Mitmenschen ist gering.

Je mehr wir vom Menschen wissen, um so deutlicher wird auch erkannt, wie sehr wir von anderen abhängig sind, in welchem Ausmaß wir einander brauchen. Dies wurde fast vergessen, als der einzelne zunehmend ein eigenes Ich entwickeln lernte, sich emanzipierte und sich von den kollektiven Zwängen befreite. Wir müssen begreifen lernen, daß wir immer die anderen brauchen. Was wäre ein Chirurg ohne die Patienten, was ein Politiker ohne die Wähler, was ein Mann ohne Frau. Und jeder, der einmal geschieden wurde, weiß, was damit gemeint ist. Denn die einsamen Stunden ohne den anderen, die öden Mahlzeiten, die langweiligen Abende zeigen, daß Partnerschaft mehr sein muß als nur ein zufälliges Nebeneinanderleben.

Nicht das Richtige zu wissen prägt uns und unser Leben, sondern das Richtige zu fühlen ist die wesentliche

Voraussetzung und bestimmt unsere Reaktionen. Das Wissen und Denken eines Menschen läßt keine Schlüsse zu auf sein Verhalten, sein Reagieren, sein Handeln. Wenn wir jedoch wissen, wie und was ein Mensch fühlt, wovon er ergriffen wird, was ihn innerlich berührt, dann läßt sich über diesen Menschen eine Menge aussagen. Wir erkranken auch nicht durch einen Mangel an Denken oder Wissen, viel mehr am Mangel an Fühlenkönnen und Gefühlserlebnissen. Wer nicht fühlen kann, gerät auch nicht in Konflikt. Er wird sein Handeln von der Zweckmäßigkeit und Nützlichkeit leiten lassen oder von der Lust-Unlust-Empfindung. Man kann auch nicht neurotisch erkranken, ohne ein Minimum an Gefühl. Die seelische Verkrüppelung führt bei Gefühllosen auch nicht in die Neurose, sondern ins Asoziale, Kriminelle und allgemein Destruktive. Diese Variationen findet man in allen sozialen Schichten und bei allen Graden an Intelligenz.

Je größer aber die Intensität an Fühlen und Erleben, um so reicher wird ein Leben, um so vielfältiger wird die Teilhabe an der Welt, um so liebensfähiger und auch bindungsfähiger wird ein Mensch. Das gefühlsintensive und liebesfähige Kind ist darum in einem gestörten Milieu stärker neurotisch gefährdet und bedarf um so mehr eigener vitaler Impulse, um sich vor neurotischen Fixierungen und vor neurotisierenden Angeboten von seiten seiner Umwelt zu schützen. Durch starke Erlebnisfähigkeit ist man einerseits mehr gefährdet, weniger geschützt, andererseits aber auch differenzierungsfähiger, weltoffener, sozialer und in vielfältiger Weise auch kreativer. Die Unverbindlichkeit in vielen Bereichen, wie auch die Bindungsunfähigkeit vieler Menschen der Gegenwart, ist aus dem Hintergrund der Gefühlsverarmung zu sehen. Je weniger

Gefühlsstärke vorhanden ist, um so mehr muß Qualität — verstanden im Sinne spezifisch gearteter Intensität — durch Quantität und das Vielerlei ersetzt werden.

Dies gilt auch in der Beziehung von Mensch zu Mensch, von Mann und Frau. Wer in seiner Liebe nur wenig zu erleben vermag, wer Dauerbeziehungen und intensives Miteinanderleben nicht gestalten kann, bedarf des Partnerwechsels und des immer neuen Reizes, um sich der eigenen seelischen Impotenz nicht bewußt zu werden. Menschen mit diesem Lebensstil formulieren immer wieder ihre Vorstellungen, daß durch viele menschliche und auch sexuelle Kontakte ihnen ein Erlebnisreichtum erwächst.

In Wirklichkeit führt auch hier die Menge und Häufigkeit zur Erlebnisverflachung, wie zu immer geringerer seelischer Eigenleistung. Es bleibt bei solchen Kontakten gar nicht die Zeit, um in der Dauer und im gemeinsamen Bestehen und Ertragen von Schwierigkeiten sich zu steigern, um das Mühsame einer gemeinsamen Entwicklung auf sich zu nehmen. Wo es an Gefühlskraft mangelt, wird die Reizsteigerung als Ersatz gewählt. Wem Gefühl und Werterlebnis fehlen, bei dem siedeln sich viele unausgegorene Dinge an.

»Der Gedanke, aus Rosemaries Leben ausgeschlossen zu werden, hat mich aufgebracht«, erzählte Günter K.

»Wer ist Rosemarie?« fragte ich ihn. »Erzähle mir von ihr.«

»Rosemarie war meine Jugendfreundin, sie war sechzehn, ich achtzehn, als wir uns begegneten.«

»Sie war also eine der Frauen, die dein Leben prägten?«

»Weitaus mehr«, antwortete Günter K. »Ich war doch schon mit acht Jahren von daheim weggekommen. Rosemarie war nach all den Jahren die Frau, zu der ich eine tiefe Bindung hatte, meine Liebe zu ihr war grenzenlos.«

»Wenn deine Liebe so groß war, wenn die Bindung in Ordnung war, warum hast du sie nicht geheiratet?«

»Erstens war ich noch nicht fertig, ich war zu jung, wie hätte ich eine Familie ernähren können?«

»Du hättest doch warten können, bis du mit deiner Ausbildung fertig warst.«

»Soweit ist es gar nicht gekommen. Wir wurden erwischt, als wir zusammen schliefen. Man hat uns getrennt. Damals wurde meine Verlustangst reaktiviert und setzte sich fest. Ich habe sie nie wiedergesehen. Heute weiß ich, daß ich da an meinen ödipalen Punkt gekommen bin. Ich hätte nicht weglaufen sollen, hätte mich ihrem Vater stellen sollen, mich durchsetzen müssen. Aber damals hatte ich nur Wut über die Demütigung, die mir durch ihren Vater angetan wurde. Heute habe ich selbst eine sechzehnjährige Tochter und kann ihn einigermaßen verstehen. Rosemaries Vater sagte damals: Wenn ich das vorhätte, sollte ich nicht zu seiner Tochter gehen, die sei ihm zu schade dafür, ich sollte zu einer Nutte gehen. Das hat mich sehr tief verletzt. Ich habe mich mit der ganzen Geschichte damals nicht auseinandergesetzt. Ich spürte Wut auf ihren Vater, hatte eine ebensolche Wut auf Rosemarie, weil sie nicht richtig zu mir hielt, wie ich es empfand. Heute denke ich, daß sie wohl zu jung war, ich hätte das nicht von ihr erwarten dürfen. Ich habe diese ganze Geschichte verdrängt, bekam mordsmäßige Depressionen und hatte danach nicht mehr den richtigen Zugang zu meinen Gefühlen. Es folgten dann meine wilden Jahre, ich hatte viele Freundinnen. Schon der geringste Grund war für mich Anlaß, mich von ihnen zu trennen. Ich ging auch tatsächlich in der Folgezeit zu Freudenmädchen.«

Ich sah ihn mir an, er saß da und ich spürte, daß die Geschichte ihm immer noch ein wenig nachhing. Ich sagte es ihm.

Er schüttelte mit dem Kopf. »Nein, bestimmt nicht, ich liebe Eva Maria wirklich, sie bedeutet mir heute mehr als damals Rosemarie. Heute denke ich, ich hätte mir gerne diese vielen Frauengeschichten in meinem Leben erspart.«

»Warum?«

»Na ja, irgendwann hatte ich den Eindruck, daß diese ganzen oberflächlichen Erlebnisse etwas in mir abspalteten. Ich war nicht mehr ich selbst, nicht mehr der feinfühlige, sensible junge Mann, ich habe viel von meinem Idealismus, viel von meinem Feingefühl eingebüßt, war jahrelang von meinen Gefühlen abgeschnitten. Diese ganze Kiste, von wegen schlimmer Erfahrungen mit Eva Maria, war doch nichts anderes als eine Übertragung der Wut auf Rosemarie, die ich immer noch tief im Bauch vergraben hatte.«

»Ich denke, die Geburt deiner Schwester war die Ursache?« bohrte ich weiter.

»Ja, das auch, aber das hat doch nur dazu geführt, daß die Geschichte mit Rosemarie für mich so schlimm wurde. Diese beiden Dinge gehören zusammen.«

Die gesamte seelische Entwicklung des Menschen erfolgt mit Hilfe seines Fühlens. Wer nicht zu fühlen vermag, ist von sich abgeschnitten. Hierzu gehört ein Minimum an Liebesfähigkeit, an Ergriffen-werden-Können und an Hingabefähigkeit an einen anderen Menschen. Für Günter K. war vieles von dem verlorengegangen, nachdem er sich mit der Trennung von seiner Rosemarie

und den damit verbundenen Gefühlen nicht auseinandergesetzt hatte. Er hatte die ganze Geschichte einfach weggeschoben. Die Wut, die Enttäuschung, die Traurigkeit
und damit auch seine Liebesfähigkeit. Er hatte die ganze
Affäre als »lebendige Leiche« in sich begraben. Wie sehr
derartige Leichen spätere Partnerschaften überschatten,
davon werde ich an anderer Stelle noch ausführlich berichten.

Eifersucht und Besitzanspruch

»Ich habe nie das Gefühl gehabt, eifersüchtig zu sein«, sagte Günter K. »Ich hatte Angst, Eva Maria zu verlieren, für mich war eher sie eifersüchtig.«

»Bringe nichts durcheinander«, unterbrach ich ihn. »Wenn du eifersüchtig bist, dreht es sich nicht nur um Trennung.«

»Es ist zum Verrücktwerden«, gab er zu. »In meinem Job als Redakteur bin ich ziemlich unabhängig. Aber wenn es um meine Liebe zu Eva Maria ging, hatte ich immer starke Trennungsängste.«

»Trennungsangst und Eifersucht ist nicht das gleiche. Unter Trennungsängsten könnten quasi alle Menschen leiden, die Zugang zu ihren Gefühlen haben. Das Kind hat Angst, seine Eltern zu verlieren, der Erwachsene lebt die gleiche Angst weiter, nur daß sie sich jetzt auf den Partner bezieht.«

Eifersucht besteht aus einem ganzen Gefühlskomplex, deren Kern der Neid ist, Wut, zerstörerischer Haß sind weitere Komponenten. Eifersucht wird erlebt wie eine Art Un-Fall und An-Fall, eine Art Rückfall in die Unbewußtheit. Es scheint, als überfalle die Eifersucht biedere Ehemänner, brave Ehefrauen wie ein böser Dämon, um aus ihnen besinnungslose, rasende Bestien zu machen. Hinterher, nach dem Anfall, der mehr wie ein Unfall erscheint, wissen sie dann gar nichts mehr und können auch gar nicht verstehen, wie ihnen — ausgerechnet ihnen — so etwas geschehen konnte.

»Als damals der vermeintliche andere, der Seminarleiter auftauchte«, sagte Günter K., »kannte ich mich kaum selbst noch. Ich wurde zu einem giftigen, aufgebrachten, mißtrauischen, eifersüchtigen Zyniker, der seiner Frau und sich selbst das Leben zur Hölle machte. Im Geiste habe ich den anderen zerhackt, durch den Wolf gedreht, entmannt.«

Es ist sicherlich kein Trost, daß es kaum Geschwister ohne Eifersucht gibt. Es scheint so, daß Eltern nicht viel ausrichten können, wenn das ältere Kind eifersüchtig auf das Neugeborene wird. Das scheint aber nur so. Häufig ist es so, daß Eltern die Eifersucht des älteren Kindes nicht wahrnehmen, weil sie zu sehr mit dem Neuankömmling beschäftigt sind. Kluge Eltern helfen dem älteren Kind mit dem Schmerz, der Traurigkeit, der daraus resultierenden Wut fertigzuwerden, beziehen es in die neue Situation ein. In einem solchen Fall wird Eifersucht schon im Keim erstickt, zum Wohl des späteren Erwachsenen.

Viele halten Eifersucht für eine der natürlichsten und menschlichsten Eigenschaften. Eine Gefühlsbatterie, die uns oft ein Leben lang nicht losläßt. Horchen Sie doch einmal in sich selbst hinein. Eifersucht als menschliche Eigenschaft? Natürlich, gewissermaßen angeboren?

Wie läßt sich dann das Verhalten einiger Naturvölker erklären, in denen Eifersucht auf ein Minimum reduziert oder völlig unbekannt ist? So die Eskimos, die Lobi in Westafrika, die Toda in Indien. Ein Blick in andere Kulturen widerlegt ziemlich eindeutig die Behauptung, daß Eifersucht, so wie sie sich zeigt, angeboren sei.

Günter K. erlebte als 50jähriger in einer Therapiestunde

zum ersten Mal ganz bewußt seine Eifersucht in Form eines Anfalls von Wut und Trauer: »Mir wurde danach mit einem Male klar, daß ich auch früher schon heftige Eifersucht durchlebt hatte. Nur war mir damals überhaupt nicht bewußt, was dabei tatsächlich mit mir geschah. Ich hielt Eifersucht für normal. Damals, als es passierte, hatte ich überhaupt keine Gesprächspartner, niemanden, der mich auffangen konnte. Also mußte ich meine Gefühle und Probleme mit ›gesundem Menschenverstand‹ oder dem, was ich dafür hielt, angehen, ohne auch nur ein Wort darüber in meiner Umwelt zu verlieren. Ich schluckte alles in mich hinein und mein Nervenkostüm hatte so sehr darunter gelitten, daß ich noch Jahre danach darunter litt. Durch die Therapie wurde mir klar, wie stark ich unbewußt automatisch reagierte, ich hatte bisher nie meine Gefühle hinterfragt; aber langsam begann ich zu begreifen, daß es mit ganz frühkindlichen Ängsten zu tun hatte, die Angst vor dem Verlust meines Vaters ebenso wie die Angst vor dem Verlust der Mutter. Ich kann auch heute in der Eifersucht nichts Positives erkennen. Durch meine neue Erfahrung, meine Gefühle zulassen zu können, habe ich ganz neu begriffen, daß wohl ziemlich alle Menschen wissen, was Eifersucht ist. Aber wer weiß denn, was Liebe ist? Denn das, was viele als Liebe bezeichnen, ist doch wohl kaum wert, als Liebe benannt zu werden.«

Günter K. hatte vor seiner Therapie wie viele andere Menschen in vollem Brustton behauptet: »Ich und eifersüchtig? Gerade ich . . .?« In gewisser Weise hatte er recht damit. Seit er von seiner Jugendfreundin Rosemarie getrennt wurde, hatte er irgendwie unter einer Glasglocke gelebt, wie in einem komfortablen Gefängnis, bequem und sicher. Der Preis dafür war das Herunterschlucken all seiner Gefühle, die als unangenehm oder störend empfunden wurden. Er, der doch Liebling der Frauen sein wollte, hatte keinen Platz für Wut, Zorn, Ärger und Traurigkeit. Damit hatte er seine gesamte emotionale Empfindungsfähigkeit abgeblockt und heruntergewürgt. Er hatte seine Gefühle unterdrückt, abgestellt. Kein Wunder, daß er guten Gewissens behauptete, Eifersucht überhaupt nicht zu kennen.

»Nun«, fuhr er fort, »nachdem die lange unterdrückten Emotionen jäh herausbrachen und ich mich in meinen Gefühlen überhaupt nicht mehr auskannte, mich sozusagen während der Therapie in einem emotionalen Strudel befand, mich ständig hin- und hergerissen fühlte, war noch offen, ob die Ehe mit Eva Maria diesem Wechselbad der Gefühle standhielt. Eva Maria hatte schon einiges ertragen müssen, denn all das Verdrängte oder vieles davon, habe ich ja auf sie projiziert. Nur unsere beiderseitige Offenheit und die Bereitschaft, immer wieder von vorne zu beginnen, hat uns letztlich geholfen.«

Es gibt eine heiße und eine kalte Form der Eifersucht. Die unterkühlte, die sich hinter Sachlichkeit oder Ironie verbirgt, die ist dabei für mich die problematischere, denn ihr können wir nicht offen begegnen. Sie vergiftet durch ihre Indirektheit und sie ist selbst schon ein Ausdruck von vergifteten verborgenen Gefühlen.

Ein Wust von Gegensätzen und Widersprüchen scheint sich zu öffnen. Der Eifersüchtige leidet mehrfach: Er leidet unter dem Gefühl der Eifersucht, er leidet darunter, sich von einer solchen Lächerlichkeit knechten zu lassen, er fürchtet damit den anderen zu verletzen, und vielleicht macht er sich seine Eifersucht sogar zum Vorwurf.

Dabei ist die erste und einfachste Frage schon schwer zu beantworten: Was ist denn Eifersucht?

Jeder kennt sie, die meisten leiden daran oder darunter, aber was ist Eifersucht?

Um sich einer Definition der Eifersucht wenigstens anzunähern, ist es hilfreich, einmal den »kleinen«, aber sehr gewichtigen Unterschied zwischen Neid und Eifersucht anzuschauen. Neidisch bin ich auf etwas, das ich nicht habe, eifersüchtig auf etwas oder jemand, auf das oder den ich einen Besitzanspruch erhebe. Ich bin neidisch auf den Mann, dessen tolle Partnerin ihn verwöhnt und mit liebevoller Aufmerksamkeit überschüttet, aber eifersüchtig auf meine eigene (Eigentum als Besitzanspruch) Frau, die mit einem anderen Mann liebäugelt. Diese Aufmerksamkeit gehört (Eigentum) mir!

Eifersucht hat demnach etwas zu tun mit Besitzanspruch. Etwas besitzen zu wollen ist ein anderer Ausdruck für die Angst vor Verlust, vor Unsicherheit, die Angst loszulassen, mein Besitz soll mir ein Gefühl der Sicherheit, des Schutzes geben.

Eifersucht ist die Schattenseite unserer Liebe. Erste These: Wo Eifersucht ist, da mangelt es an Liebe. Wo Liebe fließt, gibt es keine Eifersucht. Viele halten für Liebe, was nichts anderes ist, als die Angst vor dem Verlassenwerden. Sie halten die Angst vor dem Verlassenwerden und vor dem Alleinsein für Liebe. Sie wissen nämlich ganz tief in sich, daß sie das Alleinsein nicht ertragen können. Dann lieber zu zweit allein. Das hat natürlich mit Liebe nichts zu tun. Sympathie ist meiner Meinung nach der Schlüssel zur Liebe, es ist die Entspannung in der Gegenwart des Menschen, den ich liebe, das Genießen des Beieinanderseins. Es ist Freundschaft in der direktesten Form.

Günter und Eva Maria lebten während ihrer Aufarbeitungszeit häufig getrennt. Er sagte dazu: »Selbst in der Zeit, als ich mit meiner Frau nicht zusammenwohnte, machte mich die Vorstellung, sie könnte eine schöne Zeit mit jemand anderen haben, rasend. In meinem Geist tauchte immer ein anderer Mann auf, mit dem etwas lief, was mit mir scheinbar nicht möglich war. Ich fühlte mich gleich weniger wertvoll. Sofort kam die Gretchenfrage: Was hat er, was ich nicht habe? Ich fühlte mich wieder einmal bestätigt, daß ich doch nichts wert bin, um meiner selbst willen geliebt zu werden. Da kamen wieder ganz uralte Gefühle aus früher Kindheit hoch. Ich habe gemerkt, wie sehr es darauf ankommt, wie ich zu mir selbst stehe in solchen Situationen. Ich habe mich eben total durch meine Frau interpretiert. Ganz tief in mir spürte ich: Allein bin ich nichts, nicht wertvoll! Das war der Moment, wo ich erkannte, daß ich einfach nicht genug Liebe für mich selbst habe.«

Hier lohnt sich die Erinnerung an die Bibel und den Spruch: »Liebe deinen Nächsten wie dich selbst.« Dieses: Liebe ihn wie dich selbst — ist äußerst aufschlußreich. Es bedeutet, daß wir bei uns selbst beginnen sollen mit dem Lieben. Liebe hier verstanden als Sich-selbst-annehmen-wie-man-ist. Wenn ich beginne, mich selbst zu akzeptieren wie ich bin, werde ich auch andere lieben und akzeptieren können. Wir aber laufen herum und suchen die große Liebe, die uns für all das entschädigen soll, was uns das Leben (sprich wir selbst) bisher versagte. Wir sind eifrige Sucher nach Zuwendung, Anerkennung, Geborgenheit, Wärme, Sicherheit und Liebe. Wir sind wie Küken, die zu früh aus dem Nest fielen, auf der Suche nach dem verlorenen Paradies. Durch unseren Wunsch nach Anerkennung und Zuwendung sind wir manipulierbar geworden. Wir sind aber durch unseren Wunsch nach Liebe nicht nur manipulierbar geworden, wir drehen auch selbst kräftig an der Manipulierschraube. Wir sagen ein Kompliment, weil wir eines hören möchten. Wir geben ein Geschenk, weil wir eines erhalten möchten. Wir streicheln, weil wir selbst gerne gestreichelt werden möchten. Wir haben aus der Liebe ein florierendes Geschäft mit Hochkonjunktur gemacht. Wir »machen« Liebe, statt sie zuzulassen. Auf diesem Nährboden gedeiht eine Pflanze ganz besonders vorzüglich: Eifersucht.

These zwei: Eifersucht ist mehr als ein Gefühl. Es stellt eine ganze Palette zum Teil sehr unterschiedlicher Gefühle und Emotionen dar. Es kann Haß, Neid, Traurigkeit, Aggression sein und vor allem Angst. Eifersucht hat immer zu tun mit Angst! Je mehr wir diese uns unangenehmen Gefühle unterdrücken, um so schädlicher und gefährlicher die Neben- oder Spätwirkung. Durch Unterdrücken verschwinden die Gefühle eben nur von der Oberfläche und suchen sich an anderer Stelle und zu späterer Zeit ein neues Ventil. Oder sie richten psychischen und später auch körperlichen Schaden an.

Und das Unterdrücken hat auch noch eine unangenehmere Nebenwirkung. Nach dem Motto: Wer nicht weinen kann, der kann auch nicht lachen, unterdrücken wir im gleichen Maße wie unseren Zorn auch unsere schönen Gefühle, unsere Fähigkeit zur Freude, zu lieben und zu lachen. Deshalb ist es zunächst einmal sehr wichtig, die Eifersucht in ihrer vollen Gewalt zuzulassen, ohne allerdings sich und dem Partner zu schaden. Das Zulassen alter Gefühle hat eine reinigende, befreiende Wirkung. Wichtig ist dabei auch, alle hochkommenden Gefühle einmal zu akzeptieren, selbst wenn sie scheinbar ohne Grund da sind.

Hier können sich die Partner außerordentlich helfen, den anderen beim Zulassen der Gefühle zu ermutigen. Je mehr dabei der Partner begreift, daß er lediglich als Auslöser für die Emotionen des anderen wirkt, um so leichter wird es ihm fallen, nicht persönlich beleidigt, gekränkt und vorwurfsvoll zu reagieren. Häufig oder sogar fast immer sind diese Gefühle viel älter als die Beziehung. Auf den Partner haben wir eben bei unserer »eifrigen Suche« den ganzen Wust der Gefühlswelt unserer Kindheit projeziert.

Wir müssen dabei begreifen, daß jede Angst die Angst des Überlebens ist. Es ist die Urangst des Säuglings vor Verlust der Überlebensgaranten — der Eltern! Und jeder Wunsch, den anderen zu behalten, ist nichts anderes als der Versuch, diese Angst zu kompensieren. Wir wünschen uns Sicherheit, weil wir Angst haben vor der bedrohlichen Unsicherheit. Wir wünschen uns Liebe, weil sie uns Überleben garantiert. Verlust von Liebe bedeutet dann existentielle Bedrohung. Vielleicht ist das eine Erklärung, warum uns die Eifersucht, also die Angst vor dem Liebesverlust, so stark unter die Haut geht. Unser Überleben ist scheinbar bedroht.

Für ein Kind ist es schwer, auf die geliebte Mutter wütend zu sein oder sogar sie zu hassen, wenn diese das Kind allein läßt oder auf andere Art verletzt. Es muß sehr früh lernen, diese schlechten Gefühle zu unterdrücken, denn mit unserem Lebensgaranten müssen wir uns gutstellen oder zumindest arrangieren. Später, als Erwachsener, kommen diese Haß-, Wut- und Rachegefühle um so vehementer an die Oberfläche, denn jetzt »haben wir einen

Grund«, jetzt dürfen wir sie uns erlauben. Das mag der Grund sein, warum viele Menschen die Eifersucht wie eine Krankheit oder wie einen Wahnsinnsanfall erleben und sich selbst nicht die Wucht und das Maß ihrer Gefühle erklären können. Wir können als Erwachsene begreifen, daß der einzige Mensch, den wir wirklich brauchen, wir selbst sind. Wir brauchen eine Liebe vordringlich, unsere eigene für uns selbst. Wir sind wie Radfahrer, die sich auf einem Standfahrrad abstrampeln. Wenn jemand fragt: »Warum strengst du dich so an?«, kommt die Antwort: »Ich muß mich anstrengen, um die Welt in Gang zu halten.« Wir müssen lernen, zwischen diesem frühkindlichen Überlebenstrieb und der Erwachsenenrealität zu unterscheiden.

Es ist wohl kein Wunder, wenn Psychologen behaupten, die Welt sei voller vierjähriger Kinder, die sich um ihr Überleben sorgen, die Panik bekommen, wenn die Frau (Mutter) oder der Mann (Vater) sich jemandem anderen zuwendet. Es ist sehr selten, einem wirklich erwachsenen Menschen zu begegnen. Ein Erwachsener ist jemand, der zwischen seinen frühkindlichen Programmierungen, die tief ins Unbewußte gerutscht sind, und der Realität unterscheiden kann.

Es ist auffällig, daß Sexualität eine zentrale Rolle bei der Beurteilung und Erklärung des Phänomens Eifersucht spielt.

Fast immer wirkt der Sex, die körperliche Untreue, das Miteinanderschlafen als Anlaß und Auslöser. Warum nicht genauso das intensive Miteinandersprechen, das Zusammenarbeiten, das beglückende Zusammen-etwas-erleben und -erfühlen? Zwar kommt Eifersucht auch in anderen als sexuellen Bereichen vor, aber nirgendwo sind die

Gefühle so heftig und jäh angesprochen wie beim geschlechtlichen Miteinander.

Männer haben häufig eine seltsame Logik, die etwa so klingt: »Ich habe zwar mit ihr geschlafen, das hat aber weiter keine Bedeutung, denn schließlich bin ich nicht verliebt. Sollte meine Frau das gleiche tun, dann ist es trotzdem etwas anderes, denn Frauen sind ja bekanntermaßen mit ihren Gefühlen stärker dabei.«

Dadurch entsteht die berühmte männliche Doppelmoral, die fortschrittliche Frauen auf die Palme bringt. Die Frage, was wirklich männlich ist und was speziell Weibliches ausmacht, ist schon oft gestellt worden. Fest steht, daß es tatsächlich einen Unterschied in der sexuellen Erlebnisfähigkeit zwischen Mann und Frau gibt. Pauschal gesagt, lieben Männer mehr mit dem Kopf und Frauen mit dem ganzen Körper. Dies deshalb, weil Frauen häufig einen besseren Zugang zu ihren Gefühlen haben als Männer. Dies rechtfertigt allerdings keinerlei ungleiche Behandlungsweise, die häufig einfach die Folge männlicher Bequemlichkeit, Arroganz und Unreife ist.

Wohl jeder kennt das uralte Symbol, das Yin und Yang. Yin steht für die Frau, die Nacht, das Warme, Empfangende, die Erde und einiges mehr, während Yang den Mann, den Tag, die Kälte, das Aggressive, die Sonne und noch einiges mehr repräsentiert. Yin und Yang bewegen und verändern sich beständig in einem Kreis. Sie sind beide gleichwertig und gleich wichtig, sie ergänzen sich und ergeben erst zusammen eine Einheit.

Ich glaube, daß das auch für uns Menschen im Außen gilt. Als Mann bin ich nur halb, als Frau bist du nur halb. Wir suchen in der Sexualität den anderen, die Ergänzung, die uns fehlt, um heil, ganz, eins zu sein. Als Mann suchen wir eine äußere Frau, um uns geschlechtlich mit ihr zu vereinigen, obwohl es tatsächlich um die innere Weiblichkeit im Mann geht, um die Vereinigung von Gegensätzen auf einer höheren Ebene in uns. Als Mann suchen wir nach dem Weiblichen in uns, als Frau nach dem Männlichen in sich. Wir suchen nach dem weiblichen oder männlichen, dessen natürliche Anlage in uns durch Erziehung verkümmerte, und die wirkliche Frau, der wirkliche Mann aus Fleisch und Blut ist eine Hilfe, ein Symbol, uns mit der Seite in uns zu konfrontieren, die uns fehlt.

Die geschlechtliche Vereinigung ist neben der Fortpflanzung der immerwährende vergebliche Versuch, ins Paradies der Einheit zurückzukehren. Deshalb auch oft die Enttäuschung (das Zerplatzen einer Illusion) danach, der schale Geschmack, daß es wieder einmal nicht funktionierte.

Wir dürfen Eifersucht als einen Ausdruck innerer Not, einen Hilfeschrei verstehen und dem Partner erlauben, seine »unvernünftigen« Gefühle zu zeigen. Wenn wir es schaffen, ihn dafür nicht durch Liebesentzug zu bestrafen, sondern verständnisvoll am Ball bleiben, dem anderen bei einer Einsicht und einem tieferen Begreifen zu helfen, dann kann Eifersucht zum empfindlichen Seismographen werden, der den Entwicklungsstand einer Beziehung widerspiegelt.

Wenn wir vor der Eifersucht nicht weglaufen und nicht dagegen ankämpfen, sondern uns in die Nähe des Geschehens bringen, können wir von diesem Gefühl etwas über uns lernen. Denn nichts widerfährt uns zufällig, es sei denn, wir verstehen Zufall als etwas, das uns zufällt.

Eifersucht hat für bestimmte Menschen etwas mit Besitz, mit Habenwollen zu tun. Ein besitzorientierter

Mensch verwandelt alles, womit er in Berührung kommt, und alles, worüber er nachdenkt, in Eigentum. Er erfährt die Liebe nur als eine Form des Besitzens. Liebe als Form des Habens und Festhaltens. Im krassesten Fall verkehrt die besitzergreifende Liebe den anderen in ein Objekt.

Ich habe nun viele Elemente der Eifersucht aufgezeigt, Gefühle und Emotionen, die bei der grundlosen, wie auch der begründeten Eifersucht ins Spiel kommen. Nehmen wir einmal Haß, Neid, Vergleich und Verlustangst heraus, alle durch frühe Kindheitsprägungen verstärkte Gefühle — gibt es dann immer noch eine verbleibende Art von Eifersucht? Ich glaube ja.

Ist es denn nicht auch natürlich, daß es wehtut, wenn der Partner sich einem anderen Menschen zuwendet? Wenn er die Intimität, die Zärtlichkeit einer anderen Person schenkt, sich mit einem anderen Menschen »vereint?« Auch ohne kindlich geprägte Verlustangst, denn es besteht ja oft gar nicht die Angst, den anderen ganz zu verlieren, wird ein liebesfähiger, gefühlsoffener Mensch es als tiefe Verletzung empfinden, den Menschen, den er liebt, bei einem anderen zu wissen oder auch nur zu ahnen.

Es gibt viele Abstufungen der Reaktion, wie sich ein derart verletzter Mensch verhält. Ob mit Wutgeschrei, Haß, Hysterie oder stillem Schmerz. Darum kann man nicht behaupten, Eifersucht sei an sich neurotisch, sondern allenfalls die Art und Weise, wie ein Mensch seine Eifersucht äußert.

Damit die Liebe existieren kann, muß es zwei Wesen geben, die sich aufeinander zubewegen, aber niemals vollends eins werden. Lieben ist eine nicht endenwollende ewige Wanderung zwischen Bindung und Rückkehr, zwischen unseren Grenzen, ist Zusammenkommen und Auseinandergehen. Liebe ist aber nicht nur ein Drängen auf das Ja, nicht nur Sehnsucht nach Umarmung und Einklang. Jeder von zwei Partnern hat ganz bestimmte Wünsche im Beisammensein. Solange wir nicht die Freiheit haben, unsere Wünsche direkt zum Ausdruck zu bringen, versuchen wir oft, sie auf indirektem Weg durch Manipulation durchzusetzen. Selbst wenn Manipulation kurzfristig zum Erfolg führen mag, hat sie doch letztendlich den Effekt, daß wir uns dem Partner entfremden und ihn zu unserem Gegner machen, da sie nicht Nähe und Intimität erzeugt, sondern Distanz. Es handelt sich hier um eine der grundlegenden Kommunikationsbeeinträchtigungen, nämlich um das Ersetzen des offenen Ausdrucks von Gedanken, Gefühlen und Wünschen durch Manipulation. Wenn wir uns aus einer tiefen Unsicherheit heraus nicht vorstellen können, daß wir unsere Wünsche einer Erfüllung näherbringen, indem wir sie offen aussprechen, wenn wir meinen, allein durch Manipulation ans Ziel zu gelangen, dann unterminieren wir unweigerlich unsere Liebesbeziehung. Darüber hinaus sabotieren wir ebenso unausweichlich alle unsere wesentlichen Beziehungen.

Kein Mensch kann uns ständig alles geben, was wir wollen; niemand kann immer auf uns eingehen, wie wir es uns wünschen. Niemand ist ausschließlich zur Befriedigung unserer Wünsche auf der Welt. Wenn wir versuchen, unseren Partner in eine solche Rolle zu drängen, indem wir entweder an sein Mitgefühl oder an seine Schuldgefühle appellieren, werden wir damit am Ende doch nur Ressentiments in ihm hervorrufen.

Aufrichtige Kommunikation beruht demnach weitgehend auf der Bereitschaft und auf dem Mut, zu sein, wer wir sind, zu zeigen, wer wir sind, uns zu unseren Gedanken, Gefühlen und Wünschen zu bekennen, das heißt, auf die Selbstverschleierung als Überlebensstrategie zu verzichten. Doch wir können einen Fehler nicht ändern, bevor wir nicht dazu bereit sind, ihn uns einzugestehen. Wir müssen uns zur Aufrichtigkeit durchringen. Lügnern und Feiglingen ist die wahre Liebe fremd und unerreichbar. Aufrichtigkeit und Mut lassen die Liebe gedeihen. Unaufrichtigkeit und Feigheit zerstören sie unweigerlich.

Zur Liebe gehört der Wunsch, den anderen zu sehen und von ihm gesehen zu werden, den anderen zu schätzen und von ihm geschätzt zu werden, ihn wahrzunehmen und von ihm wahrgenommen zu werden, ihn zu erforschen und selbst erforscht zu werden. Das sind Wesenskerne der Liebe. Sprechen wir mit Menschen, die seit einiger Zeit glücklich lieben, dann hören wir häufig Bemerkungen wie: »Sie gibt mir das Gefühl, anerkannt zu sein.« Oder: »Er versteht mich — besser als jeder andere.« Oder: »In seiner Gegenwart verstärkt sich mein Gefühl, eine Frau zu sein.« Oder: »Sie sieht mich, nimmt mich wahr, beachtet mich.«

Wenn wir beobachten, wie zwei Liebende einander ansehen, dann können wir erkennen, welche zentrale Rolle das Sehen in einer Beziehung spielt. Die Fähigkeit, den anderen zu sehen und ihm mitzuteilen, was man sieht — mit anderen Worten: die Fähigkeit, dem Partner das Gefühl zu geben, sichtbar zu sein, entscheidet über die Lebensdauer einer Liebe zwischen zwei Menschen. Wenn wir zwei Partner beobachten, die einander überdrüssig geworden sind, werden wir feststellen, daß sie sich nur selten ansehen, jedenfalls nicht im Sinne eines aktiven Anschauens. Es ist eine Leere in ihren Augen, eine Empfindungslosigkeit und Stumpfheit, als ob sie sich innerlich voreinander verschlossen hätten.

Menschen, die nicht vor der Liebe zurückschrecken, die nicht von der Angst besessen sind, abgelehnt zu werden, empfinden es als eine der größten Freuden des Liebens, dem Partner eine größere Sichtbarkeit seiner selbst, größere Selbstbewußtheit und ein höheres Maß an Selbstachtung zu ermöglichen. Sie geleiten ihren Partner zu immer höheren Stufen der Selbstentdeckung. Eine solche Haltung erwächst aus echter Faszination durch den Partner, aus dem Wunsch, den anderen Menschen wirklich zu sehen und zu verstehen, und aus der Einsicht, daß dieses Einander-Kennenlernen niemals abgeschlossen ist. Echte Liebe macht nicht blind — im Gegenteil: Wer liebt, ist fähig, mit allergrößter Klarheit bis auf den Grund des anderen zu sehen. Liebe inspiriert und motiviert ihn zur Entdeckung des anderen Menschen; die wir nicht lieben, schauen wir nicht so eingehend und lange an.

Die Faszination innerhalb der Beziehung spiegelt die Lebensfreude wider, die beide Partner als Einzelwesen empfinden. Viele Menschen führen eine Automatenexistenz: Sie leben von früheren Gedanken, früheren Wahrnehmungen und in der Vergangenheit erworbenem Wissen. Deshalb verliert ihr Leben schon früh seine Frische. Ihre Begeisterungsfähigkeit nimmt rasch ab. Leidenschaftliche Gefühle werden nicht mehr empfunden. Im Grunde genommen tun diese Menschen so, als ob sie eine Art Maschine wären, sprechen aber gleichzeitig mit großer Bestimmtheit davon, daß leidenschaftliche Zuneigung immer kurzlebig sei, genauso wie auch die Liebe unvermeidlich vergehen und alle Begeisterung erlahmen müsse. Diese Menschen irren sich, wenn sie meinen, daß ihre Auffassungen der Realität ensprechen. In Wahrheit reden sie nur über sich selbst. Ein Teil dieser Menschen resigniert, der andere Teil wendet sich, wenn die Liebe zum Partner farb- und leidenschaftslos wird, einer Geliebten, einem Geliebten zu.

Häufig wird darauf hingewiesen, daß kreative Menschen gewisse kindliche Züge haben, daß sie unbefangen und spontan wahrnehmen und reagieren. Es gehört zum Wesen der Kreativität, die Fähigkeit zu bewahren, das Leben jeden Tag mit neuen Augen zu sehen und deshalb das Unerwartete wahrzunehmen, das Ungewohnte zu begrüßen und dem Neuen aufgeschlossen begegnen zu können. Dies ist genau die Einstellung, die nötig ist, um eine Liebe am Leben zu erhalten und um dem Menschen, den man liebt, immer wieder zu vermitteln, daß er gesehen, daß er beachtet wird. Lebensfreude ist das, was wir als fließende Energie wahrnehmen, die Energie, die wir für unsere Reaktionen zur Verfügung haben. Emotionale Verdrängung, Selbstablehnung, Selbstentfremdung sind Feinde der Lebensfreude und damit Feinde der Fähigkeit, dem Partner gegenüber beständig Wertschätzung zu empfinden und ausdrücken zu können. Viele lernen, sich gegen sich selbst zu wenden und »abzuschalten«, um sich vor Kränkung zu schützen, die Anerkennung anderer oder einen höheren sozialen Status zu erringen — klagen dann aber über Gefühle der Leere und Sinnlosigkeit und über den Verlust intensiver Empfindungen. Manche gelangen zu der Überzeugung, daß die Liebe zu eng, zu selbstsüchtig und daß Leidenschaft und Lebenslust des einzelnen »sozial bedeutungslos« sei. Sie versuchen sich neue Lebenskräfte zu erschließen, indem sie sich einer »großen Sache« anschließen und unterordnen, einer Lehre, einer

Ideologie, einer Bewegung, die »größer ist« als man selbst und die ihnen die Herausbildung eines eigenen Selbst und einer persönlichen Identität ersparen hilft. Unfähig, einen einzelnen Menschen zu lieben, lieben sie »die Menschheit«.

Wir bleiben seelisch lebendig, wenn es uns gelingt, den Kontakt zu unseren Gefühlen, Gemütsbewegungen, Gedanken und Sehnsüchten, zu allem, was die Welt unseres inneren Erlebens ausmacht, nicht abreißen zu lassen. Wir erhalten unsere Beziehungen lebendig, indem wir diese innere Welt mitteilen, indem wir sie offen zeigen, indem wir sie ausdrücken und zu einem Teil unserer geliebten Realität machen. Dazu gehört als wesentliche Bedingung, daß wir empfänglich bleiben für das, was wir in unserem Partner sehen, für seine Art, uns zu beeinflussen, und für die Gefühle und Gedanken, zu denen er uns anregt. All dies fällt in den Bereich des seelischen Sichtbarseins. Durch Schweigen, durch das Versiegen des Energieflusses zwischen den Partnern und durch das Fehlen von Erlebnissen wechselseitigen Gesehenwerdens können Beziehungen ausgehöhlt werden. Hier liegt einer der Gründe, warum es so sehr darauf ankommt, unsere Gefühle zu äußern, wenn wir verletzt oder verärgert sind. Anderenfalls begraben wir nach einiger Zeit nicht nur unser Gekränktsein und unseren Ärger, sondern damit auch zugleich auch unsere Liebe und Wertschätzung.

»Bis jetzt hast du immer davon gesprochen, was du aus deiner Ehe mit Eva Maria gelernt hast«, sagte ich zu Günter K. »Hat denn deine Frau auch daraus gelernt? Oder willst du mir weismachen, daß alles nur an dir lag? In einer Partnerschaft machen beide Fehler.«

Es war ihm scheinbar unangenehm, darüber zu sprechen, er zögerte, als müsse er nach Worten suchen, fuhr sich verlegen durchs Haar. »Natürlich gab es eine ganze Menge, die mich an Eva Maria ärgerten. Ich erinnere mich an eine Zeit, da wir schon wieder einmal über längere Zeit getrennt waren. Sie hatte ihren Haushalt, ich den meinen. Sie sorgte für sich selbst, ich tat auch das meinige für mich. In der Regel brachte ich meine Hemden in die Wäscherei. Aber diesmal hatte ich sie selbst gewaschen und fragte sie, ob sie sie ausnahmsweise für mich bügeln würde. Sie wand sich herum, daß sie eigentlich keine Lust hätte, weil sie Angst hatte, den berühmten kleinen Finger damit zu geben. Sie hatte davor zu viel um die Ohren und wollte nun nicht mehr die ›Putzfrau‹ für mich sein.«

»Eine Alltagsgeschichte also?«

»Ja und nein. Ich schluckte die Sache runter, fragte mich, was das sollte. Natürlich war sie nicht für mich verantwortlich. Ich kann sehr gut für mich selbst sorgen. Aber sie redete immer von ihrer großen Liebe zu mir und scheiterte damit schon an fünf Hemden. Für mich hat Liebe etwas mit Geben und Nehmen zu tun. Es gab ja auch Dinge, wo ich ihr behilflich war, die ich ihr abnahm. Ich schluckte die Geschichte weg, wollte keinen Ärger.

Kurze Zeit später, wir hatten am Abend harmonische, zärtliche liebevolle Stunden erlebt, schlief sie die Nacht bei mir. Als ich am Morgen aus dem Bad kam, sah ich, daß sie ihr Bett gemacht hatte, meines aber nicht. Ich war völlig fassungslos. Sie begründete es mit meiner anscheinend mangelnden Liebe zur Ordnung, da mein Bett auch die Tage zuvor nicht gemacht war. Jetzt konnte ich meinen Ärger nicht mehr bei mir lassen und ließ alles ab, einschließlich einer alten Wut, die anläßlich der Therapie in mir gärte. Der Streit wurde dann so heftig, daß ich zum

Schluß als Sündenbock dastand, nicht sie hatte mir etwas angetan, sondern ich ihr.«

»War die Situation neu für dich?«

Er schüttelte heftig den Kopf. »Nein, absolut nicht. Meine Frau hatte so eine Art, aus heiterem Himmel etwas zu provozieren, was dann heftige Reaktionen meinerseits hervorrief. Zum Schluß stand ich immer als der Dumme, Schuldige da. Sie hatte einen Fehler, sie konnte schwer etwas zugeben; meistens behielt sie allerdings recht. In den ganzen Jahren hatte ich immer das Gefühl, daß nur sie im Recht war. Das hat mir das Leben oft schwer gemacht. Später begann ich, immer alles wegzuschlucken, ich konnte es mir wegen des Herzinfarkts schon gar nicht leisten, mich ständig aufzuregen.«

Wenn wir uns unverstanden fühlen, werden wir schweigsam, zurückhaltend, distanziert. Indem wir unsere negativen Gefühle unterdrücken und eine Mauer aus Gleichgültigkeit um uns errichten, gehen uns auch die positiven Gefühle verloren. Unser Partner bereitet uns nun keine Freude mehr, sondern Schmerz, so daß wir uns noch stärker durch Gefühllosigkeit ihm gegenüber abschirmen müssen. Wir verschließen uns und verweigern dem anderen das Vergnügen, sich von uns wahrgenommen und geschätzt zu fühlen. Es ist nicht schwer zu erkennen, wohin eine Beziehung durch eine solche Entwicklung führt: auf ein totes Gleis. Wir wissen alle, daß wir uns am meisten geliebt fühlen, wenn wir spüren, daß wir eine Quelle der Freude für unseren Partner sind. Eine nüchterne Bestandsaufnahme unserer Vorzüge, Komplimente, die vor lauter Unbestimmtheit nichts mehr aussagen und ohne Gefühlswirkung sind, erwecken nicht das Gefühl, daß wir bejaht und ernstgenommen werden.

Doch das freudige Lächeln auf dem Gesicht unseres Partners, wenn wir zu ihm ins Zimmer treten, der bewundernde Blick, wenn wir etwas vollbracht haben, die Ausdrucksformen sexuellen Begehrens und Genießens, das Interesse an dem, was wir denken und fühlen, die Anerkennung unserer — kaum ausführlich erklärten — Gedanken und Gefühle, die Zeichen der Freude, mit uns in Berührung zu sein, oder einfach uns nur zu beobachten — dies sind einige der Mittel, der Zeichen und Verhaltensweisen, die das Erlebnis des Gesehen- und Geliebtwerdens in uns hervorrufen und Realität werden lassen und durch die wir unserem Partner dasselbe Erleben ermöglichen.

Was kann schöner sein, als unserem Partner zu zeigen, welche Lebensfreude er in uns wachruft? Unglücklicherweise sind die meisten von uns dazu erzogen worden, ihre Lebenslust zu verbergen, zu dämpfen, zu unterdrücken und sogar zu ersticken, um dadurch erwachsener zu erscheinen. Das führt dazu, daß wir uns scheuen, unseren Partner wissen zu lassen, wieviel wir für ihn empfinden, wie sehr wir ihn lieben, wieviel Lebensfreude er uns bereiten kann.

Oder wir wollen vielleicht unserem Partner alle diese Gefühle mitteilen, aber er entzieht sich uns, sperrt sich dagegen und signalisiert uns, daß solche Botschaften besser unterbleiben sollten, da Freudebekundungen — und seien es solche, die er selbst angeregt hat — Angst in ihm auslösen. Die Furcht, Lebensfreude zu empfinden, tötet manche Liebe.

Im Grunde genommen setzen alle Eigenschaften und Einstellungen, die vorhanden sein müssen, wenn die Liebe keimen und wachsen soll, Reife voraus. Wenn wir nur unsere eigenen Bedürfnisse, nicht aber die des Partners wahrnehmen können, dann begegnen wir uns eher in einer Eltern-Kind-Beziehung als zwischen Gleichgestellten. Die unabhängigen, gleichwertigen Partner der Liebe nehmen dem anderen nichts, sondern stärken sich gegenseitig. Einen anderen Menschen zu stärken bedeutet hier, ihn vorbehaltlos anzunehmen, seine Souveränität und Integrität zu achten, seine Entfaltungs- und Selbstverwirklichungsbedürfnisse zu unterstützen und seine Gedanken, Gefühle und Wünsche auf der tiefsten und vertrautesten Ebene ernst zu nehmen. Es bedeutet einen Zusammenhang, eine Umgebung zu schaffen, in der ein Mensch leben und sich entwickeln kann.

Einen anderen Menschen zu stärken, heißt, ihn als den zu akzeptieren, der er ist, und dennoch an die in ihm schlummernden unverwirklichten Möglichkeiten zu glauben. Es heißt, unsere eigenen Wünsche und Bedürfnisse diesem Menschen gegenüber offen zu zeigen, ohne je zu vergessen, daß der andere nicht nur zur Befriedigung unserer Wünsche und Bedürfnisse da ist. Es heißt, auf die Stärken und inneren Kräfte des anderen zu vertrauen, und dennoch bereit zu sein, Hilfe anzubieten, wenn sie verlangt wird, und manchmal zu erkennen, daß Hilfe nötig ist, auch wenn der andere nicht darum bittet. Stärken heißt, eine Beziehung zu schaffen, in der der andere erfahren kann, daß er zählt, daß er etwas gilt, in der er seine Gedanken und Gefühle zum Ausdruck bringen kann, wenn er es wünscht, und dennoch zu wissen, daß es Zeiten gibt, in denen unser Partner Schweigen und Alleinsein braucht. Stärken heißt, Zärtlichkeiten geben ohne Forderungen und Verpflichtungen, heißt, Tränen zuzulassen und Trost zu spenden, heißt, dem Partner unaufgefordert etwas zu bringen, von dem wir wissen, daß er es sich wünscht. Das hat nichts mit Unreife zu tun, daß in jedem von uns noch das Kind weiterlebt, das wir einmal gewesen sind, und daß es Zeiten gibt, in denen auch dieses Kind umsorgt und bestärkt werden will. Wir müssen ein Gespür entwickeln für das Kind in uns und in unserem Partner. Wir müssen eine enge Verbindung zu diesem Kind aufrechterhalten. Einen geliebten Menschen zu stärken heißt, das Kind innerhalb seiner Erwachsenenpersönlichkeit zu stärken und als vollwertigen Teil dessen, was der andere ist, anzunehmen. Stärken heißt, nicht nur die positiven Seiten unseres Partners zu lieben, sondern auch seine Schwächen, nicht nur das, was kraftvoll ist an ihm, sondern auch das Zarte. Genau diese Art des wechselseitigen Umsorgens und Stärkens können wir bei Menschen beobachten, die sich lieben und die wissen, wie man liebt. Ihre Fähigkeit, den anderen zu stärken, entspringt der Fülle ihres eigenen Wesens. Die Sensibilität gegenüber ihren eigenen Bedürfnissen macht sie empfänglich für die Bedürfnisse ihres Partners. Die Annahme des Kindes in ihnen macht sie fähig, das Kind in ihrem Partner anzunehmen. Es ist leichter einzusehen, warum die Liebe solcher Menschen wächst, und warum eine Liebe verkümmert, wenn ein solches Verständnis, eine solche gegenseitige Stärkung fehlt.

Die Intellektualisierung unseres Lebens brachte zwangsweise Verarmung und Schmalspurigkeit auf vielen Gebieten. Dadurch entstanden entsprechende Horizontverengungen in den Gebieten, die sich dem Intellekt adäquat erweisen. Verdrängte und nicht geübte Funktionen aber verkümmern wie Muskeln, die nie gebraucht werden. Die emotionalen Verkrüppelungen unseres Jahrhunderts können nicht mehr übersehen werden. Auf der einen Seite die vielen, die unter der Leere, der Sinnlosigkeit und Langeweile ihres Daseins leiden. Zu ihnen gehören die Vereinsamten, Kontaktarmen und all jene, die trotz des Wohlstandes kein positives Lebensgefühl entwickeln können. Auf der anderen Seite finden wir die Aktiven und Vitalen, bis zur körperlichen Erschöpfung damit beschäftigt, den Problemen ihres Lebens davonzurennen und alles zu vermeiden, was sie an den Punkt führen könnte, wo sie ihre verdrängte Beunruhigung, ihr Unbefriedigtsein und ihr unerfülltes Leben sich eingestehen müßten. Darum muß eine Tätigkeit und eine Aktion die andere ablösen, was zur pausenlosen, übertriebenen Aktivität führt.

Beide — die Überaktiven und die Gelähmten — leiden mehr oder weniger unter verborgenen depressiven Verstimmungen. Depressiv wird der Mensch, wenn er keine Möglichkeit mehr finden kann, sich selbst zu verwirklichen, zu sich und seinem eigentlichen Wesen zu finden. Gehemmtheit fehlt beim depressiven Zustand nie. Die Unfähigkeit, mit der Umwelt zu kommunizieren, der Mangel an Kontakterlebnissen mit Mensch, Ding und Welt ist immer vorhanden. Auf diese Beeinträchtigung unzähliger Menschen, die noch nicht krank sind, aber partiell verkümmert sind, weisen immer mehr Fachleute hin. Die Flüchtigkeit im Ding-Kontakt führt weiter zur Flüchtigkeit im Kontakt zum Menschen. Noch ehe man sich in vertiefter Weise begegnet — hierzu gehören immer Zeit und Dauer, um nicht der Gefahr der Augenblicksprojektion zu unterliegen — findet der Wechsel statt. Die Vielzahl der Ereignisse bringt zwangsweise Gefühlsverflachung als Folge. Wenn viele auf der Basis der Gefühlsverarmung und der Verflachung der Erlebnisintensität in Selbstentfremdung leben, führt dies in die Vermassung.

Gefühlsverdrängung ist darum ein gefährliches Potential. Die Gefühlsverdränger und emotional Unterentwickelten sind in vieler Hinsicht verführbar, unberechenbar in ihren Reaktionen und verrohen selbst bei gut entwickelter Intelligenz.

Wandlung bedarf eines Entschlusses und einer Entscheidung, die uns niemand abnehmen kann. Nur das Bekenntnis zu sich selbst, und die — wenn auch vorsichtige — Annahme der vom anderen angebotenen Korrekturen des eigenen Selbstbildes, helfen aus dem Dilemma heraus. Das umfaßt die Bereitschaft, Gefühle offen und klar auszusprechen, ohne die Absicht, den anderen dadurch zu treffen, zu verletzen, oder sich rächen zu wollen. Das ist keineswegs leicht und bedarf der Überwindung von Angst wie auch einer Verringerung des Mißtrauens gegenüber dem anderen. Vertrauen nähert, Mißtrauen entfernt — manchmal so weit, daß es keine Brücke mehr gibt, die das eigene aufgestaute Mißtrauen überwinden könnte. Aber solange wir nicht die Ursachen und Quellen des Mißtrauens mit dem Mut zur Konfrontation und zum möglichen Konflikt aufspüren wollen, gibt es auch keine Chance zur Wirklichkeitskontrolle. Erst die Klärung der Wirklichkeit könnte uns helfen, zu erkennen, ob das trennende Mißtrauen in uns selbst begründet liegt — etwa in früheren Erfahrungen — oder durch Handlungen des Partners zustande kommt, die er zu verbergen wünscht. Eine solche Bestandsaufnahme könnte dann auch zutage bringen, wie und wo der Partner Mängel oder Unzufriedenheit erlebt, die er zuvor nicht auszusprechen wagte, die ihn aber auf Dauer davontreiben würden, wenn sie ungeklärt und unverändert bestehen bleiben. Es ist also keineswegs immer so einfach, daß die Begründung für

Mißtrauen nur auf den Partner verschoben werden kann, weil gerade hier die Regel gilt, daß man leicht über den Splitter im Auge des anderen den Balken im eigenen übersieht.

»Ich kann dich nur lieben, wenn du so bist, wie ich es mir vorstelle und von dir verlange.« Das ist eine Forderung, die vor Gegenforderungen und Änderungen des Selbstbildes bewahren sollen. Dabei wird übersehen, daß diese Forderung einem inneren Idealbild entspricht, das auf ganz anderem Wege zustande kam und mit dem realen Partner wenig zu tun hat. Das läuft darauf hinaus, daß der Partner an einer Schablone gemessen wird, in die er hineingepreßt werden soll, wobei alle darüber hinausragenden Anteile als störend empfunden werden und nach Möglichkeit verschwinden sollen. Das kann darauf beruhen, daß der Partner als eine Erweiterung des eigenen Selbst alle jene Eigenschaften haben soll, die dem eigenen Wunschbild fehlen. Er kränkt dann das eigene Selbstbild, sobald er etwas tut, sagt oder denkt, was diesem Ideal nicht entspricht.

Die andere Möglichkeit besteht darin, daß der Partner mit einer Person der eigenen früheren Umgebung identifiziert wird. Das kann dann konfliktreich werden, wenn zuvor besondere Empfindlichkeiten gegenüber bestimmten Personen der früheren Umgebung — Eltern, Geschwistern, Freunden und Freundinnen oder Erzieher — entwickelt wurden, die auf zwiespältigen und unklaren Gefühlsbindungen oder Abhängigkeiten beruhen. Die Formel: »Ich kann nicht ausstehen, wenn du . . .« umschreibt die einseitige Klausel, bei der vorausgesetzt wird, daß keine Notwendigkeit besteht, den Ursachen solcher besonderen, eigenen Empfindlichkeiten nachzugehen.

Vielmehr wird die Änderungsklausel einseitig auf den Partner verlegt, auf den die ganze Last früherer Übertragungen verschoben wird.

»Ich weiß heute, wo die Wurzel meiner Eifersucht liegt«, sagte Günter K. »Unsere Mutter ist früher einige Male meinem Vater davongelaufen. Darüber hinaus hat sie immer gedroht, ihn und uns Kinder zu verlassen.«

»Tat sie es?« fragte ich ihn.

»Mein Gott, das kriegt man als Kind doch nicht mit. Ich erinnere mich nur noch, daß sie Männerbesuch hatte, wenn Vater nicht da war. Während seiner Soldatenzeit sammelten sich in einem alten Schuhkarton Fotos von Männern in Soldatenuniform. Sie war sogar so geschmacklos, als ich schon viel älter war, mir die Fotos zu zeigen. Sie gab dann ihre Kommentare ab, etwa so: ›Der da, der war ganz lustig, oder dieser war immer so pingelig.‹ Ich habe mir damals nicht viel gedacht, ich wußte zu diesem Zeitpunkt noch nicht, daß es sich um Liebhaber von ihr handelte. Erst als ich das begriff, stieg die ganze Wut und Bitterkeit in mir hoch.«

»Wie war das für dich, schließlich warst du schon erwachsen, als du die Zusammenhänge durchschautest?«

Er senkte etwas den Kopf und sprach leise weiter. »Ich weiß nicht, ob du das verstehst. Es war, als hätte sie mich betrogen. Ich liebte sie und ich haßte sie. Ich wollte sie immer nur für mich alleine. Vielleicht gerade deshalb, weil ich schon so früh in die Fremde mußte. Es war da eine Sehnsucht in mir, daß sie mich zurückholen würde, daß sie mir zeigen würde, daß sie mich mochte. Aber sie konnte keine Gefühle zeigen und sie konnte auch meine Gefühle nicht annehmen. Damals, als es mit Rosemarie zu Ende ging, da habe ich sehr gelitten. Es war so, als hätte mir irgend jemand alles zerschlagen. Rosemarie war die erste Frau seit meiner Kindheit, zu der ich ein tiefes Gefühl entwickelt hatte. Und dann war es so, als hätte eine unsichtbare Macht alles zerschlagen. Ich fühlte mich ganz allein in dieser Welt, bekam Depressionen, Angstzustände. Ich fuhr heim zu meiner Mutter, hoffte, von ihr angenommen zu werden. Aber als ich heimkam, hatte sie mittlerweile wieder geheiratet. Meine Eltern haben sich ja irgendwann scheiden lassen. Der Mann, den sie geheiratet hatte, hatte zwei erwachsene Söhne mitgebracht, etwa in meinem Alter. Die lebten dort, und ich wurde als Eindringling empfunden, als einer, der da nicht hingehörte, der nur den anderen den Platz wegnahm, und außerdem ein Esser mehr. Ich suchte mir Arbeit, abends nach Feierabend verkroch ich mich hinter meinen Büchern. Es war keiner da, der mich annahm, der mir das Gefühl gab, dazuzugehören. Wenn du mich nach meiner Eifersucht fragst, sie wurde wohl irgendwann in dieser Zeit geboren. Sie hatte eine Wurzel: Angst, Angst wieder alleinzusein und das alles noch einmal mitzumachen.«

Günters Eifersucht war eine Verschiebung. Solche Verschiebungen können auch bestehen, daß am Partner ähnlich wie an Kindern nichteingestandene eigene, verhaßte Wesenszüge bekämpft werden müssen. Der seelische Mechanismus der Projektion, bei dem unterdrückte, uneingestandene und unbewußte eigene Inhalte und Verhaltensweisen auf den Partner wie auf einen Bildschirm projiziert werden, ist eine der häufigsten Ursachen für Partnerschaftskonflikte und Rollenklauseln, die ihm vorgeschrieben werden. Mütter mit mehreren Kindern kennen das »Mutti-Syndrom« des Partners, der, plötzlich von kindlichen Neidanwandlungen befallen, ebenfalls nach

Grießbrei und Kindernahrung verlangt und seine Partner-beziehung vorübergehend oder dauernd in eine Mutti-Klausel umwandelt, als hätte er nunmehr ein Recht, das dritte oder vierte Kind zu sein. Solche Regressionen auf frühere, kindliche Stufen des Verhaltens sind nicht unge-wöhnlich. Sie entstehen meist unter besonderen seeli-schen Belastungen oder in vorübergehenden Unsicher-heitsphasen.

Der Ausweichversuch vor dem Erlernen der Liebe ist bei der Vertragsklausel dadurch gekennzeichnet, daß dem Partner stets eine bestimmte Rolle zugeschoben wird, von der er nicht abweichen darf. Wenn dies aufgrund gegen-seitiger Klauseln geschieht, engt sich das mögliche Erleb-nis- und Beziehungsfeld weitgehend ein, neue Lernmög-lichkeiten werden ausgeschlossen, und die Beziehung er-starrt in einer Art rückgekoppeltem Regulationsschema. Statt Liebe entsteht Zwang und Unfreiheit, andere Per-sönlichkeitszüge zu entfalten, die den Bedingungen der Klauseln widersprechen. Die Einseitigkeit solcher Ein-schränkungen führt dann nicht selten zum Ausbrechen eines Partners aus der Beziehung oder zu sich steigernden Streitsituationen. »Ich will gar nicht, daß du alles tust, was ich dir sage, ich will nur, daß du genauso denkst wie ich. Ich möchte, daß du so bist wie ich.« Derartige Aussagen beleuchten nur die tatsächliche Starre und Verzweiflung, mit der eine Wandlung der eigenen Struktur und die Möglichkeit, mit den Augen des anderen sehen zu lernen, durch einseitige Forderungen verhindert werden soll.

Solches Verhalten wird wiederum nur dann verständ-lich, wenn man sich die Unsicherheit und tiefe innere Angst vor einer notwendigen Korrektur des Selbstbildes klarmacht, die als Selbstwert- und Liebesverlust in jedem

Entwicklungsschritt gefürchtet wird. Mit dieser Angst wird aber zugleich ein Teil der eigenen Wirklichkeit und der des Partners ausgeklammert, was auf die Dauer zur Folge hat, daß die Realität bis zum Wahn oder bis zur überwertigen Idee verzerrt werden kann.

Es ist ein in der psychotherapeutischen Praxis wiederholt zu beobachtender Zusammenhang, daß nur der sich selbst anzunehmen vermag, der sich vorher von anderen oder wenigstens von einem anderen angenommen und akzeptiert erleben konnte. Aus diesem Grund kann die Tatsache, von der eigenen Mutter oder dem Vater nicht gewollt und nicht erwünscht gewesen zu sein, großes Gewicht erlangen. Von Beziehungspersonen abgelehnt, abgegeben, äußerlich oder auch nur innerlich verlassen worden zu sein, kann die Ich-Entwicklung stark beeinträchtigen und erschwert die Bildung eines gesunden Selbstwertgefühls, von dem sehr viel abhängt. Wir fühlen uns noch lange nicht bejaht und in unserem Dasein und Verhalten bestätigt, wenn uns nichts entgegengehalten, kein Widerspruch, keine Korrektur, keine negative Bewertung zuteil wird. Solche Zurückhaltung ist noch keine Bestätigung, auch nicht in einer therapeutischen Situation. Dies wäre zu wenig und könnte auch ein Mangel an Interesse und fehlende Teilnahme ausdrücken. Toleranz ist nicht immer eine Stärke, sondern oft Gleichgültigkeit, Gefühllosigkeit und Desinteresse. Aus der Einfühlung, dem Mitfühlen und partiellen Miterleben eines Therapeuten heraus lernt der Mensch, sich selbst zu fühlen, und Voraussetzung dafür ist ein Angenommensein, das ihm den Weg weist zu sich selbst.

Das zentrale Verlangen unseres Körpers ist es, gefühlt zu werden. Wir beginnen zu fühlen, wenn unsere frühen

Bedürfnisse befriedigt werden, wenn wir im Arm gehalten, geküßt werden, uns frei artikulieren und frei bewegen dürfen und uns in einem natürlichen Rhythmus entwickeln können. Wenn die Grundbedürfnisse befriedigt werden, ist ein Kind bereit, alles zu empfinden, was jeder neue Tag bringt. Werden die Bedürfnisse nicht befriedigt, werden sie alles andere bedeutungslos machen und verhindern, daß ein Kind die Gegenwart empfindet.

Es gibt zwei Gründe, warum Bedürfnisse und Gefühle aus der Vergangenheit unbewußt sind. Erstens: Oft hat sich das Gefühl entwickelt, ehe uns Begriffe zur Verfügung standen, so daß es unerkennbar ist.

Zweitens: Selbst wenn Gefühle früh einmal erkennbar waren, mag es sein, daß sie durch neurotische Eltern ständig unterdrückt wurden, so daß das Kind nicht mehr weiß, was es fühlt. Wenn ein Kind nicht weinen darf, entweder weil ein übermäßig besorgter Elternteil es nicht ertragen kann, daß das Kind auch nur einen Augenblick traurig ist, oder weil die Eltern ein weinendes Kind als Baby auslachen, wird das Kind vielleicht bald gar nicht mehr wissen, daß es eigentlich weinen will.

Schon sehr früh bauen wir unsere Abwehrmechanismen auf. Sie sind Mechanismen zur Verfremdung von Gefühlen. Die erste Abwehr ist eine Form von Verdrängung, das Ausschließen innerer Schmerzen aus dem Bewußtsein. Sobald eine Verdrängung eintritt, setzt sie viele Aktivitäten in Gang. Der Körper verfügt über normale Abwehrformen gegen katastrophale Ereignisse aus der Außenwelt. Die Abwehr gegen Gefühle ist nicht gegen äußere Geschehnisse gerichtet. Es gibt viele Menschen, deren Geist ein Strudel von Gedanken ist. Tag und Nacht denken sie, ohne nachzulassen, und ihre Überlegungen sind im allgemeinen trivial und zwanghaft, sie können jedoch nicht aufhören. Starke seelische Schmerzen aus der frühen Kindheit, die ihnen unbewußt sind, die verdrängt sind, zwingen ihren Intellekt zu ununterbrochenem starken Handeln, sie sind sich jedoch der Verdrängung nicht bewußt. Erlebt wird nur die Auswirkung — ein unruhiger Geist. Solange sich der Geist beschäftigen kann, funktioniert die Abwehr.

Es gibt viele Menschen, die scheinbar nicht unter ihrem unruhigen Geist leiden. Sie interessieren sich für alles mögliche, für ihre Arbeit, für ihren Sport, für Kegelabende, für Urlaub allein, nur nicht für ihren Partner oder ihre Kinder. Ihr Interesse an Äußerlichkeiten ist aber nichts anderes als eine Abwehr. Erst wenn ihr Intellekt dermaßen überlastet ist, daß er nicht mehr fähig ist, sich zu konzentrieren und zu studieren, leidet der Mensch und glaubt, daß irgend etwas mit ihm nicht stimmt. Man könnte sich in diesem Augenblick vorstellen, daß das Problem, unter dem der Mensch leidet, ein unkontrollierter Intellekt sei. Die Unzufriedenheit breitet sich immer mehr aus. Häufig wird das eigentliche Problem in ihm nicht gespürt, sondern »der Partner ist an allem schuld«.

Krise als Entscheidungszeit

Eugen Roth hat gut reden. Im Rückblick auf Lebenskrisen erkennt manch einer, daß sie ihm trotz aller Pein emotionales und soziales Wachstum ermöglicht haben. Solange aber die Krise noch andauert, ist der Sinn der »Wachstumsschmerzen« verdeckt durch Gefühle der Überforderung und Ratlosigkeit: Ein Lebensabschnitt, der als sicher und befriedigend erlebt wurde, ist zu Ende. Das bisherige Selbstverständnis ist in Frage gestellt. Gewohnte Wege, erfolgreich Probleme zu lösen, führen auf einmal ins Leere. Ein neues Konzept, mit dem die Zukunft bewältigt werden könnte, ist nicht in Sicht. Zu den Verlustgefühlen gesellt sich die Angst, die Konsequenzen der jetzt anstehenden Entscheidung nicht überblicken zu können.

Die Fähigkeit, schmerzliche Empfindungen an sich herankommen zu lassen, keine Angst vor der Angst zu haben, und die Krise trotz aller Bedrohlichkeit als Chance eigener Entwicklung zu sehen, das ist nicht immer einfach zu erlernen.

Krise als Gefährdung der eigenen Sicherheit und zugleich als Chance, nämlich zu reifen und zu wachsen, das muß erst erkannt werden. »Krise« bezeichnet im klassischen Sinne, nach dem Verständnis des griechischen Arztes Hippokrates, den Höhepunkt und gleichzeitig die Wende eines krankhaften Geschehens zum Guten. Wenn wir unser Leben derart betrachten, dann haben wir zunächst die Möglichkeit, in einer Ehekrise daraus zu lernen und zu erkennen, daß wir unser Denken und Handeln, unsere Beziehung zueinander in neue Bahnen lenken müssen und können.

»In meinen ersten beiden Ehen habe ich leider nicht kapiert, worauf es ankam«, sagt Günter K.

»Was hast du nicht kapiert?«

»Na ja, als junger Kerl habe ich mir immer etwas eingebildet, wenn ich wieder eine Frau kennenlernte, die mich zu mögen schien. Ich habe das richtig ausgenutzt. Ich mußte ja irgendwie ein toller Hecht sein, dachte ich bei mir, wenn so viele Frauen mich mochten. Als meine erste Ehe dann kaputt ging, habe ich erst einmal meine Nächte in den Kneipen verbracht. Fand in meinem Stammlokal einen ›Leidensgenossen‹, dem es ähnlich ging wie mir. In unserem Selbstmitleid sind wir über unsere Frauen hergezogen und haben festgestellt, was die alles falsch gemacht hatten. Es stand eindeutig fest, daß wir froh sein mußten, diese Frauen losgeworden zu sein.«

»Und jetzt ist das alles anders?« fragte ich ihn.

Er nickte mit dem Kopf. »Ganz anders«, sagte er. »Weißt du, ich habe damals den Fehler gemacht, daß ich meinen Kummer hinuntergespült habe, daß ich mit einem wildfremden Menschen darüber sprach, ich meine den ›falschen‹ fremden Menschen. Er bestärkte mich in meinem Selbstmitleid und in der ›Anklage‹ meiner damaligen Frau gegenüber.«

»Was ist denn nun anders geworden?« bohrte ich weiter.

»Mit Eva Maria gab es auch Krisen«, fuhr er fort. »Mehr Krisen und tiefere Krisen. Ich lernte aber jetzt aus unseren

Krisen. Wir hatten endlos lange Gespräche und wir kamen weiter, erkannten uns in unseren Schwächen, mit unseren Ängsten, mit unserer Hilflosigkeit in einer Lebensform, für die uns in der Kindheit nicht viel beigebracht wurde.«

»Ja, das ist das Besondere zwischen euch«, sagte ich ihm, »daß ihr euch nicht verlieren wollt.«

Er sog nachdenklich an seiner Zigarette. »Ich kann immer noch genügend Frauen kennenlernen. Aber was ich mit Eva Maria habe, ist einzigartig. Sie hat mit ihrer Liebe und ihrem Vertrauen, daß doch noch alles gut wird, nie aufgehört. Und sie hat etwas für diese Überzeugung getan, und ich bin ihr auf diesem Weg gefolgt. Das ist mir nicht schlecht bekommen. Wo stünde ich heute, wenn sie nicht gewesen wäre? Vielleicht hätte ich schon drei oder sogar vier gescheiterte Ehen hinter mir. Oder ich hätte mich verbittert zurückgezogen in dem Bewußtsein, alle Frauen taugen nichts oder ich sei zum Unglücklichsein geboren.«

»Hast du heute keine Ängste?« fragte ich ihn.

Er lächelte. »Das gibt es doch überhaupt nicht, keine Ängste mehr zu haben. Eva Maria und ich, wir haben unsere Lebensform gefunden. Aber innen, ganz tief innen, da ist das schreckliche Gefühl geblieben, etwas ganz Besonderes zu verlieren, wenn etwas passiert.«

»Was sollte noch passieren, nachdem ihr so vieles überstanden habt?«

»Ich habe Vertrauen zu meiner Frau, ich habe nicht mehr die Angst, daß sie weglaufen könnte. Aber es könnte ihr doch auch etwas zustoßen. Das wäre doch noch viel schlimmer, weil es endgültig wäre.«

Was Eva Maria und Günter K. getan hatten, war dieses:

sie hatten gemeinsam eine Entscheidung gefällt, eine Entscheidung für sich und ihren Sohn Dominik. Das griechische Wort für Entscheidung heißt Krisis. Krise also. Krisen sind Entscheidungszeiten, die genutzt oder vertan werden können. Nutzen kann man sie verschieden. Begreiflicherweise gerät man in Krisen in Unrast, will sie gleichsam aus dem Stand heraus beiseite schaffen, weil sie Angst machen. Der Satz vieler Eheleute: »Wir können uns jetzt keine Krise leisten« ist der Beleg dafür, daß man mitten drinsteckt, aber ausweichen will, das heißt, die Krise nicht nutzt. Vertagte Krisen haben ein gutes Gedächtnis. Sie rufen sich später wieder in Erinnerung. Wie aber Krisen nutzen? Zugegeben, es gibt keine Standardrezepte. Es wird auch nichts von alleine. Wir müssen etwas tun. Nicht etwa dagegen tun, sondern dafür. Gegen den Krieg sein heißt noch nicht, für den Frieden zu sein.

Bis es zur Krise kommt, hat sich in der »Beziehungsgeschichte« vieles angehäuft. Erfahrungen an Versuchen und Irrtümern. Wir wissen, was geht und was nicht. Es drängt sich eine Zwischenbilanz auf. Das ist schwer, wie sollen wir an alte Fehler und Irrtümer herankommen, wo doch die gegenwärtige Krise eine drohende Last ist. Der Blick auf das, was war und was jetzt als Summe addiert wird, ist getrübt.

»Es war von Anfang an schwer«, sagte Günter K. »Ich hätte damals meine Unsicherheiten ernster nehmen sollen. Aber ich hoffte, es gäbe sich mit der Zeit. Hätte ich Eva Maria und mich von Anfang an ernster genommen, vieles wäre leichter gewesen.«

Angst stand scheinbar damals schon gegen Hoffnung und umgekehrt. Dann wurde die Angst stärker, schwärzte ein, was war, alles, auch das Gute und Gelungene.

Scheiden heißt, sich für immer trennen. Entscheiden heißt, sich für den richtigen Lebensweg vorbereiten, und ausscheiden bedeutet, das Minus von Plus zu trennen und beide miteinander abwägen, miteinander, nicht gegeneinander. Daß eine Beziehung nämlich nur Positives aufweisen könnte und dies jemals getan hätte, ist eine Illusion, gefährlich wie ihr Gegenteil, nämlich, alles sei immer nur negativ gewesen. Bilanz zu ziehen kann Entscheidungsgrundlage zum Festhalten oder Loslassen, zum Fortbestehen oder Beenden des gemeinsamen Lebens sein.

Ein weiteres ist die Unter-scheidung. Je länger zwei Menschen zusammenleben, desto dichter verbindet sie ein Gewebe, in das beide ihre Muster wirkten. Sie zu trennen, wird schwierig. Oder anders gesagt: Jeder wird gleichsam Mitglied des anderen. Wo ich anfange und wo ich aufhöre, was mein und was dein ist, läßt sich nur schwer ausmachen. Es ist, als wärst du ein Stück von mir, und ich bin nicht mehr ich selber. Krisen führen zur Unter-scheidung.

»Es klingt vielleicht verrückt, wenn ein Mann das sagt«, meinte Günter K. »Jedesmal wenn ich mich von einer Frau getrennt hatte, dann hatte ich das Gefühl, daß ein Stück von mir bei ihr geblieben ist, und in mir lebte vieles, was von meinen Frauen stammte. Es war für meine Therapeutin sicherlich schwer, das herauszuarbeiten. Wenn man viele Partner gehabt hat, dann weiß man manchmal nicht mehr, wer man ist. Ich meine, man schleppt so vieles Altes mit sich herum, vieles, von dem man den Eindruck hat, es gehört einem gar nicht.«

Den anderen im anderen zu entdecken kann wie eine Bruchlandung nach einem gemeinsamen Höhenflug sein. Bei Günter K. hörte es sich so an: »Sie ist gar nicht mehr dieselbe, die ich einmal kennengelernt habe.«

»Mit Verlaub gesagt«, antwortete ich ihm, »sie war immer eine andere. Was du damals in deiner Frau kennenlerntest, war dein Bild von ihr. Was du lange Zeit liebtest, war ein großer Teil von dir selber. Deine Frau gefiel dir, es waren deine Wünsche, deine Erwartungen, weil sie deinem Bild entsprach und du darin gewissermaßen in dich selbst verliebt warst.«

Wir erreichen einander nun einmal zunächst mittels Bilder, die in uns leben. Uns gegenseitig auf ein Bild festlegen ist wie vergessen, im Bilderbuch weiterzublättern. Manche blättern irgendwann weiter, aber dann befinden sie sich schon wieder auf der Suche.

»Deswegen gab es eure Krisen«, sagte ich zu Günter K., »weil es nicht leicht ist, zu akzeptieren, daß du anders bist und anders warst, als ihr Bild von dir. Dieses Anderssein ist mit keinem Bild einzufangen. Es trennt zwei Menschen so weit und so tief, wie das reicht, was wir mit dem schwierigen Ausdruck Individuum bezeichnen: das von mir Getrennte und in sich Ungeteilte. Ungeteilt in sich und getrennt vom anderen, wie mittelalterliche Philosophie zu definieren versuchte.

Das ist damit gemeint, wenn ich von Unter-scheidung spreche. Es werden Grenzen bewußt gemacht und freigelegt, die an sich immer da waren, die aber verwischt und gewollt oder ungewollt übersehen wurden.«

Liebende suchen eher die Nähe als die Distanz. Aus Liebe paßt man sich an, gibt vielleicht sich selbst auf, sagt nur ja und meidet das Nein. Wie alles hat auch Liebe mindestens zwei Seiten. Grenzen ziehen, diese achten und schützen, ist auch Liebe. Beziehung braucht Distanz. Wenn das Unterschiedslose überhand nimmt, entstehen Überabhängigkeit, Verstrickung und Stagnation. Doch am Bekannten geht man so leicht und unachtsam vorbei. Wenn, was einmal Liebe war, verschwunden oder gar in Lieblosigkeit verwandelt ist, muß das nicht von selbst Abstand bedeuten. Im Gegenteil können jetzt zwei so ineinander verkeilt sein, daß sie sich kaum mehr voneinander unterscheiden. Es ist, als würden zwei Chirurgen einander andauernd ohne Narkose operieren. Sie lernen dabei immer besser, was weh tut.

Jeder Unter-scheidung geht eine Bindung voraus. Bindung und Rückzug sind die rhythmischen Atemzüge der Beziehung. Wenn eine Beziehung in Atemnot gerät, ist ihr Rhythmus gestört. Seine Not mit dem Atmen hat nicht nur, wer sich beengt und umklammert fühlt. Es kann auch »Hyperventilation« sein, was zu Schwindelanfällen, Boden- und Orientierungslosigkeit führt.

Unterscheidungen nach außen bedingen Bindung nach innen. Ich nehme etwas von dir zurück und füge es in mich ein. Hier deute ich schon lange Aktuelles an, das sich zwischen den Geschlechtern abspielt. Man hat uns einen Dualismus zwischen Mann und Frau gelehrt, wo beide sich gegenseitig ausschließen. Und so kommt es zum Kampf der Geschlechter.

Noch und noch begegnen wir Paaren, bei denen im Aufstand der Frau und in der Krise des Mannes ein gesellschaftlicher Prozeß greifbar und leider nur allzuoft auch handgreiflich wird. Jeder übt mit seinen Mitteln Gewalt aus. Der Dualismus führt, so könnte man sagen, dazu, daß Männer das Weibliche und Frauen das Männliche in sich nicht leben können. Sie überlassen ihr eigenes Gegengeschlecht dem »anderen« Geschlecht: Es ist, als spräche der Mann zur Frau: »Lebe du für mich das Weibliche, ich bin dafür ein ganzer Mann.«

Wie kommt es dann immer wieder zur Angst voreinander, zur gegenseitigen Ablehnung, wenn ein Mann aus sich das Weibliche auslagert und der Frau delegiert? Weil die Frau dasselbe tut? Wenn wir von Bindung reden, dann meinen wir die Integration unseres eigenen weiblichen Anteils in uns selber. Bindung ist »einen Bund schließen« in sich selber. Erst wenn uns solches gelingt, werden Konkurrenz, Unterdrückung, das Spiel jeder gegen jeden aufhören und gemeinsamem Wettbewerb und Solidarität Raum geben.

Jede Mutterschaft ist mit einem Grundkonflikt verbunden: das Kind ist ein Teil seiner Mutter. Das soll heißen, daß jeder den anderen braucht, um ein Ganzes zu sein. Das Kind ist aber auch ein Mensch für sich und im wesentlichen von der Mutter abgegrenzt, von ihr getrennt. Die Mutter ist die Umgebung des Kindes. Dennoch ist sie auch ein Mensch für sich und hat — vom Kind abgegrenzt — ihre eigene Welt. Vorbedingungen für eine gesunde Entwicklung des Kindes ist die Lösung dieses Konflikts. Diese Lösung heißt: Liebe und Distanz. Liebe will Nähe, will Integration und Besitz. Sie will das Gegenteil von Distanz. So versuchen wir immer wieder, den Konflikt zu vermeiden. Wir lieben auf Kosten der Distanz oder wir begeben uns in Distanz auf Kosten der Liebe; oder aber wir verleugnen den Konflikt, indem wir so tun, als ob Liebe und Distanz dasselbe seien. Beide Situationen sind voller Gefahren. Wird der Konflikt verleugnet, dann wird das Kind, später der Erwachsene, verwirrt, wir begreifen weder was Liebe ist noch was Distanz bedeutet, und es wird immer schwieriger, beides zu unterscheiden.

Manchmal fehlt sowohl die Liebe als auch die Distanz. Das ist dann eine schlimme Situation. Eine ganz auf sich selbst fixierte Mutter ist dann unfähig, ihr Kind zu lieben. Ihre Liebesäußerungen täuschen. Sie beruhen auf Geltungsbedürfnis. Dennoch kann sie sich auch emotional an ihr Kind gebunden fühlen und unfähig sein, sich von ihm zu trennen. Beim Kind wiederum kann das Fehlen von Liebe und Distanz die Fähigkeit, Bindungen und Beziehungen aufzubauen, abwürgen oder es gar zerstören. Es gibt Mütter, die nie in diesen Konflikt geraten. Die meisten Mütter vermögen den Konflikt zwischen Liebe und Distanz zu lösen. Es ist ihnen zwar im Innersten bewußt, wieviel Schmerz und Mühe das verursacht, aber auch viel Freude und Genugtuung, wenn es gelingt.

»Draußen zu stehen«, sagte mir Günter K. eines Tages, »war das Schlimmste in meinem Leben. Dieses verdammte Gefühl, zwischen zwei Stühlen zu sitzen, nirgends eigentlich wirklich dazu zu gehören.«

»Was empfandest du in solchen Situationen?« fragte ich ihn.

»Es ist mehr als Einsamkeit, es ist das Gefühl, wirklich ganz allein auf der Welt zu sein, es ist das Gefühl, außer mir gibt es niemanden. Ich war ausgeschlossen.«

»Und wer hat das bewerkstelligt?«

»Zuerst meine Mutter. Das war zur Geburt meiner Schwester. Sie bildeten eine ganz feste Einheit, ich gehörte nicht dazu, durfte höchstens mit anschauen, was geschah, aber ich gehörte nicht dazu.«

»Und später?«

»Als unser Sohn Dominik geboren wurde, da war es genau dasselbe. Eva Maria und Dominik bildeten eine Einheit, ich gehörte nicht dazu. Sie waren Mutter und Kind. Ich war nicht einmal der Vater. Du verstehst schon, was ich meine. Biologisch war ich es wohl, aber innerlich mit meiner Liebe, mit meinem Verantwortungsgefühl war ich es noch lange nicht. Diese Rolle mußte ich erst einmal lernen. In einem nächtlichen Traum erlebte ich mich in einer Kapitänsuniform, die mir viel zu groß war. Ich war ein vierjähriger Knabe in einer Kapitänsuniform, die zu einem Mann paßte. Nein, ich war weder Kapitän auf meinem Schiff, noch war ich ein Vater für meinen Sohn, ich war eifersüchtig und neidisch, aber das war mir damals alles nicht bewußt.

Ausgeschlossensein, das ist dasselbe wie Verlassenheit. Bei Verlassenheit gibt es keine Hoffnung. Man ist für immer dem Schicksal preisgegeben. Aber ausgeschlossen sein . . . was dabei wehtut, ist, daß man bei dem Geschehen anwesend ist. Man könnte einbezogen werden und wird es nicht.«

»Und wie hast du das klären können?«

»Ich sage dir, das hat verdammt noch mehr weh getan als das Ausgeschlossensein selbst.«

»Ich verstehe nicht ganz, kannst du es mir näher erklären?«

»Das Beschissene ist, wenn du allmählich zu begreifen beginnst, daß du nie ausgeschlossen wurdest, daß du selbst es warst, der sich ausgeschlossen hatte. Ich war eifersüchtig und neidisch auf meine Schwester und zog mich auf Lebenszeit beleidigt zurück, bis ich gar nicht mehr merkte, daß ich ein Leben lang eine beleidigte Leberwurst war. Ich zog mich ebenfalls bei Dominik zurück. Eva Maria hätte mich gerne miteinbezogen, sie machte Versuche, gab Signale, auf die ich nicht hörte. Meine Frau hatte eine Freundin, mit der sie viel und gerne zusammen war, ich fühlte mich da genauso ausgeschlossen. Auch hier mußte ich erkennen, daß ich mich herausgenommen hatte. Außerdem mußte ich lernen, meiner Frau dieses Stück Eigenleben zuzugestehen.«

Wenn Kinder geboren werden, empfinden viele Männer eine Vielfalt akuter Ängste aufgrund unglücklicher Erinnerungen an ihre eigene unglückliche Kindheit, an Rivalität mit Brüdern und Schwestern oder aufgrund einer Furcht vor dem Wettbewerb mit dem neuen Kind um die Zuneigung der Ehefrau.

»Wie fühltest du dich, als dein Sohn geboren wurde?« fragte ich Günter K.

»Ich war ja bei der Geburt dabei. Eva Maria und ich waren wirklich eins. In diesen Stunden, als unser Sohn geboren wurde, da war alls weg, was vorher war.«

»Was meinst du damit?«

»Mein Gott, ich hatte die verrücktesten Widerstände während der Schwangerschaft. Ich schäme mich richtig. Statt meine Frau zu unterstützen, zog ich mich wieder einmal beleidigt zurück. Mir gingen Gedanken durch den Kopf, etwa so, was soll ich noch mit einem Kind, ich bin viel zu alt, um noch einmal Vater zu werden. Ich wollte mit ihr glücklich sein, wollte die Zeit zu zweit mit ihr genießen. Wir hatten ja so viele Dinge gemeinsam gemacht, die einfach schön waren. Sie würde für das Kind da sein, wir würden nirgends mehr hinkommen, und überall und immer war dieser noch ungeborene Dritte dabei. Je näher die Geburt kam, um so mehr spitzte sich alles in mir zu. Ich hatte das Gefühl, ich müsse davonlaufen, Schluß machen. Wenn das Kind einmal da wäre, könnte ich das nicht mehr, das wußte ich. Ich würde es lieben und es würde mich auf ewig an die Familie binden.«

Ich sah ihn an und er betrachtete mich, als erwartete er von mir, daß ich etwas sagte, vielleicht ihn wegen seiner

Gedanken verurteilte, oder mich sonstwie negativ äußern würde. Ich sagte aber nichts, sah ihn nur an.

Er fuhr dann fort: »Ich weiß nicht, was andere Männer in solchen Situationen denken oder fühlen. Ich war so allein mit mir, hatte niemanden, mit dem ich darüber reden konnte. Offensichtlich schämte ich mich auch, dachte, daß nur in mir so verrückte Gedanken wären. Irgendwie war eine sehr schlecht zu definierende Angst in mir.«

»Und dann kam die Geburt.«

»Ja, und da war alles anders. Das Krankenhaus war direkt in unserer Nähe. Wir konnten zu Fuß hingehen. Die Wehen kamen schon in regelmäßigen Abständen. Als Eva Maria dann im Kreißsaal lag, da war ich wirklich bei ihr, fühlte mich ihr ganz nahe. Ich hielt ihr eine Hand, tupfte ihr gelegentlich den Schweiß von der Stirn. Sie hat mir später gesagt, daß sie in unserem gemeinsamen Leben nie diese Nähe wie gerade bei der Geburt unseres Sohnes gespürt hätte. Die Geburt lief nach Leboyer, eine sogenannte sanfte Geburt. Dominik blieb, noch an der Nabelschnur, auf ihrem Bauch liegen. Ich sollte ihn baden, konnte das aber nicht, ich hatte Angst, so ein zerbrechliches Wesen in meinen großen Händen zu erdrücken. Als er gewickelt war, reichte ich ihm meine zwei Zeigefinger, und er griff sofort danach, und in diesem Augenblick wußte ich ganz instinktiv, daß die Welt zwischen uns in Ordnung kommen würde.«

»Und kam sie dann wirklich in Ordnung?«

»Ja. Natürlich war ich eifersüchtig, und es gab immer wieder tief verborgene Ängste, Eifersüchteleien, aber immer mehr ist der Kleine mir ans Herz gewachsen. Wir haben heute ein tolles Verhältnis miteinander. Wir sind wirklich Vater und Sohn geworden, und ich bin tatsächlich in diese Rolle hineingewachsen.«

Ich glaube, Wilhelm Busch war es, der behauptet hat: »Vater werden ist nicht schwer, Vater sein dagegen sehr.« Was für ein Irrtum. Vater zu werden ist nicht die Sache eines schönen Augenblicks, sondern beginnt schon in der Schwangerschaft und dauert ein ganzes Leben an, mindestens solange, bis das Kind erwachsen ist.

Genau wie die Mutter ist auch der Vater in seiner Rolle immer wieder gefordert. Vaterschaft haben wir nicht im Blut, sondern sie muß erworben, gepflegt werden. Sie verlangt einen immerwährenden Lernprozeß an sich selbst. Während der Schwangerschaft verdichtet sich die Frage, ob »Mann« es schaffen wird, ein guter Vater zu sein, ein Vater, der nicht bloß der Nebenbuhler um die Gunst der Mutter, keine angstmachende Respektsperson ist, sondern einer, der sich in die noch so zerbrechliche Seele seines Kindes einfühlen und es umgekehrt mit Respekt behandeln kann. Es tauchen Erwartungen auf, die sich nicht ohne weiteres mit dem Vaterbild vereinbaren lassen, das man selbst als Reminiszenz der eigenen Kindheit in sich trägt. Es wäre eine alte, naive Vorstellung, dieses »Mein Kind soll es einmal besser haben«. Denn ich weiß ganz genau, daß jeder Mensch unbewußt seine frühen Interaktionserfahrungen in sich abbildet und immer reproduziert.

Warum werden zum Beispiel Kinder psychisch und physisch mißhandelt? Weil sie schwach sind und sich deshalb zum Abreagieren anbieten; und weil sie in ihrer ehrlichen Widerspenstigkeit und unvergorenen Lust für die eigene, entfremdete Welt eine Gefahr darstellen. Denn sie beleben die selbst erfahrenen und längst erledigt geglaubten, verdrängten Konfliktsituationen. Was damals eigentlich Spaß machte, wurde von den Eltern zum Tabu erklärt und verboten und machte fortan keinen Spaß mehr. Die frühkindlichen Freuden wurden ins Exil geschickt, und jetzt kehren sie ursprünglich wieder. Man wird vom eigenen Kind erinnert — aber nur an die leidvollen Sanktionen. Das, was vorher war, bleibt verschüttet. Zur Erfahrung des inneren Gleichgewichts muß also dem Kind, diesem heimlichen Verführer, klargemacht werden, daß es sich so und so zu verhalten habe, gleichgültig, was das für sein Wohlbefinden bedeutet. Gleichgültig, ob es leidet und in seiner psychischen Entfaltung geschädigt wird.

Dem bewußten »du sollst es besser haben« wird also das unbewußte »du sollst es haben, wie ich es hatte« vorgeschaltet. Der Mensch ist eine Summe dessen, was er jemals gewesen ist, und die Summe aller Erfahrungen, die er jemals gemacht hat. Diese Tatsache im Auge zu behalten ist aufschlußreicher und nützlicher, als Stück für Stück nach Verhaltensursachen in der Vergangenheit zu forschen, diese aber gleichwohl als abgeschlossen zu betrachten.

Die Entwicklung eines Menschen läßt sich mit dem Bau eines Hauses oder einer Straße vergleichen. Es bedarf einer festen Grundlage, auf der das Haus oder die Straße errichtet werden. Das Grundmaterial des Menschen ist sein genetisches Erbgut. Eine Erfahrung für sich allein ist wirkungslos, erst durch ihr Einwirken auf das Grundmaterial erhält sie Bedeutung. Verschiedene Menschen erleben ein und dieselbe Erfahrung ganz und gar unterschiedlich, weil jeder von uns eine eigene und einmalige genetische Struktur besitzt. Deshalb ist der Mensch auch weitaus mehr als die Summe seiner Erfahrungen.

Die Mutter ist nicht die einzige Erfahrung eines Kindes, und je älter es wird, um so leichter findet es Zugang auch zu anderen Umgebungen. Die erste Alternative ist zuerst der Vater, zu dem das Kind Zuflucht nehmen kann, wenn die Mutter nicht gegenwärtig ist. In vielen Fällen spielt der Vater von Anfang an eine große Rolle, manchmal übernimmt er sogar mütterliche Funktionen. Genau wie die Beziehung zwischen Vater und Kind ausschlaggebend, wie der Konflikt zwischen Liebe und Distanz gelöst wird. Dem lebensgrundlegenden Konflikt wie seine Eltern sieht sich auch das Kind gegenüber: Es muß einen Weg finden zwischen Liebe und Distanz. Es ist aufs engste mit der Mutter verbunden und steht zugleich Vater und Mutter gegenüber, es ist an der Mutter gebunden und flieht zugleich zum Vater. Ist der Vater mit einem ödipalen Konflikt behaftet, dann bekommt das Kind Orientierungsschwierigkeiten.

Neben dem Vater tritt in zunehmendem Maße die gesamte Familie ins Blickfeld des Kindes, ganz besonders die Geschwister. Viele Schwierigkeiten und Konflikte im Verhältnis zur Mutter können durch gute Beziehungen zu den Geschwistern ausgeglichen werden. Ist das Gegenteil der Fall, kommt es zur geschwisterlichen Konkurrenz, die dann später in einer Ehe weiter ausgelebt wird und die Partnerschaft aufs schlimmste belasten kann.

Die letzte und gemeinsame Leistung von Mutter und Kind ist die Phase der Abgrenzung. Viele erreichen sie nie. Und es gibt ganze Kulturen, in denen dieser Prozeß gar nicht nötig ist. Für unsere Gesellschaft jedoch, so wie sie heute ist, ist es ganz wichtig, daß Mutter und Kind lernen, sich voneinander abzugrenzen. Das soziale und psychische Überleben ist heute so viel ungewisser als früher und es gibt kaum einen Lebensbereich, der allein aufgrund überkommener Verhaltensmuster und Anpassungen an vorgegebene Ordnungen zu bewältigen wäre. Wir sind — in viel stärkerem Maße als frühere Generationen — auf uns selbst gestellt; unsere Chance, ein befriedigendes und das heißt sinnerfülltes Leben zu führen, hängt in erster Linie von unserer persönlichen Entwicklung ab. Daß es uns so schwerfällt, uns als abgegrenzte Individuen zu erleben, ist einer der Gründe für die vielen Probleme in den Partnerschaften.

In unserer Gesellschaft setzt die Ablösungsphase nach dem elften oder zwölften Lebensjahr ein. Mutter und Kind haben noch eine starke emotionale Bindung miteinander, entwickeln jedoch nach und nach eine immer größere Unabhängigkeit. Die von kindlicher Abhängigkeit bestimmte Mutter-Kind-Beziehung weicht also einer Beziehung zwischen zwei Erwachsenen. Diese Beziehung enthält sowohl das Element der Freiheit als auch das der persönlichen Verbundenheit. Das Elternhaus, das bisher die gesamte Umgebung des Kindes war und einen totalen Rückhalt bot, aber auch ein hohes Maß an Überwachung und Kontrolle bedeutete, rückt jetzt in den Hintergrund; es bietet immer noch Rückhalt, Rat und Hilfe, doch ohne das Element der Kontrolle und Einmischung. Die Außenwelt ist jetzt nicht mehr die große Unbekannte, die man von seinem sicheren Standort aus betrachtet; sie ist der Ort, wo man sich über sich selbst klar werden muß, darüber, was man sein will und wo man hingehört, der Ort, wo man Entscheidungen trifft und Fehler macht. Das Kind findet das Gefühl der Sicherheit jetzt in zunehmendem Maße in sich selbst; die stetige Unterstützung von außen, die es bisher brauchte, ist überflüssig geworden.

Mit diesem Gefühl der Sicherheit wächst auch die Freiheit, Neues zu entdecken und zu erleben und neue Situationen zu bewältigen.

Ist die Abgrenzung nicht geglückt, kommt es in Partnerschaften immer wieder zu jenen Klammerungserlebnissen, in denen man spürt, daß Liebe und Distanz nicht gelebt werden können. Die menschliche Entwicklung bietet zwei Möglichkeiten, die der Liebe und die der Macht.

Der Weg der Macht, der den meisten Kulturen zugrunde liegt, führt zu einem Selbst, das die Ideologie des Herrschens widerspiegelt. Es ist ein Selbst, das auf einem Gespaltensein beruht, nämlich jener Abspaltung im Selbst, welche Leiden und Hilflosigkeit als eigentliche Schwäche ablehnt und Macht und Herrschaft als Mittel, Hilflosigkeit zu verneinen, in den Vordergrund stellt. Menschen mit diesem Mechanismus leben nach dem Prinzip, was sie als Erfolgsrezept betrachten.

Autonomie — und das ist es, was Partnerschaft gedeihen läßt — ist derjenige Zustand der Integration, in dem ein Mensch in völliger Übereinstimmung mit seinen eigenen Gefühlen und Bedürfnissen ist. Im allgemeinen verstehen wir unter Automonie etwas anderes, nämlich etwas, was mit der Behauptung der eigenen Wichtigkeit und Unabhängigkeit zu tun hat. Das gilt besonders für ein Selbst, das bewußt oder unbewußt der Ideologie des Herrschens entspricht. Deswegen dient das, was wir gewöhnlich als Autonomie beschreiben, einer Abstraktion. In vielen Ehen wird eine Autonomie gelebt, die sich die Freiheit nimmt, sich und anderen ständig beweisen zu müssen, wer das Sagen hat. Es ist die Autonomie der Stärke und Überlegenheit, die letztlich der Tod jeder Beziehung ist. Wer ständig etwas beweisen muß, lebt in einem kriegerischen Zustand, weit entfernt von der Fähigkeit, das Leben zu bejahen.

Demgegenüber ist es der Zugang zum Lebensbejahenden, zu den Gefühlen der Freude, des Leids, des Schmerzes, kurz des Lebendigseins, aus dem sich echte Autonomie entwickelt.

Nicht selten sperren wir Innen- und Außenwelt gleichermaßen aus. Der ausgesperrten Außenwelt entspricht in der Seele die ausgesperrte Innenwelt, die wir auch das Unbewußte nennen. Das Unbewußte ist unser innerstes Bereitschaftssystem zu allen menschenmöglichen Erfahrungen.

Um in seiner Identität nicht ausgelöscht zu werden, muß unser Ich vielen dieser ihm grundsätzlich möglichen Erfahrungen einen Riegel vorschieben. Das Bewußtsein entwickelt sich zwischen den Extremen der neugierigen Offenheit für die Lebensimpulse aus dem Unbewußten und deren Abgrenzung. In ähnlicher Weise bewegt sich die Erfahrung der Außenwelt zwischen neugierigem Eindringen, beispielsweise in neue Wissensgebiete, und Abgrenzung aus Selbstschutz, zwischen den Extremen der standpunktlosen Zersplitterung und dem langweiligen Rückzug ins Schneckenhaus.

Wie die ausgesperrte Außenwelt Bereiche umfaßt, die wir in unserem persönlichen Erleben noch nie betreten haben, und zum Teil auch nie betreten werden — zum Beispiel fremde Kulturen —, so umfaßt auch die ausgesperrte Innenwelt Entwicklungsmöglichkeiten, die wir noch nicht verwirklicht haben und zum Teil auch nie verwirklichen werden: innere Erfahrungen dessen, was menschliches Wesen ausmacht.

Die Durchdringung dieser größeren Welt erfahren wir in der Liebe. Doch begehen wir in der Liebe Fehler. Zum Beispiel meinen wir, Liebe reiche aus, um auf Dauer ein neuer Mensch zu werden, und wir verschließen uns der Einsicht, daß der andere, der so allgemeine, grenzenlose Liebesgefühle in uns auslöst, immer nahe sein wird.

Worauf es ankommt, ist, eine Liebe, die wir empfangen, auch in eine gebende Liebe umzuwandeln. Es ist die Hingabe, den anderen zu verstehen und an seiner persönlichen Entfaltung mitzuwirken. Aber der Sturz aus dem siebenten Himmel der Liebe in die bodenlose Schlucht der Einsamkeit scheitert gerade an fehlender Autonomie und der Fähigkeit, sich wirklich dem anderen zu öffnen, für ihn da zu sein, ihn fördern zu wollen. Das Wort Fürsorge ist in vielen Paarbeziehungen zu einem Fremdwort geworden.

Wer immer nur auf seine eigenen Wünsche und Bedürfnisse bedacht ist, kann nicht offen sein für die Wünsche und Bedürfnisse des anderen. Ist die Kluft zwischen zwei Menschen erst einmal groß genug, wird es schwierig sein, zu einer echten tiefen Versöhnung zu kommen. Nicht etwa, daß es überhaupt nicht ginge. Aber Egoismus ist etwas, was sich nicht so ohne weiteres überwinden läßt, weil in einer angestrebten Versöhnungsphase die Welt und der andere durch die Augen der Selbstbezogenheit betrachtet werden.

Das Bild der zwangsläufigen Ergänzung zweier Liebender stammt nicht nur aus einem idealistischen, sondern auch aus einer materialistischen Vorstellungwelt: jeder wird vom anderen mit dem versorgt, was er selber nicht hat. Das folgliche quantitative Denken bestimmt die Frage: »Wer liebt den anderen mehr?« Diese Frage hat etwas

Erpresserisches an sich und zieht unweigerlich Heuchelei und Lüge nach sich. In der Liebe gibt es keine meßbare Sicherheit, nicht einmal die Liebe des geliebten Menschen. Aus diesem Gefühl heraus kommen dann die Bedürfnisse in der Form zum Leben wie etwa: Heute ist Mittwoch, heute werden wir zusammen schlafen, oder heute ist der Tag, wo ich immer die Blumen bekomme.

Gerade in der Ehe ist es schwierig, dem Hang zur Harmonisierung und damit zur Institutionalisierung im regelmäßigen gegenseitigen Abdecken bestimmter Bedürfnisse zu widerstehen. Gemeint ist weniger die Erfüllung der kleinen Pflichten des Alltags mit verteilten Rollen im gemeinsamen Haushalt, als Erlebnisse, die eigentlich nur ungeplant genossen werden können, so eine sexuelle Begegnung oder das Auflegen einer bestimmten Platte. Falsch ist es, eine Partnerschaft als bequeme, oberflächliche Ergänzung einzurichten. Richtig ist es doch, sich gegenseitig Antworten auf existentielle Fragen zu geben. Nicht nur Worte, sondern konkrete Gesten und Handlungen. Das gibt ein Gefühl der Lebendigkeit einer Liebe.

Die Verschmelzung, das bloß-emotionale, unbewußte Einssein mit dem anderen hat für alle Menschen etwas fast unwiderstehlich Anziehendes. Diese Anziehung kann so weit gehen, daß jemand durch viele Jahre hindurch, vielleicht bis zum Tode, als Lebensform eine Symbiose, das heißt ein Zusammenwachsen im Leben mit einem anderen Menschen sucht, und sei es nur im Haß, wenn die Symbiose der Liebe nicht mehr möglich ist. Motive dafür sind Angst vor Isolierung, Bedeutungslosigkeit, Gleichgültigkeit, Langeweile und vieles andere mehr. Auch wenn eine solche Symbiose zu Trennung und Scheidung geführt hat, pflegt man sie in der eigenen Seele sorgsam weiter bis zum Tode, als wäre sie wertvollstes Gut. Ich werde noch an anderer Stelle über die Auswirkungen dieses Verhaltens berichten.

Der Haß ist dann das einzige, was einen Menschen lebendig hält, das einzige, wodurch er eine emotionale Verbindung zur Außenwelt herstellt, das einzige Tor zur Welt und in die eigene Seele. Das Einssein mit dem, was das Ich in seinen engen Grenzen nicht ist — die fremde lockende Welt im Außen und die fremde lockende Seele innen — ist tatsächlich der Sinn eines Menschenlebens. Wie jede andere Symbiose hält auch die Symbiose des Hasses jung, weil sie dem Ich ständig neues Leben zuführt. Symbiotische Menschen haben wie Säuglinge eine unerschöpfliche Energiequelle. Der geliebte oder gehaßte Mensch ist für sie die ewig junge Mutterbrust.

Die einzige Lösung aus der Symbiose wäre die Abgrenzung, ein Nein in der Liebe. Zur Verschmelzung neigende Menschen haben ganz allgemein Widerstände gegen eine tiefere Beziehung, befürchten sie doch zu Recht, diese könnte in die Unfreiheit führen. Und doch ist die Vermeidung einer tieferen Beziehung der falsche Weg, um mit dem Problem der Symbiose fertigzuwerden. Nur in einer bewußten Beziehung, wo Ja und Nein ihren Platz finden, kann sich die Persönlichkeit strukturieren. Solche Menschen haben manchmal bis ins hohe Alter das Gefühl, das »wahre« Leben komme erst noch und ihr bisheriges Leben sei bloß ein provisorisches Vorgeplänkel. Menschen, die kaum gehen sie eine Beziehung ein, von der nächsten träumen und mit diesem Trick jede Beziehung vermeiden, scheinen immer sehnsüchtig auf den idealen Partner oder die ideale äußere Situation zu warten, die aus ihrem vorläufigen und verbindlichen Leben ma-

chen würden. Es sind Menschen, die im ersten oberflächlichen Kontakt ganz offen für eine Veränderung scheinen.
Sie geben sich in jeder Beziehung so, als seien sie gerade
daran, ihre seelische Jungfräulichkeit wie ein Gewand abzustreifen und sich hinzugeben. Doch bleibt es bei diesem
unerfüllten Versprechen. Weil sie alles erwarten und
nichts geben, bleiben sie ein Leben lang nach außen ein
verschlossenes Tor und nach innen ohne Struktur. Durch
Widerspruch zwischen üppigen Beziehungsphantasien
und der Angst vor einer realen Beziehung, zwischen da-
hinschmelzender, sentimentaler Allverbundenheit und
kühler, rigider Abgrenzung gegen die »Ansprüche« der
Mitmenschen, zwischen sehnsüchtig passiver Weltoffenheit und geiziger Verweigerung einer konkreten Gebärde
der Hingabe wird die seelische Entwicklung blockiert. Er
macht den Konflikt aus, in dem der griechische Jüngling
Narkissos steht.

Es ist nicht gemeint, daß dieser Konflikt typisch sei für
den narzißtischen Menschen, denn der Begriff Narzißmus
hat in den letzten Jahren eine solche Aufblähung erfahren
und ist so unscharf geworden, daß er kaum mehr zu ver-
wenden ist. Und doch ist es kein Zufall, daß der Begriff
Narzißmus mit geradezu religiöser Bedeutsamkeit aufge-
laden wird. Er drückt etwas Zentrales in der Befindlich-
keit des heutigen Menschen aus, der sich in der menschlichen Gemeinschaft und allgemein in der Umwelt isoliert
fühlt und diese Isolierung durch Verschmelzungsphanta-
sien ausfüllt. Wenn die für die Liebe bestimmte Energie
keine Verbindung zu einem Du findet, entsteht im Ich ein
übermäßiger Druck und eine Stauung. Entweder schafft
man sich jetzt Ventile, um Dampf abzulassen, zum Beispiel in sexuellen Phantasien und Erlebnissen ohne reales

Interesse an einem anderen Menschen, oder aber der Druck läßt das Ich »an allen Fronten« immer praller, aufgeblähter, aggressiver werden. Der seelische und körperliche Kreislauf wird ständig überlastet und verschlissen. Mit einer Stoßkraft, die nur in der Liebe ihren natürlichen Sinn fände, stürzen sich beispielsweise Leistungsmenschen in ihre Arbeit. Vielleicht widerfährt ihnen dann das gleiche Unglück wie einem Rasierapparat, der an eine zu hohe Voltspannung angeschlossen ist. Er funktioniert eine Weile effizienter als ein anderer Apparat des gleichen Typs, der an die richtige Voltspannung angeschlossen ist, in kurzer Zeit aber wird der Motor überhitzt und geht plötzlich kaputt. Ähnlich sterben Leistungsmenschen an gebrochenem Herzen.

Wenn wir nicht zum anderen Menschen, zum Du finden, wird es uns kaum gelingen, zu uns selbst zu finden, denn nur im geliebten anderen erkennen wir uns im Spiegel, können wir uns real wahrnehmen und unser Ich beleben. Wer nicht zum anderen Menschen einen tieferen Zugang findet, der findet auch keinen Weg zum eigenen inneren Seelenkern. Und auf diese Weise fühlen wir uns dann unlebendig.

In der Ehe scheint der Leistungsmensch der stärkere zu sein. Er entscheidet, wie das Zusammenleben gestaltet werden soll. Diese Stärke jedoch ist nur ein Trugbild, eine »Fata Morgana«, nicht nur, weil der Leistungsmensch süchtig nach besitzergreifender, nährender Betreuung durch den anderen ist, sondern vor allem, weil er sich in der Familie dem gleichen unnatürlichen Leistungsdruck wie am Arbeitsplatz aussetzt. Im Sinne der Polarität Macht und Ohnmacht wird seine scheinbare Macht eines Tages in Ohnmacht umschlagen. Jeder, der nach diesem

Prinzip lebt, hat ein unbewußtes dunkles Wissen in sich. Die ständigen Begleiter der Leistungsmenschen sind daher die Angst vor Krankheit und Tod. Diese Furcht treibt aber, um diese Emotionen nicht zu spüren, immer mehr in Arbeit und Leistung. Sie treiben sich dadurch immer mehr in eine Isolierung hinein, der »Dampf im Kessel« steigt immer mehr und eines Tages wird der Kessel platzen.

Vom Leistungsmenschen dürfen wir nur wenig Gespür für Natur oder Familie erwarten. Sie sind unsensibel für die Botschaften ihres Körpers und ihrer Seele, für Warnsignale von ersten körperlichen Verschleißerscheinungen. Nicht selten nehmen sie vage zur Kenntnis, daß der Partner neben ihnen verkümmert, aber sie haben kein wirkliches Gespür dafür, wie ihnen auch das Gespür für ihre eigene seelische Verkümmerung fehlt.

Was ist es, das solche Menschen in die Selbstzerstörung und in die Zerstörung der Familie treibt?

Wenn die für die Liebe bestimmte Energie nicht fließen kann, wird sie in Ehrgeiz und Leistungen zurückgedrängt, ein solcher Mensch verwandelt sich in einen »gierigen« Menschen. Das Liebesgefälle vom Ich zum Du und Du zum Ich wird umgemünzt durch den Einfluß auf andere Menschen, den der Leistungsmensch gierig zu verstärken sucht. Er nimmt sich so viel wie möglich: Geld, Erfolg, Macht, Sexualität. Weil die Habsucht nur fordert und wenig gibt, führt sie nie zur entspannenden Befriedigung. Sie kommt nie zur Ruhe. Das Leben läuft mit überhöhter Drehzahl mechanisch und zwanghaft. Der Besitzergreifende verneint stets das, was er haben will. Es mangelt ihm an Respekt für die anderen Menschen. Die anderen werden buchstäblich »verheizt«, »verschlissen«. Vor solchen Menschen müssen wir uns in acht nehmen, denn das Besitzergreifende könnte uns vernichten. Sind wir selber »besessen« nach Besitz, wäre das ein Punkt, den wir uns ganz genau anschauen sollten, denn hier finden wir nicht selten den Schlüssel zu vielen Trennungen. Dieses Habenwollen läßt sich nicht mit der Liebe und mit anderen natürlichen Beziehungen zu anderen Dingen vereinen.

Die besitzergreifende Gier unterscheidet sich vom wohltuenden Einfluß eines Menschen auf andere Menschen, einem Einfluß, der ohne besondere Anstrengung aus der natürlichen Ausstrahlung seiner Persönlichkeit kommt. Er bewirkt, daß diese gehört und ernst genommen werden. Er steht im Dienste der Liebe: der gefühlsmäßigen Verbindung zwischen den Menschen und deren Spiegelung, deren bereichernden Mitteilung. Der Besitzergreifende jedoch versucht, mit seinem Einfluß andere Menschen zu lähmen, zu immobilisieren, so daß sie den Blick von ihm nicht abwenden können und jedes Eigenleben in ihnen erstarrt.

Er macht es mit Menschen wie mit seiner eigenen Seele, deren Bedürfnis nach Freiheit und Hingabe er erstickt. Er neutralisiert diese Unterdrückung seiner eigenen Gefühle und seiner Lebendigkeit ständig in der Unterdrückung anderer Menschen. Daraus resultiert, daß er die anderen nicht spürt. Die Härte gegen sich selber bekommt einen Sinn in der Härte gegen die anderen, die Selbstverachtung in der Menschenverachtung.

Die Reaktionen des besitzergreifenden Menschen auf Außenreize und Anforderungen sind übertrieben. Für einen oberflächlichen Beobachter ist der Besitzergreifende ein vitaler Mensch bei überschießender Lebenskraft.

Doch bei näherer Betrachtung fällt sein Hochstaplertum in die Augen: Seine Muskeln schwellen mehr, als es die gestellte Aufgabe erfordert. Er kämpft, wo Spiel am Platze wäre, schlägt ohne äußere Notwendigkeit mit der Faust auf den Tisch, um seiner Meinung Nachdruck zu verleihen. Er überfordert ständig die eigenen Kräfte wie auch die seiner Umwelt. Kommt es nicht zu einem inneren Wandlungsprozeß, gelingt es dem Leistungsmenschen nicht, seine besitzergreifende »Liebe« in eine opferbereite Liebe zu wandeln, wird er unbewußt sich und seine Umwelt zerstören.

Man findet gerade unter ihnen viele Geschiedene, Getrennte, am Ende in der Isolation einsam verkümmernde Menschen.

Die meisten von uns möchten ohne selbstzerstörerische Elemente leben. Und doch haben viele von uns das Gefühl, mit vielem das Richtige und doch zugleich das Verkehrte zu tun, die Dinge falsch anzugehen. Das trifft vor allem auch auf Partnerschaften, auf Bindungen zu. Jeder spürt wohl in sich das Bedürfnis nach Nähe, nach Liebe und Geborgenheit. Jeder möchte angenommen, akzeptiert sein. Warum gibt es dann aber so hohe Scheidungsraten?

Liegt es vielleicht daran, daß einige unecht, am falschen Ort strampeln, statt auf der richtigen Spur vorwärts zu gehen? Nicht nur den Weg zum anderen suchen, sondern die Fährte anders zu legen? Einfach den Weg zu sich gehen, bedeutet, den Weg zum anderen zu finden. Beginnt es nicht schon bei der Partnerwahl? Immer ist der andere schuld, und kaum jemand stellt fest: Ich habe mir ja diesen Menschen ausgewählt. Kaum jemand stellt sich die Frage: Wie muß ein Mensch beschaffen sein, mit dem ich durch

dick und dünn gehe? Heutzutage denkt fast jeder:
»Wenn's schiefgeht, lasse ich mich eben scheiden«, und
keiner erkennt, welche tiefen seelischen Narben Scheidungen und Trennungen im Menschen hinterlassen, keiner will so recht sehen, daß durch eine falsche Partnerwahl das Leben in so totale destruktive Bahnen gelenkt
wird. Heutzutage kursiert überall das Wort von der
Selbstverwirklichung. Ist es nur ein Modewort oder steht
dahinter nicht das Bedürfnis nach »Neuschöpfung«, einer
Neuschöpfung, in der alles noch einmal beginnen soll, die
Chancen noch einmal positiv verteilt werden sollen? Sozusagen die Uhr nochmals zurückdrehen, ohne viel dafür
tun zu müssen?

Eines ist sicher: Alle wollen im Grunde ihres Herzens
ohne Selbstzerstörung leben und wissen doch nicht, wie
sie es anfangen sollen.

Das Zerstörerische und das Selbstzerstörerische in der
Partnerschaft ist das Erlebnis der »tödlichen Zweiheit«, in
der sich zwei isolierte Menschen beschießen und gegenseitig zerstören. Dieser Zerstörungsprozeß beginnt schon in
der passiven Anpassung. Wer sich dem Unpassenden fügt
oder die Anpassung des Partners stillschweigend akzeptiert, kann sich nicht vorstellen, daß sich sein Leben im
musischen Erklingen der Welt erfüllen kann. Welche Ge-
genkräfte sind da im Spiel? Die Antworten können auf
verschiedenen Ebenen angesetzt werden. So auf der ober-
sten: Die schlechten Erfahrungen mit früheren Partnern,
die uns mißtrauisch gemacht haben, oder tiefer: die über-
mäßige Anpassung in der Kindheit an Eltern und Geschwister, oder das Schicksal des dominierenden, isolierten Einzelkindes. Und noch tiefer: die glanzlosen Augen
der Mutter im Kleinkindalter. Und auf der tiefsten Ebene:

jeder Schritt hinaus aus der Isolierung würde Zerstörung und Tod mit sich bringen.

»Ich bin dem nicht gewachsen«, sagt mancher und meint, er müßte das Wachstum selber fabrizieren, anstatt es zuzulassen. Alle Antworten sind richtig. Jede tiefere Antwort bringt eine Befreiung. Weglaufen nützt nicht immer etwas. Es könnte sein, daß man den Krallen der »Hauskatze« entfliehen möchte, um in den Armen der »Tigerin« zu landen.

Manche Menschen, etwa solche, die einen schweren Schicksalsschlag erlitten haben, gelangen mit oder ohne fremde Hilfe aus der Umklammerung von partnerschaftlicher Einengung, nicht etwa durch Flucht, sondern dadurch, daß sie sich auf die Lebensprozesse einlassen. Viele flüchten aus der Umklammerung der Partnerschaft, weil sie die Mühe scheuen, im Rückblick auf ihren vergangenen Weg ihre zerstörerischen Lebensmuster durchschauen zu können.

Nicht nur die Anpassung, sondern auch die Kritik und Bekehrungssucht, die in Partnerschaften grassiert, dient der Abwehr gegen eine Erweiterung des eigenen seelischen Horizonts. Als aktive Einwirkung auf den Partner erreicht sie das gleiche wie die passive Anpassung, nämlich die Aufrechterhaltung der Isolierung. Sie ist ein Nein gegen die Liebe.

Die Richtung unserer Gedanken bestimmen unser Leben. Wer an Trennung denkt, befindet sich meist in Kampfstimmung. Wer ständig kämpfen muß, kämpft gegen andere, aber vor allem gegen sich selbst. Zum Frieden kehren wir nur auf friedliche Weise zurück. Es ist ein Unterschied, gegen Krieg oder für den Frieden zu sein. Und selbst, wenn eine Trennung unumgänglich ist, dann sollte sie wenigstens mit der geistigen Einstellung geschehen, daß der Schritt notwendig ist, daß ich es für mich und nicht gegen dich tue.

Die Beziehung stirbt im Ego

Je mehr wir vom Menschen wissen, um so deutlicher wird auch erkannt, wie sehr wir vom anderen abhängig sind, in welchem Ausmaß wir einander brauchen. Dies wurde fast vergessen, als der einzelne zunehmend ein eigenes Ich entwickeln lernte, sich emanzipierte und sich von den kollektiven Zwängen befreite. In diesem Prozeß wurde zunächst die Individualisierung überbetont, zuweilen zu weit getrieben, wie dies immer geschieht, solange im Vollzug vom Neuen noch Unsicherheiten bestehen. Inzwischen haben wir feststellen müssen, daß seelische Verarmung und Beziehungslosigkeit auftreten, wenn sich die Individualisierung als Wir-Verlust gestaltet. Dies ist ein Zeichen dafür, daß die Emanzipation nur halb getan wurde. Es wurde nur der erste Entwicklungsschritt vollzogen, nämlich die Ablösung, die notwendig ist im Hinblick auf Verselbständigung und Ich-Findung. In dieser Phase bleiben viele über lange Zeit stehen, manche ihr Leben lang.

Viele Trennungen zum Beispiel würden unterbleiben, wenn erst einmal begriffen würde, daß wir nichts sind ohne den anderen. Jede Trennung treibt uns zunächst in die Isolation.

Irgendwer hat einmal gesagt: »Das Problem der Trennung ist das Problem des Todes zwischen Lebenden.« Die Trennung ist der Einbruch des Todes in das menschliche Bewußtsein. Jeder, der das einmal erlebt hat, kann das nachfühlen: Wir liebten einen Menschen. Diesen anderen Menschen konnten wir sehen, liebkosen, fühlen, hören, riechen, wir konnten mit ihm sprechen. Doch plötzlich ist dieser Mensch weg, vielleicht nur einen Straßenzug weiter, oder in einer anderen Stadt. Er ist einfach weg. Die Trennung bekommt den Geschmack des Todes — im Leben. Menschen trennen sich, obwohl beide tief innen wissen, falls sie es nicht verdrängt haben: daß sie fürchterlich leiden werden. Sie wissen aber auch, daß dieses Leiden vorübergehen wird, daß also jeder den anderen mehr oder weniger vergessen wird, zumindest sich bemühen wird, nicht an ihn zu denken. Das sind die Todesurteile, die jeder für sich über den anderen ausspricht. Das Dilemma dabei ist, daß wir den anderen »zum Tode verurteilen«, vollstreckt aber wird dieses Urteil in uns selbst. Denn jedes Urteil wird in unserem eigenen Bewußtsein und im Bewußtsein des Partners über uns vollstreckt. Der andere stirbt bei lebendigem Leibe, aber er stirbt in uns, wa ja nichts anderes bedeutet: etwas stirbt in mir. Und das Schicksal hat uns jetzt verurteilt, eine »Leiche« mit uns herumzuschleppen. Wenn es auch eine Leiche ist, die uns nicht einmal leid tut. Manchmal vergehen Jahre, bis wir bemerken, was wir da mit uns herumschleppen. An diesen Kadaver hängen sich Parasiten dran: Wut, Haß, Trauer und manchmal auch Angst.

Jeder, der einmal aus vollem Herzen geliebt hat und sich trennen mußte, hat das ganz real erlebt: Es ist etwas gestorben in mir!

Fast jede Trennung kennzeichnet sich durch bestimmte Abwehrmechanismen, die uns helfen sollen, zu überleben.

Einer dieser Abwehrmechanismen ist die Wut, die Aggression. Wir spüren Trauer in uns, die durch Aggression unterminiert wird. Dahinter steht die kleinkindliche Anklage: »Wie konntest du mich verlassen.« Wir beginnen den anderen innerlich abzuwerten. Während der Phase der Liebe bauten wir etwas auf, das wir lieben konnten, wir projizierten ein Bild auf den anderen, wie wir ihn sehen wollten. Er entsprach gewaltigen Erwartungen im Ich-Ideal. Nun muß er entwertet werden, damit das zutiefst verletzte Ich nun mit einem erschütterten und enttäuschten Ich-Ideal weiterleben kann. Die Aggression ist deshalb ein Abwehrmechanismus, weil sich Liebe in Haß wandelt, und dadurch uns innerlich gestattet, uns mit der »inneren Leiche« zu beschäftigen. Es gibt nicht wenige Menschen, die in dieser Phase steckenbleiben, dann heißt es ganz gehässig: »Alle Weiber taugen nichts, ich bleibe lieber allein.« Oder: »Mir kommt in Zukunft kein Kerl mehr ins Haus oder gar ins Bett. Ich bin für alle Zeiten kuriert.«

Auf diese Weise leben innere Leichen sehr lange, gewissermaßen sterben sie täglich neu und der innere Leidensprozeß wird zur selbstzerstörerischen Qual bis ans eigene reale Ende.

Der nächste Abwehrmechanismus ist eine innere »Wurstigkeit«. Es entsteht die Haltung: »Das geht mich alles nichts an, was macht das mir schon aus.« Wir haben es hier mit einer Schwächung des Ichs durch Desidentifizierung zu tun. In diesem Fall wird so getan, als gäbe es keine innere Leiche, keine Traurigkeit, keinen Schmerz, keine Angst. Es wird so getan, als hätte man nie geliebt, nie dem anderen sich verbunden gefühlt.

Ein weiterer Abwehrmechanismus ist die Flucht nach vorne. Durch Verdrängung des Schmerzes, der Trauer, kommt es zu reaktiven Depressionen. Aber genau wie die Trauer und der Schmerz soll die Depression nicht wahrgenommen werden. Die Flucht nach vorne ist eine Flucht in die Aktivität, ins Vergessen über Tun. Manch einer engagiert sich jetzt wie wild für seine Arbeit, andere durchtanzen halbe Nächte, sind auf jeder Fete anzutreffen, nach dem Motto: »Mich bringt das nicht um«, und sie spüren bedauerlicherweise zunächst nicht, was in ihnen vorgeht. Sie flüchten in eine neue Beziehung und spüren erst dann, wenn's längst zu spät ist, daß sich nichts geändert hat, nach dem Motto des Schaubudenschreiers: »Der nächste Herr, dieselbe Dame!«

Das gekränkte Ich ist trostbedürftig und weiß aus alten Erfahrungen, daß die Lust ein guter Trost sein kann.

Die Idealisierung ist ein weiterer Abwehrmechanismus: »Sie war ein prima Kerl. Ich werde ihr immer ein ehrendes Gedenken bewahren. Man kann sich auf sie verlassen. Ein Kumpel, einfach ein Mensch!« Dahinter steht nicht selten ein Nein zur Trennung, man hat sich innerlich nicht damit abgefunden.

Jedes Wir bildet eine dialektische Einheit. Sie schließt beide Partner in einem einzigartigen Verhältnis zueinander ein. Und nun stirbt dieses Wir. An diesem Tod sterben beide Partner an ihrem Ich. Es ist eine Ironie des Schicksals, daß sich viele Menschen nach einiger Zeit nichteinmal mehr vorstellen können, mit diesem anderen Menschen ein Wir gebildet zu haben, nachdem sie sich so weit auseinandergelebt haben. Und doch gibt es eine Ebene in uns, die sich immer bewußt ist, daß dieses »Wir« einmal sehr wertvoll für uns war: Wir haben diese Liebe, diesen Menschen ja einmal aus unserem tiefsten Herzen bejaht, haben Freude und Lust mit ihm erlebt. Durch diese Tatsachen ist unser Ich zutiefst verletzt und erkennt doch nicht, daß es an der Zerstörung des »Wir« beteiligt war. Was Trennungen so schicksalhaft schwer macht, ist der Umstand, daß das »Zerreißen« des Wir nicht nur einen Verlust bedeutet, sondern das Ich an den Wurzeln des Selbstverständnisses, der Ich-Identität zugrunde geht, durch die Zerstörung der Eigenidentität, die ganz tief auch eine Identifikation mit dem anderen bedeutete. Diese Identifikation geht im Trennungsprozeß langsam und quälend zugrunde, denn die Identifikation, die hier die Eigenidentität begründet, läßt sich nicht von heute auf morgen aufheben. Ein Teil des Ichs scheint abgerissen zu sein. Es ist dieses Gefühl, etwas beim anderen gelassen zu haben. Die neue Identität in der Isolation ist noch nicht geschaffen, und manchmal kommt sie nie mehr, weil alles verdrängt wurde.

Das Gefühl des »Nicht-mehr« ist eines der entsetzlichsten Gefühle des Menschen. Dieses Gefühl des »Nie-mehr-Erlebens« finden wir zum Beispiel bei Simone de Beauvoir: »Nie mehr in der Wärme eines Körpers schlafen! Nie mehr: Ein Todesgeläute! Wenn diese Einsicht mich überkam, stürzte ich in den Tod. Ich hatte mich immer vor dem Nichts gefürchtet; doch bis dahin starb ich tagaus, tagein, ohne daß ich diesem Sterben viel Aufmerksamkeit schenkte. Jetzt plötzlich brach ein großes Stück meines Ich zusammen, das war brutal wie eine Verstümmelung; und obendrein unerklärlich, weil sonst nichts mit mir geschah.«

Dieses: »Nie mehr in der Wärme eines Körpers schlafen« wiederholt unausweichlich frühkindliche Eindrücke, wodurch die Wärme des Mutterleibs von innen her gemeint sein kann. Dann diese Wärme beim Anschmiegen nach der Geburt, die Wärme an der Mutterbrust. Alles Erlebnisse, die mit einem Ende, einem Verlust zu Ende gingen und als Urerfahrung ins Unbewußte absanken.

»Ich war schon ein ganz armer Schlucker«, sagte Günter K. und er lächelte etwas schief, was ich ihm wohl antworten würde.

»Selbstmitleid?«

Er schüttelte ganz entschieden den Kopf. »Nein, Selbstmitleid ganz bestimmt nicht. Ich meine nur, ich habe allerhand weggeschluckt, als das mit meiner Jugendfreundin Rosemarie passierte. Ich war anfangs furchtbar wütend auf ihren Vater, auf sie. Dann redete ich mir ein, daß sie mir gestohlen bleiben könnte. Anfangs merkte ich nicht, wie ich immer mehr von ihr Abstand nahm, von ihr wegrückte. Stürzte mich damals in allerhand Abenteuer, bis ich diese verdammte Depression bekam. Von da an war alles anders.«

»Was war anders?« fragte ich ihn.

»Na alles eben. Ich hatte zunächst das Gefühl, eine schwarze Wolke hätte sich vor die Sonne geschoben. Die ganze Welt sah dunkel aus. Ich fühlte mich krank und elend. Angstzustände folgten. Dabei hatte ich immer das Gefühl, ich würde keine Luft bekommen. Es folgte das Gefühl, von einer riesigen Käseglocke überstülpt zu sein. Ich war getrennt vom Rest der Welt. Ich konnte alles um mich herum sehen, wahrnehmen, aber die dazugehörigen Gefühle waren weg.«

»Und dein Schmerz, deine Wut, deine Trauer?«

»Weg, alles weg, nur noch dieser dunkle Topf um mich herum. Ich kam ins Krankenhaus, litt unter Magenkrämpfen, aber die Ärzte konnten nichts feststellen. Ich war schier verzweifelt, die mußten doch etwas feststellen, ich spürte doch diesen verdammten stechenden Schmerz in der Magengegend.«

»Und was wurde daraus?«

»Na, was schon? Ich konnte den Zustand der Depression nicht ertragen, ich habe ihn mit der Zeit wohl weggeschoben, aber bei dem kleinsten Anlaß war er wieder da. Es war so, daß ich lange Jahre meines Lebens nach außen ein lustiger Vogel war, aufgelegt zu allerlei Streichen.«

»Du warst also auf deine Art damit fertig geworden.«

»Stimmt überhaupt nicht. Es war dieses Lache-Bajazzo-Spiel. Nach außen tat ich fröhlich, nach innen war das so, als fehlte mir etwas, aber ich war mittlerweile weit weg davon, zu wissen, was mir fehlte. Ich hatte die Geschichte mit Rosemarie irgendwie zu meinem Lebensdrama hochstilisiert. Sie war die höchste, die größte, die nie wiederkehrende Liebe. Und hätte ich nicht Therapie gemacht, wäre sie wohl heute noch die tragische große Liebe. Aber ich spürte dann nach Jahren, daß ich sie idealisiert hatte, daß ich aus ihr etwas gemacht hatte, was sie nicht war. Bei normaler Entwicklung wäre die Beziehung wohl von selbst irgendwann auseinandergegangen. Mein Gott, sie war jung, zu jung, fast ein Kind noch, um wirklich ernst genommen zu werden, und ich war achtzehn.«

»Was war denn nun wirklich so dramatisch an der Geschichte, wenn du sie aus heutiger Sicht betrachtest?« fragte ich ihn.

»Das wirklich Dramatische willst du wissen? Das Teuflische an der Sache war, daß ich Rosemarie in mir begraben hatte, ihr einen Heiligenschein verpaßte. Sie war sozusagen in die innere Requisitenabteilung abgewandert. Und jedesmal in der Zukunft, wenn eine Frau sich von mir trennte, oder ich mich von ihr, dann stieg das alte

Schreckgespenst wieder auf. All die Ängste, die Wut, schließlich die Depression. Es war, als würde ich Rosemarie benutzen, um all das Leid von Zeit zu Zeit wieder zu erleben. Es war wie ein Endlosband. Ich verliebte mich, hatte schöne Zeiten, zog die Frauen an und schob sie gleichzeitig weg und dann kam das Leid. Es war so, als würde ich das Leid suchen, es brauchen. Meinst du, ich hätte mir das alles ersparen können?«

»Ja und nein. Nein deswegen, weil es zu der damaligen Zeit kaum Psychotherapeuten gab, die dir herausgeholfen hätten, und ja, wenn dir jemand die Zusammenhänge aufgezeigt hätte, dir erklärt hätte, daß das alles nur passierte, weil du deine Trauer, deinen Schmerz, deine Wut nicht ausgelebt hast. Wäre dir das damals gelungen, dann hätte es diese innere Leiche Rosemarie nicht gegeben.«

Im Augenblick einer solchen Ich-Katastrophe, wie Günter K. sie erlebt hat, kommt es zu einer eigenartigen Verengung des Bewußtseins. Die Welt besteht förmlich aus der Wunde der Trennung, und die unerträgliche narzißtische Kränkung ist dem Betroffenen im Augenblick wohl wichtiger als eine wirkliche reale Gefahr, wie etwa von einem Auto überfahren zu werden. Der Betroffene fühlt und sieht nur sein regredierendes und schmerzendes Ich. Er gewinnt zu diesem keine Distanz, denn diese Distanz wird nur durch eine beglückende Beziehung zur Gesellschaft, oder zumindest zu einer Gruppe ermöglicht. Hier aber wird das größte Opfer, an dem der Mensch fast zugrunde geht, geradezu einer Molochgesellschaft gebracht. Von der Natur entfremdet, in einer Gesellschaft, die auf Konkurrenz und Unterdrückung begründet ist, ist der Mensch in der Ich-Katastrophe sich selbst überlassen. In einer Gesellschaftsform, die den Menschen zum Wolf zwischen Wölfen werden läßt, sind die Kräfte des Eros erstens prekärer, bedrohter als in einer ihn tragenden Gemeinschaft; zweitens wird die Liebe selbst — so sehr sie auch gesellschaftlich gefährdet sein mag, mit aller Sehnsucht des einsamen Menschen nach Erlösung aus seiner entsetzlichen Einsamkeit ausgestattet. Die Liebe wird dort besonders mystifiziert, wo das »Elend der Kreatur« von der Gesellschaft zur Institution erhoben wird.

Günter K. sagte: »Ich glaube, meine äußere Situation spiegelt meine innere wider. Das war wohl immer so, aber ich habe lange gebraucht, bis ich das begriffen habe. Wenn ich heute wieder zu mir und zu meinen Gefühlen gefunden habe, dann sage ich zu mir: Junge, das ist deine zweite Pubertät, und dann muß ich immer lachen. Gott sei Dank habe ich das wieder gelernt. Die letzten Jahre, obwohl sie zeitweise sehr hart waren, waren unheimlich wichtig für mich. Ich habe mich mit vollkommen neuen Dingen beschäftigt, neue Menschen kennengelernt. Ohne mein Innenleben zu durchleuchten, wäre ich aus meiner Lethargie wohl nicht herausgekommen.«

Sind Ehegeschichten typisch, gleichen sie sich? Sie gleichen sich niemals. Ebenso wie sich keine Trennung mit einer anderen vergleichen läßt. Es gibt wohl ein »Geheimnis«, das jede Trennung und jede Scheidung umgibt. Günter K. hat das einmal in einem aufblitzenden Moment so beschrieben: »Jahrelang habe ich mich mit meinem Haß auf meine erste Frau, die mich unter objektiv miesen Umständen verlassen hat, herumgequält, sie innerlich beschimpft, ihr die ganze Schuld an meiner Situation gegeben. Bis mir dann eines Tages, nach langen Jahren, aufging: Es ist dein Fall, der immer wieder innerlich zur Verhandlung anstand. Der innere Richter, der Staatsanwalt, der Verteidiger, die alle sitzen in dir selbst drin. Also versuche, daß du deine Frauengeschichten endlich hinter dich bringst. Von da ab tat sich etwas in meinem Leben.«

Scheidungen, Trennungen sind häufig geworden in unserem »modernen« Zeitalter. Viele von denen, die sich scheiden lassen, oder trennen wollen, verpassen ihren Termin.

Ihren Termin?

Es gibt nur einen wichtigen Termin bei Trennungen und Scheidungen: das ist der Moment, in dem uns klar wird, daß wir in allen uns betreffenden Fragen an unserer eigenen Tür läuten müssen. Wer diesen Moment verpaßt, wer sich um ihn unter Aufbietung aller Tricks und Künste drückt, der ist arm dran.

Trennung, das ist eine oder die Grunderfahrung des Menschen. Unser Leben ist eine Summe von Trennungen: gewollten und ungewollten, verschuldeten und erzwungenen, heilsamen und tragischen. Es ist dauerndes Abschiednehmen von Menschen, von Orten, von Zeiten. Eine endgültige Heimat finden wir nur in uns selbst. Trennungen können Amputationen sein, Verstümmelungen, von denen wir uns nicht oder schwer erholen. Was sie in uns anrichten, ist zu selten bedacht worden. Sie beeinträchtigen unser Wohlbefinden, hinterlassen Störungen, wirken gleich unerklärbaren Krankheiten, denen wir Namen wie Heimweh, Kummer, Gram oder Herzeleid geben. Lauter diffuse und überdies altmodische Begriffe, die Zustände bezeichnen, die man heute lieber verschweigt. Manchmal sind Trennungen notwendig, sie haben dann ordnende, klärende, abschirmende, hegende Funktionen. Zum anderen bedeutet sie Ent-bindung, Ablösung, Aufbruch, Befreiung von etwas, das uns nicht festhalten darf: Stillstehn ist zurückgehn — dieser Sinnspruch des Cherubinischen Wandermannes besagt, daß es uns nur im Fort-Schritt gelingt, zu bleiben oder besser zu werden. Es ist uns aufgegeben, immerzu etwas aufzugeben. Sich von nichts trennen zu können ist das Unvermögen, wirklich zu leben. Aber sogar die schöpferischen Trennungen pflegen mit Verlust und Gefahr, mit Leid und Trauer, mit Irritation und Verzweiflung verbunden zu sein. Du wirst deinen Vater und deine Mutter verlassen, bedeutet, du wirst Verlassenheit riskieren. Du mußt in die Ferne, in die Fremde, mußt Neuland betreten, Heimat entbehren, Elend erfahren. In diesen Bildern erkennt jeder bestimmte eigene Lebenserfahrungen.

Trennung ist beides: Sie ist Verhängnis, ein unfaires Schicksal, gegen das wir vital aufbegehren oder in das wir uns apathisch ergeben. Und sie ist eine Lebensregel, ein kreatorisches Prinzip, eine Bedingung für Wachstum, Entfaltung und Reife. Unsere Lebenszeit beginnt und endet mit einer Trennung, und zwischen Geburt und Tod gibt es die großen wie die kleinen, die produktiven wie die destruktiven. Wird die erste, die Trennung von der Mutter, nicht richtig gelöst, kommt es zu verheerenden Folgen. Jede Trennung manifestiert die Verletzlichkeit, die Schutzlosigkeit, die Vergänglichkeit im Leben. So verursachen Trennungen regressive Wünsche:

Den Wunsch nach Rückkehr in das Einssein und in die Geborgenheit, und sie erzeugen depressive Ängste, eine Ahnung des Alleinseins, der Beziehungslosigkeit.

Gegen den isolierenden Charakter von Trennungen setzt der Mensch eine Kraft ein, die auf Harmonie, auf Zusammenführung, auf Verbindung, auf Paarung aus ist: die Liebe. Die Liebe vereint Getrenntes. Sie stellt ein Ganzes her, das aus Fragmenten besteht. Darum ist es immer gesünder, nach der Liebe zu fragen, anstatt stets immer von Trennung zu reden, denn Trennung, wie die nächsten Kapitel zeigen werden, kann zerstörerisch wirken oder auch heilsam; welchen Weg jeder beschreiten will, das kann nur er selbst entscheiden.

Alle wichtigen persönlichen Ereignisse in unserem Leben, freudiger oder trauriger Art, haben einen festen Rahmen, ein Ritual, das je nach Temperament, Tradition und Geldbeutel zwar unterschiedlich »begangen« wird, aber immer die Betroffenen heraushebt, sie in die Mitte einer Gruppe nimmt, Anteilnahme sichert — bis zum letzten Geleit. Zur Konfirmation oder Kommunion gibt es ein schönes Kleidungsstück, zum Abitur vielleicht schon das erste Auto. Jedes freudige Ereignis kennt seine Rituale. Und die traurigen Dinge, die uns zustoßen? Wer krank wird, bekommt Blumensträuße oder Saft und Obst. Für die Trennung von zwei Menschen ist nichts vorgesehen. Mit einer Trennung oder Scheidung muß jeder mehr oder weniger alleine fertigwerden. Die Einsamkeit, die viele, die sich gerade getrennt haben, spüren, ist in der buchstäblichen Reaktionslosigkeit der Umwelt begründet, und dies hat ihre Ursache im fehlenden Ritual. Wo einst das Ritual hieß: bis daß der Tod euch scheidet, kann es kein Gegenritual geben.

Der einzige, der uns vielleicht in unserem Schmerz verstehen könnte, wäre der Partner, von dem man sich getrennt hat, denn er erlebt ja gegenwärtig dasselbe. Wie steht es mit Schicksalsgruppen Gleichgesinnter? Derjenige, der sich getrennt hat, lebt allein mit seinem Schmerz. Was hätte sich aber auch ein Kreis gerade Getrennter zu sagen? Jeder möchte von seinem Schmerz reden und fühlt nur seinen Schmerz. Er hat ja den Kontakt zum Rest der Welt verloren. Er will »mütterlich« angenommen werden und hat nicht die Kraft, andere zu stützen.

Sich von einem Menschen trennen, das ist ein Schmerz, dem der Rest der Welt gerne ausweicht. Es ist wie ein Tiefschlag und man muß ihn allein überwinden.

Die »amtliche« Trennung ist nur eine Formsache, wer glaubt, damit sei alles vorbei, irrt sich. Der Verfahrensakt besteht im wesentlichen aus drei Punkten: Es wird amtlich festgestellt, daß eine Ehe bestanden hat, es wird weiter festgestellt, daß zwei Menschen ihre Ehe nicht fortsetzen wollen und für eine gewisse, vom Gesetzgeber bestimmte Zeit der Prüfung dieses Entschlusses getrennt gelebt haben und es werden bestimmte Vereinbarungen für die Zeit nach der Ehe getroffen. Danach ist jeder von ihnen frei, ungebunden, kann tun und lassen, was er will.

Aber ist er wirklich frei, kann er wirklich tun und lassen, was er gerne möchte? Sehr oft ist das nicht der Fall, denn es gibt auch noch eine innere Gesetzmäßigkeit, es gibt Trennungsprozesse, die genau wie das Zusammenwachsen ihre Zeit brauchen. Mancher schafft es nie, den inneren Gesetzen zu entfliehen, wenn er auch versucht hat, vor sich selber davonzulaufen. Aber der eigene Schatten holt solche Menschen eines Tages doch noch ein.

Die innere Ablösung vom Partner ist individuell verschieden. Alle Scheidungen laufen nach einem gewissen inneren Rhythmus ab. Es gibt drei Phasen, die bei den einzelnen Menschen von unterschiedlicher Dauer sind. Es gibt eine erste Entscheidungs- und Ambivalenzphase, in welcher der Entschluß zur Trennung gefaßt wird. Sie reicht gelegentlich in die als »noch glücklich angesehene Zeit« hinein, nur merken beide Partner zu diesem Zeitpunkt noch nichts von dem Prozeß. Eine Entscheidungs-phase dauert in der Regel ein oder zwei Jahre. Daran schließt sich die Trennungsphase an. Sie fällt häufig mit der vom Gesetzgeber geforderten Trennungszeit zusam-men und entspricht auch in der Länge der gesetzlichen Mindestzeit von einem Jahr. Danach gibt es die Phase der Neuorientierung, sie kann von einem bis vier Jahren dau-ern. Was hier mit wenigen Worten skizziert ist, ist aber in Wirklichkeit eine mittlere bis schwere Krise im Leben ei-nes Menschen, manchmal so schwer sogar, daß einige es nicht schaffen, wieder normalen Tritt zu bekommen. Viel Leid, Schmerz und Trauer macht diese Zeit aus.

Wie ich an anderer Stelle schon gezeigt habe, ist Tren-nung auch immer eine Trennung von sich selbst.

Daß die Liebe eine Macht in unserem Leben darstellt, das hat fast jeder schon erfahren können. Die Fähigkeit zu lieben ist die menschlichste und tiefgreifendste, die wir besitzen. Einen anderen Menschen im Meer der Millio-nen zu finden, ihm die eigene Zeit und Kraft zu schenken, sich mit ihm zu freuen, ihn zu trösten, wenn er in Not ist, ihm die Sicherheit zu geben, die er sonst nicht so schnell bekommt, ihn zu lieben — das ist eine gewaltige Sache. Liebende Menschen entwickeln Hingabe, Geduld, aber auch Phantasie, Genuß- und Erlebnisfähigkeit wie sonst niemand.

Eine Trennung fällt vielen nicht deswegen so schwer, weil sie das Ende einer Liebe bedeutet. Diese wurde schon viel früher, mit anderen Gefühlen verdrängt. Denn gäbe es keine Liebe mehr, wirklich keinen Funken Liebe, müßte es keinen Haß geben, keine Wut, keine Trauer. Das Ende wäre tatsächliche Gleichgültigkeit, da wären zwei Menschen, die sich nichts mehr zu sagen hätten.

Aber sie haben sich noch etwas zu sagen, in den meisten Fällen jedenfalls. Und sie sagen es voller Haß, voller Wut, voller Traurigkeit. Ein Scheidungsfall entbindet keinen von diesen Gefühlen. Es gibt nicht wenige Ehen, die, wären beide Eheleute behutsamer miteinander umgegangen, hätten sie auf die Signale der Seele gehört, nicht getrennt hätten werden müssen. Nicht wenige von ihnen mußten erleben, nachdem sie eine neue Partnerschaft hatten, daß sich eigentlich nichts geändert hat. Nicht jeder, der einen Neubeginn wagte, kann aus frohem Herzen sagen: Es hat sich gelohnt. Denn eines haben sie dabei übersehen, den einstmals geliebten Partner sind sie zwar losgeworden, aber in die neue Beziehung haben sie sich selbst mit hineingenommen — mit allen Fehlern und Ungereimtheiten — und so geht das Spiel eben weiter: Der nächste Herr, dieselbe Dame, oder umgekehrt. Weil die Liebe in Wirklichkeit nicht verloren ging, sondern verdrängt wurde, ist vor allem die Sehnsucht nach Liebe da, die können wir aber nicht in einem anderen finden, nur in uns selbst. Hypnosesitzungen zeigen das gelegentlich. Dem Hypnotiseur fällt es nicht schwer, in seinem Klienten das Gefühl der Liebe, wie sie einst war, wieder wachzurufen, und sein Klient erlebt noch einmal all die süßen Stunden voller beglückender Liebe, wie es damals am Anfang war. Wäre das möglich, wenn keine Liebe mehr da wäre? Die Tatsache ist die, daß in Wirklichkeit im Kleinkrieg der Ehe viele Emotionen durchbrachen, die Kraft und Nerven kosteten, also wurden mit der Zeit diese Emotionen verdrängt, ganz geflissentlich wurde dabei auch die Liebe mit weggeschoben. Gäbe es nicht diese verrückte Einstellung: »Du bist schuld, weil . . .« — alles wäre viel leichter.

Alle Bewertungen, alles Vergleichen, jede Sündenbockhascherei, das sind die Gefühlskiller einer Partnerschaft. Sobald wir spüren, daß wir vieles falsch gemacht haben, daß wir für unsere Taten selbst verantwortlich gemacht werden müßten, hätte fast jede Partnerschaft noch eine Chance. Natürlich macht auch der andere Fehler, ist er gelegentlich böse, sogar sehr böse, verletzt uns, aber wir können lernen, daß wir ihn nicht ändern können, das muß er schon selber tun. Er hat die volle Verantwortung für sich selbst. Wir können nur dafür sorgen, daß »unser Haus« in Ordnung ist.

Nicht jede Ehe hat eine Chance, doch noch in ruhigere Bahnen zu kommen. Wir können und wollen nicht behaupten, daß jede Ehe zu retten wäre, so lebensfremd sind wir nicht. Viele Ehen sind — und das muß man auch deutlich sagen — nicht aus wirklicher Liebe, sondern aus Sehnsucht nach Liebe geschlossen worden, aus Sehnsucht, geliebt zu werden und lieben zu können. Viele Ehen entstehen aus einem Trugbild, aus einer falschen Erwartung, die sich nie erfüllen kann. Man hat sich selbst getäuscht, sich selbst etwas vorgemacht. Wenn ein Mann eine Mutter sucht, anstatt eine Partnerin, oder wenn eine Frau in Wirklichkeit auf der Suche nach einem Vater war, als sie diesen Mann wählte, dann sind das solche Trugbilder. Oder auch, wenn eine Frau oder ein Mann einen Partner oder eine Partnerin wählt und im Hintergrund eine Stimme ertönt: »Ich habe mir ja eigentlich einen anderen Partner gewünscht, aber ich hatte Angst, diesen nicht zu finden.«

Wer sich in eine Partnerschaft aufgrund einer Selbsttäuschung einließ, erkennt sehr schnell, daß seine Ehe gefährdet ist, weil der andere nicht bereit ist, dieses Spiel mitzuspielen. Trennung bedeutet inneres Abrücken vom Partner, das sich in Stufen vollzieht, begleitet von Zweifeln und Widersprüchen. Gegen Trennende, die eine Entscheidung treffen wollen, sind selbst Mädchen in der Pubertät ein Muster an Zielstrebigkeit und Gradlinigkeit. Die Unentschlossenheit wird nur noch durch ihre Empfindlichkeit übertroffen. Häufig nach Jahren, wenn die Trennung wirklich innerlich aufgearbeitet worden ist, können die Getrennten wieder objektiv über ihre Verrenkungen von damals sprechen, und nicht selten spüren sie erst jetzt, wie sehr sie sich von ihren Emotionen damals haben überfahren lassen. Sie stellen fest, daß sie immer noch gute Gefühle füreinander hegen. Warum ist das so? Weil sie in Wirklichkeit zwei prächtige Menschen sind, die wirklich gut zueinander gepaßt haben. Im ganzen Ehekampf haben sie aber übersehen, daß nicht wirklich die zwei Erwachsenen miteinander gekämpft haben, sondern ihre inneren Kinder, die noch den Schmerz ihrer Kindheit in sich trugen und die sich vor ihrer Verletzlichkeit, ihrer Empfindlichkeit zu schützen suchten.

»Wenn ich mir meine erste Ehe anschaue«, sagte Günter K., »muß ich zugeben, daß meine damalige Frau ein prima Mensch war. Aber es gab ein paar Fehler, die sich einschlichen. Ich habe das Mütterliche in ihr gesucht. Es war auch eine wahre Freude, wie sie mit ihren zwei Kindern aus ihrer ersten Ehe umging. Später erkannte ich, daß ich mich da gerne eingereiht hätte. Weil mein inneres Kind angesprochen war, reagierte ich trotzig, bockig, verletzbar. Meine Frau war ein wunderbarer Mensch, aber auch sie suchte in mir etwas, was ich nicht war. Ich fragte mich oft, hätte unsere Ehe geklappt, hätten wir die falschen Erwartungen an den anderen korrigieren können, wenn wir sie erkannt hätten?«

»Grundsätzlich ja«, sagte ich ihm. »Voraussetzung dafür ist, daß ihr beide bereit gewesen wäret, euch anzusehen, wie was lief. Es ist aber bei Partnerschaften, die unter falschen Voraussetzungen zustandekamen, häufig der Fall, daß sie sich dann lösen, wenn die Eheleute erkennen, daß sie sich in der Wahl des Partners einem Trugbild, einer Projektion hingaben.«

Scheidende sind auf besondere Weise Ich-bezogen. Angespannt in einer über Jahre dauernden Beziehungskrise, sehen sie zum Schluß häufig nicht mehr, ob die Sonne scheint oder ob es regnet. Das wird, wenn ein Entschluß gefaßt wird, nicht unbedingt besser, sogar noch schlimmer. Im Vollgefühl, jetzt endlich auf dem richtigen Kurs zu sein, verfolgen sie nur noch dieses eine Ziel. Es ist wie bei dem alten Witz mit dem Regenwurm im Biologieunterricht. Der Schüler hat sich mangels Zeit nur auf den Regenwurm vorbereitet, der Lehrer aber ruft ihn auf, alles über den Elefanten zu erzählen. In seiner Not antwortet der Schüler: »Der Elefant ist ein großes Tier. Er hat einen Rüssel, der Rüssel sieht aus wie ein Regenwurm. Beim Regenwurm haben wir es mit einer besonderen, interessanten Art von Tier zu tun . . .« Der Scheidende kommt immer wieder auf den »Regenwurm« oder besser auf seine Bandwurm-Scheidung zu sprechen. Sie kennen kein anderes Gesprächsthema mehr, sie sehen die Welt nur noch aus diesem Blickwinkel, sie haben den realen Kontakt zur Welt verloren.

Ich habe an anderer Stelle von den Trennungsphasen berichtet. Man kann das auch anders ausdrücken: Von der dünnen über die dicke zur neuen Haut. Die Phase der dünnen Haut liegt vor und nach der Trennungsentscheidung. Es ist die Phase der Unsicherheit, der vorläufigen, vorübergehenden Gewißheit des Aufbruchs, auch des »Über-das-Ziel-Hinausschießens«, wenn schon ein Ziel sichtbar ist. Die Phase der dicken Haut ist eine Phase der Verzweiflung: Inzwischen hat sich stärker herausgeschält, was zu mir paßt und worauf ich verzichten kann. Vom »Soll oder soll man nicht?« sind wir zum »Soll ich oder soll ich nicht?« gekommen. Wir setzen uns nicht mehr unter Druck, richtige Entscheidungen zu treffen, sondern passende.

Die Phase der neuen Haut erlebt nun wieder, großzügig zu sein mit uns und mit den anderen. Wir müssen uns nicht mehr festlegen, weil wir uns in uns fest wissen. Diese drei Phasen füllen sich bei den verschiedenen Scheidenden mit unterschiedlichen Inhalten. Aber es gibt sehr viel Gemeinsames.

Äußere Lebensumstände: Für fast alle Scheidenden ist das Leben nach der Trennung erst einmal mit erheblichen äußeren Neuanpassungen verbunden. Meistens zieht einer der Partner aus. Viele Scheidende ziehen für eine Übergangszeit zu Freunden, leben über Monate hin praktisch aus dem Koffer. Auch wenn man eine Wohnung gefunden hat, stimmt erst einmal wenig. Es fehlt an Geld, die gewünschten Einrichtungsgegenstände zu kaufen, aber es fehlt häufig auch an konkreten Vorstellungen, was die Eckpunkte des neuen Lebens sein sollen. Männer haben mit Schwierigkeiten im Haushalt zu kämpfen, Frauen scheuen sich vor den Gängen zu Behörden und Ämtern, die der Mann bisher erledigt hat.

Es sind oft die kleinen Dinge, die einem unerbittlich zeigen: Du bist jetzt allein. Die Phase der dünnen Haut, der Verunsicherung, hat bei vielen Scheidenden ein großes Plus. Sie lernen — viele zum ersten Mal seit langer

Zeit — auch ihr Minus kennen, ihre Schwächen, die vorher auch da waren, aber vor dem Partner und vor sich selbst gesten- und wortreich überspielt wurden. Und — sie lernen mit ihnen zu leben. Sie lernen sich wieder im Spiegel anzuschauen und nicht wegzublicken, wenn auch das Gesicht, das da erscheint, noch nicht so attraktiv wie früher ist. Aus dieser Situation entsteht oft ein Trotz. Kleine Schritte werden plötzlich zu Meilensteinen im Leben. Der Mann nach dem absolvierten Kochkurs in der Volkshochschule, die Frau nach der ersten Urlaubsreise, die sie für sich und die Kinder ganz allein geplant und durchgeführt hat. Ein neues Lebensgefühl, ein neuer Stolz und Eintritt in die Phase der dicken Haut. Aus Schlampern werden plötzlich gewiefte Rechner. Scheidende in der Dicken-Haut-Phase durchschauen zum Beispiel den Terror der Konsumgesellschaft. Immer wieder Neues — wer braucht das eigentlich? An ihrer dicken Haut prallen die Werbesprüche ab wie Wasserperlen an einer Glasscheibe.

Innere Lebensumstände: Die Frischgetrennten tragen ein sehr gemischtes Paket von Gefühlen mit sich herum. Überschwang und Resignation liegen eng beieinander. Psychische Probleme, so haben Untersuchungen ergeben, treten bei geschiedenen Männern fünfmal und bei geschiedenen Frauen dreimal so häufig auf wie bei Verheirateten. Das ist allerdings eine »oberflächliche« quantitative Erhebung, die sich hauptsächlich darauf stützt, wie oft Geschiedene im Vergleich zu Verheirateten Rat und Hilfe in Anspruch nehmen. Andere Untersuchungen haben nämlich gezeigt, daß die Lebenskrise-Scheidung nur Auslöser für bereits vorher vorhandene Schwierigkeiten ist. Es scheint so zu sein, daß mit der Trennung vom Partner viele Stützen einreißen, darunter auch solche, die ein an sich schon morsches Gebäude nur mühselig getragen haben. Trennungen und Scheidungen sind daher häufig von plötzlich auftretenden Krankheiten begleitet. Es scheint, als ob der Körper wie auch die Seele etwas freigeben, was sie lange unter Verschluß gehalten haben, Angenehmes und auch Unangenehmes.

Die dünne Haut — sie ist die Gefahr, aber auch die Chance der Getrennten. Wir spüren wieder etwas, das ist ganz wichtig. Wir haben uns daran gewöhnt, uns hart zu machen, alles wegzustecken, ohne Regung. Aber sie sind alle in uns, die täglichen kleinen und großen Verletzungen. Scheidende werden sich nach und nach bewußt, wie tief verletzt und verletzbar sie sind. Und sie müssen sich noch verletzbarer machen, müssen wieder alles an sich heranlassen, und niemandem und nichts ausweichen. Damit daraus nicht eine unmenschliche Überforderung wird, brauchen sie Hilfe und Zeit. Die erste muß man sich besorgen, sie kommt nicht von allein auf einen zu. Viele Menschen verstehen überhaupt nicht, was in Scheidenden vor sich geht. Sie sind abgekehrt, angepaßt. Scheidende mit all ihren Merkwürdigkeiten geraten leicht in eine Außenseiterposition, und es ist gut, wenn sie eine Weile darin bleiben. Sie experimentieren, reißen etwas auf in ihrem Leben. Das bringt sie in einer Gesellschaft, die Perfektion als einen Gott verehrt, schnell an deren Rand. Doch genau dort liegt die Chance, sich einen neuen Blick auf sich selbst und die Gesellschaft zu erwerben und gestatten. Aber man muß sich dazu auch Zeit nehmen und geben. Wer sich jetzt unter allen möglichen zusätzlichen Druck und Erfüllungszwang setzt, wird möglicherweise erdrückt und zerbrochen. Die dicke Haut entsteht nur dann, wenn die kleinen Inseln der Selbstwahrnehmung und Selbstbehauptung zusammenwachsen. Auch das braucht Zeit, eine ständig sich verbessernde Wahrnehmung und auch Entschlußkraft. Scheidende machen die Erfahrung, daß sie auf dem Weg zur dicken Haut erst einmal unwillig werden.

Aus juristischer Sicht ist die Ehe das engste »personale Gemeinschaftsverhältnis«, das unsere Rechtsordnung kennt. Ihre Auflösung durch Scheidung führt nicht nur zu meist tiefgreifenden Umschichtungen der materiellen Lebensgrundlage der Beteiligten, sondern vor allem zu einschneidenden Veränderungen in den Personenbeziehungen und damit oft zu schwerem Leid. Von diesen äußeren und inneren Veränderungen sind in erster Linie die Kinder betroffen, die durch die Scheidung ihrer Eltern in aller Regel am schwersten betroffen sind. Sie haben den Verlust eines Elternteils seelisch zu verkraften; darüber hinaus sind für die Kinder mit der Scheidung der Eltern neben den meist ungünstigen wirtschaftlichen Folgen der Trennung oft auch noch Veränderungen ihres sozialen Umfeldes verbunden, sei es etwa, daß die Mutter, der bisher weitgehend die Betreuung der Kinder oblag, eine Arbeitstätigkeit aufnehmen muß, sei es, daß die Restfamilie umzieht und die Kinder die Schule wechseln müssen und ihre bisherigen Freunde verlieren. Aber selbst für die beiden, die sich trennen, ist eine Trennung ein persönlicher Schlag, wie schon ausgeführt wurde.

Es kann nicht oft genug betont werden, daß das gerichtliche Scheidungsverfahren zur Lösung dieser persönlichen Problematik nicht beitragen kann. Eltern und Kinder sind bei der Bewältigung der vielschichtigen Veränderungen weitgehend auf sich selbst gestellt. Der Richter ist lediglich in der Lage, die materiellen Lebensumstände der Beteiligten auf die Dauer des Scheidungsverfahrens und insbesondere für die Zeit nach der Scheidung zu regeln, indem er die elterliche Sorge für die Kinder zuweist, über Unterhaltsforderungen, das Vermögen und den Hausrat entscheidet, die Wohnung zuspricht und den Versorgungsausgleich vornimmt. Der Richter verfügt also lediglich über ein Instrumentarium zur Lösung materieller Konflikte, nicht aber über Mittel zur Bewältigung seelischer Probleme und Nöte der Beteiligten.

Mit den schweren seelischen Prozessen, die mit einer Trennung und Scheidung einhergehen, muß jeder alleine fertigwerden. Diese seelische Krise beginnt bei den Scheidenden schon mit der Entscheidungskrise. Ich habe gesagt: Krise als Scheidung, Entscheidung, Unterscheidung und Abschied. Unter diesen Stichworten wurde auch angedeutet, was es heißen kann, Krisen zu nutzen, ihnen also das Positive abzugewinnen. Weitverbreitet ist ein anderes, ein Katastrophenverständnis von Krise: statt Wende ist Ende. Deshalb sind so viele Krisen vertane Chancen im Makro- und Mikrobereich. Statt durch sie hindurch in Neues vorzustoßen, heizt man sie an im Rückgriff auf Mittel, die sich schon längst als untauglich erwiesen haben, zum Beispiel Kriege im großen und Kriege im kleinen. Bleiben wir beim Kleinen, es ist ohnehin das verkleinerte Bild des großen. Man begegnet immer wieder Paaren, die führen tage- und nächtelang Abrüstungsverhandlungen, rechnen auf und rechnen ab, zählen gewisse Sprengköpfe auf, verheimlichen andere, beschuldigen sich dann der Berechnungsfehler, drohen mit Scheidung, Mord und Selbstmord. Keiner gibt nach, weil keiner nachgeben will. Dabei haben insofern beide recht, als beide im Unrecht sind. Dies einzugestehen könnte ein Durchbruch in den Verhandlungen sein und Basis für ein konstruktives Weitergehen werden.

Vertane Krisen sind verpaßte Scheidungen innerhalb der Beziehung. Laut Statistik ist in unseren Breitengraden die Scheidung in den ersten vier Ehejahren am häufigsten, und zwar nicht erst neuerdings, sondern seit überhaupt genau gezählt wird. In diese Anfangsperiode fallen Paarfindungen und Paarbildungen. Zwei Menschen stehen vor der Aufgabe, einen Lebensstil, eine Beziehungskultur zu schaffen, sprachliche und nichtsprachliche Verständigungen zu formen, gemeinsam zu wirtschaften, innere und äußere Schwierigkeiten anzugehen und so weiter und so fort. Es ist eine verflixte, eine schwierige und angesichts der erwähnten Statistik für viele eine eheglücklose Zeit.

Unter diesem Blickwinkel kommt es häufig zu verfrühten Scheidungen. Es kommt zu der Situation, daß beide, wenn Krise richtig verstanden wird, vor der Entscheidung stehen, Paarkonflikte zu lösen oder davonzulaufen. Schließlich sind nur jene enttäuscht, die an Täuschungen festhalten.

Bevor sie den Rhythmus gefunden hat, verliert die Ehe schon den Atem. Sicher sind Verallgemeinerungen fehl am Platz, doch überstürzten, unbedachten Heiraten entspricht übereiltes Aussteigen aus der Ehe.

Ent-täuschung befreit von Illusionen, Enttäuschte kommen offenbar der Wirklichkeit ihrer selbst und der des Partners näher, was ein Gewinn ist. Einigung und Scheidung haben mit einem Grundgesetz des Lebens, mit dem Werden und Vergehen zu tun. Sich — wieder — einen ist Werden, scheiden ist Sterben, um — wieder — zu werden. Sterben und Werden kommen erst im Tod, aber gemeinsam zum Stillstand. Trennungsphasen liegt immer etwas Zerstörerisches zugrunde. Aber entgegen landläufiger Meinung ist das Zerstörerische nicht angeboren, es entwickelt sich im Laufe des Lebens. Was dem Zerstörerischen im Menschen zugrunde liegt, ist eine Spaltung der Seele.

Ein Kind im Alter von nur einem Monat leidet schon, wenn das Erfühlen seiner Mutter gespalten ist. Wenn aber Anpassung an die soziale Realität die Spaltung der Seele verlangt, und diese zum Grundsatz der Entwicklung macht, wird der Mensch böse. Er wird dann fortwährend versuchen, sich selbst zu besitzen (aus einer Paarbindung herauszunehmen), nämlich jenen inneren Teil, der ihm abhanden gekommen ist, und zwar in einer Suche im Außen (Fremdgehen, neue Partnersuche). Was dahintersteckt, ist Ausdruck einer früh entwickelten Begierde, das Innere durch einen äußeren Bezirk zu erobern. Jakob Wassermann beschreibt diesen Vorgang in seiner Schilderung des Mörders Niels Heinrich. Er zeigt uns in seinem Roman einen Mann, der in dem unversöhnlichen Haß gegen alles Lebendige und Gute zuletzt auch noch das innige und reine Mädchen Ruth ermordet. Darin drückt sich für ihn die Rache und Verachtung aus für die Heuchelei, der er seine Existenz verdankt; gleichzeitig aber auch der Haß auf ein Bedürfnis nach dem Teil seiner Seele, der ihm abhanden gekommen war, der liebende Teil, von dem er getrennt wurde. Seine Figur verkörpert den unverschönerten Sinn des Besitzergreifens, die Ver-äußerlichung dessen, was im Innern fehlt, um auf diese Weise dieser Lücke doch noch Herr zu werden. Was hier sich als drastisch und extrem zeigt, ist im kleinen ein Hauptmotiv für viele Trennungen. Durch diese Romanfigur spüren wir, wie ein gespaltener Mensch sich nur noch durch Wut am Leben spürt.

Das grauenhafte Paradox besteht darin, daß seine Destruktivität Quelle seiner Lebendigkeit ist. Das ist ein schlimmer Tatbestand, den man in vielen Ehen findet. Es gibt viele Menschen, die ohne Destruktivität nicht leben können. Diese Menschen ohne ein echtes Selbst geben durch ihr Anpassungsvermögen an das gebilligte gesellschaftliche Verhalten nur allzuoft den Anschein, Menschen mit akzeptablen Gefühlen zu sein. Da sie aber außer den Rachegefühlen gegenüber dem Lebendigen von allen anderen Gefühlen getrennt sind, scheinen sie ohne Angst, Unruhe und Spannungen zu sein. Das imponiert jenen, die ihre Ängste und Spannungen nicht ertragen können. Und so werden solche Menschen bewundert, insbesondere wenn sie voller Ehrgeiz sind. In vielen Ehen finden wir gerade dieses Beziehungsmodell. Und gerade hier ist die Ehekrise schon an den Anfang einer Beziehung gesetzt.

Was macht Paarfindung und Paarbildung noch so schwierig? Dichter haben mit dazu beigetragen, daß das »Hohelied der Liebe« einige Oktaven zu hoch gesungen wird. Angesichts hochgestellter Ideale kann vieles von dem in der alltäglichen Praxis nicht gelebt werden. Der alte Brauch, den Preis für die Brautschuhe in Pfennigbeträgen anzusammeln, ist eine wirksame Mahnung, daß das Leben und die Liebe aus den kleinen Dingen besteht. Es hilft nicht viel, einen Tausendmarkschein zu zücken, wenn man nur wenige Stationen mit der Straßenbahn fahren will. So ähnlich wirken großartige Liebeserklärungen, weil niemand etwas damit anfangen kann, und es viel wichtiger wäre, den momentanen Fahrpreis für eine

Kurzstrecke parat zu haben. Der Tausendmarkschein in der Liebe erregt viel eher den Verdacht, daß sich jemand eine Freifahrt ermogeln will, eben weil er nicht das passende Kleingeld hat, das notwendig wäre, um zunächst ans vorläufige Ziel zu kommen. Das Wagnis der Liebe liegt im Alltäglichen und darin, daß man nie zuvor weiß, wie lang die jeweilige Strecke sein wird und was notwendig ist, um an dieses Ziel zu gelangen. So wird Zusammenleben leicht zu einem Gewohnheitsritual, das möglichst keine Überraschungen mehr enthalten soll. Die bewegteste Klage in vielen Partnerschaften ist die Langeweile, weil alles immer wieder das gleiche ist. Aber selten kommt einer der beiden Partner auf die Idee, etwas Unerwartetes zu tun, aus der Furcht, den anderen könne es stören, sich plötzlich aus dem Trott der gemeinsamen Gewohnheiten gerissen zu sehen.

Partnerschaft und Lebensgemeinschaft durchlaufen die Gezeiten des Lebens. Daran ist nichts Neues, denn das Leben wird eine, wenn auch in den letzten Jahrzehnten verlängerte, so doch nicht umkehrbare Strecke zwischen Geburt und Tod bleiben. Man kann nicht behaupten, daß unsere Erziehungssysteme auf die Schwierigkeit zu leben in einer auch nur irgendwie der Wirklichkeit der zu erwartenden Erfahrungen entsprechenden Weise vorbereiten. Im Gegenteil, unsere Gesellschaft isoliert, entmutigt und behindert fast jedes junge Paar so viel wie möglich durch alle zur Verfügung stehenden bürokratischen, wirtschaftlichen und politischen Mittel. Die gleiche Gesellschaft erwartet, daß diese jungen Menschen die Altersversicherung für jene übernehmen werden, die diese Behinderungen erfanden, durchsetzten und nicht änderten. Nicht anders ergeht es der Gruppe der mitten im Leben stehenden Familienväter und -mütter, die durch ihren Daseinskampf und ihre Arbeitsbereitschaft den durch die höhere Durchschnittslebenserwartung bedingten Überhang der Altersgesellschaft tragen. Wir lassen diesen Teil unserer Mitbürger in der Ratlosigkeit vieler Ehe- und Erziehungsprobleme allein. Resignation, Lieblosigkeit, Depressionen und verdeckte Verzweiflung, nicht zuletzt sichtbar im zunehmenden Alkoholkonsum, wachsen an. Die Auswirkungen auf die Folgegeneration sind offensichtlich: Wunsch nach radikaler Veränderung, Gewalt entweder in Richtung von Revolution oder umgekehrt Revolutionsbekämpfung kennzeichnen ein höheres Aggressionspotential, das sich selbst nicht selten in die Familie als kleinster Zelle hineinverlagert.

Tobias Brocher sagte einmal: »Es ist ein Wagnis, in dieser erkalteten Welt zur Liebe zu ermutigen. Und doch ist sie das einzige Mittel, das uns helfen könnte, jene Mauern niederzureißen, die wir gegeneinander aufgebaut haben. Liebe ist nicht möglich ohne Glaube und Hoffnung, und wer könnte annehmen, daß wir diese drei aus eigener Kraft gefunden und entwickelt hätten? Können wir ohne sie leben?«

Hinter dem Schutzwall, den wir errichtet haben, um uns auf vielfache Weise zu sichern, hinter den Masken, die wir tragen, um andere zu täuschen und uns selbst unangreifbar zu machen, wird all das hörbar, was wir nicht sagen. Es wird lauter mit jedem Augenblick, in dem wir versäumen zu sein, was wir sind, mit all unseren Schwächen und Fehlern, Ängsten, Verwundbarkeiten, dem Selbsthaß und der Selbstliebe, nur um der Liebe zu entgehen, die wir fürchten und doch zutiefst ersehnen.

Wir haben ganze Rituale des gesellschaftlichen Verhaltens mühsam aufgebaut und in unsere Kinder hineingedrillt, um jede Bemühung der direkten Beziehung zu vermeiden. Wir verbergen uns höflich und wechseln konventionelle Freundlichkeiten, während wir Angst haben, der andere würde unsere Unsicherheiten, unsere Angstgefühle, unsere Schuldgefühle über so vieles Falsche, um das wir selbst wissen, erkennen und entlarven. Wir haben Formen ersonnen, die uns genügend voneinander trennen und die Ausübung von Macht garantieren, um den anderen von uns selbst fernzuhalten: Schalter, Schreibtische, Vorzimmer, Formulare, Instanzenwege — das alles muß seine Ordnung haben. Wessen Ordnung? Es gilt durchaus als unfein, ehrlich zu sein, denn wir mißbrauchen sogar den »Mantel christlicher Nächstenliebe«, um »die Fehler des anderen nicht ohne Not« aufzudecken — in der Hoffnung, daß er dann vielleicht das gleiche tut, damit unser aller Fehler für ewig verborgen bliebe und wir unser Dasein als Heuchler fristen können, ohne uns zu verändern und Neues lernen zu müssen.

Wer sich nicht offenbaren kann, ist nicht fähig zu lieben. Es ist ein einfacher Satz, aber angesichts der vielerlei Barrieren, die wir gegeneinander und gegen die Verwirklichung dieses Satzes aufgebaut haben, ist es schwer, seinen Inhalt zu leben und sich zu offenbaren, um leben und lieben zu können.

»Im Namen des Volkes« steht über den Scheidungsurteilen. Was aber hat das Volk mit den vielen Scheidungen zu tun? Was haben die schwarzgekleideten Männer und Frauen in ihren wehenden Talaren damit zu tun, daß ein Mann und eine Frau nicht mehr miteinander leben können? Warum muß soviel Unsagbares, soviel Trauer und Elend, soviel Liebe auch und soviel Haß erörtert, besprochen, aufgeschrieben, bezeugt werden? Das Volk hat sich um Eheschließungen, um finanzielle anfängliche Schwierigkeiten auch nicht gekümmert, auch nicht, daß diese zwei Menschen gar nicht miteinander auskommen konnten, weil keine Basis da war, und niemand ihnen half, mit sich und den anfänglichen Schwierigkeiten fertigzuwerden. Kein Mensch behelligt das Volk mit seinem persönlichen Kleinkram. Ist das nicht eine Sache von zwei Menschen füreinander, miteinander — wunderbar und furchtbar zugleich?

Aber das ist heute gar nicht mehr so schlimm, werden viele sagen. Im Namen des Volkes, das stand vor mehreren Jahrzehnten auf dem Scheidungsurteil. Machen wir uns trotzdem einmal Gedanken darüber, wieweit wir es den Gerichten überlassen, über unser Schicksal zu urteilen, zu vergleichen, zu bewerten und zu entscheiden.

Der verlorene Zugang
zum Innenleben

Gefühle, die man sich verbietet, rächen sich. Vor allem auch die Gefühle, für die man sich im nachhinein schämt. Mit dem Verlust an die Erinnerung von Gefühlen geht der Verlust des inneren Gedächtnisses einher. Mit ihm verlieren wir den Zugang zum eigenen Innenleben, unsere Selbstwahrnehmung ist getrübt. Mit der Verdrängung von Gefühlen werden wir unfähig, uns von ihnen zu lösen. Denkhemmungen, die sich auch auf andere Bereiche ausdehnen, sind nicht ausgeschlossen. Das Verhängnisvolle dabei ist, daß Ideale und Bindungen, die längst nicht mehr aktuell sind, untergründig bestehen bleiben. Eine Auseinandersetzung mit ihnen findet nicht statt, das Tor zur Welt bleibt verschlossen, die Offenheit für neue Erfahrungen schränkt sich ein. In jeder länger andauernden Partnerschaft stellt sich irgendwann das Gefühl des Einsseins ein. Gerade die Trennung einer solchen Partnerschaft kann besonders unerträglich sein und überwältigende Ängste auslösen.

Über Trauer und Trennung und die damit verbundene Angst gibt es eine ausgedehnte Literatur. Mit dem Begriff der Trauerarbeit ist nicht nur die seelische Bewältigung des endgültigen Verlustes eines Menschen gemeint, trauern kann man auch über den Verlust der Kindheit und der Jugend, um den Verlust von Idealen und Traditionen, um verlorene Beziehungen und verlorenes Glück. Trennung und Trauer sind eng miteinander verbunden, sie sind ein seelischer Prozeß. Trennung löst Angst und oft das Gefühl abgründiger Verzweiflung, ja Panik aus.

Bei sehr vielen Trennungen treten Angstzustände auf, die bis an die Grenzen des menschlich Erträglichen gehen können. Dabei spielt es keine wesentliche Rolle, ob es sich um Trennung durch Tod oder um andere nicht mehr aufzuhaltende Trennungen geht. Gegen den Verlust eines lebenswichtigen Menschen wird sich etwas in jedem von uns panisch zur Wehr setzen; denn Trennung wird als »innerer Tod« erlebt. Es kommt die Angst auf, ohne den geliebten Menschen einfach nicht mehr atmen zu können. Wenn sich dazu noch das Gefühl einstellt, man sei selber irgendwie schuld an dem unerträglichen Zustand, man habe versagt, irgendwie könne man die Trennung durch Änderung des eigenen Verhaltens rückgängig machen, setzt eine verzweifelte innere, manchmal auch äußere hektische Aktivität ein. Die Hoffnung auf eine Wiedervereinigung kann nicht aufgegeben werden, so sehr sie hin und wieder jeder vernünftigen Argumentation entgegensteht, da die damit verbundene Angst und Verzweiflung unerträglich scheinen. Es dauert oft Jahre, bis solche Zustände ein einigermaßen erträgliches Niveau erreichen.

Diese Art der Trennungsängste und der Verzweiflung, weil einem der unentbehrlich geliebte Mensch genommen ist, sei es durch einen Todesfall, sei es durch Abwendung, unterscheidet sich von der Melancholie mit ihren selbstzerfleischenden Selbstanklagen. Hier handelt es sich hauptsächlich um ein nicht Aufgebenkönnen einer Beziehung, die längst nicht mehr existiert, die nur noch als »innerer Leichnam« besteht. Es hat nie den inneren Abschied gegeben, der notwendig ist, um sich endgültig von einem Menschen zu lösen. Nur wenn es zu einem Abschied von einer Beziehung, von einem Lebensabschnitt, von Hoffnungen auf Verwirklichung unerreichbarer Sehnsüchte, zumindest teilweise kommt, findet eine Verinnerlichung von Beziehungen, Gefühlen und Wahrnehmungen statt, die zur Offenheit für neue Erfahrungen führt und den Beziehungen zu anderen Menschen bisher unbekannte Dimensionen hinzuzufügen vermag.

»Mein ganzes Leben lang mußte ich, wann immer ich mich verliebte, alles unter Kontrolle haben«, sagte Günter K. eines Tages. »Ich mußte die Frau beinahe einschließen, um ihrer sicher zu sein, und hatte dabei doch das Gefühl, zu lieben.«

Wir saßen in meinem Garten und tranken Wein. »Deine Liebesfähigkeit ist früh verloren gegangen«, sagte ich zu ihm.

»Wieso, ich konnte doch lieben, habe mich immer wieder verliebt und wahnsinnig unter den Trennungen gelitten, wenn es zu Ende ging.«

»Denk doch mal nach«, sagte ich zu ihm. »Deine Mutter hat dich stets weggeschoben, mit acht hast du schon das Elternhaus verlassen müssen, jedes Jahr bist du zu anderen Leuten gekommen, immer wieder mußtest du Abschied nehmen.«

Ganz langsam drehte er am Stiel seines Weinglases und sein Blick heftete sich auf den roten Wein in seinem Glas. »Du hast recht«, sagte er leise. »Neulich habe ich alte Kinderfotos von mir betrachtet. Mir fielen meine traurigen Augen von damals auf. Es gibt kaum ein Kinderfoto, auf dem ich nicht traurig aussehe. Weißt du was«, jetzt sah er mich an, »ich glaube Trauern und Abschied nehmen, das muß man lernen, sonst wird man mit dieser Kiste nicht fertig. Begreif das doch einmal, jedes Jahr eine Trennung, ein Weggehen, nicht wissen, wo du jetzt hinkommst. Das wurde schließlich zu einem Zwang in meinem Leben. Wenn ich mir die vielen Trennungen von Eva Maria anschaue, dann ist das etwas, was ich einfach weitergelebt habe, es war schon zu einem Ritual für mich geworden. Irgendwie konnte ich nicht mehr ohne diese Trennungen leben. Ich habe das Gefühl, ich mußte solche Lebenssituationen produzieren, um diesen verdammten Schmerz, die Traurigkeit, die Verzweiflung wiederzuerleben. Als ich das erkannte, da habe ich mich nicht etwa gefreut. Das war ein Schlag ins Gesicht, als ich erkannte, daß ich selbst es war, der ab einem bestimmten Zeitpunkt in seinem Leben immer wieder Trennungssituationen heraufbeschwor.«

Ich nickte. »Ja, so ist es, du mußtest lernen, Abschied zu nehmen, du mußtest begreifen, daß deine Melancholie, deine Depressionen daher rührten, daß du nie gelernt hattest, Abschied zu nehmen. In deiner Jugend warst du durch den Krieg und andere äußere Umstände gezwungen, immer wieder Trennungen zu leben. Aber es wurde schließlich zu einem Verhaltensmuster, einem Ritual, das du immer wieder erleben mußtest, es war dein Lebensrhythmus.«

»Ich erinnere mich an einen Tag, da war es ganz schlimm für mich«, sagte er nachdenklich. »Ich war so etwa elf Jahre alt, lebte in einem KLV-Lager in Österreich, meine Mutter und Geschwister waren irgendwo in Bayern zu der Zeit. Ich sollte zu ihnen kommen und freute mich schon riesig darauf. Die Koffer waren schon gepackt, als das Telegramm mit der Absage kam.«

»Wie war das für dich?«

»Sehr schlimm. Es war, als hätte mich eine Faust im Bauch getroffen. Es war, als würde alles in mir erstarren. Ich weinte damals die ganze Nacht, war erst traurig, dann maßlos wütend. Ich haßte an jenen Tagen meine Mutter, aber weil ›ein deutscher Junge nicht weint‹, durfte ich das tagsüber nicht zeigen, vergrub es ganz tief in mir.«

Trauerarbeit zu leisten heißt auch, vergebliche Hoffnungen aufgeben zu können. Aber damals, als Günter K. 11 Jahre alt war, gab es keinen, der ihm dabei half. Er mußte es in sich begraben, so lebte er ständig zwischen seinen Haßgefühlen, seiner Wut, seiner Traurigkeit und der Hoffnung, doch noch wieder mit der Familie vereint zu werden. Mit diesen Gefühlen fertigzuwerden, ist leichter gesagt als getan.

Aber ohne eine solche schmerzliche innerseelische Trauerarbeit werden wir zu Gefangenen unserer Phantasien und Wünsche. So wie wir realisieren müssen, daß Tote nicht mehr unter uns weilen, ist es für unsere seelische Gesundung notwendig, zu erkennen, wann unsere Begehren bei dem noch lebenden Begehrten keine entsprechenden Gefühle mehr auslösen.

Die vielen Trennungen im Leben des Günter K. haben später seine Ehe sehr belastet. Er klagte sich selber der Unfähigkeit, des Neides, der Eifersucht, der Mißgunst und vieler anderer Charaktereigenschaften an. Er wütete um sich und legte selbstzerstörerisches Verhalten an den Tag. Er hatte all die vielen Gefühle seiner Trennungen in seinem Körper »zu Grabe getragen«. Er vermochte seinen Körper nicht mehr so zu akzeptieren wie früher, die sexuelle Beziehung zu seiner Frau änderte sich, die Sicherheit, Konkurrenz mit anderen Männern siegreich bestehen zu können, war untergraben, kurz: alles, worauf sein

Selbstwertgefühl sich begründet hatte, schien ins Schwanken geraten zu sein. Er war zeitweilig unfähig, die vielen Möglichkeiten, die ihm geblieben waren, wahrzunehmen und zu nutzen. Untergründige Aggressionen machten ihm Schuldgefühle. Es änderte sich erst, als er bei einer meiner Kolleginnen alle diese alten Gefühle während einer länger andauernden Psychotherapie ausgraben konnte.

Unser Leben ist eine seiner Länge nach unbestimmte Einbahnstraße. Die Richtung ist nicht umkehrbar. Minuten, Stunden, Tage, Monate, Jahre und Jahrzehnte messen die Dauer der Zeiten. Besser wäre es vielleicht, von den Gezeiten des Lebens zu sprechen im Wechsel zwischen Ebbe und Flut, Hoch und Tief der Gefühle. Denn es sind Gefühle, die uns an den Wendepunkten vieler voraussehbarer wie unvorhersehbarer Ereignisse die Abgrenzung vom Vergangenen spüren lassen.

Dabei ist es von Anbeginn an eine unendliche Folge von Trennungen, und jede Trennung von etwas bedeutet einen Schritt in neue Ungewißheit. In diesem Wagnis der Ungewißheit unterscheiden sich die einzelnen, wenn sie Trennungen um Entwicklung willen vollziehen, oder sie vermeiden, um so lange zu verharren, bis das Leben erstarrt ist oder Trennungen aufgezwungen werden, ohne daß sie noch ausweichen können.

Wovon wir immer uns trennen, Menschen, Dingen, Orten, Wohnungen oder Arbeitsstätten, es bleibt die Erinnerung an Gewesenes und Erlebtes. Darauf baut innere Erfahrung: Hoffnungen, Ängste, Vermeidungen oder der aktive Schritt in eine neue Lebenssituation. In einer Familie, wie Günter K. sie erlebte, nehmen die Geschwister den Kampf um das auf, was die Familie als ihre Werte erklärt, doch sie gewinnen nie. Wie könnten sie auch? Jemand hat heimlich schon gewonnen, ehe der Kampf begann. Der Wettbewerb geht immer weiter. Man glaubt, der nächste Preis werde das Nagen im Innern stillen, doch da der ersehnte Preis die Liebe eines oder beider Elternteile ist, der oder die einen Geschwisterteil vorziehen, gewinnt man den Kampf nie. Günter K. hatte diesen Kampf um einen Platz in der Familie endgültig verloren, als er von der Scheidung der Eltern hörte.

»Ich befand mich in einem KLV-Lager an einem Ostseebad«, erzählte er. »Es war Sommer und ich traf mich mit meiner Mutter am Strand. Sie hatte ihren Besuch angemeldet und wir hockten in einem Strandkorb, als sie mir erzählte, daß ihre Ehe geschieden sei. Damals wurde mir klar, daß ich ›meine‹ Familie für immer verloren hatte.«

»Wie alt warst du damals?« fragte ich ihn.

»Ich war zwölf und das machte die Sache so schlimm. Ich hatte meinen Eltern innerlich nie erlaubt, sich scheiden zu lassen, etwas zu tun, was nicht unter meiner Kontrolle stand, etwas, was ich nicht verhindern konnte. Ich erlaubte ihnen einfach diese Trennung nicht, so wie ich innerlich dann später meinen Freundinnen nicht erlaubte, sich von mir zu trennen.«

»Wie hast du das zu verhindern versucht?«

»Das war das Einfachste der Welt für mich, indem ich vorher schon Schluß machte. Dadurch hielt ich den inneren Schmerz gering. Aber damals, als ich von der Scheidung meiner Eltern erfuhr, erfuhr ich etwas, was irgendwie noch schlimmer war.«

»Was war das?«

»Unser Elternhaus war ausgebombt worden. Ich hatte also die Familie verloren, ich hatte die Heimat verloren und das alles während meiner Pubertät. Damals empfand ich keinen Schmerz, die Gefühle kamen überhaupt nicht mehr an mich heran.

Viele Jahre später, als ich einen Wohnungswechsel vornahm, ich war schon mit Eva Maria verheiratet — da kam das alles wieder hoch. Mir war gar nicht bewußt gewesen, daß diese Wohnung von der Lage her und von ihrem Schnitt der Wohnung ähnlich war, die ich durch eine Bombe verloren hatte.«

»Du sagst: die ich verloren habe. Deine Eltern und Geschwister haben sie doch auch verloren?«

»Schon, aber da ich getrennt von ihnen lebte, konnte ich ihren Verlust ja nicht nachempfinden. Für mich war das so, daß ich eine Wohnung verloren hatte. Auch als Eva Maria und ich aus der Wohnung auszogen, da hatte ich starke Verlustgefühle, sie nicht. Damals kam mir die ganze Kiste meiner Kindheit wieder hoch, und die Gefühle, die ich in der Kindheit nicht zulassen konnte, überfielen mich stark, ich hätte nie geglaubt, daß das so viel in meinem Leben bedeutet hatte.«

Ich sagte zu ihm: »Jede Trennung beinhaltet eine Ambivalenz der Emotionen. Angst und Gefühle der Unsicherheit von einer unbekannten Zukunft, vor den neuen, fremden Lebensbedingungen und gleichzeitig den Mut, unbefriedigende, für das eigene Ich als bedrohlich und Leid zufügend empfundene Lebensformen ändern zu wollen.«

Er verschränkte die Hände hinter seinem Kopf, ließ sich gewissermaßen in sie hineinfallen, bevor er antwortete: »Wenn ich über meine Trennungserfahrungen nachdenke, stelle ich fest, daß ich diesen Gegensatz der Gefühle bei keiner anderen Trennung so intensiv empfunden habe während meiner Therapie, als an dem Punkt, wo mir der Heimatverlust bewußt wurde.«

Trennung von der Heimat umschließt das Abschiednehmen vom Gewohnten, in allen Lebensbereichen. Die Trennung von der Heimat ist die Kumulation der Trennungen von allen Bindungen und Beziehungen, die dem Menschen den Lebensinhalt und -sinn vermitteln: Familie, Freundeskreis, Zugehörigkeit zu einem Kreis, Teilhabe an einer gemeinsamen Kultur. Es bleibt kein gewohnter Lebensbereich bestehen, an dem man festhalten kann. Ich glaube, keine andere Trennung kommt dem Spruch »Jede Trennung ist Tod« so nah.

Die Trennung von der Heimat ist immer ein Stück Persönlichkeitsverlust: Das ganze Gerüst der Werte und Normen, durch das man sein Selbstwertgefühl erhält und an dem man sich bei der zwischenmenschlichen Beziehung orientiert, kurz, der ganze Bezugsrahmen und die Maßstäbe im Verständnis der sozialen Umwelt und deren Reaktionen auf das eigene Ich werden zerstört. Die Phase der Entdeckung der fremden Maßstäbe und Normen sind schmerzhaft. Es gibt Grundzüge des Erlebens, die allen gemeinsam sind, wenn auch das Erleben als solches in vieler Hinsicht einzigartig ist. Wenn das erst einmal verstanden worden ist, dann kann der Prozeß anlaufen, um mit Trauer und Trennungsschmerz ins reine zu kommen und damit die Neuformung des Innenlebens und der äußeren Umstände zu einem befriedigenden Ganzen. Und das kann jedem gelingen, der den Wunsch nach dieser Änderung hat.

Um uns über unsere wirklichen Gefühle klarzuwerden, müssen wir als Angehörige dieser Gesellschaft gegen den Einfluß lebenslanger Gehirnwäsche ankämpfen. Wir können wieder lernen, Gefühle zuzulassen, die, wie wir nicht selten meinen, unser Image unterminieren könnten, das gilt vor allem für Männer, Mädchen können zu ihrer Mami laufen, wenn sie sich das Knie aufgeschlagen haben, und sich Trost holen. Knaben aber lernen sehr schnell, daß sie ihre Tränen besser runterschlucken, wenn sie sich nicht als Heulsuse beschimpfen lassen wollen. Wenn solche Konditionierungen jahrelang einwirken, dann werden aus verborgenen Gefühlen geleugnete.

Günter K. sagte: »Als ich damit aufhörte, meine Gefühle zu leugnen, da fing ich allmählich an zu begreifen, wie sie meine Bemühungen vereitelten, meiner Frau wirklich nah zu kommen. Es wurde mir bewußt, daß ich an meine Frau widersprüchliche Signale aussandte. Etwa so: Liebe mich — aber komme mir nicht zu nahe. Und als ich das erkannt hatte, gelang es mir ohne besondere Mühe, meiner Frau wesentlich näher zu kommen. Dieser Entwicklungsprozeß war äußerst schmerzhaft. Ich machte mir bittere Vorwürfe über mein Verhalten in der Ehe. Hätte ich das alles früher gewußt, wie vieles wäre anders verlaufen!

Und nachdem ich das verstandesmäßig verarbeitet hatte, war es sehr schwer, die eingefahrenen Verhaltensweisen zu ändern. In der neuen Art, wie ich nun mit meiner Frau umging, konnte ich nun zwar einsehen, daß meine Gefühle von Schmerz und Zurückweisung Erinnerungen entsprangen, was meine Jugendliebe als frühe enge Verbindung mir gebracht hatte, aber dennoch blieb die Kraft, die mich an die Vergangenheit band, immer noch stark. Erst als ich gelernt hatte, mich von früheren Verbindungen innerlich zu verabschieden, ging es wirklich besser.«

Auf die Dauer gesehen ist es immer gesünder, Gefühle ehrlich auszudrücken, als quälerische Techniken anzuwenden. Zu dieser Quälerei gehören Gedanken wie: »Der Partner hat mich entsetzlich leiden lassen, jetzt werde ich dafür sorgen, daß er das weiß. Er wird zurückkommen und dann werde ich es ihn spüren lassen, was für ein Ungeheuer er gewesen ist.« Dieses Quälen entspringt verdrängter Wut und ständigen Schuldgefühlen. Nicht wenige Frauen leben während der ersten Trennungsmonate nur für den Tag in der Woche, wo er die Kinder abholen kommt und sie — gefaßt in ihrem Kummer — sehen kann. Nicht nur Frauen reiten auf dieser Masche. Männer sind genauso geschickt darin, ihre Frauen hintenrum spüren zu lassen, wie sehr sie leiden. »Schau nur her, was du mir angetan hast«, möchten sie gerne sagen, aber nicht in so vielen Worten. »Es ist allein deine Schuld, daß ich meine Stellung verloren habe, oder daß ich mich erkältet habe oder daß ich in einem möblierten Zimmer leben muß.«

Schuldgefühle, das unsichtbare Band so vieler Ehen, können auch dann noch eine unsichtbare Kraft ausüben, wenn die Ehe gelöst ist. Selbst dann, wenn Schuldgefühle kein so wichtiges Band in einer Ehe waren, mit einer Trennung oder Scheidung wachsen sie an. Schuld braucht nicht erst durch Quälerei erzeugt werden, sie dringt sowieso in das Leben Geschiedener ein. Dafür sorgt schon die Gesellschaft. Der Ehemann, der eine unglückliche Ehe löst, wird dazu gebracht, sich als verantwortlich, als Schürzenjäger zu fühlen, und als Zerstörer des Heimes.

Frauen sind besonders anfällig für Schuld- und Versagensgefühle, die den unrealistisch hohen Anforderungen entspringen, die ihnen die Gesellschaft in ihren Rollen als Ehefrauen und Müttern auferlegt hat: Frauen sollen die Hüterinnen des Herdes sein, sollen die sein, die das zerbrechliche, männliche Ich pflegen, es bessern und besänftigen. Auch dann, wenn ein Mann seine Frau wegen einer Geliebten verläßt, läßt man sich fühlen, daß der Bruch doch irgendwie ihr Fehler ist — irgend etwas, das sie getan hat, oder besser das sie nicht getan hat. Wenn sie im Bett besser gewesen wäre, das Haus besser in Schuß gehabt hätte, weniger auf ihre Rechte gepocht hätte, oder auch mehr, dann wäre die Ehe nie auseinandergegangen.

In den ersten Wochen einer Trennung wird man kaum die Irrationalität solcher Einstellungen erkennen können, aber wir sollten uns darüber klar sein, daß es sie gibt, und wir sollten verstehen, welche Kraft sie haben, uns in die alte Beziehung zurückzuzerren. Weil uns unser neues Leben leer erscheint, haschen wir fast nach jeder Rechtfertigung, egal wie selbstzerstörerisch sie sein mag, um wieder zusammenzukommen. Manchmal allerdings auch mit Erfolg. Dann jedenfalls, wenn wir unsere Lektionen gelernt haben, wenn beide die echte Bereitschaft aufbringen, die Dinge, die die eheliche Harmonie gestört haben, zu ändern. Aber wir dürfen darüber nicht aus den Augen verlieren, daß dies kein Prozeß von wenigen Wochen ist und daß alte Kampfsituationen solange wieder auftauchen können, bis alles, was die Gemeinschaft störte, aufgearbeitet ist.

Um eine Scheidung zu einem kreativen Prozeß zu machen, muß man erst einmal verstehen, was sie ist — und was nicht. Scheidung ist keine Verurteilung, die von einer ergrimmten Gesellschaft ausgesprochen wird, auch wenn die Schuldgefühle, die eine Scheidung hervorruft, oft diesen Anschein erwecken. Sie ist auch nicht nur die Beendigung einer rechtlichen und wirtschaftlichen Gemeinschaft, es sei denn, die Heirat selbst war nicht mehr als ein günstiges Geschäft oder eine rein gesellschaftliche Verbindung. Und sie ist beileibe keine Art von Solostück im wirklichen Leben, ein Kampf zwischen hochintelligenten Leuten, bei denen der Partner, der einen kühlen Kopf behält, seinen Gegenspieler besiegt.

Die Scheidung ist eine seelische Krise, die durch einen plötzlich unerwartet eingetretenen Verlust heraufbeschworen wird. Das Sterben einer Beziehung ist die erste Stufe in einem Prozeß, in dem der Tod festgestellt, die Beziehung dann beweint und zu Grabe getragen wird, um der Selbsterneuerung dann den Weg zu bahnen. Mit dem Verstand mag der Mensch, der erst seit kurzem getrennt lebt, leugnen, in einer Krise zu stecken, aber sie ist da und ersichtlich aus allem, was er tut. Plötzlich scheinen die normalen Wege, mit den Dingen fertig zu werden, nicht mehr zu funktionieren. Über Nacht ist die Welt zu einem angsteinflößenden Fragezeichen geworden und das tägliche Leben außer Kontrolle geraten: Man kann sich plötzlich selbst zu den einfachsten Entscheidungen nicht mehr durchringen, und sogar das Anziehen am Morgen ist schwierig und oft nicht der Mühe wert. Der Mensch kann diesen Zustand des »geh unter oder schwimm« nicht sehr lange ertragen. Nach dem anfänglichen Schockzustand beginnt jeder von uns mit dem schmerzlichen Prozeß, das Gleichgewicht des Lebens wiederherzustellen. In angestrengten Bemühungen, die inneren, von der Krise hervorgerufenen Spannungen zu mindern, entwickeln wir neue Methoden, mit ihr fertig zu werden. In diesem Prozeß stoßen wir unweigerlich auf Reserven und Fähigkeiten, deren Vorhandensein uns unbekannt war, auch wenn wir in der ersten Phase der Trennung vielleicht zu sehr vom Schmerz überwältigt sind, um sie zu erkennen.

»Nach meiner ersten Scheidung habe ich gedacht, ich würde allmählich verrückt«, hatte Günter K. gesagt. »Es war da eine unsichtbare Schranke zwischen mir und dem Rest der Welt und die konnte ich nicht durchbrechen. Sogar die Gesichter alter Freunde kamen mir irgendwie anders vor. Ich fühlte mich von allem abgeschnitten.«

Diese und ähnliche Reaktionen, die bei gerade erst Geschiedenen oder getrennt lebenden Personen auftreten, sind Symptome dessen, was ich als den Trennungsschock bezeichne, den eine Scheidung oder Trennung hervorrufen kann. Je länger eine Ehe gedauert hat, und je enger sie gewesen war, um so schwerer sind diese Symptome und um so tiefer greifen sie in unser Leben ein. Wenn wir einen großen Teil unserer Zeit und unserer Kräfte in eine Beziehung investiert haben, kann ihr Ende Wellen von Niedergeschlagenheit, Feindseligkeit, Selbstmitleid, Schuld, Reue, Angst und Furcht auslösen, die zu widersprüchlich sind, um begriffen, und zu mächtig, um sofort bekämpft zu werden. Diese Gefühle können alles vergiften: Das Essen schmeckt wie Sand, die normale Hausarbeit übersteigt unsere Kräfte; überall tun sich neue Probleme auf, und wir fragen uns, warum wir am Morgen überhaupt aufstehen sollen.

In welchem Ausmaß eine Trennung oder Scheidung solche Gefühle hervorrufen kann, steht im direkten Verhältnis dazu, welche Rolle die Ehe bei der Persönlichkeitsformung gespielt hat. Für die meisten von uns war die Ehe unser wichtigster Orientierungspunkt: sie sagte uns, wer wir waren, was wir zu tun hatten, wie wir uns anderen gegenüber benehmen und wie wir fühlen sollten. Sie gab unserem Leben Sinn und bestimmte die Regeln, nach denen wir lebten, auch wenn wir das vielleicht so klar nicht gesehen haben, solange wir noch verheiratet waren. Für viele von uns ist sie die einzige Lebensform, an die wir uns wirklich erinnern können. Sogar Männer, die sich immer für relativ unabhängig gefühlt haben, sind durch die innere Leere wie betäubt, die sich in ihnen auftut, sobald sie anfangen, allein zu leben. Dazu sagt Günter K.: »Ich habe mich immer für ziemlich unabhängig angesehen. Im Beruf habe ich mit vielen Leuten zu tun, und die wissen, wer ich bin. Aber jedesmal wenn Eva Maria und ich uns getrennt hatten, wußte ich überhaupt nicht mehr, was los war. Immer in solchen Situationen ist mir besonders klargeworden, wie sehr ich unseren Sohn Dominik liebe, wie ich an dem Haus hing, in dem wir lebten, ich vermißte sogar die Auseinandersetzungen mit meiner Frau. Jedesmal kam ich mir vor, als sei ich irgendwie in Stücke gegangen.«

Abgesehen vom Tod eines geliebten Menschen empfinden die meisten von uns eine Scheidung als das erschütterndste Erlebnis im Leben. Wenn wir uns überlegen, daß wir von unserem Gefährten als »mein Leben« — »meine rechte Hand« — »meine bessere Hälfte« sprechen, dann sollte es uns nicht überraschen, daß die Trennung von diesem Partner Reaktionen hervorruft, die in vieler Hinsicht denen gleichen, die ein wirklicher Tod auslösen kann. Scheidung ist tatsächlich ein Tod — der Tod einer Beziehung. Und genau wie der Tod von jemandem, der uns nahesteht, eine Trauerzeit mit sich bringt, während der wir mit dem Verlust fertig werden, so folgt auch am Ende einer Ehe eine ähnliche Phase des Trauerns. Wenn wir soweit kommen, die konfliktreichen Gefühle zu erkennen, zu akzeptieren und auszuleben, die zu diesem Trennungsprozeß gehören, kann dies einen wesentlichen

Schritt in die Entwicklung zu einer unabhängigen Persönlichkeit bedeuten. Wenn wir aber nicht begreifen, was dieser Prozeß bedeutet, bleiben wir wahrscheinlich in der Vergangenheit wie im Schlamm stecken, wälzen uns in Selbstmitleid, verfluchen einander oder idealisieren unsere verlorene Ehe und laufen Gefahr, dauerhafte Narben zurückzubehalten.

Wir haben uns bisher wenig darum gekümmert, wie Menschen trauern. Statt dessen haben wir diesen ganzen Erlebnisbereich in denselben schummrigen Winkel geschoben, in den wir bis jetzt auch die ganzen Fragen über Tod und Sterben verbannt hatten. Widerwillig nehmen wir die Tatsache des Todes hin und tun alles, um die Abläufe und ihre Auswirkungen auf die Überlebenden zu leugnen. Und genauso machen wir es mit der Scheidung.

Ein solches Verleugnen ist gefährlich. Die Trauer ist in jedem Fall da, aber wenn sie geleugnet oder unterdrückt wird, werden ihre heilenden Kräfte nicht genutzt. Um das physische und psychische Gleichgewicht wiederherzustellen, müssen wir alle Gefühle anerkennen, die durch einen Verlust hervorgerufen werden. Das sind nicht immer angenehme Empfindungen. Selbst in der liebevollen Beziehung wird der Verlust im Überlebenden starke Feindseligkeit gegenüber dem hervorrufen, der ihn verlassen hat. Rational ergibt das vielleicht keinen Sinn, aber emotional fühlen wir uns verlassen. Wir fühlen uns schuldig, weil wir bei wirklichen oder eingebildeten Gelegenheiten etwas getan oder nicht getan haben und wissen, daß das nun nie wieder in Ordnung gebracht werden kann. Diese Gefühle entstehen auch nach höchst harmonischen Verbindungen. In einer ambivalenten Gemeinschaft, die durch starke Komponenten von Liebe und Haß, Anziehung und Angst, Abhängigkeit und Ressentiment gekennzeichnet ist, können sich die negativen Gefühle als zu erschreckend erweisen, um von uns erkannt oder akzeptiert zu werden. Und diese Gefühle fallen zusammen mit dem Verlust der gewohnten Rolle und Lebensweise als Ehemann oder Ehefrau. Er oder sie zieht sich dann in Phantasien zurück, in denen der abwesende Partner immer noch da und das Leben das ist, was es vorher war.

Der Prozeß des Trauerns eröffnet uns einen Weg, alle diese widersprüchlichen Gefühle zu erwägen, sie zu äußern, um zu einer unabhängigen Persönlichkeit zu wachsen. Seine Wirkung ist es, unsere seelischen Wunden zu heilen, so daß wir uns aus der Gefangenschaft der Vergangenheit befreien und beginnen können, konstruktiv in der Gegenwart zu leben.

Jeder Mensch, der eine Scheidung oder Trennung durchmacht, erlebt eine einzigartige Vermischung dieser konflikthaften Gefühle. Sie gehören ganz normal zur Trauer, die dem Tod einer Beziehung folgt. Wir alle versuchen zuerst einmal, die Tatsache zu leugnen, daß die Ehe endgültig zu Ende ist. Wir fühlen einander widersprechende Aufwallungen von Angst, Wut und Heimweh nach dem früheren Partner und unserer früheren Ehe. Wir alle spüren, daß unser jetziges Leben viel von seinem Glanz verloren hat.

»Ich habe das Gefühl, ich wäre mit meinen vielen Trennungen leichter fertig geworden«, erzählt Günter K., »wenn nicht zur selben Zeit auch noch ein ganzer Haufen anderer Dinge schiefgelaufen wäre. Jedesmal wenn Eva Maria nicht da war, hat sich mein gesamtes Leben verschlechtert. Ich fing richtig an zu spinnen, rannte zu Astrologen, zu Wahrsagern, als wollte ich mir die Bestätigung holen, daß meine Frau und ich wieder zusammenkämen. Ich wollte es nicht wahrhaben, daß all das Schöne — das Schlechte sah ich in diesen Augenblicken nicht — zu Ende sein sollte. In der ersten Zeit machte ich Eva Maria für alles verantwortlich. Hätte sie sich um ihre häuslichen Pflichten so viel gekümmert wie um ihre Freundin, wäre es nie soweit gekommen, dachte ich damals. Ich hatte das Gefühl, ich müßte für alles herhalten, mußte der Sündenbock für alles sein. Erst nach und nach begann ich zu kapieren, daß es wenig Sinn hatte, mir auszurechnen, was meine Frau gut oder schlecht tat, wo sie böse oder gut war. Durch meine Psychotherapeutin erkannte ich so allmählich, daß es einzig und allein darauf ankam, zu erkennen, wo das alles mir wehtat, da nämlich hatte ich meine wunden Punkte, und die mußte ich mir anschauen und auch, was ich in unserer Ehe alles falsch gemacht hatte.«

Die Abtrennung unseres Lebens von jemandem, der körperlich und seelisch für uns da war, bringt unweigerlich starke Wutgefühle gegen die Person hervor, die gegangen ist. Auch der Mann und die Frau, die aus eigenem freien Willen aus einer Ehe scheiden, haben solche Gefühle. Wie irrational sie sind, zeigt sich daran, daß auch Menschen davon befallen werden, die einen nahen Verwandten oder einen Freund durch Tod verlieren. In das Leid und das Verlangen, daß der Tote zurückkommen möge, spielt starke Wut hinein, daß man von ihm verlassen worden ist.

»Wie kann er es wagen, mir wegzusterben«, ist die Reaktion des Überlebenden, »wie kann er es wagen, mich diesem Leben auszusetzen.« Weil diese Gefühle so feindselig und so stark sind und weil wir sie nicht logisch begründen können, verleugnen wir sie nicht selten. Wir können einfach nicht so fühlen, das ergibt doch gar keinen Sinn. Wenn der Tod solche feindseligen Gefühle auslöst, wieviel stärker und wieviel weniger akzeptabel sind dann die Wut und die Feindschaft, die das Auseinanderbrechen einer Ehe hervorrufen können.

Man bringt diese Gefühle nicht zum Verschwinden, wenn man sie verleugnet. Statt dessen bleiben sie verborgen in uns lebendig und werden bei der kleinsten Herausforderung mit einer Gehässigkeit hervorbrechen, derer wir uns bisher nicht für fähig hielten. Ganz egal, wer weggegangen ist, das Ende einer Ehe ruft in jedem Partner Wut und Groll auf den anderen hervor. Wenn wir diese Gefühle als Teil von uns anerkennen und begreifen, woher sie kommen, dann können wir sie bearbeiten und sie sich auspendeln lassen, so daß sie unsere Gedanken und Kräfte nicht länger sinnlos binden.

In den ersten Phasen unserer Trennung können sie als Treibstoff wirken, den wir brauchen, um uns aus der alten Verbindung herauszulösen. Sie können uns davor bewahren, daß wir unsere Sehnsucht nach Vergangenheit dadurch stillen, daß wir uns an die Phantasievorstellungen einer idealen Ehe festklammern, die es in Wirklichkeit vielleicht nie gegeben hat, die uns aber jetzt daran hindert, ganz frei zu sein, um in der Gegenwart zu leben. Akzeptieren wir diese Gefühle als emotionale Wahrheit, auch wenn sie den äußeren Gegebenheiten nicht zu entsprechen scheinen. Erkennen Sie an, daß Ihr Ärger real ist, und daß ein Teil von Ihnen Ihrem früheren Partner grollt, weil er nicht mehr da ist, weil er das Unglück des Alleinlebens »über Sie gebracht« hat — auch wenn Sie es sind, der sich aus der Ehe herausgenommen hat. Wenn man die Wut leugnet oder unterdrückt, dann wird sie sich indirekt und sehr viel zerstörerischer Bahn schaffen. Wir wünschen uns, so bald als möglich aus der Phase der Trennung und der Wut, der Trauer wieder herauszukommen, jeder will so schnell wie möglich wieder zu einem »normalen Leben« zurückkehren.

Um mit der Trennung fertig zu werden, ist es wichtig, sich mit der Vergangenheit (der Bindung) in der Gegenwart auseinanderzusetzen und klug für die Zukunft zu planen. Um in Zukunft »besser« leben zu können, wäre es nötig, sich planerisch mit der Zukunft zu befassen. Das zu unterlassen hieße, wie ein Tagträumer, wie ein Hansguck-in-die-Luft, der nur phantasiert, der nur Luftschlösser baut und niemals daran denkt, sich mit der Wirklichkeit zu befassen, durchs Leben zu gehen. Es läßt sich ja so schön schwärmen, träumen, spinnen, wenn man nicht planen muß. Planen heißt ja nichts anderes, als seine Wünsche auf ein natürliches Maß zu reduzieren. Sich Gedanken über die Zukunft machen heißt, daß man seine Wünsche vor allem auf ein realistisches Maß zurückführen müßte; Traumgebilde hingegen kann man ins Unbegrenzte wachsen lassen: »Wenn ich im Lotto gewinnen würde« — »Wenn jetzt ein Wunder geschähe und ich dem Mann begegnen würde, der mich wirklich auf Händen trägt« — »Wenn doch endlich die Frau meiner Träume käme!«

Vorausschauen ist eine Sache des Denkens und das ist nicht jedermanns Sache. Es kann schmerzlich sein, wenn wir dabei an die Grenzen unserer Kräfte, unserer Fähigkeiten und Möglichkeiten stoßen. Wer es darum nötig hat, sein Selbstgefühl darauf aufzubauen, daß er unfehlbar sei, der bleibt in kindlicher Phantasie stecken. Er wahrt sich lieber seinen Dünkel, seine Anmaßung, seine Einbildung, seine blasierte Arroganz, die er bei ernsthaftem Denken doch wohl etwas einschränken müßte. Im äußeren Handeln bleibt ein solcher Mensch richtungslos oder läßt sich von fremden Mächten bestimmen. Wer sich gedankenlos dahintreiben läßt, leichtsinnig, verspielt, vertändelt bleibt, braucht die Konsequenzen seines Tuns, die freilich ebenso eintreten wie nach vorheriger Überlegung, doch nicht ganz anzuerkennen. Man hat ja nur gewünscht, eine vage Vorstellung gehabt und das ist ja unverbindlich; dafür braucht man vor sich selbst noch keine Verantwortung übernehmen. Hätte man sich aber wirklich mit der Zukunft auseinandergesetzt, ebenso aber auch mit der Gegenwart, hätte man manches Unglück verhindern können. Wenn man derart mit sich umgeht, könnte man erkennen, daß eine Ehe nicht zuletzt auch wegen einer falschen Partnerwahl scheitern mußte. Es sind die Gedanken bei der Partnerwahl, die um das »vielleicht«, das »eventuell«, des »es könnte möglicherweise gut gehen«, die eine schwache Lebenslinie erkennen lassen.

»Darum prüfe, wer sich ewig bindet . . .«

Dinge nicht sehen wollen, oder gar die Einstellung, »das wird sich schon ändern«, können sich verhängnisvoll auswirken. Oder auch das Gegenteil: Manch einer wird übergewissenhaft, pedantisch, zweifelsüchtig, zaudernd, unentschlossen, kleinmütig, grüblerisch, tat- und verantwortungsscheu. Es kommt zu keinem klaren Verzicht, zu keinem »Nein, dieser Partner paßt nicht zu mir«, und schon sind die Wurzeln für eine unglückliche Ehe gelegt. Zögern und Zaudern können vor Enttäuschungen bewahren, wenn es zu einer klaren Entscheidung danach kommt, aber innere Kompromisse führen in ein ständiges Zweifeln, ob man auch richtig gehandelt hat, und auf diesem Nährboden kann das »kleine Glück« in der Ehe nicht gedeihen. Wer gar nach einer Scheidung erneut in dieses Verhalten fällt, kommt zu keinem echten Neubeginn und somit auch zu keinem Fortschritt in der persönlichen Entwicklung. Nur wer klare Entscheidungen fällt, zum Handeln oder Nichthandeln, wer sich Gedanken darüber macht, was in der Ehe falsch gemacht wurde und wie die Zukunft gestaltet werden soll, kann zu einem fruchtbaren Neubeginn kommen. Sich neu besinnen heißt, daß man eine Eheerfahrung ganz deutlich vor sich hinstellen und sie ganz genau betrachten müßte. Wenn eine Erfahrung enttäuschend und schmerzlich war, tut man das nicht gerade gerne. Wir nehmen sie zur insoweit hin, als das eben unumgänglich ist und wir sie nicht beiseiteschieben können. Dadurch gewinnen wir eine momentane Entlastung; aber wir müssen in Kauf nehmen, daß nun einzelne Erfahrungen isoliert nebeneinander stehen, als zufällige Ereignisse, aber nicht als Bestandteile einer in sich reizenden Persönlichkeit. Vor allem bei negativen Eheerfahrungen kann der falsche Umgang damit positive Erlebnisse in der Zukunft unmöglich machen. Es kann auch sein, daß jemand durch jede neue Erfahrung sofort von den bisherigen Richtungen seines Denkens, Fühlens und Handelns abgelenkt wird; daß er also nur von Punkt zu Punkt dahintreibt, ohne die Lehre, die Gültigkeit einzelner Erfahrungen gegeneinander abwägen zu können. Für den zu sehr von Augenblickserfahrungen geleiteten Menschen wird das Äußere ebenso übermächtig, daß er die innere Stimme überhört.

Die Fallgruben im Lösungsprozeß

Es gibt Leute, die sprechen von einer Trennung im Guten, wobei doch eine gute Trennung wesentlich besser wäre. Trennung im Guten ist auf das Vergangene bezogen, gute Trennung hingegen bezieht sich auf die Zukunft. Gute Trennung bedeutet: nach Ablauf der »Trauerzeit« gehen wir mit neuen Kräften, neuen Impulsen, neuen Ideen in die Zukunft. Mit neuen Menschen gestalten wir unsere Zukunft neu, machen unser Leben wieder stabil und anregend. Wir gestatten unserem Expartner, für sich die gleiche Entscheidung zu fällen und danach zu leben. Wir lernen dabei, den Menschen, von dem wir uns trennten, oder der sich von uns trennte, als eigenständigen Menschen mit eigenen Ideen, eigenen Wertvorstellungen, eigenen Zielen und eigenen Fehlern zu akzeptieren. Es gibt nicht wenig Geschiedene, die auf diese Weise lernten, den früheren Partner nicht zur zu akzeptieren, sondern auch zu schätzen. Vieles, was gut, originell, lebensbejahend an uns war, ist in einer unglücklich verlaufenden Partnerschaft verlorengegangen, abgestorben, aufgebraucht worden. Jetzt müssen wir wieder auf die Schatzsuche gehen in den Berg in uns, die Wüste, die Öde. Das gibt erfreuliche Überraschungen, wenn erst einmal die erste Spur gefunden worden ist, wenn die Wünschelrute, die uns die Lebensadern, die Wasseradern in uns zeigt, zum ersten Mal nach unten ausschlägt. Manche fangen an, wie besessen in sich zu graben, und stoßen auf einen unvermuteten Fund nach dem anderen. Auch Menschen, die im fortgeschrittenen Alter sind, werden atemlos vor Staunen, wie viele unentdeckte Quellen sie in sich auf einmal entdecken. Aus dieser Suche in sich selbst und nach sich selbst wächst ein neues Selbstbewußtsein nach einer Trennung.

Wie kommt es zu den »blühenden Gärten« in uns? Wir dürfen uns zuerst einmal nichts vormachen! Bei einer Trennung wird etwas in uns abgeschnitten, umgehauen, und das tut weh. Irgendwann sprießt etwas Neues, aber wann genau, das wissen wir nicht. Wir brauchen also Geduld mit uns selbst. Wir können — um beim Bild des Gartens zu bleiben — zunächst einmal erst kräftig düngen. Das mag das Wachstum beschleunigen, aber zuviel Chemie im Garten — das wissen wir aus der Landwirtschaft — ist nicht ratsam: Da schießt dann manches in die Höhe, was wenig Substanz hat. Wichtig ist erst einmal der Entschluß: Ich pflanze etwas Neues, ich mache etwas Neues. Das ist vielleicht kleiner und bescheidener als der Park, den ich vorher besaß, aber eines weiß ich: Egal wie groß — es ist mein.

Für erfahrene Psychotherapeuten ist eines augenfällig: Was zwei Menschen einmal zusammenführte, kann später zum Grund ihrer Scheidung werden. Und weiter noch, die bis zur Scheidung entstandene Beziehung selbst überdauert die Scheidung.

Es passiert nicht selten, daß eine Frau zum Beispiel eine möglichst große Nähe nach der Hochzeit zu ihrem Mann herstellen möchte und nach quälenden Jahren empfindet sie gerade diese Nähe als Abhängigkeit. Viele Männer erleben den Versuch ihrer Frauen, mehr Distanz zu schaffen, nicht selten als Bedrohung und so klammern sie sich an sie, und sie sieht nur noch einen Ausweg aus der Sackgasse durch Scheidung. Andersherum gibt es nicht wenige Männer, die eine Frau haben wollen, auf die sie sich ganz verlassen können, auch in den kleinen Dingen des Alltags. Sie soll für Nahrung sorgen, für Kleidung, für kindliche Wünsche und auch für die angeknackste Seele des betreffenden Mannes dasein. Aber auf einmal ist sie wie die andere Seite seiner Mutter und er sagt, daß sie ihn bevormunde, sie sei nörglerisch. Und doch wollte er nur, daß sie ihm die gleiche Schokoladenseite zeige, die er vielleicht bei seiner Mutter vermißte.

Oder eine junge Frau sucht in ihrem Mann den Vater, um doch noch einen Vater zu bekommen. Aber Töchter werden mit der Zeit erwachsen. Voller Befremden und Ängste nimmt er wahr, daß sie nicht mehr das kleine Mädchen ist, längst zur Frau wurde. So entfremden sie sich über den Punkt, über den sie sich einst liebevoll begegneten.

Es ist mittlerweile allgemein bekannt, daß juristische Scheidungen an den bis dahin entstandenen Beziehungsmustern nichts ändert, sondern sie häufig nach der Scheidung noch verschärft. Noch Jahre nach einer Scheidung werfen die Partner sich nicht selten »alte Hüte« vor, fallen in die alte Wut und Trauer, obwohl sie meinen, die Scheidung schon längst überwunden zu haben. Mancher muß sich die Frage gefallen lassen: »Wie geschieden bist du wirklich?«

Es ist das Konflikthafte, das, woran die Ehe scheiterte, was oft die Scheidung überlebt. Und so scheitert sogar noch die Scheidung. Statt zu fragen, was denn mit der Ehe los sei, muß man sich gelegentlich fragen, was denn mit der Scheidung los sei, woran es liegt, daß sie häufig nicht gelingt.

Wir müssen davon ausgehen, zwischen zwei Menschen ist etwas starr geworden und bleibt starr, auch wenn sonst alles sehr wechselvoll bis dramatisch verlaufen ist, und noch verläuft. Schon während der Ehe fällige Scheidungen haben sich nicht ereignet. Bevor ein juristischer Prozeß einsetzte, hat innerhalb der Beziehung schon längst ein anderer begonnen. Sowenig wie er durch Heirat zustandekommt und beginnt, wird er durch das Scheidungsverfahren abgeschlossen und ausgelöscht. Das Gewesene ist noch da in tausend Formen: als zwiespältige Erinnerung, als Verletzung, als schmerzliche, aber bereichernde Erfahrung; man trifft sich noch persönlich oder via Kinder, in alten und neuen Briefen, in zurückgelassenen Dingen und so fort.

Die Scheidung ist ein vieldimensionaler Vorgang, der sich innerhalb einer Beziehung immer wieder ereignet, bis die Beziehung wirklich gestorben ist.

Es gibt kein Trennungsverhalten, das unter allen Umständen das beste ist; wir können alle unser eigenes Trennungsverhalten wahrnehmen und uns dazu erziehen, auch den Schmerz, der mit der Trennung verbunden ist, wahrzunehmen und zutiefst für uns selbst auszudrücken. Wie immer unser Trennungsverhalten auch sein mag, wichtig ist, daß die Emotionen in der Intensität, die wir nun einmal spüren, wahrgenommen werden. Meistens trösten wir uns über die »schwachen Stunden des Lebens« hinweg, indem wir uns sagen, daß wir nicht ewig allein leben werden. Gelegentlich schämen wir uns, wenn uns Gefühle des Traurigseins, des Verlassenseins oder gar der Wut über dieses Verlassensein überfallen. Aber müssen wir wirklich unsere Gefühle derart beherrschen? Die wahre Stärke zeigt sich darin, daß wir die Trennung und den großen Verlust akzeptieren mit allen Gefühlen, die damit verbunden sind und ausgehalten werden müssen. Das Leben wird nicht einfacher, wenn wir unsere Gefühle bei Trennungen wahrnehmen; es wird aber lebendiger. Auch Gefühle, die uns schmerzen, halten uns lebendig.

Zudem tragen wir damit einem fundamentalen Lebensrhythmus Rechnung: Wir treten immer in Beziehung, trennen uns, was manchmal auch nur heißen kann, daß wir uns zurückziehen, uns mehr mit uns selbst beschäftigen, und treten dann auch wieder neu in Beziehung. Dieser Rhythmus wird auch in lang andauernden Beziehungen mit dem gleichen Partner gelebt.

Wir erleben diesen Rhythmus dort, wo wir fühlen, daß es Zeiten gibt, den Partner zu halten, und Zeiten, ihn zu »lassen«, Zeiten, in denen wir »gelassen« werden möchten.

Diesen Rhythmus als Lebensgesetz zu akzeptieren ist eine sehr wichtige Voraussetzung, wenn Trauerarbeit gelingen soll. Trauerarbeit, die nicht geleistet werden kann, gründet oft in einem Protest gegen dieses Lebensgesetz: Leben soll nicht rhythmisch sein, Leben soll den Tod nicht kennen.

Das Zulassenkönnen von Gefühlen, von möglichst verschiedenen, einander auch widersprechenden Gefühlen, von einem Emotionschaos, trägt dazu bei, daß die Trauerarbeit dazu führt, daß wir uns wirklich von dem Menschen, von dem wir uns trennten, ablösen können.

Günter K. sagt zu mir, als wir über das Thema Trennung sprachen: »Während der ersten Monate nach der Trennung von meiner ersten Frau habe ich eine Illusion begraben müssen, und zwar die, daß ich meine Ehe einfach beenden könnte, indem ich auszog. Ich dachte, wir würden nun getrennte Wege gehen, frei sein, tun, was uns gefällt. Vorhang zu, Ende des Dramas. Damals ahnte ich nicht, daß alles erst wirklich losging: Lange Jahre verfolgte mich meine erste Frau mit ihrem Haß. Es ging soweit, daß meine Hände zitterten und unfähig wurden, die Briefe zu öffnen, die sie mir immer wieder zuschickte. Es war wie eine Gehirnwäsche. Sie sorgte dafür, daß ich sie nicht vergessen konnte. Es begann ein Schauspiel, von ihr inszeniert. Meine Ehe mit ihr hatte nur zweieinhalb Jahre gedauert, die Beziehung zog sich dann noch weitere fünfzehn Jahre hin. Damals hatte ich in den ersten Jahren geglaubt, ich würde nie mehr heiraten.«

»Je abgetrennter wir sind«, antwortete ich ihm, »je größer unsere Autonomie, desto höher unser Selbstwertgefühl. Es ist wichtig, sich diesen Gedanken vor Augen zu halten. Trennung und Selbstwertgefühl bestehen nebeneinander und beeinflussen einander. Ein Kind mit einem gesunden Selbstwertgefühl kann glauben, es werde den Weg schon machen. Es ist unabhängiger als ein Kind, dessen Bedürfnis nach Aufmerksamkeit und Wichtigkeit nie erfüllt wurde. Gleichzeitig, wie sich Symbiose/Trennung abspielen, ist auch der Prozeß im Gange, bei dem durch den bewundernden Glanz im Auge der Mutter der Grundstein für das Selbstwertgefühl des Babys gelegt wird.«

»Hör mir auf damit«, antwortete Günter K. »Was glaubst du wohl, wo mein Selbstwertgefühl war, als ich mich damals scheiden ließ. In der Hose.«

»Und wo waren deine Gefühle?« fragte ich ihn.

»Wie alle Männer empfand ich es als unmännlich, Gefühle zuzulassen. In mir tobte damals ein Vulkan, ich wußte nicht wohin mit meiner Wut, mit meiner Angst, mit meiner Traurigkeit, mit meinem Schmerz. Das Fatale war, daß ich zu jener Zeit keinen Freund hatte, keinen Menschen, wo ich mich hätte ›ausweinen‹ können. Ich mußte ganz alleine mit alldem fertig werden.«

Diese Gefühle gehören zu dem notwendigen und schmerzhaften Prozeß, sich abzulösen, unsere vergangene Beziehung gefühlsmäßig »abzuwerfen«, und es ist ein Prozeß, der ablaufen muß, bevor ein neues Leben beginnen kann. Nur weil eine Beziehung aufgehört hat, bedeutet das noch nicht, daß auch die emotionalen Bedürfnisse aufgehört haben, die sie befriedigt hat, und wenn es sich dabei nur um Feindseligkeit und Wut gehandelt haben mag. Diese Bedürfnisse finden nun keine Entsprechung mehr, und das weckt törichte Hoffnungen auf eine Wiedervereinigung und hindert uns am Gehenlassen.

Wenn solche Hoffnungen aufkommen, bieten die Treffen mit dem früheren Partner die beste Möglichkeit, sie an der Realität zu überprüfen und sie als Ausgeburten der Phantasie zu erkennen, die dem emotionalen Bedürfnis entspringen, das die frühere Ehe nicht mehr befriedigen kann.

Widerstand dagegen ist zuerst normal: Am Anfang der Trennungszeit fühlen wir uns völlig von den Gewohnheiten und Ritualen unsere Ehelebens abgeschnitten, von einem Leben getrennt, das uns mit einem Mal viel sicherer und erfüllter erscheint als die leere Existenz, in die wir nun hineingeworfen sind. Das Sträuben gegen das Ablösen nimmt so viele verschiedene Formen an, wie die Vielfalt der seelischen Bedürfnisse, die von der Ehe erfüllt werden mußten. Wenn die Trennung im gegenseitigen

Einvernehmen von zwei Menschen vollzogen wurde, die stolz darauf sind, »vernünftig« zu sein, verbirgt sich das Sträuben hinter der Maske, sich zivilisiert benehmen zu wollen. »Wir haben ja schließlich noch gemeinsame berufliche Interessen«, sagen nicht wenige, oder haben andere Gründe parat.

Auf die Dauer gesehen ist es immer gesünder, Gefühle ehrlich auszudrücken.

Gelegentlich muß man sich mit seinem Partner noch treffen. Es gibt immer etwas zu besprechen, sei es der Kinder wegen, sei es, daß noch etwas über den Hausrat oder andere Dinge besprochen werden muß.

Bei diesen Zusammenkünften kann es immer wieder zu emotionalen Ausbrüchen kommen. Es ist aber besser, sachlich zu bleiben, um nicht noch mehr Porzellan zu zerschlagen. Wichtig bei solchen Zusammenkünften ist es, Kritik zu vermeiden. Obwohl objektiv gesehen nicht nur ein Partner »schuld« daran ist, wenn eine Partnerschaft kaputtgeht, sind in der ersten Phase der Trennung beide nur zu bereit, sich selbst oder den anderen anzuklagen. Worte wie »sollte« oder »hätte«, scheinbar harmlose Fragen, die anfangen mit: »Warum hast du . . .«, oder auch »nützliche« Ratschläge können feindselige Gefühle auslösen, die nur darauf lauern, die Selbstkontrolle zu durchbrechen. Das Thema braucht sich gar nicht mal auf die Ehe zu beziehen. Selbst eine Randbemerkung über die Zimmereinrichtung oder über die Versorgung des Kindes kann als versteckte Kritik verstanden werden.

Je schneller wir die Maschinerie des »Anklage-Erhebens«, die in der Ehe früher wirksam war, abstellen können, um so eher werden wir die Gefühle für den eigenen Wert wiederfinden. Wenn die Wunden, die die Trennung verursacht haben, noch zu frisch sind, um zu vergeben und zu vergessen, können wir zumindest versuchen, zu vermeiden, die ersten Schüsse abzugeben, die immer zum vollen Kampf zu führen scheinen. Dauernde Versuche, den Partner oder sich selbst herunterzumachen, haben keinen anderen Zweck als den, die Selbstachtung zu zerstören, die beide Partner notwendig brauchen, um als unabhängige Personen zu existieren. Das beste, was wir tun können, ist, die Unabhängigkeit des Partners zu respektieren. Auch unsere eigene Unabhängigkeit sollten wir verteidigen. Ganz egal, wie neugierig wir auf das Leben des früheren Partners sind, es geht uns nichts an, und auch wir sollten nicht zulassen, daß er eine übertriebene Neugier auf unsere Angelegenheiten an den Tag legt. Leichte Neugier ist normal. Wenn wir aber merken, wieviel seelische Energie wir darauf verschwenden, uns Gedanken darüber zu machen, was er oder sie jetzt wohl tut, dann kleben wir an der Vergangenheit.

Prüfen Sie den Ausdruck uneigennütziger Freundschaft von oder zu Ihrem Partner. Nach meiner Erfahrung spielt sich fast jeder Mensch, der stolz darauf ist, zu seinem ehemaligen Partner während der ersten Phase der Trennung eine enge Freundschaft und häufige gesellige Kontakte zu haben, ein ausgeklügeltes Spiel der Selbsttäuschung vor. Wenn zwei Menschen nicht in der Lage sind, die Wut zu akzeptieren, die sie aufeinander haben, dann überdecken sie sie nur mit Bekundungen wie »natürlich sind wir noch gute Freunde«. Eine solche Form von Zivilisiertsein mag in ihrer Umgebung Neid erzeugen, aber sie leugnen damit nur die sehr realen, emotionalen Kräfte, die sie in erster Linie zur Scheidung getrieben haben. Der Kessel, den wir sorgsam gehütet haben, kann überkochen, wenn einer von beiden erfährt, daß der andere eine köstliche Affäre hat.

Noch viel zahlreicher sind die Männer und Frauen, deren Leben als Alleinstehende so öde, so sinnlos und ungesichert ist, daß es sie wieder zueinander treibt, einfach weil sie nicht in der Lage sind, etwas Besseres zu finden. Im Vergleich zu der Leere, die sie im Moment umfängt, sind sogar die alten Feindseligkeiten ein Trost: Das Übel, das ich kenne, schreckt mich weniger ab, als das, das ich nicht kenne. Trotz der Vernunftsgründe, die angewandt werden, um das eigentliche Motiv, nämlich die Einsamkeit zu leugnen, sind das totgeborene Affären. Jeder Partner steht mit einen Fuß fest am Ufer der Vergangenheit und balanciert den anderen gerade über den Wasserlauf der Gegenwart. Ehe nicht einer von beiden eine Bewegung macht, sind beide in Illusionen erstarrt. Sie sind nicht mehr Mann und Frau, sie können niemals Bruder und Schwester sein, und die Chancen sind gering, besonders in der ersten Zeit, daß sie wirklich gute Freunde sind.

Scheidung raubt den Schlaf, und viele Frischgetrennte bleiben nachts lange wach, gehen auf Ereignisse der Vergangenheit immer wieder ein und versuchen, Anhaltspunkte dafür zu finden, was schiefgegangen ist. Lag es an mir? Hätte ich früher merken müssen, daß irgend etwas nicht gestimmt hat und versuchen müssen, es in Ordnung zu bringen? Oder war alles nur sein/ihr Fehler? Die Impulse, die verlorene Ehe aufzuwerten, sind für Frischgetrennte geradezu typisch. Ihre Versuche, ihre Beziehungen objektiv zu überprüfen, können ein erster Schritt zu steigendem Selbstbewußtsein sein und obendrei noch eine gesunde Übung für die Fähigkeit, Probleme zu lösen. Die meisten Menschen sind noch gefühlsmäßig zu stark an die

Ehe gebunden, daß sie die Objektivität sehr schnell entweder in Selbstrechtfertigung oder in Selbstbestrafung verkehren. Sie denken in Begriffen einer Gerichtsverhandlung; und in ihrem emotionellen Bedürfnis, zu einem Urteilsspruch zu finden, spielen sie dann alle Rollen selber — den Richter, die Geschworenen, das Opfer, den Beklagten und die Zeugen. Und trotz heißen Bemühens, die Gerechtigkeit triumphieren zu sehen, ist das Verfahren doch Schwindel: Die Jahre der Ehe haben beide Partner auf die gewohnten Rollen des Anklägers und des Märtyrers festgelegt, auf die des so lange Leidenden und die des Peinigers, die des Aufwieglers und die des Besänftigenden.

Solche nachehelichen Bewertungen halten die alte Anklagemaschinerie in Gang, weil sie die Antworten auf die falschen Fragen suchen: »Wer hat es getan?« Und die kann nur auf eine von zwei Antworten hinauslaufen, die beide gleichermaßen falsch sind: »Ich« oder »Mein Partner«.

Die Gesellschaft zwingt geschiedene Menschen praktisch dazu, ihr Erleben in Begriffen von Tadel, Versagen und Schuld zu empfinden. Fast alle von uns sind in dem Glauben aufgewachsen, daß die Ehe das endgültige Ziel, der letzte Problemlöser, die vorbestimmte Institution ist, in der wir unser Leben lang verharren und in der jeder Partner für den anderen alles ist. Die Gesellschaft sorgt dafür, daß wir unseren Preis zahlen, weil wir die Wahrheit des Idealbildes in Frage gestellt haben. Wir alle übernehmen unabsichtlich Verallgemeinerungen, die uns daran hindern, in unserem besten Interesse zu handeln. Diese Angewohnheit ist bei geschiedenen Männern und Frauen besonders stark. Jeder besteht zwar darauf, daß seine eigenen Erlebnisse einzigartig sind, verhalten sich aber trotzdem nach einschränkenden Verallgemeinerungen über sich selbst und andere Menschen. So empfinden Frauen zum Beispiel ihre Scheidung als persönliche Niederlagen und meinen aus dieser Sicht, daß das alle Frauen wie sie erleben müßten. Schnell heißt es dann: »weil wir Frauen . . .« und schon sind wir auf dem Wege falsch verstandener Emanzipation. Jeder Mensch ist anders und jedes Schicksal ist anders, und wenn wir anfangen, in der Kategorie zu denken, daß ich in der Ehe und während der Scheidung und danach mit mir, meinen Gefühlen so und so umgegangen bin und in Zukunft folgendermaßen umgehen werde, dann kann man von so einem Menschen sagen, daß er richtig mit sich umgeht. Jeder hat seine eigenen Erlebnisse und seine eigene Art, mit diesen Erlebnissen umzugehen und sollte deshalb nicht von sich auf andere schließen. Deswegen halte ich persönlich gar nichts von den Clubs der gerade Geschiedenen, weil dort nichts anderes passiert als bei einem Herzkranken, der in eine Rehabilitationsklinik kommt und erleben muß, daß dort nur über Herzkrankheiten und Tod geredet wird. Es besteht die Gefahr, daß in diesen Clubs die Mitglieder sich gegenseitig aufschaukeln in ihren negativen Gefühlen, aber ein produktiver Prozeß nicht stattfindet.

Wie Verallgemeinerungen können auch Vorurteile als Schutzschild dagegen dienen, neues Verhalten oder neue Einstellungen nicht ausprobieren zu müssen. Sie sind schon wegen ihrer Neuheit erschreckend und man geht ihnen gerne aus dem Wege. Viel leichter ist es, zu sagen: »Alle Männer sind böse, darum heirate ich nicht wieder« — oder: »Weil meine Frau mich betrogen hat, muß ich sehr vorsichtig mit Partnerschaften umgehen, es wird mir wohl wieder passieren, denn die Frauen sind auch nicht mehr das, was sie einmal waren.« Um derartige Vorurteile abzubauen, gibt es nur einen Weg: Sich auf andere Menschen einzulassen: jetzt erst recht! Das bedeutet ja nicht, mit dem ersten besten gleich wieder eine Bindung einzugehen, sondern ganz einfach zulassen, daß jeder Mensch letztendlich seine Achillesferse hat. Im Gespräch erkennen, ob dieser oder jener Mensch zu mir paßt. Wenn ich mich abschirme, kann Begegnung nicht stattfinden, und wenn Begegnung vermieden wird, dann geraten wir leicht in die nächste Fallgrube von verpaßter Partnerwahl. Einige leben in der Erwartung, wenn nicht von Anfang an alles perfekt ist, möchte ich nicht einmal einen Teil davon. Kaum geschieden, stecken nicht wenige Menschen ihre Erwartungen einfach zu hoch. Wer seine Erwartungen und Anforderungen nach einer Scheidung höher schraubt, wird erleben müssen, daß die nächste Ehe noch mehr gefährdet ist, denn man müßte vorerst die Erwartungen an sich selbst in die Höhe schrauben, nach dem alten Gesetz des Gebens und Nehmens: Wer mehr bekommen möchte, muß auch in der Lage sein, mehr zu geben.

Es gibt laufende »Eisbeutel«, die immer und überall behaupten, daß alles, was kaputtgehen kann, kaputtgehen wird. Das sind gefährliche Selbstsuggestionen, die nicht deswegen eintreffen, weil »die Welt böse« ist, sondern weil hier über eine Erwartungshaltung etwas angezogen wird, das nicht sein muß, wenn man mit Weltoffenheit auf die Menschen zugeht.

Manch frisch Geschiedener sieht lange, leere Jahre vor sich. Sie hegen diese Erwartungshaltung, obwohl objektiv dafür gar kein Grund vorhanden ist. Sie zweifeln daran, daß das Schicksal ihnen etwas Gutes zu bieten hätte und merken nicht, daß sie selbst die Vollstrecker eines solchen Schicksals über ihre eigene Erwartungshaltung sind, die etwas Frisches, Fröhliches aus Mißtrauen heraus gar nicht an sich heranließen.

Etwas dramatisieren heißt immer, in Verteidigungsposition zu sein, der Welt und den Menschen grundlegend zu mißtrauen, was dann dazu führt, daß man solche Menschen anzieht, die das eigene Schicksal bestätigen, damit der Betreffende dann hinterher sagen kann: »Ich hab's ja gewußt.« Und tatsächlich hat er's gewußt, weil er sich selbst kennt und unbewußt ahnt, daß er dem wahren Glück innerlich die Tür verschließt, weil er es »sowieso nicht verdient hätte und weil es schon immer so war«.

Weil so viele Geschiedene so unzufrieden mit sich selbst sind, klagen sie andere wegen ihrer Schwierigkeiten an, anstatt sich diesen selbst zu stellen. Anklagen kann selbst einen sonnigen Charakter in einem Meer von Bitterkeit, Pessimismus und wütender Traurigkeit ertränken. Immer sind die anderen, das Schicksal, die Umstände schuld. Auf die Idee, man hätte selbst etwas zu diesem Mißgeschick beigetragen, kommt man dann nicht. Solange wir Ursache und Schuld bei anderen suchen, konzentrieren und projizieren wir alles auf das Äußere. Die Fragen heißen nicht: »Warum hast du mir dies oder jenes angetan«, sondern die Fragen heißen: »Was ist in mir, daß mir dieser oder jener Punkt so weh tut.« Wir haben eine Achillesferse, und die heilt nicht dadurch, daß wir einen anderen Partner heiraten, die heilt nur dann, wenn wir beginnen, uns den Entzündungsherd genau anzuschauen, die Entzündungsursache herausfinden, um dann die richtige Salbe draufzutun. Mit anderen Worten: wir können über Selbstanalyse oder mit Hilfe eines Fachmannes herauszufinden suchen, wie entstand diese Wunde, was hat dazu beigetragen, daß sie nicht heilt. Erst wenn wir das wissen, können wir zu der eigentlichen Therapie übergehen, die dann dazu beiträgt, daß sich diese Wunden schließen. Die Schuld bei anderen zu suchen hieße, sich einen Batzen Dreck in die Wunde zu schmieren und den anderen zu fragen: »Warum hast du das getan?«

Es gibt viele Problemarten, wo die Ursache der Außenwelt zugeschoben wird. Man meint dann, es sei leichter, sich eine neue Stellung zu suchen, eine neue Wohnung oder einen anderen Partner. Dabei übersehen wir, daß der innere Kobold mit umzieht, in eine neue Stellung, eine neue Wohnung, zu einem neuen Partner. Wir bringen uns immer in uns selbst mit und das ist ein Umstand, den viele übersehen.

Wenn er richtig verstanden wird, kann ein neuer Start zu einer echten Chance werden, das bedingt aber, daß wir weder vor uns selber noch vor der Welt davonlaufen, sondern uns der inneren und äußeren Welt stellen.

Der Mensch, der alle Verhaltensweisen, die unmittelbar mit seelischen Problemzonen zusammenhängen, positiv verändert hat, mag als fiktive Gestalt erscheinen; von selbstzerstörerischem Verhalten frei zu sein ist dennoch keine reine Fiktion, sondern eine reale Möglichkeit.

Statt sich den Möglichkeiten einer neuen Öffnung hinzugeben, scheinen viele frisch Geschiedene irgendwie wie gelähmt.

Wenn wir den Begriff Lähmung im Auge behalten, erkennen wir negative Gefühle im Leben. Möglich, daß dem einen oder anderen Ärger, Feindseligkeit, Schüchternheit und ähnliche Gefühle zeitweilig nützlich vorkommen, und daß man in Scheidungszeiten nicht ganz auf sie verzichten möchte. Die Gefahr dabei allerdings besteht, daß es zu einer Dauerlähmung kommt.

Innere Lähmung kann von leichter Unentschlossenheit und Zögern bis zur völligen Unfähigkeit zu handeln reichen. Hält uns Ärger davor zurück, manches zu sagen, zu empfinden oder zu tun, sind wir gelähmt. Hält die gewesene Ehe jemanden davon ab, mit netten Leuten zusammenzukommen, dann muß man von ihm sagen, daß er gelähmt sei und sich Erlebnisse entgehen läßt, die ihm einfach zustehen. Haben Haßgefühle dem einen oder anderen Magengeschwüre oder zu hohen Blutdruck eingebracht, kann der Betreffende sich deswegen nicht auf seine Arbeit konzentrieren, oder hat er gar Einschlaf- oder Sexualprobleme, dann sind das ebenfalls Anzeichen für innere Lähmung. Lähmung ist ein Zustand, schwach oder hochgradig, in dem wir uns nicht in der Verfassung befinden, die wir uns wünschen. Wenn wir durch Gefühle in diesen Zustand versetzt werden, brauchen wir nicht länger nach Gründen zu suchen, um sie loszuwerden. Die folgende Checkliste Ihrer Ehe gibt Ihnen Antworten, ob Sie in einer neuen Partnerschaft glücklicher werden könnten, denn es beinhaltet das eigene Paket, das Sie immer schon mit sich herumtragen:

Konnten Sie nicht liebevoll mit Ihrem Partner oder den Kindern sprechen, obwohl Sie das eigentlich gern getan hätten . . .

Sie saßen bei jeder Gelegenheit zu Hause herum und brüteten vor sich hin . . .

Sie konnten sich nicht so recht auf Ihre Arbeit konzentrieren . . .

Eigentlich hatten Sie Lust, mit Ihrem Partner zu schlafen, taten es aber häufig nicht . . .

Sie vernachlässigten Ihre Hobbys und Freizeitvergnügen und sahen aus Ihrem zähen, zermürbenden Gefühl heraus auch von sonstigen vergnüglichen Aktivitäten ab . . .

Sie wagten es nicht, jemandes Bekanntschaft zu machen, den Sie anziehend fanden . . .

Obwohl Sie erkannten, daß eine einfache Geste Ihre Beziehung verbessern würde, vermieden Sie es, mit dem entsprechenden Menschen zu sprechen . . .

Sie konnten nicht schlafen, weil sie etwas bedrückte . . .

Ihr Ärger hinderte Sie am klaren Denken . . .

. . . weil Sie gelähmt waren und es immer noch sind.

Bei dieser Checkliste geht es nicht darum, nun den Kopf hängen zu lassen und sich schuldig zu fühlen. Es geht um etwas ganz anderes. Wenn Sie nach der Trennung immer noch das Gefühl der Lähmung haben, dann hätten Sie sich Ihre Trennung sparen können, dann war weder der Partner noch die Partnerschaft am Versagen der Ehe schuld, sondern etwas in Ihnen, das Sie seit früher Kindheit mit sich herumschleppen, hat Sie in den Zustand der Lähmung gebracht. Frühestens wenn Sie wieder verheiratet sind, werden Sie erkennen, daß sich zwar der Partner in einen anderen verwandelt hat, der Zustand der Lähmung aber ist geblieben, weil etwas in Ihnen lebt, von dem Sie sich befreien müßten. Dann nämlich, und wirklich erst dann, werden Sie in der Lage sein, ein toller Ehemann, eine phantastische Ehefrau, ein guter Vater, eine gute Mutter zu sein. Lähmungserscheinungen erstrecken sich über ein breites Spektrum. So gut wie alle negativen Gefühle verursachen Selbstbehinderung; das allein ist schon Grund genug, sie vollständig aus dem Leben zu verbannen. Wir erreichen das allerdings nicht über das, was man allgemein positives Denken nennt. Das landläufige »Positive Denken« ist nichts anderes als so zu tun, als wäre alles in Ordnung, der Zustand der Lähmung ist dadurch noch niemals aufgehoben worden. Was Sie allerdings tun können, ist so etwas ähnliches wie Gedankenkontrolle. Beobachten Sie doch einmal selbst, was Ihnen so von morgens bis abends durch den Kopf geht. Zum Beispiel: »Ich mag keine Männer, sie sind so verletzend.« Oder: »Frauen sind zu kompliziert.« Zugegeben, Sie mögen vielleicht keine Männer, das können nur Sie entscheiden. Da kann Ihnen keiner helfen. Aber dann überlegen Sie doch weiter, von wievielen Männern sind Sie schon verletzt worden. Von Ihrem Vater möglicherweise, von Ihren Brüdern, vielleicht auch dann noch von deren Freunden. Und dann vom eigenen Ehemann und dessen Freunden, vielleicht noch von Arbeitskollegen und Nachbarn. Wenn es hoch kommt, nicht einmal hundert Männer! Dabei gibt es Millionen Männer, und denen können Sie schließlich nicht allen begegnet sein. Und dann weiter. Sie begegnen irgendwo einem netten Mann, denken bei sich, der gefällt mir wirklich. Adrett sieht er aus, er hat ein wirklich markantes Gesicht und gepflegte Hände. Sie registrieren es für den Bruchteil einer Sekunde, vergesen es wieder, weil Sie schon wieder in Ihrem lähmenden Gefühl sind: Alle Männer taugen nichts . . .

Eine derartige Gedankenkontrolle, wenn sie ehrlich

durchgeführt wird, bringt uns allmählich auf die Schliche, was uns lähmt. Echtes positives Denken heißt nicht, zu denken, der Tag ist schön, wenn Sie sich mies fühlen. Es ist wesentlich besser, in sich hineinzuspüren, warum Sie sich wirklich mies fühlen. Sie könnten aber irgendwann darauf kommen, daß Sie sich selbst den Tag, das Leben vermiesen. Nicht verkrampft gewollt positive Gedanken herholen bedeutet positives Denken, sondern negative Gedanken, Gefühle auf ihren Wahrheitsgehalt, auf ihre Hintergründe abklopfen und sich die Frage stellen, wohin Sie derartige Gedanken bringen, wäre positiver.

Wir neigen dazu, den Partner nach der Scheidung in Grund und Boden zu verdammen, als »miesen Menschen«, der rundherum schlecht ist. Aber erinnern Sie sich doch einmal daran, wie positiv Sie von dem gleichen Menschen dachten, als Sie ihm begegneten. Ich will Ihnen ja gar nicht abstreiten, daß dieser gleiche Mensch, den Sie einst so sehr liebten, sich in der einen oder anderen Situation wirklich mies benommen hat, und vielleicht auch öfter. Aber müssen Sie nun rundherum verdammen? Vielleicht gelingt es Ihnen, sich dahingehend umzustellen, daß Sie zwar nach wie vor, je nach Situation, die Tat verdammen, aber nicht den Täter.

Innere Lähmung kann bekämpft werden, indem wir lernen, in der Gegenwart zu leben, indem wir realer mit Gedanken und Gefühlen umgehen. Das Leben voll ausschöpfen heißt vor allem, ganz im gegenwärtigen Augenblick und bewußt im »Jetzt« zu leben. Es ist schon so, daß Ihnen sonst kein Augenblick zur Verfügung steht. Was nützen Ihnen alle dunklen Gedanken an den ehemaligen Partner, wenn diese dunklen Gedanken den Zugang zu Ihrer Sonnenseite versperren? Es gibt keinen Augenblick außer dem Hier und Jetzt. Auch die Zukunft, ist sie erst einmal da, wird ein Hier und Jetzt sein, das sich so schnell verflüchtigt, daß es schnell zu Gestern wird. Der andere mag dann schon längst in einer harmonischen Partnerschaft leben, und Sie sind immer noch dabei, die Unendlichplatte Rache zu spielen.

Die Flucht aus der Gegenwart ist in unserer Gesellschaft schon fast zur allgemeinen Krankheit geworden. Beständig werden wir darauf gedrillt, an morgen zu denken. Sie sollen sich versichern, Sie sollen sparen. Sie sollen an morgen denken, dabei denken diejenigen, die Ihnen das einreden, nur an ihr eigenes Morgen. Man will Ihr Geld und nicht Sie! Es ist nützlich, zu sparen oder auch eine Versicherung abzuschließen, was ich meine, ist: Leben Sie nicht durch andere Menschen und auch nicht für andere Menschen, leben Sie Ihr eigenes Leben und entdecken Sie, was es alles an Positivem in Ihnen zu entdekken gibt.

Liebe zielt auf Überwindung von Trennungen und auf Vereinigung. Damit steht sie im Dienste des Lebens. Liebe ist Lebensenergie, denn aus der Vereinigung zweier Menschen entsteht neues Leben. Aus der Verbindung von Mann und Frau wächst in die Welt hinaus das Kind — und in die Seele jedes einzelnen hinein der gewandelte Mensch, der die Gegensätze von Mann und Frau in der bipolaren Selbst-Erfahrung überwindct. Das Leben strömt nicht, solange das Ich in seiner Isolierung gefangen bleibt.

In der Verschmelzung mit anderen Menschen macht das Ich einen Kurzschluß: Es verliert sich in seinem anderen Menschen und im eigenen Unbewußtsein. Wer sich mit seiner Umwelt identifiziert, und ihr sein Ich opfert, meint zum Leben ja zu sagen, in Wahrheit aber sagt er nein, nicht nur zu sich selber, indem er sich aufgibt, sondern auch zur Umwelt, weil er sich an dieser für seinen Ich-Verlust schließlich rächen wird. Dies ist ein Extrem, das die Liebe zerstört: Abwehr. Verschmelzung und Abwehr verhindert die bewußte Verarbeitung der Mitteilungen, die wir bekommen. Wir bleiben in Symbiose oder Abwehr fixiert und leiden zu Recht unter dem Gefühl der Isolierung.

Liebe setzt ein Ich voraus, das seinen festen Halt in sich selber hat und gleichzeitig für die Hingabe an ein Du offen ist. Das Ich braucht Festigkeit und Durchlässigkeit. Zwischen ihm und der Außenwelt braucht es offene, flexible Grenzen.

Ein Verhängnis für viele Paare ist, daß jeder sich als die andere Hälfte des Partners sieht, anstatt sich als einzelnen anzusehen. Auch der Mensch, den wir lieben, ist nicht nur unser Partner, sondern in erster Linie auch ein Einzelmensch, der auch ohne uns etwas ist. Die Paarperspektive, unter der sich vor allem Verheiratete betrachten, lähmt beide und verhindert, daß aus dem »äußeren Paar« auch ein »inneres Paar« in jedem der beiden wird: eine seelische Ganzheit. Der Zwang, ein Paar zu sein, macht aus zwei Menschen schließlich eine bloße Interessengemeinschaft. In jedem Zusammenleben ist von Zeit zu Zeit ein Strich unter die Illusion der vielen vermeintlichen Gemeinsamkeiten zu setzen, auf die wir so gerne um der Nestwärme willen pochen. Meist zieht das Leben — Streit, Enttäuschung, Untreue — unwillkürlich diesen Strich; dann müssen wir ihn mit unserem Einverständnis nachziehen. Die wohliglangweilige Beteuerung »wir gehören doch zusammen« ist jetzt dementiert. Wir gehören nicht zusammen und sind dennoch zusammen, ein Paradox, das eine realistische Spannung entstehen läßt und uns wieder in die Ungewißheit wirft, die zu allem Lebendigen gehört. Jetzt wundern wir uns wieder übereinander und lernen uns in dieser Verwunderung wieder lieben — vielleicht! Es gibt mehr langweilige als konfliktreiche Paare, die geschieden werden. Verheiratete sollten sich ab und zu vorstellen, einfach zusammenzuleben, ohne durch die Institution der Ehe und durch Kinder gebunden zu sein und sich dann, als wäre es das erste Mal, die Frage stellen: »Will ich diesen Menschen heiraten?«

»Ein Happy-End unserer Beziehung war nicht in Sicht. Damals jedenfalls nicht«, erinnerte sich Günter K. an das Auf und Ab mit seiner Frau Eva Maria. »Wir hatten uns getrennt, wieder einmal. Aber diesmal glaubte ich, es wäre ernster als bisher, endgültiger als sonst. Vorher wußten wir immer: wir kommen wieder zusammen. Aber damals wußten wir beide, daß es auf der bisherigen Basis nicht mehr geht. Ich überlegte, sollten wir je wieder zusammenkommen — und das hoffte ich sehr —, mußte sich Entscheidendes ändern. Eva Maria müßte einiges aufgeben — für mich aufgeben. Ich müßte einiges aufgeben. Auch meinen inneren, unbewußten Hang, doch noch eine Bessere zu finden — für sie aufgeben. Auf alle Fälle würde ich mit ihr wieder zusammenleben wollen. Manchmal denke ich, daß unser Ausgangspunkt zu verschieden war, um es wirklich zu schaffen. Ich hatte eigentlich schon aufgegeben, bevor es richtig begonnen hatte. Als wir uns kennenlernten, war für mich ein Lebensabschnitt abgeschlossen: der des Suchens, Ausprobierens. Ich hatte die Nase voll davon, wollte nicht mehr rumflippen, sondern eine feste Sache mit Geborgenheit, problemlose Zweisamkeit, daß mich aber alle meine unbewußten Haltungen von früher her daran hindern würden, das zu leben, das wußte ich nicht. Ich hatte noch all die Flausen im Kopf von glücklicher Ehe, hatte in meinen ersten beiden Ehen nicht viel kapiert.«

»Du meinst wirklich, du hättest aus der Ehe mit Eva Maria mehr gelernt?« fragte ich ihn.

»Lernprozesse in der Ehe sind nicht leicht, und mir wurde auch das Messer auf die Brust gesetzt, zu lernen, sonst hätte ich meine Frau verloren. Da sind so Geschichten, die weh tun. Du spürst, etwas stimmt nicht mit dir, ebenso spürst du, mit ihr stimmt auch etwas nicht. Also soll sie gefälligst lernen, etwas aufzugeben, einfach anders werden. Schließlich war ich achtzehn Jahre älter. Aber nach jedem Krach, der mich einen Schritt vorwärts brachte, kapierte ich, daß es für mich sehr viel zu lernen gab. Ich habe von dieser jungen Frau gelernt, habe Selbstbewußtsein und Selbstwertgefühl entwickeln können, weil sie immer zu mir stand, wenn sie auch meine Denkvorgänge nicht immer nachvollziehen konnte — und es wohl auch nicht immer wollte. Ich halte Eva Maria für einen unheimlich sensiblen Menschen, der viel kapiert hat, und jetzt müssen wir beide viel verarbeiten.«

Es ist wichtig, daß Liebende von Zeit zu Zeit jeder für sich allein sein können. Auch wenn Kinder da sind, müssen Phasen des Alleinseins für beide organisiert werden. Es gibt Probleme, mit denen ein Mensch allein fertig werden muß. Wenn jedoch beide fast ständig zusammen sind, besteht die Gefahr, daß Probleme wie auf der Bühne in der stets gleichen Rollenverteilung durchgespielt, anstatt im stillen Nachdenken und Neuerwägen ihrer Lösung nähergeführt werden. Mythische Kämpfe sollten nicht mit dem Partner, sondern in der inneren Auseinandersetzung durchgefochten werden. Unter mythischen Kämpfen verstehe ich Auseinandersetzungen zwischen der Licht- und Schattenwelt im Innern des Menschen, wie sie in Mythen dargestellt werden. Gleichgültigkeit dem Partner gegenüber, zynische Entwertung und Nicht-ernstnehmen seiner Person, lauernde Feindseligkeit und beharrlicher Haß: dieses absolute Verneinen kann zwei Menschen, die sich einmal geliebt haben, zu Festungen der Abwehr machen, zwischen denen kein Funke von gegenseitiger Belebung und Kommunikation mehr springt. Der natürliche Wellenrhythmus von Auf und Ab, Nähe und Distanz, Hoffnung und Enttäuschung, Vereinigung und Abgrenzung ist zu einer einzigen Abwehr, zu einer Abkehr geworden. Keine gemeinsame Zukunft mehr mit dem anderen, sondern ein Zu-mir-kommen und Bei-mir-bleiben dank der Trennung von ihm.

Die Abkehr hat eine Grenze überschritten, eine Grenze, scheinbar ohne Wiederkehr. Es ist zu spät und gleichzeitig zu früh, zu fragen, wie alles hätte anders gehen können. Leider begreifen nur wenige Menschen, daß nicht die Abkehr vom anderen den großen Schaden anrichtet, sondern die Abkehr von sich selber: denn richtiges Einssein mit dem anderen bedeutet auch Einssein mit mir selber.

Der Irrtum, es gebe eine unauflösbare Schicksalsverknüpfung zweier Menschen, ist gerade bei denen verbreitet, die in einer Partnerschaft gescheitert sind. »Wo ich ihn nicht hab, ist mir das Grab, die ganze Welt ist mir vergällt«, dies gilt oft nicht nur für den Partner, der verlassen worden ist, sondern auch für den anderen, der die Initiative zur Trennung ergriffen hat. Es gilt auch für den, der nicht mehr liebt, sondern nur noch haßt. Ohne den anderen fühlen wir uns vom Leben abgeschnitten.

In der Trennung wird deutlich, daß uns nicht alles Menschenmögliche möglich ist, sondern unsere Möglichkeiten begrenzt sind und wir in dieser gescheiterten Beziehung nichts mehr ausrichten können. Die Wiederbelebung, die Neufindung, ein neuer Anfang ist nur dort möglich, wo beide Partner die Entscheidung in sich treffen, mit den Schwierigkeiten gemeinsam fertig zu werden. Wo sich nur einer von zweien dieser Hoffnung hingibt, fällt der Same auf unfruchtbaren Boden. In der Regel gibt unser Unvermögen, diese Beziehung zu retten, das Gefühl von Ohnmacht. Es fällt uns schwer, auf das zu verzichten, was wir nicht retten können. Daß einer vom Liebenden zum Hassenden geworden ist, ist das schmerzhafteste Eingeständnis seiner Begrenzung. Er spürt, daß das Du auch ein Teil seiner selbst war, sonst hätte er es nicht geliebt, aber seine Hingabe war begrenzt: an das Du und an jenen Teil in sich selber, der dem Du entsprach. Er hat den Arm ausgestreckt und ihn wieder sinken lassen, hat das Du in sich hineingenommen und wieder ausgestoßen. Dieser Teil seiner Welt war ihm zu fremd, als daß er sich dauernd mit ihm hätte verbinden können.

Leicht verwechseln wir jetzt unser Unvermögen mit völliger Ohmmacht. Wir verallgemeinern unsere Erfahrung mit dem einen Menschen auf alle möglichen Erfahrungen mit anderen Menschen. Die Angst lähmt uns: »Ich kann nicht lieben« und: »Ich bin es nicht wert, geliebt zu werden, ich bin kein liebenswerter Mensch.« Diese beiden Grundängste: Unfähigkeit zu lieben und Unmöglichkeit geliebt zu werden, indem wir uns aktiv in der Hingabe üben, nicht mehr an den Partner, von dem wir uns getrennt haben, sondern an unseren inneren Menschen, der zu werden wir dank der gescheiterten Beziehung gehofft hatten, wahrscheinlich ohne es zu wissen.

Die innere Auseinandersetzung mit dem einst geliebten Menschen muß so bald wie möglich anfangen, damit wir wieder aus der Haltung der Verneinung zum Du zur Bejahung zu uns selber finden. Darum ist es nach einer Trennung wichtig, uns in zwei Richtungen zu bemühen: zur äußeren Abkehr vom Du und zur inneren Auseinandersetzung mit ihm.

Die Abkehr vom anderen ist natürlich nicht an dem Tag beendet, an dem wir uns offiziell trennen oder die rechtliche Scheidung ausgesprochen wird. Sie hat schon vorher angefangen und ist noch nicht abgeschlossen.

Jetzt heißt es zunächst, sich alle jene Unterschiede zwischen mir und dem soeben getrennten Partner in den Auffassungen und der Lebensweise willentlich und ausführlich zu vergegenwärtigen, Unterschiede, die ein Zusammenleben, insbesondere die Liebesbindung unmöglich gemacht haben. In dieser Vergegenwärtigung der Unterschiede können auch banale Einzelheiten eine symbolische Rolle spielen. Die Unterscheidung vom früheren Partner gibt ein Gefühl von Erleichterung und Erlösung: »Ich habe nicht nur etwas verloren, ich habe auch etwas wiedergefunden.«

Während wir uns über die Unterschiede zum Partner Gedanken machen, realisieren wir vielleicht, wie selten wir im Laufe der Beziehung über dieses Thema nachgedacht haben und daß unser fester Standpunkt nach und nach verlorenging. Wir holen also etwas nach, was in der Partnerschaft unterblieben ist. Auch die Erledigung dieser Aufgabe gibt ein gutes Gefühl.

In der ersten Zeit nach der Trennung gehen uns ständig die grausamen und kränkenden Gespräche durch den Kopf. Wieviel Bosheit, Enttäuschung, Traurigkeit, Verzweiflung haben wir in diesen Gesprächen gespürt, in uns selber und im anderen. Doch machen es uns gerade diese negativen Gefühle leichter, der Vergangenheit den Rücken zu kehren. Die seelischen Wunden waren nötig, um uns wachzurütteln und in die Flucht zu schlagen. Die Verletzungen, die wir uns gegenseitig zufügten, halfen uns, die Trennung, die unser Partner uns aufgezwungen hatte, selbst aktiv zu wollen. Zuerst zögerten wir, doch dann konnte es kein Zurück mehr geben.

Außerdem, was an Aggression und Haß aus den Beteiligten bricht, war vorher heimlich schon drinnen. Mancher erinnert sich jetzt sehr wohl daran. Etwas in ihm wollte schon sehr lange die Trennung, aber er hat dem Partner die Rolle überlassen, sie auch stellvertretend für ihn zu fordern.

»Weißt du, die vielen Kräche mit Eva Maria, die vielen Trennungen, verbunden mit dem Gefühl, jetzt ist es endgültig aus, haben auch positive Auswirkungen gehabt.« Günter K. sah mich an, als wollte er meinen Augen ablesen, ob er ihn verstand. Natürlich verstand ich ihn, wußte aber noch nicht genau, wo er speziell hinwollte. »Jede Trennung und jede Versöhnung, die immer entweder nach Wochen oder nach Monaten stattfand, wühlte in mir alte Geschichten früherer Beziehungskisten auf. Wenn ich mit Eva Maria in langen Gesprächen etwas klärte, losließ, erledigte, war das auch gleichzeitig eine Aufarbeitung von früher unerledigt gebliebenen Beziehungen.«

Ich nickte: »Das so wichtige Loslassen des Scheidenden

oder schon geschiedenen Partners wird häufig völlig falsch verstanden. Mancher meint, man müsse den anderen erst unangespitzt in den Boden schlagen, aus allen Gedanken verjagen und vertreiben.«

»Ja, genauso hab ich's früher gemacht«, unterbrach Günter K. mich. »Ich habe erst viel später begriffen, daß man sich nach einer Trennung mit dem anderen auseinandersetzen muß, und nicht so tun, als hätte es ihn nie gegeben. Das Gefühl, er sei völlig Luft für mich, war wohl verkehrt. Meine vielen Wehwehchen zeigten mir wohl, daß das nicht Luft war, was in mir arbeitete, sondern meine konkreten Leiden um die jeweilige Frau.«

»Du hast dir eben eine dicke Haut wachsen lassen«, sagte ich ihm. »Sie ist kein Panzer, den man sich umlegen kann, keine Verhärtung oder Starrheit, sondern eine sehr flexible, dehnbare, aber immer haltbare Schutzzone. Sie wächst durch die innere Aufarbeitung von Mißerfolgen, Akzeptieren unserer Niederlagen, Mut zum Experimentieren, Geduld, wenn das anvisierte Ziel nicht sofort erreicht wird.«

Am Anfang dieses Prozesses steht ein Aufbruch, ein Entschluß: »Ich will nicht mehr so leben, wie es andere von mir wollen.« Loslassen heißt, richtig verstanden, das Vergangene dort stehen zu lassen, wo es liegengeblieben ist. Es nicht besser machen wollen, als es war, und auch nicht schlechter. Das war ich, das bin ich. Was werde ich sein? Mit anderen Worten: wir übernehmen neu Verantwortung für uns und geben sie endgültig für unseren früheren Partner auf. Durch diese Phase muß ein scheidendes Paar hindurch, damit beide zu einem späteren Zeitpunkt wieder zueinanderfinden können, auf einer höheren Ebene, versteht sich. Entweder in einer Neubegegnung oder darin, daß jeder das neue Leben des anderen akzeptiert. Wichtig ist dabei, auf die eigenen Gefühle zu horchen, ohne sich durch sie manipulieren zu lassen.

Eine Trennung oder Scheidung schafft neue Lebensumstände, die uns aus unserer täglichen Routine herauszwingen und neue Verhaltensweisen verlangen. Biologisch sind wir das, was wir essen, psychologisch gesehen sind wir das, was wir tun. Mit der Trennung hören einige uns geläufige Rollen, die unser Leben in der Vergangenheit bestimmt haben, auf zu bestehen, und neue Rollen werden uns auferlegt. Verwirrung, Angst und Unsicherheit ist die erste Reaktion auf diese erste Veränderung. Das ist normal: Unsere Identität wird geformt von den Rollen, die wir spielen — Ehefrau, Ehemann, Arbeitskraft, Sportmensch und vieles mehr. Wir ziehen eine Menge unbewußter Befriedigung und Sicherheit aus der Routine, die damit verbunden ist, Familienvater oder Ehefrau zu sein, auch dann noch, wenn die Ehe schlecht geht und wir diese Rollen als einengend empfinden.

In einer Welt voll neuer Situationen, ohne die gewohnten Wegweiser unseres Verheiratetendaseins, hat jeder von uns keine andere Wahl als sich wie eine einzelne Person zu benehmen. Eine Veränderung der gewohnten Rollen erschüttert die Grundfesten unserer Persönlichkeit.

Der Übergang zur Einzelrolle ist schmerzhaft. Aber das Positive dabei liegt darin, daß neue Rollen uns zwingen, neue Reserven und Fähigkeiten in uns zu aktivieren, die uns vorher nicht einmal bewußt waren.

Wie schon an anderer Stelle gesagt, bringt die Scheidungskrise unbewältigte Gefühle aus der Vergangenheit an die Oberfläche, die dem Glücklichsein im Wege gestanden haben. Wir tragen eine Menge emotionales Übergepäck mit uns herum, das sich während eines Lebens an Freude und Schmerz angesammelt hat. Die Scheidungskrise setzt emotionale Energien frei. Eine davon ist eine gehörige Portion an Traurigkeit.

Vom Sinn der Trauer

Im Gefühl der Trauer verdichten sich die stärksten Gefühle des Menschen, mit denen umzugehen sehr schwierig und doch von größter Wichtigkeit ist für unser Leben. Stirbt ein geliebter Mensch, trennen sich zwei, die sich einst geliebt haben, gibt es eine Zeit der Trauer, die wir brauchen, um den Verlust zu verarbeiten. Trauern heißt nicht nur einem Verlust nachhängen, traurig sein; unter Trauern verstehen wir einen ganzen Prozeß, einen schmerzvollen Prozeß, der, wenn wir ihn durchstehen, dazu führen soll, daß wir über den Verlust hinwegkommen, wie man so sagt, von Verstorbenen oder den Menschen, von denen wir uns getrennt haben. Wir müssen uns von dem, was wir verloren haben, lösen; und als gewandelte Menschen weiterleben, ohne den anderen zu vergessen.

Die vorgezeigte Art zu trauern wird von vielen Menschen in der Form gelebt, aber es gibt auch andere, die den Verlust nie verwinden. Ihr Denken und Erleben kreist um den verlorenen Menschen, um den Verlust, sie ziehen sich zurück von den Mitmenschen, vereinsamen in ihrer Trauer. Sie leiden, aber sie können sich nicht ablösen von dem Menschen, den sie verloren haben, werden häufig krank und sind sehr unglücklich. Sie sind traurig, die Welt ist für sie bedeutungslos, die eigene Existenz ist wertlos, die Zukunft hoffnungslos. Und das verändert sich auch nicht, wenn die Zeit vergeht. Zeit heilt da keine Wunden.

Womit hängt es zusammen, daß es Menschen gibt, die trauern können, bei denen ein Trauerprozeß ein Vorgang ist, der sie letztlich weiterbringt, sie wandelt und ihnen das Gefühl gibt, mit einem so großen Verlust umgehen zu können, daß das Leben dadurch neue Dimensionen gewinnt, und andere, die eigentlich nicht trauern können, die entweder überhaupt nicht trauern oder in eine Depression versinken?

Zunächst, um den Begriff Trauer richtig in den Griff zu bekommen, müssen wir feststellen, daß es kaum wesentliche Unterschiede zwischen Trennung und Tod gibt. Trennung und Scheidung sind immer auch ein kleiner Tod. Die Feststellung: das Sterben ist noch ein Modus des Lebens und das Leben ein Modus des Sterbens — erscheint wohl als platter Gemeinplatz. Die Platitüde liegt aber in der durch Verdrängung und Gewohnheit hervorgerufenen Verharmlosung der scheinbar evidenten Aussage, nicht aber in der Aussage selbst, die unseren Verstand vor das größte Ärgernis unseres Daseins stellt. Die »Evidenz« ist hier Ergebnis eines Abwehrmechanismus: etwas Bedrohliches wird hier rationalisiert, das Rationalisierte wird — obwohl unverstanden — zu einer unverbindlichen Diagnose ohne Therapie. Sartre bemerkte scharfsinnig, daß im menschlichen Bewußtsein der Tod üblicherweise den anderen betrifft; das Bewußtsein vermag das persönliche Betroffensein durch den Tod (jetzt gilt der Tod mir) nicht zu verarbeiten.

In diesem Kapitel wollen wir uns überwiegend mit jener Trauer befassen, die mit dem Ableben eines geliebten Menschen zu tun hat. Die Prozesse, die aufgezeigt werden, sind aber überwiegend identisch mit jenen, wie wir sie bei Trennung und Scheidung erleben. Sprechen wir also zunächst über die Toten.

Die Toten antworten nicht mehr, dennoch führen wir noch lange nach dem Tode uns nahestehender Menschen innere Gespräche mit ihnen. Antworten die Toten uns vielleicht doch? Hängt es von uns und unserer intensiven Zuwendung, unserer oft verzweifelten Sehnsucht nach der Gegenwart der Verstorbenen ab, ob die Form eines Dialogs bestehen bleibt oder nicht? Wann bringen diese faktisch einseitigen Gespräche eine Linderung von Gefühlen der Verlassenheit und des Ausgeliefertseins? Wann können sie zu einer Behinderung dessen werden, was man in der Psychotherapie Trauerarbeit nennt, das heißt zu einem dauerhaften melancholischen Rückzug in eigene Verzweiflung? Wann wird aus Trauer eine Trauerkrankheit?

Aus der Psychotherapie wissen wir, daß es einen Unterschied zwischen Umgang mit Trennung und Trauer gibt. Es ist etwas anderes, ob eine lange Krankheit dem Tode des verstorbenen Menschen vorausgegangen ist und man sich schon zu dessen Lebzeiten daran gewöhnen mußte, daß die Art Gespräche, wie man sie mit dem Gesunden führte, nicht mehr möglich waren, oder ob der Tod plötzlich eintrat, eine unverändert bestehende Beziehung, einen lebendigen Dialog von einem Augenblick an zerstörte. Dann wird das Gefühl des Alleinseins noch überwältigender sein, als wenn wir auf die Einsamkeit durch ein schweres, lange andauerndes Leiden vorbereitet sind. Allerdings wird der endgültige Verlust des Lebens- und Gesprächspartners niemanden von dem Gefühl der Leere und der Ziellosigkeit verschonen.

»Bist du je in deinem Leben direkt mit dem Tod in Berührung gekommen?« fragte ich Günter K.

»Ja und nein«, er sah mich ernst an. »Als ich neun Jahre alt war, lebte ich ein Jahr lang in einem Pastorenhaushalt. Der Pastor nahm mich immer mit zu den Sterbenden, und zu den Beerdigungen mußte ich auch mit. Immer wieder. Mir war das unheimlich, wenn ich die Sterbenden in ihren einfachen bäuerlichen Betten liegen sah, als wären sie schon tot. Es brannten Kerzen auf beiden Seiten des Bettes, der oder die Sterbende lag da mit gefalteten Händen, sie bewegten sich kaum, es war so, als wären sie schon tot. Nur wenn sie bei den Sterbesakramenten den Wein bekamen, öffneten sie leicht die Lippen. Für mich als Kind war das immer unheimlich gewesen. Auf der einen Seite hat es mir Angst gemacht, andererseits hat es mich immer ergriffen. Wenn mir auch im einzelnen viel fremd war und fremd blieb, spürte ich doch etwas, was mich tief aufwühlte.«

Höhepunkte intensiven Erlebens vollziehen sich immer, indem wir von dem, was uns begegnet, total ergriffen werden, was auch Erschüttertwerden bedeutet. Schon im sprachlichen Ausdruck wird deutlich, daß es hierbei über das Prinzip von Lust und Unlust hinausgeht und eine andere Seins- und Erlebnisweise Raum gewinnt. Selbst die Kategorie von Ästhetik hat ihre Gültigkeit verloren, wenn wir an die großen Ereignisse unseres Lebens rühren wie Zeugung, Geburt, Tod und Leiden. In der Flüchtigkeit — auf der Flucht sein — unserer Zeit der Eile und ihrer Zweckbestimmtheit wird darum der Sinn der Trauerarbeit nicht recht verstanden. Die Trauerarbeit — das Vertrauern und Verinnern, wird verweigert. Man will vom Tod nichts wissen, weil er an Irrationales rührt und wir ihn noch nicht beherrschen. Er stört unser mühsam aufgebautes Verdrängungswerk und fordert Konfrontation. Die Psychoanalytikerin Hildegund Fischle-Carl beschreibt einen Todesfall mit eindrucksvoller Trauerarbeit folgendermaßen:

»Das Erlebnis des Begräbnisses eines jungen verunglückten Menschen in einem kleinen Bergdorf, dessen Bewohner noch an vielen alten Sitten, Gebräuchen und Traditionen hängen, wurde mir zu einer eindrucksvollen Erinnerung. Die Tage vom Tod des Verstorbenen bis zur Beerdigung widmen die nächsten Angehörigen ganz der Trauer. Die Nachbarn übernehmen für sie das, was getan werden muß: die Stallarbeiten, das Essen zubereiten, die gründliche Reinigung des Zimmers, in dem der Tote aufgebahrt wird, das Schmücken des Totenzimmers und die Aufbahrung.

Am Abend kommen alle Nachbarn ins Totenhaus, bringen kleine Gaben, und bleiben bis zur Mitternacht, um mit den Hinterbliebenen zu singen, zu beten und zu weinen. Tagsüber empfängt die Mutter des verstorbenen jungen Mannes die Beileidsbesucher, die Blumen bringen und mit den Hinterbliebenen über den Toten reden, sich unterhalten über sein Leben und sein Tun, seinen Tod. Selbst feindliche nachbarschaftliche Beziehungen kommen angesichts des Todes vorübergehend zum Schweigen. Es ist auch Sitte, den Tieren im Stall mitzuteilen, daß der Nachbar gestorben ist. Bei meinem Beileidsbesuch wurde ich in das Totenzimmer geführt, und man zeigte mir Dinge und Bilder aus dem Leben des Toten. Aus der Mentalität eines Städters heraus fragte ich, ob ich die Bäuerin nicht aufhalte. Ich bekam die Antwort: ›Ich habe Zeit . . . die ganzen Tage schon. Die Nachbarn haben die

Arbeiten übernommen.‹ Und die sonst ewig geschäftige unermüdliche Bäuerin saß in unsagbarer Ruhe da, hatte die Hände in den Schoß gelegt, sprach ganz ruhig und ließ ihren Tränen ebenso ruhig und gefaßt ihren Lauf. Der Fußmarsch im Trauerzug auf den außerhalb des Ortes gelegenen Friedhof dauerte weit über eine Stunde. Schweigend gingen wir alle, die Frauen mit ein paar Blümchen in den Händen. Der vorbeikommende Omnibus hielt an, und der Fahrer nahm seine Mütze ab, bis der ganze lange Trauerzug vorüber war. Am Feuerwehrhaus wurde langsam die schwarze Fahne vor dem Sarg gesenkt, die Kirchenglocken läuteten, und die ganze Trauergemeinde war in der Kirche versammelt. Nachdem der Pfarrer gesprochen hatte, gelang das Singen nicht mehr recht, weil alle viel zu ergriffen waren. Draußen am Grab weinte alles still vor sich hin, auch die jungen Leute von der Dorffeuerwehr und die jungen Freunde des Verstorbenen, die den Sarg trugen. Was hier an Trauerarbeit von jedem einzelnen geleistet worden ist, hat mich tief aufgewühlt. Ich selbst fühlte am Abend jenes für mich körperlich und seelisch anstrengenden Tages eine außerordentliche Gelöstheit an Leib und Seele. Was die Väter und Mütter, die jungen Burschen und Mädchen während des langen schweigsamen Trauermarsches zum Friedhof gedacht und gefühlt haben, weiß ich nicht. Aus kleinen Bemerkungen in den nachfolgenden Tagen konnte ich jedoch entnehmen, daß sie sich in der Begegnung mit dem Tod und alldem, was damit an Leid und Traurigkeit verbunden ist, gestellt haben. Die kollektive Gestaltung des Todeserlebnisses war durch Sitte und Brauch in geradezu vollkommener Weise gelöst, wie sie vom einzelnen Mitbetroffenen niemals hätte spontan geleistet werden können.«

240

Für den erlebnisfähigen Menschen hat diese Form des Trauerns und der Begräbnisgestaltung auch heute noch Gültigkeit, sofern er bereit ist, sich der Begegnung mit dem Tod und dem Leiden zu stellen. In solchem Brauch drückt sich über Generationen und Jahrhunderte hin entwickelte Menschlichkeit und Weisheit aus. Man darf nicht übersehen, daß hier längst vor aller bewußt erkannten Psychologie sich tiefes Wissen um den Menschen und um sein In-der-Welt-sein niedergeschlagen hat.

Sich ergreifen und erschüttern lassen, sich dem Leiden in der Welt zu stellen, das ist in allen großen geistigen und religiösen Bewegungen zu finden und wird als eine wichtige Voraussetzung auf dem Weg zur Wahrheit und zur Weisheit dargestellt. Das Ertragen von Schmerzlichem, das Erschüttertwerden vom Leiden hat nicht nur den Sinn, aufwallende Regungen zu verarbeiten. Schmerz und Leiden haben darüber hinaus eine eigene Wirkung. Sie sozialisieren den Menschen, lassen ihn aufgeschlossen und teilnehmend werden für den anderen in seiner Not. Außerdem bewirken solche Erfahrungen eine Differenzierung des Fühlens, was immer eine Bereicherung der Gesamtpersönlichkeit bedeutet. Ein Mensch kann nur soviel verstehen, wie er selbst zu erleben fähig und auch bereit ist.

Viele unserer heutigen Mitmenschen sind längst nicht mehr fähig zu trauern und auch nicht fähig, den Schmerz zu spüren, eine Trennung, sei es durch Tod oder Scheidung, zu fühlen.

Mit dem Verdrängen und dem Nicht-wahr-haben-Wollen seiner subjektiven Teilhabe an der Welt und seiner subjektiven Stellungnahme — also der Ablehnung jeglichen Gefühls — verliert der Mensch einen großen Bereich der persönlichen Teilhabe an der Welt, sein Weltbezug verringert sich, der Erlebnisbereich wird immer kleiner. Es geschieht zwar vieles auf der Welt wie eh und je, doch die Geschehnisse werden nicht zum Ereignis und Erlebnis, vielmehr rotieren sie nun im Leerlauf, weil sie nichts bewirken können. Es wird dadurch nichts vollzogen, die Ereignisse haben in uns keinen Widerhall. Die Welt erscheint leer, der Mensch wird einsam und kontaktlos. Die Verarmung der Weltschau durch fehlgesteuertes analytisches und reduktives Denken tritt immer dann zutage, wenn komplizierte und vorläufig nicht weiter reduzierbare Prozesse auf allgemeine Begriffe festgelegt werden, die wie ein Sammelbecken anmuten.

Beobachtungen darüber, wie wir auf den Verlust eines nahen Angehörigen reagieren, zeigen, daß unsere Reaktion im Verlauf von Wochen und Monaten gewöhnlich eine Reihe von Phasen durchlaufen. Diese Phasen sind nicht deutlich unterteilt und jeder von uns kann zwischen verschiedenen Phasen hin- und herpendeln. Bei genauerer Beobachtung lassen sich diese Phasen unterscheiden in:

1. Phase der Betäubung, die gewöhnlich einige Stunden bis eine Woche dauert und unterbrochen werden kann von Ausbrüchen extrem intensiver Qual oder Wut.

2. Phase der Sehnsucht und Suche nach dem verlorenen Menschen, sie kann Monate oder gar Jahre dauern.

3. Phase der Desorganisation und Verzweiflung.

4. Phase eines größeren oder geringeren Grades von Reorganisation.

An erster Stelle steht die Betäubungsphase. Sie ist die unmittelbare Reaktion auf die Nachricht vom Tode eines Menschen, dem wir uns verbunden fühlten. Die Betäubungsphase unterscheidet sich von Mensch zu Mensch und ist auch bei ein und demselben Menschen zu verschiedenen Zeitpunkten unterschiedlich. Sehr häufig fühlen wir uns betäubt und fühlen uns unfähig, die Nachricht zu akzeptieren. Bemerkungen wie: »Ich konnte es einfach nicht fassen, es war wie im Traum, es erschien mir irgendwie unwirklich«, sind die Regel. Nach außen hin führen wir unser gewohntes Leben weiter. Dennoch spüren wir eine gewisse Spannung in uns, fühlen den Streß, der uns blockiert, der uns irgendwie lähmt. Die ungewöhnliche innere Ruhe im Betäubungszustand kann jeden Augenblick von einem Ausbruch intensiver Emotionen unterbrochen werden. Es kann Anfälle von Panik geben, in denen wir uns möglicherweise zu Freunden flüchten, andere haben Wutausbrüche.

»Ich weiß noch genau, was ich sagte, als ich erfuhr, daß meine Mutter gestorben war«, erzählte Günter K. »Ich sagte immer wieder: Das ist ein Hammer. Ich fühlte mich wie vor den Kopf gestoßen. Ich hatte bei ihr anrufen wollen, weil sie Geburtstag hatte. Am Apparat war ihr derzeitiger Ehemann. ›Deine Mutter ist schon seit einer Woche unter der Erde‹, sagte er und ich konnte es irgendwie nicht begreifen. Immer wieder sagte ich: Das ist ein Hammer. Eva Maria und ich waren kurze Zeit zuvor in das neue Haus gezogen. Es gab Spannungen zwischen uns. Und nun das. Meiner Mutter hatte ich etwa zwei Wochen zuvor die neue Anschrift mitgeteilt. Ihr Mann hätte meine neue Adresse wissen müssen, oder er hätte sie über die Telefonauskunft erfahren können, oder von meiner

Schwester. Aber nein, er hatte sie einfach begraben. Später erfuhr ich, daß die beiden das so abgesprochen hatten, als sie noch lebte. Keiner ihrer ›undankbaren Kinder‹ sollte zur Beerdigung kommen können. Mehr noch. Sie nahm sich eins von diesen namenlosen Gräbern, wo keiner erfahren kann, wo der Verstorbene begraben liegt. So konnte ich bis heute nicht an ihr Grab fahren. Das war ihre Rache.«

»Hast du sehr gelitten?« fragte ich ihn. Er nickte.

»Ja sehr, ich bin in eine tiefe Depression versunken, offen und spürbar trauern konnte ich jedoch nicht. Ich hatte schon sehr früh in meinem Leben die Entscheidung gefällt, daß ich nie zu der Beerdigung meiner Eltern fahren würde. Für mich waren sie eigentlich damals schon gestorben, als ich als Kind in die Fremde mußte. Wir hatten uns in den Jahren noch gelegentlich gesehen, aber es war keine starke Bindung mehr da gewesen, meinte ich.«

»Und trotzdem hast du so gelitten?«

»Ich habe wirklich sehr gelitten. Sie zu betrauern aber erlaubte ich mir erst über die Therapie, und begriff erst dadurch, daß es zwischen uns noch so viel zu klären gegeben hätte, daß zwischen uns so viel Unausgesprochenes gewesen war. Und das schlimmste war, sie war gar nicht so schuldig, wie ich sie gerne gehabt hätte. Sie war einfach wie viele andere Mütter auch. Es war mein Bock, mein Trotz, mein Gekränkt- und Beleidigtsein, das diese tiefe Kluft zwischen uns geschaffen hatte. Aber, wie gesagt, das begriff ich erst viel später. Ich habe längst Frieden mit ihr geschlossen und seither geht es mir wirklich viel besser.«

»Und die Tatsache, daß sie einfach so weggegangen war, ohne daß du zur Beerdigung gehen konntest, wie hast du das verkraftet?« fragte ich ihn.

»Nun, das habe ich nicht so ohne weiteres geschluckt. Als die erste Erstarrung gewichen war, bekam ich nach Tagen eine unbändige Wut, der Haß quoll so gewaltig in mir auf, und ich wunderte mich, woher das alles kam, nachdem ich mir doch eingebildet hatte, längst mit ihr fertig zu sein.«

Wut und Haß gehören in die zweite Phase der Trauer. Wenige Stunden oder vielleicht wenige Tage nach dem Verlust tritt eine Veränderung ein, und die Hinterbliebenen, jeder auf seine Art, beginnen zu begreifen, was dieser Verlust für sie bedeutet. Das führt zu stechendem, intensivem Gram, Krämpfen voller Qual und tränenreichem Schluchzen. Fast gleichzeitig jedoch treten große Ruhelosigkeit, Schlaflosigkeit und Beschäftigung mit Gedanken an den Verstorbenen auf. Nicht selten geschieht es, daß eine rege Phantasie uns glauben macht, der Verstorbene wäre noch da. Witwen hören Türklinken gehen zu dem Zeitpunkt, da der Betreffende von der Arbeit kam, oder sie glauben in einem Mann auf der Straße den Verstorbenen zu erkennen. Lebhafte Träume treten auf, in denen der Verstorbene sich in verschiedenen Lebenssituationen zeigt. Beim Erwachen kommt dann die entsprechende Trostlosigkeit.

Da man weiß, daß alle diese Anzeichen bei sehr vielen Hinterbliebenen auftreten, muß man erkennen, daß es sich um ganz normale Trauersymptome handelt, die zum Traueraufarbeitungsprozeß gehören.

Ein weiterer Gesichtspunkt in dieser Phase ist plötzlich aufwallender Zorn, man bekommt das Gefühl, vom anderen im Stich gelassen worden zu sein, man muß jetzt alleine mit dem Leben fertig werden und hat doch Angst davor.

Die Phasen 3 und 4, der Desorganisation und Verzweiflung und der Reorganisation, fallen häufig zusammen. Damit Trauer einen günstigen Ausgang nehmen kann, scheint es notwendig, daß der trauernde Mensch emotionale Schläge aushält. Nur wenn er den Gram, das mehr oder weniger bewußte Suchen nach dem verlorenen Menschen sowie das endlose Prüfen, wie und warum der Verlust passierte, sowie die Wut auf jeden, der dafür verantwortlich sein könnte, ertragen kann, kann er allmählich dahin gelangen, zu erkennen und zu akzeptieren, daß der Verlust tatsächlich von Dauer ist und daß sein Leben neu eingerichtet werden muß. Nur in dieser Weise scheint es einem Trauernden möglich zu sein, voll zur Kenntnis zu nehmen, daß seine alten Verhaltensmuster überprüft und dementsprechend abgebaut und gewandelt werden müßten.

Da es notwendig ist, alte Muster des Denkens, Fühlens und Handelns abzulegen, damit neue gebildet werden können, ist es nahezu unvermeidlich, daß ein Trauernder manchmal verzweifelt und meint, alles sei verloren und folglich in Depression und Apathie verfällt. Wenn alles gutgeht, wechselt diese Phase aber unter Umständen bald mit einer Phase ab, in der der Betreffende die neue Situation, in der er sich befindet, zu prüfen und über Wege nachzudenken beginnt, sie zu bewältigen. Dazu gehört eine Neudefinierung seines Selbst und seiner Situation. Es gilt zu begreifen: Wir sind nicht mehr einer von zweien, sondern wieder alleinstehend. Wir sind nicht mehr Teil eines Paares mit komplementären Rollen. Diese Neudefinition unseres Selbst und unserer Situation ist ebenso schmerzhaft wie entscheidend wichtig, und sei es nur deshalb, weil sie die endgültige Aufgabe aller Hoffnung bedeutet, die verlorene Person könne zurückgewonnen und die alte Situation wiederhergestellt werden. Hier scheint einer der wichtigsten Punkte zu liegen, daß Getrennte oder Geschiedene nach langer Zeit auch nicht mehr zusammenfinden können. Es ist, als habe das Unbewußte den Trennungsprozeß wie einen Todesfall behandelt, und mit einem Verstorbenen kann man eben keine lebendige Bindung mehr aufrechterhalten. Man findet deswegen nicht mehr voll zueinander, weil der andere in unserem Innern »gestorben« ist und demnach die gleichen Prozesse wie beim realen Tod ablaufen.

Es ist noch wichtig anzumerken, daß die Neudefinition des Selbst und der Situation, so sehr sie auch von starken Emotionen durchflutet ist, keine bloße Effektenbindung ist, sondern ein kognitiver Akt, von dem alles andere abhängt.

Es ist ein Prozeß der Vergegenwärtigung, der Neuformung innerer Vorstellungsmodelle, um sie den Veränderungen anzugleichen, die in der Lebenssituation des Trauernden eingetreten sind.

Sobald diese Hürde einmal genommen ist, erkennen wir, daß wir versuchen müssen, ungewohnte Rollen auszufüllen und neue Fertigkeiten zu erwerben. Ein Witwer muß vielleicht lernen zu kochen und das Haus in Ordnung zu halten, eine Witwe, das Geld zu verdienen und Verschönerungen am Haus durchzuführen. Wenn Kinder da sind, muß der verbleibende Elternteil so gut wie möglich die Pflichten beider Eltern übernehmen. Je erfolgreicher der Überlebende diese neuen Rollen und Fertigkeiten meistert, desto vertrauensvoller und unabhängiger beginnt er oder sie, sich zu fühlen.

Frauen brauchen lange Zeit, um den Tod des Partners

zu überwinden. Wenn der Trauerprozeß aber richtig, das heißt, unter Zulassen aller begleitenden Gefühle abläuft, dann wird er etwa nach einem Jahr abgelaufen sein. Fast immer leidet die Gesundheit. Schlaflosigkeit beispielsweise ist schon universal, Kopfschmerzen, Spannung, Angst, Erschöpfung sind außerordentlich häufig. Bei allen Trauernden ist die Wahrscheinlichkeit erhöht, daß sich andere Symptome entwickeln.

Warum Menschen häufig nicht mit Trennung und Tod fertigwerden, liegt im Steckenbleiben in einzelnen Trauerphasen. Man muß sich das schmerzliche Dilemma betrachten, vor dem jeder Trauernde steht, um zu sehen, an welchem Punkt im Verlaufe des Trauerns die selbstzerstörerischen Varianten auftreten. Solange trauernde Menschen nicht glauben, daß ihr Verlust unwiderbringlich ist, haben sie Hoffnung und fühlen sich zum Handeln getrieben; das jedoch führt zu all der Angst und dem Schmerz frustrierenden Bemühens. Die Alternative, nämlich zu glauben, daß der Verlust von Dauer ist, mag realistischer sein, dennoch ist sie anfangs zu schmerzhaft und vielleicht zu erschreckend, um lange darin zu verweilen. Vielleicht ist es darum barmherzig, daß der Mensch so angelegt ist, daß Aufschub gewährende geistige Prozesse und Verhaltensweisen Teil seiner Natur sind. Dennoch kann solcher Aufschub nur begrenzt sein, und die Aufgabe, das Dilemma zu lösen, bleibt bestehen.

Der Ausgang der Trauer hängt davon ab, wie ihm das gelingt — entweder macht man Fortschritte in Richtung auf die Anerkennung der veränderten Umstände, die Revision unserer Vorstellungsmodelle und die Neudefinition unserer Lebensziele, oder wir geraten in einen Zustand aufgehobenen Wachstums, in dem wir Gefangener unseres Dilemmas werden, das wir nicht lösen können. In allen Psychotherapierichtungen sind die geistigen Prozesse und auch die Verhaltensweisen, die die Schmerzhaftigkeit der Trauer lindern, als Abwehrmechanismen bekannt und werden mit Begriffen bezeichnet wie Verdrängung, Abspaltung, Leugnung, Dissoziation, Projektion, Verschiebung, Identifikation und Reaktionsmuster.

Es gibt vier Trauerabwehrmuster:

1. Prozesse, die dazu führen, daß ein von einem schmerzhaften Verlust betroffener Mensch sich betäubt und unfähig fühlt, an das zu denken, was passiert ist.

2. Prozesse, die Aufmerksamkeit und Aktivität von schmerzlichen Gedanken und Erinnerungen ablenken und auf angenehmere Dinge lenken.

3. Prozesse, den Glauben aufrechtzuerhalten, der Verlust sei nicht von Dauer und Wiedervereinigung sei noch immer möglich.

4. Prozesse, die zu der Erkenntnis führen, daß der Verlust tatsächlich eingetreten ist, kombiniert mit einem Gefühl, daß die Verbindung zu dem Toten dennoch weiterbesteht, was sich häufig manifestiert in dem tröstlichen Gefühl der fortdauernden Anwesenheit des verlorenen Menschen.

Der letzte Punkt wirft aus der Sicht der Psychologie Schwierigkeiten auf und darf als nicht pathogen betrachtet werden. Zumal es immer wieder danach aussieht, daß Menschen mit Verstorbenen in Kontakt getreten sind und immer wieder in Kontakt treten. Es handelt sich um ein esoterisches Thema, das nicht Bestandteil dieses Buches ist. Ich selbst glaube an ein Weiterleben nach dem Tode und weiß aus eigener Erfahrung, daß man unter bestimmten Voraussetzungen mit Verstorbenen in Kontakt treten kann.

Wenn Trauer in irgendeiner Weise abgewehrt wird, geraten die Betreffenden allmählich in eine chronische Trauer. Schon wenige Wochen nach dem Verlust zeigen sie nur minimale oder gar keine Trauer. Bei einigen ist diese Stille eine Ausdehnung der Betäubungsphase auf mehr als ein paar Tage, andere scheinen nicht einmal Betäubung zu erleben. Wenn die Trauer beginnt, was wahrscheinlich binnen ein bis zwei Wochen geschieht, so kann sie abrupt sein. Möglicherweise ist sie auch intensiver und verursacht einen stärkeren Bruch als »gesunde« Trauer. In der Psychotherapie erleben wir immer wieder Menschen, die alte Trauerprozesse in sich herumschleppen, die bis in die frühe Kindheit zurückreichen. Es gelingt diesen Menschen einfach nicht, außer einer aufgesetzten Fröhlichkeit wirkliche Freude zu erleben.

Günter K. erzählt über den Tod seiner Eltern: »Ich war einfach unfähig zu trauern, das heißt, mir den Schmerz bewußt zu machen. Ich habe in beiden Fällen weitergelebt, als sei nichts geschehen. Obwohl mein Vater etwa zum gleichen Zeitpunkt wie ich einen Herzinfarkt erlitt und daran starb, konnte ich keine Trauer empfinden. Ich war zu sehr mit mir selber beschäftigt, meinte ich damals, und erkannte erst viel später, daß ich nichts anderes tat, als den Schmerz über die zu begrabende Hoffnung, doch noch zu einem guten Verhältnis mit ihm zu kommen, einfach wegzuschieben. Ich erlebte eine schreckliche Trostlosigkeit, schlief unruhig und hatte lebhafte Alpträume, in denen ich versuchte, mit meinem Vater zu reden. Tagsüber hatte ich Unruhegefühle. Nach einem Jahr spürte ich immer noch nichts, was auf meinen Vater hindeutete. Ich dachte, all diese Symptome, die sich bei mir zeigten, hatten etwas mit meinem Infarkt zu tun. Erst während meiner Psychotherapie, einige Jahre später, spürte ich den wahren Verlustschmerz und wußte, daß ich den Tod meines Vaters nur verdrängt hatte.«

Erinnern wir uns, Günter K. war schon in der Kindheit von den Eltern getrennt worden. Das heißt, daß schon der Verlust in der Kindheit weggeschoben worden war, er hatte nie gelernt, zu trauern. In diesem und in ähnlichen Fällen ist das Gefühlsleben von dem Ereignis losgelöst. Der eigentliche Verlust trat also in früher Kindheit ein, das abgespaltene Gefühl konnte sich im Todesfall der Eltern gar nicht mehr melden.

Günter K. litt schon seit seiner Kindheit an einer chronischen Trauer. Erwachsene, bei denen bewußter Kummer lange Zeit fehlte, sind gewöhnlich selbstgenügsame Menschen, stolz auf ihre Unabhängigkeit und Selbstkontrolle und Gefühle mißachtend; Tränen sehen sie als Schwäche an. Nach dem Verlust tun sie stolz so, als wäre gar nichts passiert.

Zu mir kam einmal eine Ehefrau und Mutter in die Psychotherapie, deren siebzehnjährige Tochter tödlich verunglückt war. Sie stellte sich ihrer Trauer und wollte sie mit meiner Hilfe durcharbeiten. Das gelang so lange, bis der Ehemann auftauchte, mich beschimpfte, seine Frau einen Weichling nannte und ihr vor meinen Augen demonstrieren wollte, wie gut er mit dem Kummer fertig wurde. Kaltschnäuzig sagte er: »Für unsere Tochter ist es gut so, daß sie gestorben ist. So hat sie sich vieles erspart.« Die

Gefühllosigkeit dieses Mannes ist nichts anderes als eine totale Abspaltung von sich selbst.

Man merkt aber sehr schnell bei solchen Menschen, daß sie angespannt und häufig reizbar sind. Freiwillig erwähnen sie den Verlust nicht. Erinnerungen werden gemieden, Wohlmeinenden wird weder Mitgefühl gestattet noch die Erwähnung des Geschehnisses. Körperliche Symptome werden mit dem Tod nicht in Zusammenhang gebracht. So hatte ich von dieser Frau erfahren, daß ihr Mann seit dem Tod der Tochter unter Kopfschmerzen, Herzklopfen, Schmerzen im Brustbereich litt.

Es gibt viele Varianten: bei dem einen erscheint Fröhlichkeit gezwungen, andere wirken hölzern und allzu förmlich. Einige sind geselliger als zuvor, andere ziehen sich zurück; nicht selten kommt Alkoholismus hinzu. Scheinbar aus heiterem Himmel passieren dann Tränenausbrüche, es kommt zu reaktiven Depressionen. Gewisse Themen werden offensichtlich gemieden. Die Furcht vor einem emotionalen Zusammenbruch kann offensichtlich sein, ob sie nun eingestanden wird oder nicht, spielt keine Rolle. Es gibt Menschen, die sich Verlust nicht eingestehen können. Sie sind aber dankbar, wenn ihnen andere Menschen mit ihren Leiden begegnen, und sie bieten sich an zu helfen. Anstatt sich das eigene Leid anzuschauen, beschäftigen sie sich mit dem Leid der anderen, um sich so nicht mit sich selbst auseinandersetzen zu müssen. Oft wählen sie sich ein »Opfer« aus, das ein trauriges und schwieriges Leben hatte, zu dem in der Regel auch ein Trauerfall gehörte. Die Fürsorge, die sie entfalten, kann im Extremfall in eine Art Besessenheit ausarten. Nicht selten wird diese Hilfestellung anderen Menschen aufgedrängt, ob die Hilfe nun erbeten ist oder nicht. Weil derjenige, der anderen zwanghaft seine Fürsorge anbietet, dem anderen alle Traurigkeit und Bedürftigkeit zuschreibt, die er in sich selbst nicht erkennen kann oder will, steht der Umsorgte stellvertretend für den, der die Hilfe anbietet. Wer also den Drang in sich verspürt, anderen unbedingt helfen zu wollen, der sollte sich zunächst das eigene Leid betrachten, bevor er seine Projektion auf den anderen losläßt, vor allem, weil er durch den Projektionsvorgang auch Schaden zufügen kann.

Früher oder später kann es bei den Menschen, die einen Trauerfall in sich verdrängt haben, zu einem Zusammenbruch kommen. Daß Menschen zusammenbrechen, ist weniger überraschend; es stellt sich jedoch die Frage, warum es in einem ganz bestimmten Augenblick passiert.

Inzwischen steht fest, daß es gewisse Arten von Ereignissen gibt, die als Auslöser eines Zusammenbruchs wirken können.

In der Regel sind es unter anderem die folgenden Auslöser:

Ein Jahrestag des unbetrauerten Todes.
Ein anderer Verlust, scheinbar von geringfügiger Art.
Das Erreichen des Lebensalters, in dem ein bestimmter Elternteil starb.
Ein Verlust, den eine zwanghaft umsorgte Person erleidet, mit deren Erfahrung der Nicht-Trauernde sich möglicherweise identifiziert.

Wir übersehen häufig derartige Zusammenhänge und können uns einen Zusammenbruch nicht erklären.

Traurigkeit ist eine gesunde und normale Reaktion auf jedes Unglück. Die meisten, wenn nicht alle intensiven

Episoden von Traurigkeit, werden hervorgerufen durch den Verlust oder den erwarteten Verlust entweder eines geliebten Menschen oder vertrauter und bevorzugter Orte oder sozialer Rollen. Ein trauriger Mensch weiß, wen oder was er verloren hat und sehnt sich nach Rückkehr.

Außerdem suchen wir wahrscheinlich Hilfe und Trost bei einem Freund, einer Freundin oder sonst einem nahestehenden Menschen, dem wir vertrauen, und wir glauben irgendwo in unserem Innern, daß wir mit der Zeit und mit Unterstützung mit unserem Verlust fertig werden. Trotz großer Traurigkeit kann immer noch Hoffnung bestehen. Wenn traurige Menschen niemanden finden, an den sie sich wenden können, so wird unsere Hoffnung geringer, sie muß aber nicht unbedingt ganz verschwinden. Sich ganz aus eigener Kraft wieder zu erholen, wird wesentlich schwieriger sein; aber unmöglich ist es nicht.

Aber auch in solchen Zeiten können wir uns deprimiert fühlen. Depression ist immer eine Begleiterscheinung von Desorganisation. Solange ein aktiver Austausch zwischen uns selbst und der Außenwelt stattfindet, sei es im Denken oder Handeln, erleben wir keine Depression. Selbst wenn dieser Austausch negativ ist, etwa begleitet von Angst, Wut, Frustration, ist es doch eine Zuwendung zum Außen, wir spüren etwas, und das muß dann nicht Depression sein. Wenn es keinen Kontakt zur Außenwelt mehr gibt, tritt Depression auf und dauert an, bis neue Muster des Austausches organisiert worden sind.

Diese Desorganisation und die Stimmung der Depression, die damit einhergeht, sind zwar schmerzlich und vielleicht verwirrend, aber nichtsdestoweniger potentiell adaptiv.

Bei den meisten Formen depressiver Störung einschließlich der chronischen Trauer ist der wesentliche Bereich, in dem ein Mensch sich hilflos fühlt, seine Fähigkeit, aktive Beziehungen herzustellen und aufrechtzuerhalten. Das Gefühl der Hilflosigkeit in dieser besonderen Hinsicht kann, wie ich glaube, Erfahrungen zugeschrieben werden, die er in der Familie gemacht hat, der er entstammt.

Nicht selten haben betreffende Menschen die Erfahrungen gemacht, nie eine stabile und sichere Beziehung zu ihren Eltern erreicht zu haben, obwohl sie sich immer wieder darum bemühten und auch ihr Bestes taten, um ihre Forderungen und vielleicht auch die unrealistischen Erwartungen zu erfüllen, die sie an ihn stellten. Diese Kindheitserfahrungen führen dazu, daß sie eine starke Neigung entwickeln, jeden Verlust, der später erlitten wird, als ein weiteres eigenes Versagen innerhalb einer menschlichen Beziehung zu deuten.

Wenn Bedürfnisse vernachlässigt bleiben, und das ist bei Verlust immer der Fall, verändert sich die Art und Weise, wie wir versuchen, sie uns selbst zu erfüllen. Wir entdecken eine verfeinerte Möglichkeit, unseren Bedürfnissen Ausdruck zu verleihen. Anfangs können wir nur schreien oder weinen. Wenn es nicht hilft, hören wir auf zu schreien. Später fangen wir an, nach der Mama zu rufen, bis es zwecklos wird, und zuletzt handeln wir in einer Art symbolischen Rufens nach der Mama. In uns ist ständig ein Rufen nach Befriedigung alter Bedürfnisse, ohne uns dessen bewußt zu werden. Es ist der Mangel an Befriedigung zur angemessenen Zeit, der die Verdrängung aktiviert hat, die uns von einer Bewußtwerdung zurückhält. Die einzige Möglichkeit, daß diese frühe Agonie sich zeigt, besteht in dem Verlust einer Freundin, eines Freundes, eines Ehepartners, durch Scheidung oder Tod. Wir sind uns normalerweise nicht bewußt, daß der Ursprung des außergewöhnlichen Elends, das uns bei dem Gedanken oder der Realität eines solchen Verlusts innerlich erstarren läßt, Jahrzehnte in unserer Lebensgeschichte zurückliegt. Wenn alles, was wir von einem unbewußten Bedürfnis erleben, seine späteren Ableitungen sind, kommen wir dahin zu glauben, daß wir ganz andere Bedürfnisse haben.

Nehmen wir das Bedürfnis nach Zugehörigkeit. Wenn zwei Menschen beschließen, eine Bindung welcher Art auch immer zu entwickeln, dann beschließen sie, zusammenzugehören. »Ich gehöre zu meinem Mann« — oder: »Ich gehöre zu meiner Frau«, sind dann die inneren Einstellungen. Dabei gibt es kein Bedürfnis, dazuzugehören. Es gibt das Bedürfnis nach Liebe, geliebt zu werden, zu einer festen Gemeinschaft zu gehören. Bei Tod, Scheidung und Trennung entsteht das Gefühl, aus einer Gemeinschaft, die bislang bestand, ausgeschlossen zu sein.

Das Kind erlebt vielleicht, bei wichtigen Diskussionen aus dem Zimmer geschickt zu werden, und sein Bedürfnis nach Liebe und Familienzugehörigkeit ist gefährdet. Es entsteht eine Angst, die ihren Höhepunkt bei Scheidung oder Tod erreicht.

»Eine schlimme Zeit für mich war, als Eva Maria ihre Freundin kennenlernte«, sagte Günter K. Ich sah ihn fragend an.

»Was war daran so schlimm?«

»Na die ganze Art und Weise, wie sie ihr Leben gestalteten. Vorher waren meine Frau und ich unzertrennlich. Jetzt schien es so, daß sie und ihre Freundin Renate unzertrennlich waren. Jede freie Minute hockten sie zusammen, redeten stundenlang miteinander, trafen sich außerhalb.«

»Und was war daran so schlimm für dich?«

»Ich gehörte nicht dazu, sie hatten mich nach meinem Gefühl buchstäblich ausgeschlossen. Ich wußte nicht, worüber sie redeten, manchmal wußte ich nicht, was sie taten, ich hatte Angst, meine Frau zu verlieren.«

»Und du fürchtetest um dein Kontrollsystem. Solange deine Frau ständig bei dir hockte, mußtest du nichts befürchten, sobald sie sich dieser Kontrolle entzog, wurdest du unsicher und bekamst Angst.«

»Das alleine war es nicht«, antwortete er. »Irgendwann erkannte ich einen gewaltigen Neidpunkt in der Geschichte. Ich gehörte nicht zu ihnen, spürte einen Liebesverlust, ich wollte auch etwas von ihrem guten Verstehen abbekommen.«

»Und heute, wie ist es heute?« fragte ich.

Er lächelte: »Heute treffen sie sich immer noch. Ich bin aber weder neidisch, noch muß ich sie kontrollieren. Ich gehöre dazu. Jetzt reden wir zu dritt und ich habe nicht mehr das Gefühl, ausgeschlossen zu sein.«

Wir kämpfen dafür, in der Gegenwart zu bekommen, was wir in der Vergangenheit nie bekamen und in Zukunft nie mehr bekommen werden — liebende, für uns sorgende Eltern. Aber wir versuchen es immer wieder. Der Kampf ist die symbolische Art, die Vergangenheit in der Gegenwart zu behalten. Und es ist genau die Art, Traurigkeit am Leben zu erhalten.

Wenn sich unser irreales Selbst entwickelt, sind wir nur halbe Menschen. Das irreale Selbst verwischt das reale Selbst nicht; es erstickt es einfach. Das irreale Selbst ist in Schmerz verwickelt und bezieht dann nur daraus seine Existenz. Doch es fühlt weder Schmerz, noch erkennt es ihn. Verdrängung macht uns irreal, weil sie uns den Zugang zu unserer eigenen Wirklichkeit verbietet. Es mag sein, daß wir wissen, was wir denken, wir wissen jedoch nicht, was wir fühlen. Haben wir einmal verdrängt, müssen wir auf irreale Weise reagieren. Wir reagieren nicht mehr direkt auf unsere Gefühle, weil sie uns nicht mehr zur Verfügung stehen, um uns zu leiten. Das reale Selbst ist sich der Schmerzen höchst bewußt und ist ständig in die Bearbeitung von Bedürfnissen und Gefühlen mit einbezogen. Deshalb kann ein Mensch, nach seinem Befinden gefragt, nach einem Todesfall sagen, es gehe ihm sehr gut, in Wirklichkeit geht es ihm gar nicht gut, er aber bemerkt es nicht.

Bevor wir den Schmerz nicht fühlen, leiden wir; Leiden ist der Dauerzustand einer nicht erfolgten Heilung. Das zeigt uns am deutlichsten die Trauer. Wer glaubt, im Todesfall tapfer sein zu müssen, wird zum chronisch Leidenden an diesem Verlust. Wir kommen da niemals durch, weil wir es nicht fühlen. Indem wir den Schmerz verleugnen, fahren wir fort, seine Last zu tragen. Wir bringen unser eigenes Leben in Gefahr, wir riskieren ernste Krankheiten, die durch den Streß nicht gefühlter Gefühle verursacht werden.

»Ich kann mich noch erinnern, wie mir die erste Träne aus den Augenwinkeln über die Wange lief«, sagte Günter K. »Es war gleich am Anfang meiner Therapie. Ich weiß nicht mehr, worüber ich geweint habe, aber an dem Tag waren es nur wenige Tränen, die mir still über die Wangen liefen. So was hatte ich noch nie erlebt, in der zweiten oder dritten Therapiewoche liefen mir dann die Tränen in Strömen über die Wangen. Hinterher sagte ich zu meiner Therapeutin, daß ich es fast nicht glauben könnte, es sei zu schön, um wahr zu sein. Ich war an diesem Tag entspannter als je zuvor. Zum ersten Mal hatte ich das Gefühl, da löste sich etwas in mir.

Um eine Heilung zu erreichen, muß Leiden in Schmerz umgewandelt werden. Wir beobachten dies, wenn wir Therapiesitzungen kontrollieren, in denen Menschen, die zu uns kommen, alten verdrängten Schmerz wiedererleben, der unter dem alltäglichen Leiden begraben liegt. Der Klient fängt seine Sitzung mit Leiden an. Sein Nervensystem mobilisiert jeden einzelnen Teil von ihm in dem natürlichen Bemühen, den Schmerz abzuwehren, er leidet, um den Schmerz fernzuhalten. Vorübergehend sind die vitalen Körperfunktionen sehr hoch, was typisch für einen Leidenszustand ist. Der Körper »weiß«, daß der Schmerz naht und reagiert auf die Bedrohung, wie er es im Leben dieses Menschen schon immer getan hat. Abgesehen davon, daß jetzt, wo er den Schmerz zuläßt, die Reaktion viel heftiger ist. Wenn das Leiden einen Höhepunkt erreicht, versagt das Abwehrsystem und der betreffende Mensch fällt in das Gegenteil des Leidens — das Fühlen des Schmerzes. Der Grund, aus dem sich viele Menschen in der Ehe im Stich gelassen fühlen, und die Bedürfnisse ihrer Partner nicht befriedigen, liegt darin, daß sie unbewußt noch Kinder sind, die sich — ebenfalls unbewußt — einbilden, daß, ganz gleich, wie sie sich verhalten oder was immer sie tun, der Partner (Elternteil) sie lieben wird. Sie sind entsetzt, wenn Ehemann oder Ehefrau die Beziehung beenden oder ihn oder sie verlassen will. Sie können sich nicht vorstellen, daß sie alles getan haben, um das zu provozieren. Sie sind verbittert und wütend, weil sie immer noch Kinder voller Bedürfnisse sind, die von jemandem verlassen werden, der sie lieben sollte.

Der Partner, der seinen Körper vernachlässigt, sich

schlampig kleidet, oder sich schlecht benimmt, hat einen unbewußten Pakt geschlossen — ich werde geliebt, was ich auch mache. In dialektischer Ironie brauchen sie soviel, daß sie zum Schluß nichts haben und dann in ihrer Traurigkeit steckenbleiben. Statt sich jetzt den inneren Gefühlen zu stellen, tun sie gerade das Falsche, sie verdrängen wieder alles.

Natürlich können Partner relativ gute Kameraden sein und sich trotzdem enttäuschen. Wer sich seit seiner Kindheit ungeliebt fühlt, braucht in der Gegenwart die ständige Versicherung, geliebt zu werden, um das Gefühl unten zu halten. Niemand kann diese Leere jedoch ausfüllen. Durch Trennung, Scheidung oder Tod verstärkt sich diese Leere und der betreffende Mensch zerbricht fast unter dem neuen Alleinsein.

Es gehört zu jedem Trauerprozeß, daß der Trauernde entweder den Verstorbenen zu finden hofft oder in irgendeiner Weise versucht, mit ihm zu verschmelzen, um so das zunächst durch den Verlust unerträglich gewordene Leben weiterzuführen; oder aber durch selbstgewählten Tod oder Phantasien darüber die Vereinigung mit dem Menschen, der einen verlassen hat, herbeizuführen.

In jedem Falle geht es um Verschmelzung mit dem verstorbenen Menschen, um den Versuch, den Verlust ungeschehen zu machen und so weiter zu leben, als wäre nichts geschehen.

Unter Symbiose, die hier gemeint ist, verstehen wir das Verschmelzen eines Menschen mit einem anderen Menschen, einer Gruppe mit bestimmten Ideen, einem Land, einem Toten und so weiter. Dieses Verschmelzen kann so weit gehen, daß alles Trennende aufgehoben zu sein scheint; im Gemeinsamen schwelgt man miteinander und läßt nichts aufkommen, was diese Gemeinsamkeit trüben könnte. Dieses Eins-Sein mit dem anderen, diese vermeintliche Ur-Geborgenheit ist eine Scheingeborgenheit, die immer wieder aufrechterhalten werden muß, meist um den Preis der totalen Anpassung. Im speziellen Fall der Symbiose eines Trauernden mit einem verstorbenen Partner heißt das, daß sich nichts ändern darf mit dem Tod des Partners, daß der Trauernde vielleicht sogar eine Beziehung, die nicht ganz symbiotisch werden konnte, solange der Partner lebte, nun endlich in eine Vollsymbiose auswachsen lassen kann, weil der Partner nicht mehr seine eigenen Ansprüche stellt. Nach unserer Beobachtung sind es aber nicht nur Trauernde, die zu Lebzeiten schon dazu tendieren, eine symbiotische Beziehung zu ihren Partnern zu haben, sondern bei fast jedem Trauernden scheint es zunächst ein Stadium symbiotischer Verschmelzungssehnsucht zu geben, die er durchlaufen muß.

Es stellt sich in diesem Zusammenhang natürlich die Frage, wie sehr ein trauernder Mensch dadurch, daß er in seinem Selbst- und Welterleben erschüttert wird, das Bedürfnis hat, sich als »ganz« zu erleben. Die Sehnsucht des Menschen nach »Eins-Sein«, sei es nun mit sich, mit etwas Göttlichem, mit dem Kosmos, diese Sehnsucht, die wir ja ohnehin gerne auf den Partner projizieren, wird in dieser Situation der Zerrissenheit erst recht auf den toten Partner gerichtet. Damit ist viel erreicht — vermeintlich: Der Verstorbene kann miterleben, das Erleben des »Eins-Seins« mit sich und mit dem Partner ist vorübergehend erhalten, das Leben muß nicht verändert werden. Aber gerade dadurch kommt der Trauerprozeß zum Stillstand und führt zu verschiedenen psychischen Problemen, insbesondere aber zu Depressionen.

Was ist Depression? Sie ist eine Form von Neurose, keine Krankheit an sich, wie viele meinen. Sie ist ein Verdrängungszustand. Sie tritt auf, weil jedes schmerzliche Gefühl, das nicht gefühlt werden kann, ein gleiches Maß an Verdrängung hervorruft, um den Schmerz zu kontrollieren. Die subjektive Erfahrung ist Erschöpfung; mühsame Bewegung, ein Gefühl der Schwere und Sinnlosigkeit, Seufzen und sich niedergeschlagen fühlen. Dies sind die Folgen eines inneren Konflikts, in dem verdrängte Schmerzen gegen Kräfte kämpfen, die sie aus dem Bewußtsein fernhalten sollen. Der Mensch fühlt, wie die Verdrängung arbeitet, doch ist die subjektive Wahrnehmung Depression.

Depression ist an und für sich kein Gefühl, sie ist das Resultat vieler verdrängter und nicht geäußerter Gefühle.

Symbiotische Tendenzen sind in unserem alltäglichen Leben so vielfältig und so häufig zu sehen, daß wir Symbiose nicht nur unter dem Aspekt der Pathologie betrachten, sondern annehmen dürfen, daß einerseits Symbiotisch-Sein und andererseits Entwicklung aus der Symbiose in Richtung Individuation wirklich einem Lebensrhythmus entspricht. Deshalb scheint es wichtig, die Symbiose nicht einfach zu vermeiden, sondern zu versuchen, sie optimal zu leben. Das heißt, daß die Symbiose den Schmerz und die Trauer mildern kann. Es sollte aber darauf geachtet werden, sich bei Nachlassen des Trauerprozesses wieder aus der Symbiose zu entfernen.

Daß Verschmelzung, das bloß emotionale, unbewußte Eins-Sein nicht nur im Todesfall etwas unwiderstehlich Anziehendes hat, ist bekannt. Die Symbiose wird in vielen Bindungen gelebt und hat vor allem auch bei Trennung und Scheidung ihr Gewicht. Die Anziehung geht nicht selten so weit, daß jemand durch viele Jahre, bis zum Tode und darüber hinaus, wie wir gesehen haben, als Lebensform eine Symbiose, das heißt, ein Zusammenwachsen im Leben mit einem anderen Menschen sucht. Motive dafür sind Angst vor Isolierung, Bedeutungslosigkeit, Gleichgültigkeit, Langeweile und Selbstverantwortung.

Es gibt eine Symbiose des Hasses, die zu Scheidung und Trennung führen kann; und doch bleibt nach der Scheidung eine solche Symbiose bestehen, sie wird in der Seele des Betreffenden sorgsam gepflegt, als wäre sie wertvollstes Gut, wie ich in einem vorausgegangenen Kapitel schon erklärt habe.

Außerdem vermischt sich das emotionale Nein des Hasses immer auch mit dem emotionalen Nein in der Liebe. Im Unbewußten sind Ja und Nein miteinander vermengt, und wenn wir tief genug gehen, lösen sich beide in einem einzigen, wertneutralen Zusammenwachsen von Ich und Du, die es als einzelne dann immer weniger gibt, auf. Liebe und Haß sind nicht nur als emotionale Gegensätze miteinander verwandt, sondern in der tiefsten Seele, wo das Licht des Bewußtseins mit seinen Unterscheidungen von Gut und Böse, Ja und Nein nicht mehr eindringt, gar identisch. Eine Ahnung davon vermitteln uns paradoxe Erlebnisse: Zwei Menschen haben sich aus schrecklichen Zerwürfnissen heraus getrennt und sind jahrelang nur von einer einzigen Emotion besessen, nämlich von Haß auf den anderen. Sie treffen sich nach Jahren zum ersten Mal wieder, um ihren Haß auszuspeien. Sie werden ihren Haß los, aber völlig anders als sie es voraussehen konnten: Sie verlieben sich erneut leidenschaftlich ineinander. Sie wollten sich verletzen und finden sich in der Umarmung wieder.

Eins steht fest, Mann und Frau können sich nicht wirklich lieben, solange sie miteinander hauptsächlich symbiotisch verbunden sind. Sie mögen zwar anfänglich ineinander verliebt sein, doch mit der Zeit nehmen unreflektierte Widerstände, Gereiztheit, Nörgeleien, lustlose Zänkereien überhand.

Kommen wir zurück zur Trauerarbeit. Neben Sehnsucht und Identifizierung ist der Versuch, das Bild des Verstorbenen völlig auszulöschen, eine weitere Möglichkeit des Bewältigungsversuchs.

Echte Trauerarbeit versucht, die Sehnsucht, die Identifizierung und den Versuch, das Bild des Verstorbenen auszumerzen, gegeneinander auszubalancieren. Wie die bisherigen Abschnitte gezeigt haben, ist Trauerarbeit nicht etwas Einfaches und eine leicht zu bewältigende Aufgabe. Es ist vielen Menschen schwer möglich, sich zu ihrem Leid zu bekennen und echt traurig zu sein. Sie kürzen die Trauerarbeit ab oder trauern langanhaltend, weil sie befürchten, von ihren Gefühlen überwältigt zu werden, oder sie vermeiden das Trauern überhaupt. Dadurch wird dann allerdings oft eine Mauer zwischen ihnen und anderen Menschen errichtet. Die Trauerarbeit kann aber auch zu einem Ende kommen. Es besteht die Möglichkeit, sich mit dem Schicksal auszusöhnen. Irgendwann wenden wir uns dann anderen Menschen zu.

Was bedeutet der Tod gesellschaftlich? Wir leben in einer schnellebigen Zeit, wir sind auf größtmöglichen kurzfristigen Genuß und Konsum eingestellt. Macht und Erfolg werden höher eingeschätzt als der Wunsch nach dauerhaftem Kontakt. Für seine guten Taten in einem Leben nach dem Tode belohnt zu werden, spielt so gut wie keine Rolle mehr. Der Tod in den Medien beispielsweise erfolgt meist plötzlich, entweder durch menschliche Einwirkung oder durch Naturkatastrophen. Ein natürlicher Tod durch altersentsprechenden Abbau der Kräfte ist kein Thema für die Fernsehanstalten. Nach Freud halten wir uns in unserem Unbewußten sowieso für unsterblich.

Günter K. erinnert sich: »Bis zu meinem Herzinfarkt war Tod etwas für mich, das nur anderen zustieß. Seit meiner Kindheit und den Todeserlebnissen in der Pastorenfamilie war ich nie mehr mit dem Tod direkt konfrontiert worden. Aber ich war so gut im Verdrängen, daß ich sogar den Infarkt versuchte wegzuschieben. Eigentlich begriff ich erst, als ich die Klinik verlassen hatte, was passiert war. Meine Frau erzählte mir nach der Entlassung, sie habe die Ärzte nach meinen Überlebenschancen befragt und zur Antwort bekommen, daß nicht sicher sei, daß ich überleben würde. Als ich die ganze Tragweite meiner Erkrankung begriff, da spürte ich zum ersten Mal in meinem Leben, daß ich sterblich bin.«

Wir wissen zwar, und auch Kinder wissen es, daß der Tod als Abschluß unseres Lebens unumgänglich ist, können uns aber dennoch den eigenen Tod nicht vorstellen. Mit dem Tod als langsam sich vollziehendes Lebensende werden die meisten von uns nur selten konfrontiert. Es fehlt an Gelegenheiten dazu oder aber auch, wir gehen ihnen aus dem Wege. Wir wollen uns mit dem angsterregenden, mit inneren komplizierten Prozessen einhergehenden Zeremonien des Abschieds möglichst wenig beschäftigen. Kranke sterben in Krankenhäusern, Alte und Siechende verbringen ihre letzten Jahre in Pflegeheimen. Mit dieser Verweigerung geht aber eine Verarmung unserer seelischen Erlebnisfähigkeit einher; denn nur die Auseinandersetzung mit dem Tod nach dem Verlust eines

Menschen, mit den dadurch ausgelösten vielfältigen Identifikationen, die Verinnerlichung unserer Beziehung zu dem Verlorenen, kann uns vor dem seelischen Versteinern bewahren. Der Tod ist sozusagen unmodern, denn er verstößt gegen die Vorstellung eines dauernden Fortschritts. Eigentlich sollte er sich nicht mehr ereignen dürfen.

Über Trauern Abschied nehmen

Da wir uns im wesentlichen aus den Beziehungen zu Mitmenschen verstehen, Bindungen einen wichtigen Aspekt unseres Selbst- und Welterlebens darstellen, werden wir durch den Tod eines nahestehenden Menschen in unserem bisherigen Selbst- und Weltverständnis erschüttert.

Die Trauer ist die Emotion, durch die wir Abschied nehmen, Probleme einer zerbrochenen Beziehung aufarbeiten und soviel als möglich von der Beziehung und von den Eigenheiten des Partners integrieren können, so daß wir mit neuem Selbst- und Weltverständnis weiterleben können.

Der Tod ist ein Extremerlebnis von Sterben und fordert radikale Trauer. Zugleich ist dieses Erlebnis aber auch eine große Herausforderung zur Selbstverwirklichung angesichts der Veränderung. Gerade die Trauer kann ein Stück Selbstverwirklichung auslösen. Was für diese Grenzsituation gilt, mag auch für viele andere Situationen des Menschseins, wenn auch in abgeschwächter Form gelten, in denen sichtbar wird, daß der Tod immer in unser Leben hereinragt, immer wieder größere oder kleinere Veränderungen erzwingt, die mit dem Gefühl von Verlust gekoppelt sind und die daher auch betrauert werden müssen. Weil wir sterblich sind, müssen wir »abschiedlich« existieren, verbunden mit der Trauer, mit dem Schmerz und der Möglichkeit, unsere Situation immer wieder neu zu gestalten, auch angesichts unserer Abschiede immer neu uns aufzufalten. Dazu aber ist die Trauer unabdingbar. Beim Tod eines Menschen in unserer unmittelbaren Nähe erfahren wir, was Tod ist. Dieses Todeserlebnis widerfährt uns, trifft uns, läßt uns irre werden an uns und an allem, was wir bisher für selbstverständlich gehalten haben. Es erschüttert nicht nur unsere Welt, es zwingt uns zur Wandlung — ob wir wollen oder nicht.

Wenn ein Mensch in unserer Nähe stirbt, sterben wir in gewisser Weise mit ihm. Es wird uns kaum je so bewußt, wie beim Tod eines Menschen, dem wir nahestehen, in welchem Maß wir uns in unseren Beziehungen zu anderen Menschen und Dingen verstehen und erfahren, in welchem Maß der Tod einer solchen Beziehung uns aufbricht und eine Neuorientierung verlangt. Es ist eine alte Erfahrung, die gewiß schon so alt ist wie die Menschheit selbst. Die Erschütterung in unserem Weltverständnis; das, was uns vorher vertraut war, wird uns zur Qual. Es ist, als legte der Tod seine Schatten über alles, was zuvor war, durchaus auch über die äußeren Dinge. Hier wird sichtbar, wie sehr die Beziehung zwischen zwei Menschen eine gemeinsame Welt schafft, so daß das Erlebnis des Todes es mit sich bringt, daß auch dieses gemeinsame Erleben der Welt nicht mehr vorhanden ist. Ein Aspekt der Trauerarbeit wird also sein müssen, daß ein neues Verhältnis zur Welt geschaffen werden muß. Noch aber, und das ist typisch für die erste Zeit nach einem großen Verlust, geht es nicht darum, etwas Neues zu bauen, etwas Neues zu suchen. Menschen, die durch Tod einen Verlust erlitten haben, spüren in sich eine Ruhelosigkeit, den Drang, etwas zu tun, sie sind auf der Suche nach etwas und haben doch gleichzeitig einen Mangel an

Zielgerichtetheit in sich. Dahinter steht das unbewußte Verlangen, den verlorenen Menschen wiederzufinden. Zur Trauerarbeit gehört, daß wir diese Ruhelosigkeit begreifen, auch in dem Sinn, die ursprüngliche Welt und das ursprüngliche Beziehungsgefüge, das eben durch das Erlebnis des Todes auseinandergefallen ist, wiederherzustellen — als Widerstand gegen die Veränderung, die vom Leben einfach gefordert ist.

»Ich wußte nicht, warum ich diese große Ruhelosigkeit in mir hatte«, sagte Günter K., und ich sah es ihm an, daß er auch jetzt noch nicht gerne darüber sprach, was damals gewesen ist.

»Wir waren in das neue Haus gezogen. Ich vermißte die alte Wohnung, die Leute, die ich kannte, die ganze Umgebung, alles dort war mir in den Jahren zur Heimat geworden und das hatte für mich eine große Bedeutung nach all den Jahren des Herumirrens. Der zweite Schlag kam etwa vier Wochen später. Eva Maria und ich trennten uns wieder einmal nach einem größeren Streit. Kaum war sie wieder da, das war so etwa zwei Monate später, starb meine Mutter. Es folgte eine Zeit stärkster Depressionen. Einmal, ich ging mit einem Freund spazieren, wußte ich plötzlich nicht mehr, wo ich war. Ein Gefühl von Orientierungslosigkeit überfiel mich.«

»Ist das nicht verständlich? Du hattest dieses neue Haus bezogen, du kanntest dich nicht aus in der Gegend.«

»Wenn es nur das gewesen wäre, aber es war schlimmer, ich hatte das Gefühl, ich kannte mich innerlich nicht mehr aus. Diese Orientierungslosigkeit, die war in mir. Ich spürte an jenem Tag, wie ganz allmählich eine Panik in mir hochkroch. Es dauerte schon einige Monate, bis ich innerlich wieder stabil wurde.«

Wie sehr diese Ereignisse Günter K.s Weltverständnis und sein Selbstwertgefühl erschüttert hatten, zeigte sich in einem Lebensüberdruß. Wohnung weg, alte Umgebung weg, Ehefrau weg, er wäre, wenn er gekonnt hätte, am liebsten zu seiner Mutter gefahren. Wäre sie nicht die einzige gewesen, die ihm hätte Trost spenden können? Aber gerade zu ihr wollte er am wenigsten, sie hatte ihn so oft enttäuscht. Trotzdem fühlte er in jener Zeit ein verstärktes Verlangen. Aber als er sie anrufen wollte, erfuhr er, daß sie schon seit acht Tagen tot war.

Nicht nur die Welt tritt dem Trauernden anders gegenüber. Der Trauernde selbst erlebt die Welt anders. Er hat einen Verlust erlitten, er ist mit einem Problem, das viele Probleme beinhaltet, beschäftigt. Alles andere interessiert ihn wenig, er hat keine Kraft für etwas anderes. Er kann nicht auf die Menschen zugehen, auch wenn er sie noch so sehr nötig hat, weil gerade die Wärme des anderen Menschen ihn daran hindern könnte, am Leben ganz irre zu werden. Gehen die anderen Menschen aber nicht auf ihn zu — und das ereignet sich in unserer Gesellschaft täglich, schon allein, weil uns die rituelle Trauer fehlt —, dann können Trauernde auch nicht auf andere Menschen zugehen, sie erwarten ja, daß Trauernde »normal« weiterleben. Trauernde entfremden sich in ihrem Kummer noch mehr und erleben die Welt, der sie nicht mehr gewachsen scheinen, als feindlich. Es bildet sich ein Zirkel der Isolierung, der Angst, der Weltentfremdung, in dem sich ein neues Weltverständnis nur schlecht oder überhaupt nicht aufbauen läßt.

Trauernde verstehen manchmal nicht nur die Welt nicht mehr, sie verstehen das eigene Schicksal kaum noch. Gerade wenn nahestehende Menschen mitten aus dem

Leben herausgerissen werden, stellen Hinterbliebene die Frage nach dem Sinn des Lebens, die sich ja angesichts des Todes immer unabweisbar, ja geradezu brutal erhebt: Eine Frage, auf die in solcher Situation kaum eine Antwort gegeben werden kann. Die gängigen Antworten, die etwa angeboten werden, lassen die Trauernden sich eher noch verschließen, anstatt sich vertrauensvoll öffnen zu können. Es gehört zum Wesen der Trauer, das Fehlen jedes Sinnes auszuhalten und trotzdem weiterzuleben, sei es in der Hoffnung, daß der Sinn sich schon wieder zeigen werde, sei es in der Erinnerung, daß der Sinn schon einmal das Leben erfüllte, oder aber mutig einfach weiterzuleben im totalen Zweifel an den Sinn. Welches auch immer die Gründe dafür sind, daß der Tod eines anderen Menschen unser Selbsterleben so sehr beeinflußt, der Trauernde muß mit der Zeit wieder zu einem einheitlichen Erlebnis seiner selbst kommen. Denn das scheint — in allen Lebenssituationen — die Voraussetzung dafür zu sein, daß wir uns als mit uns identische Menschen erleben können. Gerade diese Brüchigkeit in unserem Selbsterleben angesichts des Verlustes eines Menschen, den wir lieben, zeigt, wie sehr an unserem Selbsterleben — das zwar durchaus auch von einem Persönlichkeitskern aus gesteuert wird, also in Verbindung zur eigenen Tiefe oder zu einem tieferen Selbst wurzelt — die Beziehungen zu unseren Mitmenschen Anteil haben. Unser Selbsterleben resultiert nicht aus der Beziehung zu unseren ersten Beziehungspersonen, so wichtig diese auch sind, sondern aus unseren Beziehungen überhaupt. Die Erschütterung im Selbstgefühl ist sehr schwer zu ertragen; es scheint, daß aber gerade das Trauern, das Zulassen der verschiedenen Emotionen, die damit verbunden sind, das Sich-überwältigen-lassen von

Sinnlosigkeit, Angst und Wut es möglich machen, daß ein neues Selbsterleben sich wieder einstellen kann. Vielleicht ist Trauer die Emotion, die im Leben des erschütterten Menschen eine neue Ordnung, ein neues Selbst- und Welterleben schaffen kann.

Damit aber Trauer zugelassen werden kann, die psychologisch notwendig ist, um den Verlust zu überwinden und zu einem neuen Welt- und Selbstverständnis zu kommen, müssen Menschen einander helfen. Das Gefühl des trauernden Menschen ist so, als ob er aus der Welt ausgestoßen worden wäre. Dieses Ausgestoßensein bringt es mit sich, daß der Trauernde sich dann überwiegend mit dem Vergangenen beschäftigt und damit natürlich immer mehr aus der realen Welt ausgestoßen wird.

Viele Menschen sind noch voll von alten Trauergefühlen, weil sie irgendwann nicht wußten, wohin damit. Vielleicht könnten wir Wege finden, wieder miteinander zu trauern. Dazu gehört zunächst einmal, daß wir unsere große Angst vor der Trauer überwinden, sie also weniger abwehren, wohl damit auch der Realität wieder ins Auge zu sehen, um zu erfahren, daß wir sterblich sind, daß unser Leben von vielen Abschieden geprägt ist, daß die Abschiede wesentlich zu uns gehören — und daß sie wehtun.

Dazu gehört aber auch die Erkenntnis, daß wir überhaupt enorm zerbrechlich sind, von unendlich vielen Faktoren in unserem Wohlbefinden abhängig sind, die wir nicht beeinflussen können. Andererseits aber auch, daß wir Trauer durchzustehen vermögen, daß wir Grenzsituationen erleben können und dadurch stark werden. Wir können neue Wege finden, miteinander zu trauern. Allerdings werden wir alte Rituale wohl kaum zu neuem Leben erwecken können. Vielleicht kommen wir zu neuen

Ritualen. Der Betäubungsphase, der Phase der Empfindungslosigkeit folgt, wie schon an anderer Stelle dargestellt, die Phase der aufbrechenden Emotionen. Phasen der Wut, des Zornes schlagen plötzlich wieder um in tiefe Niedergeschlagenheit. Der Zorn geht wohl in zwei Richtungen. Da werden Ärzte, Verwandte plötzlich beschuldigt, etwas unterlassen zu haben. Es wird also nicht selten nach einem Schuldigen, nach einem Sündenbock gesucht. Ihn gefunden zu haben, läßt dann, wenn auch für kurze Zeit nur, den Trauernden das Leben wieder leichter ertragen. Die Reaktionen von Angst, von Wut, von Ohnmacht und des Zorns über diese Ohnmacht, werden dann nicht selten gerade auf den Menschen übertragen, der dem Trauernden als erster über den Weg läuft. Das kommt aus dem unbewußten Drang, zu erleben, daß wir so ohnmächtig doch nicht sind. Die meisten Menschen können sich ihre Ohnmacht angesichts des Todes sehr schwer eingestehen. Wenn wir dabei sind, einen Sündenbock zu suchen, dann machen wir uns vor, daß wir nicht ganz so hilflos sind. Was wir da tun, ist nichts anderes, als am Schicksal zu manipulieren. Denn wenn wir einen Schuldigen finden, dann wäre das Todeserlebnis nicht so schicksalhaft, sondern es hätte unserer Meinung nach auch ganz anders ausgehen können, hätte es diesen »Schuldigen« nicht gegeben. Nicht immer ist es so, daß der Schuldige im Außen gesucht wird, sondern ebenso häufig kommt es vor, daß Menschen sich selbst am Tod des anderen schuldig fühlen. Man kann ruhigen Gewissens behaupten, daß die Dauer der Trauer und auch die Art der Trauer davon abhängen, wie das Verhältnis zwischen dem Verstorbenen und dem Trauernden war, wieweit es tiefsitzende Konflikte gab. Schuldgefühle sind wesentlich geringer, wenn das Verhältnis zwischen dem Verstorbenen und den Hinterbliebenen gut war. Vor allem ist die Trauer wesentlich geringer, wenn der Verstorbene und die Hinterbliebenen Abschied voneinander nehmen konnten. Dieses Abschiednehmen ist überhaupt ein wesentlicher Punkt. Wenn es uns gelingt, im nachhinein uns zu verabschieden, den Toten dorthin ziehen zu lassen, wo es ihn hinzieht, dann wird Trauer wesentlich leichter.

Lassen wir Günter K. zu diesem Punkt erzählen, wie es ihm damit ergangen ist: »Mein Leben lang hatte ich das Gefühl, daß meine Eltern längst gestorben waren«, berichtete er. »Ständig hatte ich das Gefühl, ein Waise zu sein, dessen Eltern irgendwo noch lebten. Hin und wieder sah ich sie ja noch, aber zwischen uns gab es eine Trennwand.«

»Demnach müßtest du überhaupt nichts verspürt haben, als sie dann tatsächlich starben«, warf ich ein, und ich wußte, daß es doch ganz anders war.

»Das ist es ja eben«, sagte er, »ich spürte anfangs überhaupt nichts. Mein Vater starb als erster. Ich war viel zu sehr mit mir beschäftigt, mit meinem Herzinfarkt, als daß ich mich mit seinem Tod auseinandersetzen konnte. Aber irgendwann ging es dann los. Eigentlich erst nach dem Tod meiner Mutter, wenige Jahre später, begannen sie auf eigentümliche Art in mir zu leben. Ich spürte ganz deutlich, daß es zwischen uns noch so vieles Ungeklärtes, Unaufgeräumtes gab.«

»Und wie bist du dann damit umgegangen?«

»Zunächst war es doch so, daß sich eigentlich gar nichts geändert hatte. Für mich waren sie in der Kindheit gestorben. Folglich hatte ich sie in all den Jahren kaum gesehen. Und als sie wirklich starben, änderte sich nichts, ich sah sie nicht, war bei der Beerdigung nicht dabei. Und gerade das war die Sache. Ich hatte ihren Tod nicht erlebt. Praktisch könnten sie tausend Kilometer von mir entfernt immer noch leben. Was mir fehlte, war das Erlebnis ihres Sterbens, ihrer Beerdigung. Mir fehlte ein Stück Erfahrung. Ich halte das für einen ganz wesentlichen Punkt. Wenn man den Tod und die folgende Bestattung nah erlebt, dann weiß man, daß es endgültig ist, dann kann man Abschied nehmen, und das ist der wesentliche Faktor für mich — Abschied nehmen.«

»Und hast du Abschied genommen?«

»Ja und nein. Ich spürte, daß ich gar nicht so leicht Abschied nehmen konnte und wollte. Dazu gehörte, daß ich all das, was zwischen uns stand, unter die Lupe nehmen mußte, es gehörte dazu, zu erkennen, daß sie gar nicht so böse waren, wie ich mir immer einredete, sondern daß ich seit früher Kindheit ein Trotzkopf gewesen war, ein ewig Gekränkter, der glaubte, seine Eltern seien ihm noch etwas schuldig.

Ich mußte also gewaltig an meinem Elternbild arbeiten. Viel Böses, Ungutes ist mir dabei hochgekommen. Erst dann konnte ich wirklich Abschied nehmen. Und jetzt steht noch aus, daß ich wirklich ans Grab meines Vaters fahren muß. Ich muß es sehen, muß dort noch einmal Zwiesprache mit ihm halten. Erst dann, so nehme ich an, kann ich es als erledigt betrachten. Zum Grab meiner Mutter kann ich nicht fahren. Es stimmt mich traurig, daß sie sich ein namenloses Grab genommen hat.«

Wer seine Probleme mit dem Verstorbenen nicht vor dessen Tod aufarbeiten kann, wird sich nachher mit seinen Schuldgefühlen herumschlagen müssen, mit seinen Aggressionen, die noch den Toten betreffen und gegenüber dem Verstorbenen seltsam ins Leere gehen. Jeder Therapeut wird derartige Schuldgefühle sehr ernst nehmen als Ausdruck realer Probleme, die, solange der andere Mensch noch lebte, nicht ausgetragen werden konnten. Sicher wäre es wünschenswert und ist mit aller Deutlichkeit anzustreben, daß die Kommunikation mit dem Sterbenden, das Abschiednehmen mit ihm gepflegt wird.

Vielleicht verstanden es unsere Ahnen besser, zu sterben. In der Literatur wird es uns immer wieder übermittelt, wie der alte Vater, bevor er stirbt, alle seine Angehörigen sprechen will, mit jedem etwas bereinigt, ihm noch ein Wort auf den Weg gibt, manchmal ein Wort der Sorge, manchmal ein Wort der Anerkennung und des liebevollen Gefühls, mit dem diese Generation vielleicht noch sparsamer umgegangen ist, als wir es tun. Wie er sich mit seinen Freunden und Feinden nochmals trifft, versucht, Unstimmigkeiten zu mildern — und dann stirbt.

Die massiven Ausbrüche von Schuld, Wut, Zorn und Angst scheinen sich mehr beim Tod von Menschen zu ereignen, die vor ihrer Zeit sterben und die plötzlich sterben. Da wird der Tod noch viel unbegreiflicher, und die Auseinandersetzung kann nicht mehr geführt werden. Für den Helfer ist es wichtig zu wissen, daß das Auftauchen dieser Emotionen wünschenswert ist. Wenn man über den Verstorbenen spricht, ist die Wahrscheinlichkeit, daß diese Emotionen auftauchen können, größer, als wenn man den Trauernden ablenkt. Auch Ablenken kann einmal hilfreich sein, im allgemeinen aber ist es ein Verdrängen der Situation. Der Trauernde kann sich gar nicht von dem Verlust ablenken lassen. So ist es besser, sich dem Problem zu stellen und vom Toten zu sprechen. Es ist auch sinnlos, dem Trauernden seine Schuldgefühle wegargumentieren zu wollen. Es ist besser, diese Schuldgefühle einfach zur Kenntnis zu nehmen, ohne sie zu verstärken, ohne sie abzuschwächen.

Das Suchen und Sich-trennen-müssen nach dem Tod wirft den Trauernden auf sich zurück und legt nahe, Eigenschaften und Fähigkeiten, die man an den Partner delegiert hatte, zurückzunehmen. Das Suchen scheint sich oft in einem Zwiegespräch auszudrücken. Im inneren Zwiegespräch findet man den Partner nochmals, kann nochmals mit ihm sprechen. Für viele Trauernde, besonders für die Älteren, scheint es sehr hart zu sein, niemanden mehr zu haben, mit dem sie sprechen können. Das innere Zwiegespräch ersetzt den Partner, bietet auch gleichzeitig Gelegenheit, sich nochmals mit ihm auseinanderzusetzen. In den meisten Fällen verändert sich dieser »innere Partner«, so daß der Trauernde dann ein neues inneres Gegenüber hat, das seinem verlorenen Partner kaum mehr gleicht, mit dem er sich aber jetzt auseinandersetzt. Es scheint mir gerade über das Zwiegespräch möglich zu sein, den Partner nochmals zu finden. Die Entwicklung dieser Zwiegespräche führt dann zur Trennung von dem Partner, wie er damals war. Allerdings ist zu sagen, daß es auch möglich ist, sich an Zwiegespräche zu klammern, sie immer wieder zu wiederholen, ihnen keine Entwicklung zuzugestehen — dann nimmt man natürlich auch nicht Abschied von einem Partner.

Jede der Trauerphasen bietet die Gefahr, daß man sich in ihr »versitzt«, daß man den Weg zurück wählt und sich nicht dem fortschreitenden Trauerprozeß stellt. In der Therapie haben wir es oft mit Menschen zu tun, die irgendwann in ihrem Leben einen Menschen verloren haben, der ihnen sehr nahe gestanden hat, ohne daß sie ausreichend getrauert haben. Es gilt ja in unserer Gesellschaft häufig als Stärke, wenn es gelingt, Trauer sehr schnell zu »überwinden«. Diese Trauerverdrängung kann zu Depressionen führen, die für den Betroffenen recht unerklärlich sind. Geht man den Depressionen nach, findet man häufig unabgeschlossene Trauerprozesse. Auslöser für diese Art von Depressionen sind: der Tod eines anderen Menschen, durchaus auch eines weniger Nahestehenden, das Erreichen des Alters, das der Verstorbene hatte, der Jahrestag seines Todes, kurz: die Situationen, die mit dem Verstorbenen in einem engen Zusammenhang stehen. Depressive Zustände entstehen aus aggressiven Spannungen und sind daher Ausdruck einer Konfliktsituation. Trauer kann aggressiv untermalt sein, wenn Feindseligkeit, aggressive Gefühle dem Verstorbenen gegenüber bestehen und nicht zugelassen werden dürfen.

Da zu jedem Trauerprozeß der Zorn gehört, Zorn darüber, daß man verlassen worden ist, daß man gezwungen ist, sich mit dem Verlust abzufinden und sich neu mit dem Leben zu arrangieren, da außerdem auch die Beziehung aufgearbeitet werden muß, die man mit dem verstorbenen Menschen gehabt hat, ist es naheliegend, daß aggressive Regungen aufkommen müssen. Andererseits aber haben wir auch die Maxime, daß über einen Toten nichts Schlechtes gesagt werden darf, und so müssen die aggressiven Gefühle verdrängt werden. Damit aber bleibt der Trauerprozeß stecken. Die Möglichkeit zu depressiven Stimmungen ist gegeben. Diese sind um so krankhafter, je stärker Verlusterlebnisse und die damit verbundenen Aggressionen schon immer verdrängt wurden, je mehr unverarbeitete Konflikte vorliegen, je weniger ein Ich in der Lage ist, Konflikte auszutragen. Menschen zum

Beispiel, die in der Kindheit schon einen Menschen verloren haben und mit ihrer Trauer alleingelassen wurden, leiden in ihrem Leben an verschiedenen, depressiven Phasen und haben auch sonst Schwierigkeiten im Leben. Erst im Laufe einer Psychotherapie wird klar, daß der Grund dafür in frühkindlichen Verlusten lag, die nicht betrauert waren. In jedem Fall war das Gefühlsleben von diesem Lebensereignis abgespalten gewesen. Es ist aber nicht so, daß der Verlust unbedingt nur in der Kindheit stattgefunden haben muß, er kann ebensogut auch im Erwachsenenalter passiert sein. Menschen, die bewußte Trauer vermissen lassen, werden immer als selbstbewußte Menschen beschrieben, die stolz auf ihre Unabhängigkeit und ihre Kontrolliertheit sind, die Gefühlsäußerungen gegenüber abgeneigt sind, die Tränen als Weichheit auffassen und die nach einem Verlust weiterleben, als wenn nichts geschehen wäre. Da der Tod eine wirkliche Realität ist, geht es in unserem Leben immer auch um Trennung, um Abschiednehmen. Wir müssen nicht nur die anderen Menschen in den Tod freigeben, wir müssen auch geliebte Menschen ins Leben freigeben, freigeben für einen anderen Menschen. Wir müssen auch Aspekte von uns sterben lassen, wenn ihre Zeit um ist, wir müssen auf Liebgewordenes in unserem Leben verzichten, wenn die Zeit dafür vorbei ist. Wenn wir das nicht tun, dann bleiben wir an Vergangenem hängen, was bedeutet, daß wir uns vor der Zukunft verschließen, daß wir nicht mehr wirklich weiterleben. Deshalb müssen wir lernen, ins Leben hineinzusterben und mit dieser Art von Sterben umzugehen.

Das Abbrechen einer Beziehung, ohne daß der Partner stirbt, kann ähnliche Verzweiflung auslösen, kann ähnlich unser Selbsterleben erschüttern wie der reale Tod.

Am deutlichsten zeigt sich das bei Ehepaaren, die sich nach langer Ehe scheiden lassen. Zum Beispiel, wenn die Kinder schon aus dem Haus sind. Wie bei jedem anderen Verlust werden auch hier alle Verlustmomente sichtbar. Auch hier wird das Selbsterleben verändert, das Welterleben verändert, auch hier ist dort, wo zuvor Beziehung oder zumindest Streit war, Leere. Die soziale Veränderung ist sehr groß: Einem geschiedenen Menschen wird von der sozialen Umgebung noch viel weniger als einem Verwitweten zugestanden, daß er trauern darf. Er soll nun froh sein, daß »das« vorbei ist, und froh in die Zukunft leben. Andere finden, sich scheiden zu lassen, ohnehin unschicklich, man müsse dann halt die Konsequenzen tragen. Geschiedene werden nicht nur nicht ermutigt, zu trauern, sie werden, wenn sie es tun, geradezu mit Verachtung gestraft. Dabei haben diese Menschen auch wirklich ihren Partner verloren. Auch wenn vielleicht die Aussicht besteht, irgendwann einmal mit diesem Partner zu einem freundschaftlichen Verhältnis zu finden, ist die Zeit der ehelichen Beziehung für die meisten doch unwiederbringlich vorbei. Zudem kommt das Erlebnis des Scheiterns hinzu, das auch verkraftet werden muß.

Der Tod ragt immer ins Leben hinein. Ständig verlieren wir etwas, müssen wir loslassen, verzichten, uns voneinander trennen, etwas aufgeben. Immer wieder ist das Leben verändert, müssen wir Vertrautes verlassen, uns den Veränderungen stellen. Aber wir verlieren nicht nur, wir gewinnen auch. Das Leben, das abläuft, gibt uns die Gelegenheit, gerade durch die vielen Veränderungen uns zu entfalten. Gleichzeitig müssen wir immer wieder Aspekte von uns zurücklassen und neue Aspekte in uns erfahren lernen. Ein wirkliches Zurücklassen ist es natürlich nicht, auch wenn wir uns von einem Menschen trennen müssen, der gestorben ist. Das Leben mit ihm, das Erleben mit ihm machen unser Leben auch aus, es gehört auch zu uns. Wenn wir zu trauern verstehen, dann ist dies gerade die Möglichkeit, Wesentliches an uns zu erfahren. Entscheidend in der Trauer scheint mir die Erfahrung, daß wir Trennungen nicht nur ertragen können, sondern daß sie durch die Trauer hindurch dazu führen, uns selbst neu zu erleben, auch mit neuen Wertungen: als Menschen, die auch durch Trennungen nicht zerbrechen, die innerlich doch immer wieder getragen sind, die gerade als Erschütterte sich auf das Wesentliche zurückbesinnen. Der Tod eines geliebten Menschen ist das Erlebnis einer Grenzsituation. Diese Grenzsituation betrifft uns, wir können uns in ihr durch niemandem vertreten lassen. Deshalb ist sie ein Moment im Leben, in dem unser Dasein innerhalb der größten Gegensätze des Lebens gefordert ist und uns erlebbar wird. Auch wenn der Tod unvermeidbar ist und uns ständig begleitet, sind doch unser Leben, unsere Bindungen, unsere Geschichte ebenso gewiß wie der Tod.

Der Tod ragt in der Gestalt der ständigen Veränderung in unser Leben herein. Leben angesichts des Todes muß »abschiedlich« gelebt werden; wir müssen immer bereit sein, Abschied zu nehmen, uns zu verändern und immer auch bereit sein, unsere Geschichte als Geschichte von unendlich vielen Veränderungen in uns aufleuchten zu lassen.

Worauf es letztlich beim Trauerprozeß ankommt, ist Abschiednehmen. Bei der Beerdigung heißt es immer: »Ruhe in Frieden!« Über einen Trauerprozeß, über das Abschiednehmen, findet der Verstorbene seinen Frieden in uns, und dadurch kommen auch wir innerlich zur

Ruhe. Der Trauerprozeß ist abgeschlossen und wir können irgendwann rückblickend erkennen, daß wir eine »große Reise über einen Fluß« getan haben.

Echte Trauerarbeit ist immer ein »Aufbruch zu neuen Ufern«. Irgendwann, wenn der größte Schmerz abgeklungen ist, wird eine Kraft empfunden, die nicht größer ist als uns bekannte Kräfte. Plötzlich fragen wir nicht mehr, warum die Dinge so oder so sind. Diese allmählich wachsende Kraft läßt uns etwas von dem Sinn erahnen, der nicht zu greifen ist. Plötzlich kehrt die innere Ruhe ein und der Hinterbliebene spürt, es ist in Ordnung, es hat doch einen Sinn. Vielleicht nicht für den Verstorbenen, aber mit Sicherheit für die Hinterbliebenen.

Sosehr die Todeserfahrung einen Hinterbliebenen über sich selbst hinausführen kann, sie mündet entscheidend in die unerwartete Entdeckung seiner selbst. Das Innerste, in dem sich ein Mensch von einem über alle Grenzen hinaus lebenden Sein getroffen fühlt, steht nicht nur aufnehmend dem Unbegrenzten gegenüber. Es gibt sich zu spüren und zu erkennen als das über alle Grenzen hinaus lebendige Sein selbst. Es gibt sich zu erkennen und bleibt doch geheim. Es bleibt unbegreifbar und unantastbar für das Ich, das sagen möchte: das bin ich, und ich lebe. Trauerarbeit ist immer Anfang und Wende. Sie bringt uns zur Einsicht: Ich bin dazu da, daß das, was in mir ist, wahrgenommen und für mich vernehmbar wird.

Der Weg der Trauer trifft, wenn er richtig gegangen wird, auf jeden Fall auf einen anderen Weg: den Weg der Ich-Werdung, den ein Mensch bisher gegangen ist, von seinem Ursprung an. Ich-Werdung beginnt, wenn auch vorbereitet durch die Empfindungen im Mutterleib, einschneidend durch die Geburt. Da bekommt das Kind zu spüren, daß Leben unterschiedlich ist. Es atmet ein und aus, empfindet warm und kalt, hart oder weich und es fühlt Angenehmes und Unangenehmes, es genießt oder leidet. Unterschiede zu erfahren bedeutet, aus der ursprünglichen und unbewußten Einheit hinauszuwachsen in die Welt des Vielfältigen und Gegensätzlichen. Im Erspüren von Unterschieden erwacht im Menschen das unterscheidende Ich, das nicht nur dieses von jenem trennen kann, sondern sich als ein Ich absetzt vom Lebensraum, der es umgibt.

Die Umgebung, das Außen, zieht an, fordert heraus. Die erste Ausprägung von Bewußtsein gleicht einem Pfeil, der vom Bogen der Einheit und Geborgenheit abschnellt. Er ist auf ein Ziel gerichtet, er möchte treffen und besitzen; wie einen Pfeil streckt das Baby seinen Finger aus und sagt: »Da«. Indem das Kind begreifen und benennen lernt, erfährt es sich in seiner Gewalt über die Dinge und machtvoll gegenüber Menschen. Alle sind da, um es zu versorgen.

Irgendwann ist diese Symbiose beendet und der Mensch muß sich erstmals von etwas trennen, von der totalen Einheit mit der Mutter. Er erfährt, daß Einheit nicht ewig dauert, und er erfährt Trennung. Trennung aber ist immer mit Trauer und Abschiednehmen verbunden. Wir erinnern uns wenig an den Beginn, da er, außer der Geburt, die lebensgefährlich sein kann, nicht unsere Mühe kostet. Dennoch haben viele Menschen, wenn auch sehr dunkel, doch sehr frühe Kindheitserinnerungen, die nur als unbestimmte Inseln im Gedächtnis leben. Den ersten Teil der Lebensstrecke erleben wir als einen steilen, stetigen Anstieg. Wir lernen, die vielen Hindernisse zu überwinden, und nicht nur durch das Wachstum und die Wanderung von einer Schulklasse zur nächsthöheren scheint der Weg steil aufwärts zu gehen, sondern auch in unserem Verstehen der Welt und der Lebenszusammenhänge, genau wie bis zu einem gewissen Grade auch in der Meisterung von Aufgaben, die sich uns von außen stellen und eine zunehmende Selbstkontrolle fordern. Sozial lernen wir durch Beispiele und Erfahrungen im Umgang mit anderen direkt, und Worte und Erklärungen helfen uns allenfalls, erst nachträglich einzuordnen, was wir zuvor erlebt haben. Der Hauptinhalt dieser Erkenntnisstrecke ist das befreiende Gefühl, von anderen angenommen, aber auch die Furcht, abgelehnt zu werden. Unser Selbstwertgefühl hängt in dieser Zeit davon ab, ob wir uns genügend angenommen und verstanden fühlen. Diese Aufstiegsbewegung endet, wenn wir die Ziele erreicht haben, die wir uns selbst in unserer Jugend stellten.

Die Aufstiegsstrecke wird dann zu einer Art weiter Ebene mit geringen Auf- und Abbewegungen, und wir halten vergebens Ausschau nach größeren Erhebungen oder überragenden Gipfeln. Die Gipfelstürmerei ist vorüber, und die lange, eintönige Ebene ermüdet. Wir stehen vor dem ersten toten Punkt, der unser Durchhaltevermögen auf einige Proben stellt. Das ändert die Richtung unseres Interesses und des Selbst- und Weltverständnisses. Währnd auf dem ersten Teil der Strecke alle Aufmerksamkeit darauf gerichtet war, die äußeren Gegebenheiten des Lebens zu meistern und ihre Bedingungen zu verstehen, so daß wir sie den eigenen Zielen dienstbar machen konnten, erfahren wir uns nun selbst als Ursache von Widerständen, Schwierigkeiten, Zweifeln, Unfähigkeiten und Unberechenbarkeiten. Um so mehr geraten wir in Gefahr, dadurch mit anderen Mitläufern zusammenzustoßen oder hinter der Altersgruppe zurückzubleiben, auf Abwege zu geraten oder den Kurs zu verlieren. Der tote Punkt zwingt uns, nun die inneren Gegebenheiten, Anschauungsweisen und Erlebnisformen einer Prüfung zu unterziehen, überall dort, wo sie den beabsichtigten Kurs unseres Langstreckenlaufs durch Tempoverlangsamung, Atemnot, Erschöpfung und Lustlosigkeit und Bereitschaft zum Aufgeben behindern. Auch wenn wir uns verrannt haben und aufgeben oder umkehren müssen, liegt der Irrtum aus den verschiedenen Gründen meist in uns selbst. Erst durch diese lange und schwierige Phase der Selbstmeisterung, durch Veränderungen, die wir in uns selbst, in unserem Verhalten entwickeln, erlangen wir schließlich jene Reife, die uns befähigt, das Leben in seinen äußeren Bedingungen und den Wirkungen auf unser Innenleben so zu bewältigen, daß innere und äußere Wirklichkeit im Einklang sind. Das wird schwieriger auf dem nächsten Teil der Strecke, die wiederum verschiedene, manchmal steile und unerwartete Hemmnisse bringt. Wir nennen diesen Teil auch die mittlere Lebenskrise, die etwa die Jahre zwischen 40 und 50 umschließt, individuell aber davor und danach liegen kann, je nach dem Lebenstempo und den sozialen Umständen.

Dieser Teil der Strecke enthält sowohl Richtungsentscheidungen wie Zweifel an den erreichbaren Gipfelhöhen und der Kraft, den Aufstieg zu bewältigen. Er wird in Mühen und hartem, zähem Ringen um den jeweiligen Anstieg verbracht, ständig mit der Angst des Absturzes konfrontiert und mit dem Gefühl, immer neue Wagnisse und Risiken, deren Ausgang nicht mit Sicherheit vorherzusehen ist, eingehen zu müssen. Für manche Menschen ist dieser Abschnitt mit einer Gratwanderung, für andere mit einer Kaminkletterei vergleichbar, für wieder andere mit einer Gletscherwanderung oder einem Tunnel mit wenigen Lichtern. Am Ende des Streckenabschnittes kann das fatale Gefühl einsetzen, daß es vielleicht doch besser gewesen wäre, eine andere Richtung eingeschlagen zu haben. Aber entweder ist der Weg zurück zu lang oder es gibt keine Überbrückung in eine andere Richtung, oder der Tunnelausgang endet auf einem schmalen Plateau, von dem aus es nicht weitergeht.

Unsinnigerweise wird von manchen Wissenschaftlern jenseits dieser Marke ein Leistungsknick unterstellt, der zu den sich selbst erfüllenden Prophezeihungen gehört. In Wirklichkeit handelt es sich um eine vorübergehende Angstanwandlung, die eine Neuorientierung erfordert. Je nach erreichter Höhe kann dieser Teil der Strecke in vieler Hinsicht Einsamkeitsgefühle erwecken. Es gibt kaum einen Lebensabschnitt, in dem beide Geschlechter mehr der Hilfe und der Liebe bedürfen, ohne es zu wissen und es sich oder anderen zugeben zu können. Frühere Fluchtversuche nach rückwärts und seitwärts werden wiederholt. Ehebruch, Abenteuerbedürfnis, erhöhte Anlehnungswünsche und verstärkte Schuldgefühle sind die Regel, ohne daß dies voll bewußt würde oder diesen Gefühlserlebnissen gleich richtig begegnet würde.

Für beide Geschlechter entstehen Gefühle der auf der Strecke vermißten Gelegenheiten, Zweifel an nicht gelungenen und versäumten Möglichkeiten. Heranwachsende Kinder tragen dazu bei, weil alle vorherigen Bemühungen plötzlich als falsch erscheinen und nicht zum gewünschten Ergebnis geführt haben. Verbitterung und das Gefühl, nur Undank für alle Bemühungen zu ernten, sind nicht selten und verstärken nur Zweifel, Bedürfnis nach Pausen und Isolierung. Der Verlauf dieses Abschnittes hängt weitgehend von der Bewältigung der vorausgehenden mittleren Lebenskrise ab, die in anderen Ländern im Problembewußtsein der Allgemeinheit verankert ist, bei uns jedoch offenbar noch mit der Vorstellung vom »vollen Mannesalter« erfolgreich verleugnet werden kann.

Abbrüche, Rückzüge, zunehmende Schwierigkeiten oder das Gegenteil, rapider Aufstieg, befreite schöpferische Initiative, erhöhte Durchsetzungs- und Entscheidungsfähigkeit, zunehmende Reife und Bedachtsamkeit, sind die widersprüchlichen Ergebnisse dieser etwa acht- bis zehnjährigen Zwischenstrecke von Mitte Vierzig bis Mitte Fünfzig. Am gefährlichsten ist die Flucht in Überarbeitung aus als enttäuschend erlebten Ehe- und Familienverhältnissen. Die emotionalen Belastungseinheiten lassen sich von außen soweit addieren, daß je nach dem Grunderlebenstypus Depressionen oder Infarkt voraussagbar werden. Der Beginn der späten Lebenskrise ist von vielen Umständen abhängig, je nachdem, wann das Tempo verlangsamt wurde und wann eine klare Selbstkonfrontation erfolgt ist, die erkennen läßt, was auf der vorausliegenden Strecke noch erreichbar ist und was endgültig aufgegeben werden muß.

Das trifft beide Geschlechter, wenn auch in verschiedener Weise; jedoch bestehen ohne gründliche Erneuerung und Richtungsveränderung wenig Chancen, die Strecke zu verlängern. Genaugenommen verringern sich alle Aussichten auf einen erfreulichen Verlauf jeweils um den Zeitbetrag, um den eine sinnvolle, allmähliche Planung für das sogenannte Ruhestandsalter über das 46. bis 48. Lebensjahr hinaus aufgeschoben wurde, da die Zeitstrecke zum Erlernen neuer Fähigkeiten und die Verankerung neuer Interessen mit zwanzig Jahren kaum zu kurz berechnet ist.

Der Pensionierungstod ist in der Literatur seit Jahrzehnten zur Genüge beschrieben worden, ebenso wie die Pensionierungsdepression und der unerwartete Selbstmord. Man kann diese Gefahren eines jäh, ohne entsprechende Vorbereitung nach vorausgehender Verleugnung einsetzenden Gefälles kaum übertreiben, da es einem Absturz gleichkommt. Es ist eine falsche Nächstenliebe und irrige Rücksichtnahme, das herannahende Ausscheiden aus dem Arbeitsprozeß bis zum Pensionierungsalter auszuklammern, um den Betreffenden nicht zu kränken. Er wird kränker durch die Unterlassung, weil er Hilfe und Vorbereitung, jedoch nicht Bevormundung, Tröstung oder gar »Bemutterung« braucht. Die halbseidenen Vorschläge, sich vor der Pensionierung ein neues Hobby zuzulegen, sind irrational, weil neue Interessen nicht einfach so herbeigezogen werden können. Lust und Liebe zu einer Sache hat man in sich oder nicht. Hobbys wachsen nicht auf Bäumen, Liebhabereien sind etwas, was sich aus dem Inneren des Menschen entwickelt.

Das »Lebensziel« liegt heutzutage im Durchschnitt im Alter von etwa 70 bis 72 Jahren, es handelt sich um Durchschnittswerte. Jeder weiß, daß auch heutzutage Menschen uralt werden können und andere aus ganz bestimmten Gründen, die bei jedem verschieden sein mögen, das Klassenziel nicht erreichen.

Ich habe diese kleine Reise durch die Lebensalter deshalb unternommen, weil sie einen Überblick geben kann, der uns aufzeigt, daß man sich auf das Sterben vorbereiten kann, zumindest dort, wo der Tod zum bestimmten Lebensalter an die Tür klopft. Wer mitten aus dem Leben herausgerissen wird, stirbt unvorbereitet, und die Hinterbliebenen haben es dann immer mit einer Art Schockzustand zu tun, in dem die Betäubungsphase länger andauern wird. Ein Tod, den wir »kommen sehen«, erschlägt uns nicht so leicht, wir können uns darauf vorbereiten, und erleben dann eine andere Trauerzeit als jene, die »vom Schicksal« getroffen werden.

Todesfälle sind für die Hinterbliebenen Krisenzeiten. In der jüngsten Forschung gerät mehr und mehr der Umstand in den Blick, daß sich in der Krise leidvoll erlebte emotionale oder soziale Überforderung zumeist aus der Auseinandersetzung mit einem kritischen Lebensereignis ergibt. Kritische Lebensereignisse sind einmal Vorfälle, Erlebnisse und Situationen, die dem einzelnen als »günstige oder ungünstige Bündel sozialer Umstände« begegnen, die psychologisch bedeutsam sind.

Krisen sind in jedem Fall Signale für notwendige Veränderungen. Sie zeigen an, daß bei den Betroffenen innerlich schon die Bereitschaft zu einer Wanderung vorhanden ist, daß aber die Ängste, die mit der Aufgabe von Gewohntem und Sicherem immer verbunden sind, zunächst noch überwiegen. Die Angst gehört ebenso wie die Freude zum Leben.

Um das diffuse Geschehen und Erleben der Krise besser verstehen und einschätzen zu können, wurden immer wieder Versuche unternommen, Krisenverläufe zu strukturieren, bei all ihrer Verschiedenartigkeit ähnliche und gleichbleibende Elemente ausfindig zu machen. Der Normalfall besteht darin, daß Menschen in jeder Situation, die ihnen vertraut erscheint, gut angepaßt und routiniert den jeweiligen Anforderungen genügen. Kommt es zu einer drastischen Veränderung der vom Gleichklang bestimmten Lebenssituationen, sind die Anforderungen größer oder komplizierter als gewohnt, stellen sich in der ersten Phase Gefühle der Unsicherheit und Überforderung ein. Angesichts der zugespitzten Belastungssituation, ausgelöst durch bedrohliche Ereignisse, wendet der Betroffene in der ersten Phase erprobte und daher praktische Problemlösungsstrategien an. Da das Maß der zu bewältigenden Probleme größer ist als die zur Verfügung stehenden Kräfte, entsteht Spannung, die sich in Krisensignalen, zum Beispiel von Ängsten und vagen Gefühlen bedroht zu sein, äußern. Es herrscht ein Alarmzustand: die Homöostase, das ausgewogene Wohlbefinden, gerät durch den Druck, den ein bedrohliches Ereignis auslöst, in Gefahr. Der Betroffene gerät in den Zustand der »Verletzlichkeit«. Er fühlt sich belastet und tut das, was er in solchen Fällen immer zur Lösung und Klärung von Problemen zu tun pflegte: Mit jedem mißlungenen Versuch, mit Hilfe dieses üblichen Rituals an Verhaltensweisen für schwierige Situationen über die Runde zu kommen, steigen Spannung und Beunruhigung an. Die Betroffenen sind immer weniger in der Lage, eine Lösung zu finden, je öfter sie mit den herkömmlichen Strategien scheitern. Trennende und sich Scheidende verschlimmern so die Situation, und Hinterbliebene spüren in solchen Situationen, daß sie den Toten gerne wiederholen möchten; sie machen sozusagen »geistige Wiederbelebungsversuche« und können in dieser Phase nicht erkennen, daß der Verlust endgültig ist. Die Einsicht um dieses Wissen würde zur Klärung beitragen, und die Krise wäre keine Krise mehr, sondern ein »normaler« Trauerfall.

Die zweite Phase wird als Zuspitzung aller bedrohlichen Elemente der ersten Phase erlebt. Der Widerstand gegen die Bedrohung »greift« nicht. Der Betroffene gesteht sich und vielleicht auch anderen ein, daß er »nicht klarkommt«. Die äußere Konfliktsituation hat sich nicht verändert. Obwohl er immer neue Notmaßnahmen ergreift, kann er die schon zum Dauerzustand gewordene Angst nicht in einem überschaubaren Zeitraum überwinden. Derselbe Druck wird zur andauernden Intensität. Die innere Belastung wächst. Er erlebt sich als hilflos und unfähig. Aufgrund der starken emotionalen Verunsicherungen sind kaum noch Perspektiven für ihn zu erkennen. Er wird immer mutloser und weiß nicht, was er von sich aus zur Lösung des Problems tun könnte. Je länger diese Verwirrung anhält, desto bedrohlicher werden die Ängste. Das Gefühl, der Situation hilflos gegenüberzustehen, sich nicht mehr zurechtzufinden, nimmt überhand. Hält das Problem an, läßt es sich nicht verdrängen noch umgehen. Das hohe Maß an Spannung und Unbehagen nötigt den Betroffenen, alle inneren und äußeren Reserven in dieser dritten Phase zu aktivieren. Die Angst vor Veränderung erscheint ihm gegenüber dem Leidensdruck mit einmal weniger groß, so daß er jetzt auch zu ungewohnten Verhaltensweisen greift, um das Problem zu lösen. In Auseinandersetzung mit dem Bedingungszusammenhang der Krise beginnt er, die bestehende Situation und seine Verstrickung in sie neu zu definieren. Die Bedrohung fundamentaler Bedürfnisse, der Selbständigkeit und des Wohlergehens mobilisiert Widerstandskraft. Er sieht sich herausgefordert, die Krise zu meistern und an dem Konflikt zu wachsen. Es ist die Phase, wo der Riemen fester geschnallt wird. Jetzt muß der Betroffene alle Kraftreserven nutzen und den Verhaltensspielraum ausweiten, um seine Integrität zu erhalten. Er muß das Problem aus einer neuen Perspektive heraus, beziehungsweise realistischer als bisher betrachten und angehen; mit immer neuem Probierverhalten nach dem Muster »Versuch und Irrtum« die Krise zu mindern oder zu beseitigen. Vielleicht kann er das Problem in dieser Phase lösen: gelingt ihm dies, gewinnt er in der Regel an Stärke. Hoffnung und Erwartungen kehren zurück. Es bildet sich wieder ein emotionales Gleichgewicht heraus. Ein Selbstverständnis entsteht, verbunden mit einem neuen Verständnis der Rollen, die er in seinen sozialen Beziehungen ausfüllen muß oder in anderer Weise als bisher gestalten möchte.

Bestehen die bedrängenden Probleme weiter, ist in der dritten Phase der Übergang zu neuer Stabilität nicht gelungen und lassen sich die angstauslösenden Situationen trotz aller Anstrengungen nicht vermeiden, verschlechtert sich das Wohlbefinden massiv. Mißlingen alle Versuche, sich aus der schmerzlich erlebten Realität zurückzuziehen, genügt ein auslösender Faktor, um die individuellen Möglichkeiten gänzlich versagen zu lassen. Es kommt zu völliger Rat- und Hilflosigkeit, zu einem extrem bedrohlichen Ungleichgewicht, oft gekoppelt mit Verschlossenheit, Erschöpfungszuständen und nicht selten zum sogenannten »Nervenzusammenbruch«, der in Wirklichkeit ein Zusammenbruch der Persönlichkeit ist.

In der Krise werden wir das Gefühl nicht los, Objekt eines unerklärlichen Schicksals zu sein, das uns von außen zustößt. In Wirklichkeit sind wir selbst mehr Subjekt, Quelle und Instrument der erlebten Veränderungen im Fühlen, Denken und Verhalten als wir ahnen. Ohne unsere bewußte oder unbewußte Mitwirkung geschieht nichts. Es mag manchem Hinterbliebenen seltsam erscheinen, daß er etwas an seinem Zustand zugelassen haben soll, schließlich hat er ja tatsächlich nichts zum Tod des anderen beigetragen. Das ist absolut richtig. Aber die Krise entstand ja nach dem Tod des geliebten Menschen, die Krise entsteht durch den Umgang mit uns selbst, während der Trauerzeit. Wir bewältigen eine Krise in der Auseinandersetzung mit uns selbst und mit der sie erzeugenden Lebenssituation. Das heißt, wir müssen uns wohl oder übel mit der Krise und den Bedingungen vertraut machen. Mit etwas vertraut zu sein wird umgangssprachlich als »Verstehen« bezeichnet: »Ich verstehe etwas . . .« — »ich verstehe ihn . . .« — »ich verstehe mich.«

Eine neue Situation und vor allem eine Krisensituation verstehen zu können, bedeutet, mich mit ihrem Wesen auseinandergesetzt zu haben. Der Versuch, den strukturellen Zusammenhang zu erklären, in dem die einzelnen Erlebnisse stehen, ist nur möglich aufgrund eines Vorverständnisses, was immer schon Verstandenhaben bedeutet: Der Standpunkt eines Beobachters, seine Auffassung von der Realität, sein Weltbild, seine sozialen Deutungsmuster bestimmten seine Erkenntnisse.

Wer sich zum Beispiel noch nie mit dem Tod auseinandergesetzt hat, den wird der Tod eines anderen mit aller Wucht treffen. In diesem »Treffen« steht ja nichts anderes als die Begegnung mit dem »eigenen Tod«.

Um die soziale Wirklichkeit einschließlich meiner selbst verstehen und um in ihr handeln zu können, bedarf es abgeklärter Orientierungskriterien, die dazu verhelfen können, unsere Wahrnehmung zu ordnen und zu interpretieren.

Verstehen kann jeder nur sich selbst, aber alles individuelle Verstehen setzt kollektive Lernprozesse in der Form voraus, daß wir uns mit gegensätzlichen Wahrnehmungen, Argumentationen und abweichenden Bewertungen des Wahrgenommenen auseinandersetzen.

In Krisensituationen kommt das Gefühl, mit sich selbst und der Welt um uns herum im Einklang zu sein, nicht mehr zustande. Wir fühlen uns sozial alleingelassen, unfähig, entscheiden zu können, was jetzt zu tun ist. Entweder sind die Anforderungen in der Art, daß wir ihnen unter Wahrung der Ich-Identität nicht entsprechen möchten, aber unter Zwang entsprechen müssen, oder wir haben uns in unserer persönlichen Identität in eine Richtung entwickelt, die keine Balance mit den Erwartungen unserer Umwelt mehr erlaubt. Die bewußte oder unbewußte Arbeit daran, die Krise so zu lösen, daß ein neues stabiles Gleichgewicht zwischen den gesellschaftlichen Erwartungen und Ansprüchen einerseits, unseren Fähigkeiten und Bedürfnissen andererseits zustandekommt, wird immer in zwei unterschiedlichen Dimensionen der Selbstvergewisserung stattfinden müssen. Zum einen muß die individuelle Vorgeschichte der Krise erhellt werden, zum anderen gilt es, Beziehungen zu anderen zu klären. Ein wesentlicher Bestandteil davon ist die Trauerarbeit im Sinne von Krisenbewältigung.

Trauerhilfen für Kinder

Wenn Kinder einen Elternteil verlieren, setzt früher oder später eine innere Verzweiflung ein. Anfangs spüren sie nur eine Sehnsucht, aber um so länger der geliebte Mensch fortbleibt, schwindet die Hoffnung, den Vater oder die Mutter jemals wiederzusehen. Wird die Abwesenheit des Elternteils noch am Anfang bei Kleinkindern durch lautes Schreien und Wimmern kundgetan, verfallen sie mit der Zeit in Apathie, ziehen sich immer mehr zurück, geraten in einen Zustand der Verzweiflung, die nur noch durch leises Wimmern begleitet wird. Man spürt, daß das Kind sich elend fühlt. Wenn ein Kind in einem Alter, in dem es besitzergreifend an seine Mutter gebunden ist, ihre Liebe, ihre Fürsorge, ihre Aufmerksamkeit plötzlich entbehren muß, ist es wirklich so, als bräche eine ganze Welt zusammen. Das Bedürfnis von Kleinkindern nach ihrer nährenden und schützenden Anwesenheit bleibt unbefriedigt und seine Sehnsucht nach ihr können es vor Kummer krank machen. Ein so kleines Kind, das sich nicht mitteilen kann, befindet sich in einer verzweifelten Lage, weil es seinen Schmerz nicht ausdrücken kann, nicht darüber reden kann, nicht rufen, nicht sagen kann, was ihm fehlt. Das Kind ist vom Tod ebenso überwältigt wie ein Erwachsener, doch im Unterschied zu ihm kann es sich nicht abreagieren. Kinder haben kein Bewußtsein von Tod, nur von Abwesenheit.

Früher dachte man, daß kleine Kinder ihre Mütter oder Väter, die nicht mehr erreichbar waren, schnell vergessen würden und damit relativ schnell über den Kummer hinwegkämen. Neuere Beobachtungen aber zeigen, daß das Gegenteil der Fall ist. Die Sehnsucht nach der Mutter vor allem bleibt bestehen. Untersuchungen von Kleinkindern, die in Kinderheimen untergebracht wurden, bestätigen das. Weinen nach den Eltern, besonders nach der Mutter ist eine dominante Reaktion, vor allem während der ersten Tage, die die Kinder fern vom Elternhaus verbrachten. Obwohl das Weinen danach abnahm, wurde es zumindest in den ersten neun Tagen bei jedem Kind sporadisch festgestellt. Es trat vor allem während der Nacht auf und wenn die Kleinen ins Bett mußten.

Zwar hat wahrscheinlich Wunschdenken zu der Vorstellung beigetragen, daß der Kummer eines kleinen Kindes kurzlebig ist, doch haben sich gewisse Züge seines Verhaltens als irreführend erwiesen. Man glaubte, wenn die Kinder nach der ersten Protestphase ruhiger werden, sei der Kummer überwunden. Tatsächlich aber hat es die Mutter nicht vergessen, sondern sich eher in sein Schicksal ergeben.

Dier psychotherapeutische Arbeit mit Menschen, die in der frühen Kindheit einen Elternteil verloren haben, zeigt immer wieder deutlich, wie prägend ein solcher Verlust für den betreffenden Menschen war.

Bei größeren Kindern liegt die Problematik im Todesfall eines nahen Verwandten anders. Man will die Kinder schützen und ist gelegentlich unaufrichtig ihnen gegenüber. Wenn ein Angehöriger im Krankenhaus beispielsweise stirbt, sind, soweit das möglich ist, die Angehörigen in der Nähe. Kinder werden in der Regel viel später informiert und selbst dann weichen die Erwachsenen der Wahrheit aus. Angesichts dieser Tatsache ist es kaum überraschend, daß die Reaktion von Kindern häufig mit dem, was passiert ist, nicht im Einklang steht. Wenn ein Elternteil stirbt, wird es in der Regel so sein, daß der noch am Leben befindliche Elternteil die Kinder informiert. Daß das eine schmerzvolle Aufgabe ist, kann sich jeder vorstellen. In der Mehrzahl der Fälle versucht man, diese unangenehme Aufgabe rasch hinter sich zu bringen. Je jünger das Kind ist, desto größer ist die Wahrscheinlichkeit, daß ihm auf längere Zeit die Wahrheit verschwiegen wird. Manchmal dauert es Wochen oder Monate, bis das Kind die Wahrheit erfährt. Nicht wenige Väter oder Mütter bieten »Notlügen« an. Beispielsweise, der Vater sei verreist, oder die Mutter sei in einem Krankenhaus in einer anderen Stadt. Informationen wie, der Papa sei in den Himmel geholt worden oder die Mama sei jetzt beim »Lieben Gott«, irritieren das Kind, denn in seinem kindlichen Gemüt erlebt es diese Tatsache so, als daß es sich um eine Reise handelt, von der es keine Rückkehr mehr gibt. Weist man darauf hin, daß der betreffende Elternteil nicht zurückkehren wird, fühlt sich das Kind nicht selten verraten. Wenn der Betreffende nach einer gewissen Weile nicht zurückkehrt, erfüllen es Zorn und Wut, es fühlt sich betrogen und verraten, es kommt zu psychogen machenden Abspaltungen und man wundert sich dann, warum das Kind plötzlich »so still«, so »bockig«, so »aggressiv« geworden ist.

Eine weitere Flucht in eine Erklärung, zum Beispiel bei Großeltern, ist die Aussage: »Der Opa ist eingeschlafen.« Kinder schlafen auch ein und wissen aus eigener Erfahrung, daß man aus einem Schlaf wieder aufwacht. Die

Tatsache eines ewigen Schlafes ist für sie noch viel zu unverständlich. Es handelt sich hier um eine oft gebrauchte Redewendung. Aber Kinder nehmen derartige Redewendungen wörtlich. Wen wundert es da, wenn sich im Kind die Meinung bildet, daß das Einschlafen ein gefährlicher Vorgang ist. Derartige Erlebnisse prägen sich in ihrem Unbewußten ein und man wundert sich dann, wenn ein solcher Mensch, je älter und erwachsener er wird, immer mehr unter Einschlafschwierigkeiten zu leiden beginnt.

Wollen wir verantwortlich mit dem Tod eines Menschen umgehen, wollen wir, daß wir unseren Kindern keinen Schaden zufügen, ist es notwendig, Kindern möglichst rasch die Wahrheit mitzuteilen. Ein Kind, dem beigebracht wird, daß Tod etwas ist, was jeden Menschen betrifft, daß Tod eine Reise ohne Wiederkehr ist, wird zwar zunächst genauso schmerzhaft reagieren, aber es wird mit seinem Kummer und seinem Schmerz besser fertig. Die zweite Information, die das Kind bekommen muß ist, daß der Verstorbene beerdigt oder verbrannt wurde. Zugegeben, es ist sehr schwierig, eine solche Information an das Kind weiterzugeben. Die Verweigerung der Auskünfte geschieht ja aus Sorge, das Kind vor dem Bewußtsein des Todes, vor Trauer und Schmerz zu schützen. Die Information, was mit dem Toten geschieht, wird in der Regel am längsten zurückgehalten. Dabei wissen nicht wenige Kinder längst von anderen Kindern, daß es Friedhöfe gibt und daß dort die Verstorbenen hinkommen. Wenn also derartige Informationen nicht gegeben werden, kann es passieren, daß Kinder das Vertrauen zu dem Menschen verlieren, der ihnen die Wahrheit vorenthalten hat. Die Kinder werden nicht nur verspätet oder irreführend informiert, sondern augenfällig ist auch, wie Elternteile den

Kindern gerne verheimlichen, wie sie selber leiden. Das heißt, Kindern wird der Lernprozeß des Trauerns vorenthalten. Kein Wunder, wenn sie dann als Erwachsene nicht damit fertig werden. Tod gehört zum Leben, und die Trauer über den Tod können Kinder am Beispiel ihrer Bezugspersonen erlernen. In Gegenden, wo Erwachsene noch ihr volles »Trauerritual« leben, wachsen Kinder in dieser Art der Trauer hinein und werden dann mit der eigenen Trauer viel besser fertig. Wenn Kinder erlebt haben, wie ein Onkel oder ein Freund des Elterhauses betrauert und zu Grabe getragen wurden, dann erweckt das ihre Neugier, der Schmerz ist für sie mäßig, denn die schützenden Elternteile sind bei ihnen. Stirbt dann ein Elternteil, sind Tod, Beerdigung und Trauer nichts Fremdes mehr für sie und ihre Trauerzeit ist wesentlich kürzer.

Wenn Elternteile ihren Kindern den eigenen Schmerz nicht zeigen können, dann bedeutet das, daß sie ihren Kindern die eigenen Gefühle vorenthalten und damit auch die Information, daß Eltern auch andere Gefühle außer Freude und Fröhlichkeit haben können. Schließlich lernen Kinder am Beispiel der Eltern, wie man mit Gefühlen umgeht. Wenn Kinder den Tod des einen Elternteiles nicht beweinen können, muß man sich fragen, woher sie es dann können sollen, wenn die Eltern ihre eigenen Tränen den Kindern vorenthalten.

Kinder haben ein feines Gespür. Wenn ein Elternteil Angst vor Gefühlen hat, werden die Kinder ihre Gefühle verbergen und früher oder später ihre Fragen stellen.

Die Fachleute der Psychologie wissen längst, daß falsche Informationen an Kinder über den Tod eines Elternteils oder eines Bruders oder einer Schwester unweigerlich in die Neurose führen wird. Darum hat man auch gründlich nachgedacht, wie man Eltern helfen kann, Kindern die Wahrheit über den Tod näherzubringen. Darum ist es für unwissende oder unsichere Erwachsene sicherlich gut zu wissen, daß es, wenn sie alleine damit nicht fertig werden, es besser wäre, einen Familienberater zu Rate zu ziehen und mit dessen Hilfe den Kindern alles Wissenswerte über den Schicksalsschlag des Todes nahezubringen. Sicherlich sind Erwachsene durch ihren eigenen Schmerz häufig überfordert, sich auch noch um die Gefühle der Kinder zu kümmern. Eine einfühlsame außenstehende Person kann diese Aufgabe übernehmen. Ist das erst einmal geschehen, fällt es dem Erwachsenen leichter, seine eigenen Gefühle zu zeigen.

Im normalen Verlauf des Lebens treffen selbst sehr kleine Kinder auf Beispiele des Todes — einen toten Käfer, eine tote Maus, einen toten Vogel. Hier ergeben sich gute Möglichkeiten für die Eltern, schon beizeiten das Kind mit dem Tod vertraut zu machen. In der Regel erwecken tote Tiere die Neugier des Kindes. Es möchte mehr wissen, und hier kann die Hilfe der Aufklärung über den Tod schon beginnen.

Erfahrungen zeigen, daß selbst ein kleineres Kind nicht mehr Schwierigkeiten hat, den Tod als etwas Geheimnisvolles zu betrachten, als ein Erwachsener. Wenn das Kind das Wesen des Todes zunächst einmal allgemein begriffen hat, wird es im Ernstfall begreifen, um was es sich handelt. Wenn dem Kind gesagt wird, ein toter Vogel oder eine tote Schnecke werde nie mehr lebendig und der Tod komme früher oder später zu allen Lebewesen, so ist es zuerst vielleicht ungläubig, akzeptiert aber aller Wahrscheinlichkeit nach die Worte der Eltern. Wenn ihm außerdem noch gesagt wird, daß es beim Tode eines wohlbekannten Menschen oder Tieres natürlich ist, traurig zu sein, und daß auch der Wunsch, dieses Lebewesen wieder lebendig haben zu wollen, ein ganz natürlicher Wunsch sei, wird das Kind feststellen, daß sich diese Worte der Eltern mit seiner eigenen Erfahrung decken. Dies ist eine gewisse Vorbereitung, um Kindern zu helfen, den Tod nahestehender Menschen und sogar den des Elternteils zu betrauern.

Kinder stellen Fragen und sie haben ein Anrecht darauf, daß diese Fragen offen, ehrlich und mit Verständnis beantwortet werden.

Genau wie bei Erwachsenen bezieht sich der Trauerprozeß bei Kindern nicht allein auf die Trauer. Auch sie kennen Gefühle von Angst, Wut und Zorn. Ihre Gefühle unterscheiden sich in keiner Weise von denen der Erwachsenen. Was die Angst betrifft, ist es verständlich, daß ein Kind, das einen großen Verlust erlitten hat, sich vor weiteren Verlusten weitaus mehr fürchtet als ein Erwachsener, weil seine soziale Sicherheit, aus seinem Blickwinkel heraus, weitaus mehr gefährdet ist. Dadurch werden Kinder besonders empfindlich gegenüber jeder Trennung von Menschen, die es jetzt betreuen. Wenn beispielsweise eine Mutter gestorben ist, der Vater irgendwann wieder geheiratet hat, und Kinder Streitworte von Scheidung und Trennung zu hören bekommen, kann sie panikartige Angst befallen. Wenn in derartigen unsicheren Familienverhältnissen Kinder leben müssen, bleibt es nicht aus, daß das Kind ängstlich wird und sich an die Menschen, die es umgeben, anklammert, als andere Kinder, die noch keinen Verlust erlitten haben.

Ähnliches gilt auch für den Zorn. Es kann kein Zweifel darüber bestehen, daß nicht wenige kleine Kinder, die einen Elternteil verloren haben, darüber extrem zornig sind. Den Kindern in solchen Fällen Strafe anzudrohen, wäre ein großer Fehler, denn der Zorn ist ja nichts anderes als ein Ventil über den tiefen inneren Schmerz, den das Kind erleidet. Wenn Kinder nach einem Todesfall zornig werden, ist es wichtig, mit ihnen über ihren Zorn, über ihren Schmerz zu sprechen. Das gelingt natürlich nicht während der Phase eines Zornausbruchs, sondern am besten Stunden danach, wenn das Kind wieder ruhiger geworden ist. Wenn ein solches Kind spürt, daß es auch mit seinem Zorn angenommen bleibt, sogar in seinem Zorn und Schmerz verstanden wird, ist einer Neurotisierung ausgewichen worden. Inwieweit Kinder dazu neigen, sich spontan selbst die Schuld für einen Verlust zu geben, ist schwer feststellbar. Derartige Empfindungen kommen in der Regel meist nach vielen Jahren in einer psychotherapeutischen Behandlung zutage, und dann ist es nicht immer leicht, derartige Gefühle in andere Bahnen zu lenken. Gefährlich ist es, wie es auch in einigen Familien vorkommt, das Kind zum Sündenbock zu machen. Für eine zerrüttete Witwe oder einen mürben Vater ist es sehr einfach, das Kind zum Schuldigen zu sprechen. Es genügt in der Regel, daß ein Elternteil nur ein einziges Mal ein derartiges »unbedachtes Urteil« ausspricht, um dem Kind auf Lebenszeit einen Stempel aufgeprägt zu haben. Kinder nehmen sich derartige Aussprüche zu Herzen und werden danach zu Selbstvorwürfen und Depressionen neigen, mit der Folge, daß sie sich als Erwachsene für alles mögliche schuldig fühlen.

Die Arbeit mit Waisenkindern oder Halbwaisen macht jedem Psychotherapeuten bewußt, wie hilflos wir alle angesichts des Todes eines geliebten Menschen sind. Es ist sehr schwierig, einem Kind, dessen Vater oder Mutter gestorben ist, Leid und Schmerz zu ersparen. Dieser Verlust ist eine mit nichts zu vergleichende seelische Belastung, die die weitere Entwicklung beeinflußt. Diese Gefahr kann gemildert werden, wenn dem Kind geholfen werden kann, Mutter oder Vater möglichst tief zu betrauern. Es ist wirklich möglich, Kindern vom frühen Kleinkinderalter an zu helfen, diese Trauerarbeit zu leisten. Wie Erwachsene mit ihrer Trauer umgehen können, habe ich schon aufgezeigt. Aber wann kann ein Kind trauern? In den ersten Tagen können wir weniger tun , aber wenn die Betäubungsphase vorbei ist, wenn Angst, Trauer, Wut und Schmerz sichtbar werden, können wir eingreifen. Diese Phase ist ein Stadium, in dem die Gespräche mit Kindern beginnen sollen. Besser lernt das Kind verstehen, wenn es dem Tod direkt begegnet. Wenn es gelernt hat, daß Tiere sterben und Menschen ebenso, dann kann man Kinder auch mit an das Sterbebett führen. Je enger sich ein Kind mit dem Sterbenden verbunden fühlte, um so eher wird es lernen müssen, sich vom Schicksal des Sterbenden oder Verstorbenen zu distanzieren. Es wird lernen, daß das Schicksal des Toten oder Sterbenden nicht sein Schicksal ist. Nicht wenige Kinder im Vorschulalter bekommen dieses beklemmende Gefühl, ihre eigenen Gedanken könnten mit dem Tod der Bezugsperson etwas zu tun haben. Wer hätte nicht schon beobachtet, daß ein kleines Kind herausfordernd gesagt hätte: »Ich will, daß du tot bist.« Für das Kind ist das eine harmlose Aussage. So, als würde es sagen: »Ich mag nicht mit dir spielen.« Stirbt aber eine Bezugsperson, dann kann es sein, daß das Kind seine Worte und den Tod in Zusammenhang bringt. Wenn Eltern auf derartige Aussprüche folgendermaßen reagieren: »Ich weiß, du bist ärgerlich auf mich, aber deine Worte werden mich trotzdem nicht totmachen«, ist einem eventuellen Schuldgefühl später Vorsorge geleistet. Wir Erwachsene kennen ja die konkrete Seite des Sterbens. Nach unserem Vorbild entwickelt das Kind seine Vorstellung vom Tod. Wenn Eltern es nicht fertigbringen, mit dem Kind über den Tod zu sprechen, dann kann im Ernstfall das Kind derart verunsichert sein, daß es fortan Schwierigkeiten haben wird, mit dem Leben fertig zu werden.

Eine wichtige Bedingung, einen Verlust zu betrauern, ist die Fähigkeit des Kindes, Sehnsucht und die begleitenden Gefühle von Traurigkeit und Groll zu ertragen und auszudrücken. Dem Kind den Groll zu verbieten, wäre ein nicht wieder gutzumachender Fehler.

Wir müssen immer wieder betonen, daß im Todesfall das Gespräch mit Kindern unsagbar wichtig ist. Was hilft den Kindern in dieser Lage? Es ist immer günstig, wenn ein überlebender Elternteil vorhanden ist, der auch Zeit für das Kind hat, und wenn Haus, Wohnung und die weitere Familienstruktur unverändert bleiben. Da alle Kinder sehr empfänglich für die Stimmungslage ihrer Eltern sind, ist es unmöglich, ihnen das Wissen und die Ereignisse vorzuenthalten oder ersparen zu wollen, oder über die wahre Natur der Ereignisse nicht sprechen zu wollen. Der ständige Kontakt mit den Kindern ist wichtig, und wenn es sich vermeiden läßt, sollte man gerade in Situationen von Todesfällen Kinder nicht aus dem Haus geben. Es passiert immer wieder, daß Kinder zu Verwandten aufs Land, in eine andere Stadt oder sonstwohin gebracht werden, und wenn sie dann zürückkommen, ist plötzlich ein Elternteil nicht da, was einen großen schweren Schock für die Kinder bedeuten kann. Denn die Erwachsenen können zu diesem Zeitpunkt schon über den gröbsten Teil der Trauerarbeit hinweg sein, während der eigentliche Trauerprozeß bei den Kindern jetzt erst beginnt. Denn sie sind mit der Tatsache konfrontiert, daß der Vater oder die Mutter nicht mehr da ist und nicht mehr zurückkehren wird. Alles, was mit dem Tod zusammenhängt, sollte das Kind vom überlebenden Elternteil erfahren, und nur wenn dieser es nicht fertigbringt, mit dem Kind darüber zu sprechen, kann eine dritte Person hinzugezogen werden. Jedoch der verbleibende Elternteil sollte bei dem Gespräch dabei sein. Wenn Kinder von Verwandten aufgeklärt werden, bei denen sie sich infolge des Todesfalles längere Zeit aufhalten, fühlen sie sich vom verbleibenden Elternteil verraten und verlieren das Vertrauen zu ihm. Es ist schon schlimm genug, daß einer der beiden Elternteile gestorben ist, wenn das Kind aber weggebracht wird, ist es eine Trennung von beiden Eltern. Es setzt ein Distanzierungsprozeß ein, der später schwer wieder rückgängig gemacht werden kann. Kinder fühlen sich gut ein in die Trauer und Not des verbleibenden Elternteils, wenn sie ihnen offen gezeigt wird. Unsicherheit überfällt sie nur, wenn die Gefühle der Erwachsenen ihnen verheimlicht werden. Bei plötzlichem Tod, wie er heute bei Verkehrsunfällen nicht selten ist, ist die Lage nicht minder schmerzhaft und der Tod ein erschütternder Schock. War das Kind beim Unfall dabei, scheint es am besten zu sein, ihm sobald wie möglich alle seine Beobachtungen zu bestätigen und Irrtümer zu korrigieren. Wenn man mit dem Kind nicht über seine Erlebnisse spricht, sondern diese in der Meinung, das Kind habe das Geschehene nicht wahrgenommen, totschweigt, oder wenn man ihm seine Beobachtungen auszureden versucht, in der Hoffnung, ihm die Wirklichkeit irgendwann einmal auf eine weniger schreckliche Weise beizubringen, errichtet man nur eine Mauer zwischen dem Kind und sich. Dann muß das Kind alleine mit seinen schrecklichen Erlebnissen und seinen unklaren Schlußfolgerungen ringen. Es hilft, unverzüglich zu sagen, was man weiß, dem Kind allzuviele Einzelheiten jedoch zu ersparen und den eigenen Schmerz offen zu zeigen. Es fühlt sich beruhigt, wenn es trösten kann und wenn ihm gesagt wird, daß die Familie zusammenbleiben wird.

Das Ritual der Beerdigung kann auch für Kinder ein Rahmen sein, der eine gewisse Sicherheit verleiht. Selbst kleine Kinder wurden am offenen Sarg nicht von Furcht übermannt, wenn Vater oder Mutter sie fest an der Hand hielten und auf ihre Gefühle eingingen. Kinder, denen der Schutz versagt wurde, reagierten mit Angst und Verwirrung. Ältere Kinder, die man nicht am Begräbnis teilnehmen ließ, haben oft das Gefühl, man habe sie ausgeschlossen und nehme ihnen die Möglichkeit, ihre Trauer mit der Familie zu teilen und zu verstehen, was mit dem Körper des Toten geschehen ist. Die Teilnahme am Begräbnis gibt dem Kind erneut die Chance, sich jetzt mit dem Tod als Erlebnis auseinanderzusetzen. Darüber hinaus nimmt es am Abschiedsritual teil, was für seine weitere Entwicklung nötig ist. Auf diese Weise sieht es, wohin der Körper des Toten gegangen ist und sucht ihn nicht anderswo.

Die Fortführung des gewohnten Lebens in der alten Umgebung gibt dem Kind wie dem Erwachsenen die Möglichkeit, die Gefühle offen zu äußern oder sich erst einmal zu verschanzen, um Kraft zu finden. Gegenstände, die mit dem geliebten Toten verbunden sind, werden bedeutungsvoll, da sie eine Brücke zwischen dem früheren und dem jetzigen Leben schlagen. Das Kind braucht die eigene Erinnerung an den Toten und die objektivierende Hilfe des überlebenden Elternteiles. Besonders kleinere Kinder werden immer wieder Phantasievorstellungen äußern, die von der Wirklichkeit entfernt sind und den Eindruck erwecken können, das Kind sei gar nicht in der Lage, die wirklichen Zusammenhänge zu begreifen. Aber das kann täuschen. Die Phantasie dient immer wieder dem Ausdruck des Wunsches, das schreckliche Ereignis ungeschehen zu machen, und sie dient gleichzeitig der wiederholten Bewältigung. Als Ergänzung dazu brauchen Kinder aber die Richtigstellung, um den Groll und die Trauer spüren und bewältigen und um sich immer wieder auf die Wirklichkeit einstellen zu können.

Identifizierung gehört zur Trauerarbeit. Dem Toten in seinen Eigenschaften ähnlich zu werden, diese sich gleichsam einzuverleiben, gewährleistet eine Fortsetzung des Kontaktes zu ihm auf einer anderen Ebene. Wie gesagt, Kinder brauchen Hilfe dabei, denn die Identifikation kann oberflächlich und vorübergehend sein. Dann leistet sie nicht mehr, als das Kind sehnsuchtsvoll an den verlorenen Elternteil zu erinnern, und kann zu einer sentimentalen Gefühlseinstellung unveränderbarer Sehnsucht führen. Die Identifizierung mit einem toten Elternteil kann aber auch günstige Auswirkungen haben. Die Identifizierung hilft in diesem Falle dabei, die Sehnsucht nach dem verlorenen Elternteil abzulösen. Dabei bleibt dieser in einer Art aktiven und nicht nur sehnsüchtigen Erinnerung erhalten.

Neben Sehnsucht und Identifizierung ist der Versuch, das Bild des Verstorbenen auszulöschen, eine weitere

Möglichkeit des Bewältigungsversuches. Diese Kinder möchten gar nicht so wie der tote Elternteil sein, sie möchten zum Beispiel etwas ganz anderes werden als der Vater und bleiben doch in ihrer Sehnsucht nach ihm gebunden, was die Freiheit bei der späteren Partnerwahl beeinträchtigen kann.

Die Trauerarbeit versucht, die Sehnsucht, die Identifizierung und den Versuch, das Bild des Verlorenen auszumerzen, gegeneinander auszubalancieren.

Wenn den Angehörigen die Wichtigkeit der Identifizierung einleuchtet, und sie in ihr einen Beitrag zur Persönlichkeitsentwicklung des Kindes sehen, können sie dem Kind erklären, wo es richtig ist, wie Papa oder Mama zu sein, und wo das Kind auch anders als diese sein kann. Trauerarbeit ist und bleibt für Erwachsene und Kinder eine schwierige Aufgabe.

Die Trauerarbeit muß aber auch zu einem Ende kommen, und es besteht immer die Möglichkeit, sich mit dem Schicksal auszusöhnen. Irgendwann wenden sich Mutter oder Vater einem neuen Partner zu. Das Kind muß jetzt die neue Beziehung neben das noch verbleibende Bild des verlorenen Elternteiles setzen. Dies ist eine schwere Phase. Oft ist ein Kind schon bereit dazu, ehe noch Vater oder Mutter einen neuen Partner gefunden haben, oder aber dieser existiert schon, ehe das Kind dazu bereit ist. Beides kann zu Reibungen führen, Kinder werden Vorwürfe machen, ob der verbleibende Elternteil alleine bleibt oder ob er sich wieder neu bindet. Eine Angst des Kindes wird sein, dem verstorbenen Vater oder der Mutter untreu zu werden und ihr Bild auslöschen zu müssen. Dann mag es gut sein, wenn der neue Partner vom Kind nicht fordert, nun Papa oder Mama genannt zu werden, sondern wenn der Verstorbene in seinem Recht belassen bleibt und der neue Mensch im Leben des Kindes zunächst zu Vater oder Mutter gehört. Er wird dann mit dem Kind eine eigene Beziehung entwickeln. Von alleine kann daraus ein Verhältnis wie zu einer Mutter oder einem Vater entstehen. Das Kind muß sich aber auch daran anpassen, daß es jetzt wieder zwei Elternteile hat.

Gewinn und Verlust verzahnen sich auf komplizierte Weise, und es wird viel Geduld und gegenseitiges Verstehen aufzubringen sein. Wenn auch die Liebe zum verstorbenen Elternteil manchmal als ein Hindernis für die neue Beziehung erscheint, so ist im allgemeinen eine gute frühere, die als solche auch anerkannt wird, die beste Grundlage für die Fähigkeit des Kindes, eine neue Liebesbindung einzugehen. Das Verhalten des Kindes kann aber auch irritierend sein, so daß die Hilfe eines Fachmannes nötig sein wird.

Sicherlich ist es gut, verwaisten Kindern so früh wie möglich beizustehen; nichtsdestoweniger bereitet der Verlust von Vater oder Mutter auch dann ein erschütterndes Erlebnis. Es ist jedoch ein Unterschied, ob der Verlust emotional unbewältigt bleibt und die Persönlichkeitsentwicklung des Kindes belastet oder ob es ein Schicksalsschlag ist, der durchgestanden und vielleicht teilweise verarbeitet werden kann. Unter günstigen Umständen kann man sogar sehr kleinen Kindern bei dieser schwierigen Aufgabe Hilfe leisten. Ein Mangel und Narben werden aber immer zurückbleiben.

Kindern, die einen Elternteil durch eine Trennung oder Scheidung verlieren, ergeht es kaum anders als Kindern, die Verlust durch Tod erleiden. Um richtig einzuschätzen, welche Macht der Scheidungsteufel hat, sollten Eltern unbedingt verstehen, wie Kinder die Welt um sich herum und ihre eigene Position in ihr erleben. Ihre Unreife, ihr Mangel an Welterfahrung und ihre seelische und körperliche Abhängigkeit von Eltern, die in den frühen Jahren umfassend ist und bis zum Jugendalter immer noch wichtig bleibt, macht sie für starke Verlassenheitsängste, Gefühle des Grolls, der Feindseligkeit und der Wut anfällig, die in ihnen zur Zeit der Scheidung oder Trennung ihrer Eltern hervorbrechen. Für ein Kind werden diese Gefühle zur ungeheuerlichen Wahrheit, weil sie nicht durch das Vertrauen entkräftet werden, daß sie für sich selber sorgen können. Sie fühlen sich tatsächlich verlassen und können starke Ängste entwickeln. Plötzlich ist ein Elternteil nicht mehr da. Wenn es möglich ist, daß die eine Hälfte der stabilen Welt einfach von der Bildfläche verschwindet, was kann dann die andere Hälfte daran hindern, auch wegzugehen? Wer wird morgen da sein, es beschützen, für es sorgen? Das sind, der kindlichen Logik entsprechend, völlig logische Ängste. In solchen Zeiten kann ein Kind, das vor der Trennung unabhängig war, außerordentlich ängstlich werden, wenn man es mit einem Babysitter allein läßt, oder es weigert sich, zum Spielen hinauszugehen, aus Angst, daß der verbliebene Elternteil verschwunden sein könnte, wenn es wiederkommt. Um seine panische Angst vor dem Verlassenwerden zu bekämpfen, leugnet das Kind im allgemeinen die Realität, daß seine Eltern geschieden sind. Diese Verleugnung drückt sich häufig darin aus, daß sie zu »Mamas tapferen kleinen Jungen« oder der »kleinen Stütze« werden, und die Eltern werden erleichtert aufseufzen, weil ihre Kinder alles so vernünftig nehmen. Aber sie sollten weiterblicken. Weil solche Kinder ein ungutes Abhängigkeitsverhältnis entwickeln, aus dem sie nur schwer wieder herauskommen. Um diese Barriere zu durchbrechen, ist es notwendig, daß die Eltern auch für die kleinen Anzeichen beim Kind wachsam sind. Wenn man sie genau begreift, kann das der Anfang für eine verbesserte Eltern-Kind-Beziehung sein. Wenn es Eltern gelingt, ihren Kindern dabei zu helfen, die eigenen Gefühle aufzudecken, dann müssen sie in der Lage sein, mit der Logik, die das kindliche Seelenleben bestimmt, zurechtzukommen. Kindliche Schuldgefühle sind gerade bei Scheidung und Trennung viel mächtiger als Eltern einfühlen können, denn sie entspringen der magischen Überzeugung des Kindes, daß es allmächtig ist. Kinder sind oft nicht in der Lage, zwischen Wunsch und Wirklichkeit zu unterscheiden. Für sie sind ihre Wünsche Taten. Die Feststellung, daß Kinder von Erwachsenen völlig abhängig sind und gleichzeitig davon überzeugt sind, daß sie selbst total die Kontrolle haben, scheint widersprüchlich. Aber emotional gesehen ist das wahr. Es gibt wohl kaum ein Scheidungs-Kind, das nicht das Gefühl gehabt hat, es sei in irgendeiner Weise für das Auseinandergehen der Eltern verantwortlich, auch wenn es diese Überzeugung nie direkt zum Ausdruck bringt. Wenn ein Kind sich irgendwann einmal seine Mutter oder seinen Vater tot oder weit weg gewünscht hat — und welches Kind hat dies nicht getan —, kann es aufgrund der Scheidung zu dem Schluß kommen, daß das tatsächliche Weggehen eine direkte Folge seines Wunsches ist. Und dieser Entschluß ist zwar für Erwachsene unlogisch, aber für das Kind ist er auf schreckliche Weise zwingend.

Das sehr kleine Kind kann vielleicht diese Überzeugung nicht in Worten ausdrücken. Das ältere Kind wird sich an einen Anlaß erinnern, wo es sich schlecht benommen hat, und die Scheidung damit direkt in Zusammenhang bringen: »Wenn ich beim Essen bloß nicht geweint hätte, dann wäre Papi bestimmt nicht weggegangen«. Oder: »Mama und Papa haben sich getrennt, weil ich in der Schule schlecht war.« Wenn Kinder heranreifen, dann fangen sie allmählich an, sich von ihrem Glauben an die magische Kraft ihrer Gedanken zu lösen. Aber eine Scheidungskrise kann sogar bei Jugendlichen diese kindliche, jedoch außerordentlich mächtige Vorstellung wiederbeleben. Eltern, die sich über diese Tatsache klarwerden, können etwas unternehmen, um ihre Kinder von den Schuldgefühlen zu befreien, in die sie sich hineinsteigern. Sie versichern ihnen, daß sich hier zwei Erwachsene entscheiden, ihre Ehe zu beenden, und daß dies nicht ein Produkt von Gedanken, Gefühlen oder Handlungen der Kinder sei.

Zu den kindlichen Reaktionen auf die Scheidung der Eltern gehört auch sehr viel Wut — eine Wut, die durch die Weltsicht des Kindes bestärkt wird, nach der sich alles um seine Bedürfnisse dreht. Das ist in der Tat eine exakte Definition für kindliches Verhalten. Nichts widerspricht ihr. Im Leben eines Kleinkindes und bis ins Jugendalter hinein hat das Kind das Gefühl, daß die Eltern nur für es da sind, weil es von ihrem Schutz und ihrer Fürsorge abhängig ist. Es ist sehr wichtig, daß sich sowohl beide Eltern als auch das Kind zum Zeitpunkt der Trennung dem Ausdruck von Wut stellen; sonst schwelt sie möglicherweise weiter und wächst und kann dann nicht mehr zu bewältigen sein. Besonders dann, wenn das Kind sieht, daß seine Mutter oder sein Vater ein Privatleben aufbauen und neue Beziehungen zu einem Partner des anderen Geschlechts eingehen. Für Eltern, die niemals gelernt haben, mit Wut umzugehen, kann es sehr schwer zu ertragen sein, wenn ihre Kinder zornig werden. Wenn Kinder unter Verlustangst leiden, so ist es kaum überraschend, daß Kinder, die einen großen Verlust erlitten haben, sich vor einem weiteren Verlust fürchten. Dadurch werden sie besonders empfindlich gegenüber jeder Trennung von Menschen, die sie jetzt betreuen, aber auch gegenüber allen Ereignissen oder Bemerkungen, die auf einen weiteren Verlust hindeuten. Infolgedessen sind diese Kinder wahrscheinlich häufig ängstlich und klammern sich an Situationen, die einem Erwachsenen harmlos erscheinen, und neigen eher dazu, sich zurückzuziehen. Früher wurden Kinder — und manche werden es immer noch — so erzogen, daß sie ein allzu empfindliches und hypertrophiertes Über-Ich entwickeln, weil von klein auf vieles als gefährlich und böse deklariert wird, was nur schlicht etwas Menschliches ist, mit dem man sich als Mensch auseinandersetzen lernen muß, weil es zum Menschsein gehört. Nehmen wir zum Beispiel Triebwünsche aus dem Sexualbereich. Sie sind Teil unseres Seins, und wir lernen mit zunehmender Reifung, mit ihnen umzugehen, sie in gesundem Maß zu integrieren, wenn wir dazu Hilfestellung erfahren. Wenn Erziehung uns jedoch Angst und Flucht statt Auseinandersetzung und Lernen, wenn sie uns Fehlhaltung anstatt Stützung überliefert, ist es für viele Generationen schwierig, den vom Kollektiv gesetzten Normen und Tabus ohne Schaden gerecht zu werden. Der Ausbruch aus solchen Fehlentwicklungen führte in unserer Zeit dazu, daß nicht nur frühe Scheinwerte hinweggefegt wurden, sondern daß auch darüber hinaus ein Studium der Unfähigkeit eingetreten ist, echte Werte zu suchen und zu finden. In früheren Jahrhunderten stellte das Kollektiv seine Forderungen, und jeder einzelne wurde von Kindheit an in Angst getrieben, bei Verletzung der Tabus ausgestoßen zu werden. Freud glaubte deshalb zunächst, daß Angst es sei, was den Menschen sozialisiert. Er nahm an, daß Urhorden den Häuptling und Urvater aus Angst vor der Rache — symbolisch gesprochen vor der Kastration — nicht umgebracht haben und sich domestizieren ließen. In der Frühzeit der Menschen war Ausgestoßenwerden gleichbedeutend mit dem Tod. Der Frühmensch konnte außerhalb seines Kollektivs nicht existieren, weder leiblich noch seelisch. Auf der nächsten Entwicklungsstufe führte der Abbruch des menschlichen Kontakts in den Wahnsinn, also auch in eine Art von Untergang des einzelnen. Der zivilisierte Mensch höherer Kulturen wird durch die Ablehnung der anderen zwar nicht mehr vernichtet, kann aber doch schwer geschädigt werden, sofern er nicht bei anderen Menschen Ausgleich zu finden vermag. Die Ablehnung durch unsere Nächsten und durch wesentliche Beziehungspersonen läßt unser Liebesverlangen unbefriedigt. Geliebt zu werden ist aber am bedeutsamsten für uns alle. Um geliebt zu werden, um angenommen zu sein, nimmt der Mensch Lustverzicht auf sich. Dies ist eine Notwendigkeit bei jeglichem sozialen Zusammenleben, auch schon in der Zweisamkeit. Es ist leicht, Kinder durch Liebesverlust zur Einhaltung von Geboten zu treiben, die sie zwingen, wider ihre natürlichen Grundlagen zu leben. Dies bedeutet, daß man mit Zerrissenheit und verborgener Aggressivität leben muß, um die Liebe der nächsten Beziehungsperson zu erhalten.

Es geht heute darum, Wege zu finden, die den einzelnen schon von sehr klein auf in seiner Individualität stärken, damit er als Erwachsener in der Lage ist, mit seinen Trieben frei und verantwortlich umzugehen. Sozialisierung darf darum nicht mit Angst betrieben werden. Nicht die Angst vor Strafe kultiviert den Menschen, vielmehr ein Verlangen nach Liebe. Dabei genügt es nicht, daß ein Kind geliebt wird. Das ist nur die eine Seite. Das Kind will auch jemand haben, der zu lieben ist. Damit wird die aktive Liebesfähigkeit des Menschen entwickelt, die für die Sozialisierung zum Kulturmenschen von entscheidender Bedeutung ist. Wer geliebt sein will, selbst aber nicht Liebe zu geben vermag, bleibt in seinem Egoismus gefangen auf der Stufe des Säuglings. Das sind die Menschen, die immer haben wollen und nie genug haben. Für einen hier aufgezeigten Wachstums- und Reifeprozeß sind Scheidungen für das Kind äußerst gefährlich. Weil das Kind lernt, wie Liebe vom anderen Menschen abgezogen wird, und weil es zu fühlen glaubt, auch es selbst habe die Liebe desjenigen, der die häusliche Gemeinschaft verläßt, verloren.

So ist es gar nicht so sehr die räumliche und zeitliche Trennung zwischen einem der Elternteile selbst, die das Kind belastet, vor der es Angst hat und die es traurig macht. Und diese Trennung ist für das Kind auch nur dann und deshalb so störend, weil sie oft nicht nur mit einer Entfremdung zwischen Vater und Mutter, einer inneren Distanzierung einhergeht, sondern weil Liebe, Zuneigung und Gemeinsamkeit vielfach mit Gekränktheit, Ablehnung, Abwertung, Wut, Zorn und Haß und vor allem mit Angst verbunden sind.

So scheint mir das Entscheidende für Kinder zu sein, daß die Gemeinsamkeit von zwei erwachsenen Menschen, die für das Kind von großer Bedeutung waren und noch sind, auf deren Gemeinsamkeit das Kind bisher bauen konnte, auch wenn diese Gemeinsamkeit oft brüchig war und in Frage stand, aber doch immer wieder zu einer gemeinsamen Basis zurückgefunden hat, daß diese Gemeinsamkeit nicht mehr gilt und von ihm nicht mehr miterlebt werden kann.

Eltern sind für Kinder viel mehr als die Summe von Vater und Mutter. Eltern sind das Erlebnis einer Gemeinsamkeit zu zweit und mit den Kindern, einer Gemeinsamkeit, welche die Voraussetzung bietet, sich als individueller Mensch in eine zunächst kleinere und dann immer größere Gruppe und Gemeinschaft hineinzuleben. Das Kind muß in seinen ersten Lebensjahren lernen — und es lernt dies in der Regel am Beispiel seiner Eltern —, daß man auch mit zwei verschiedenen Menschen eine von Gefühlswerten bestimmte Beziehung aufbauen und unterhalten kann, die ihrerseits untereinander in einer solchen Beziehung stehen. Das Lernen, die Liebe, Zuneigung zu einem anderen und mit weiteren teilen zu können, ist damit eine Voraussetzung für die Sozialisierungsfähigkeit überhaupt, zumindest in unserer soziokulturellen Situation. Natürlich kann sich ein Kind auch von vornherein in eine Gruppe einleben, sich dort entwickeln, durchweg aber unter einer gewissen Preisgabe seiner individuellen, originellen und kreativen Fähigkeiten.

Trennen sich nun die Eltern und das Kind bleibt notgedrungen bei einem der beiden zurück, dann wäre dies immer noch kein Grund, auf das Erlebnis der Gemeinsamkeit zu dritt zu verzichten, solange die geschiedenen Eltern sich noch nach der Scheidung gegenseitig achten, wertschätzen und anerkennen können. Dann kann auch der abwesende, nicht sorgeberechtigte Elternteil vom Kind in Gedanken und Vorstellung in eine reale und phantasierte Beziehung mit einbezogen werden, ohne daß er mit dem Elternteil, mit dem es zusammenlebt, in Konflikt gerät. Erst wenn dies zwischen Eltern nicht mehr möglich ist, beginnen für das Kind die Probleme, die zu überwinden ihm oft unmöglich ist und die schließlich zu der schweren ausweglosen Trauer führen.

Ehescheidung wird nicht, wie die Juristen meinen, eine Auflösung zwischen zwei Parteien. Was immer wieder übersehen wird, ist die Tatsache, daß es auch weitere Personen gibt, über die entschieden wird, nämlich die Kinder. Wollte man allen Seiten wirklich ihre eigenen Rechte zugestehen, müßte man den Kindern ihren eigenen Anwalt geben, denn sie werden ja nicht gefragt, was aus ihrem Leben wird, wenn es um Scheidung geht. Das Tragische ist ja gerade der Punkt, daß über die Köpfe der Kinder hinweg entschieden wird und keiner wirklich ihre Interessen vertritt. Die streitenden Parteien sind dermaßen mit sich selbst beschäftigt, daß sie in Wirklichkeit gar nicht wahrnehmen, was in diesen Krisenzeiten in ihren Kindern vorgeht. Die sich trennenden, scheidenden Eltern trennen und scheiden sich, weil sie nicht mehr miteinander leben wollen und können, weil sie voneinander enttäuscht sind oder dadurch enttäuscht werden, daß der andere sich einem Dritten zugewandt hat. Sie entscheiden sich gegeneinander. Die Kinder, die nun, ob sie wollen oder nicht, mit einem der beiden Eltern zusammenbleiben, sind genötigt, sofern sie nicht schon größer und selbständiger in ihrem Urteil sind, die Meinung des Elternteiles zu übernehmen, mit dem sie nun die kommenden Jahre zusammenleben. Bis zu sieben oder acht Jahren, manchmal auch noch länger, sind Kinder kaum in der Lage, sich vom Urteil ihrer Umgebung freizumachen. Sie sind auch nicht in der Lage, zwischen Gut und Böse ein

Mittelmaß zu sehen und anzuerkennen, zwischen Weiß und Schwarz die Mitteltöne zu finden. Sie sind daher, meist gegen ihren Willen, gezwungen, sich gegen den anderen Elternteil zu entscheiden. Das macht ihnen auch die Antwort auf diese Frage oft so schwer oder gar unmöglich, macht für sie die Situation so traurig, daß eine Entscheidung für einen Elternteil, zu der sie vielleicht gerne und aus Überzeugung bereit sein könnten, auch immer eine Entscheidung gegen den anderen Elternteil ist, die sie nicht wollen und nicht treffen können. So erleben wir, daß Kinder unter dem Zwang zu dieser unfreiwilligen Parteinahme gewissermaßen die Flucht nach vorne antreten und, um ihre eigenen Gefühle zu überzeugen, plötzlich den abwesenden Elternteil beschimpfen, abwerten und verdammen, den sie früher ohne Zweifel geliebt haben.

Dieser plötzliche Umschwung kommt überraschend, scheint unverständlich und führt dazu, daß man den sorgeberechtigten Elternteil der massiven Beeinflussung beschuldigt. Dabei ist diese Wendung um eine halbe Umdrehung nichts anderes als der Selbstschutz des Kindes vor dem Zusammenbruch.

Andere Kinder flüchten in die Rolle von Erwachsenen. Sie verzichten auf ihre kindgemäße, altersgemäße, enge Beziehung und Abhängigkeit zu beiden Eltern, üben Kritik an beiden und erringen so einen eigenen, wenn auch am Anfang noch unsicheren, selbständigen Stand. Sie beginnen ihre Pubertät gewissermaßen schon mit acht oder neun Jahren. Dies ist ein großer Kraftakt für ein Kind, ein früher Verzicht auf die Geborgenheit im Paradies der Kindheit und auch ein Schritt in die Einsamkeit. Die Kinder, die dies schaffen, werden selbständig, frühreif und durchsetzungsfähig, geben aber ein Stück ihrer Emotionalität dafür her.

Warum können scheidende Eltern diese Zwangslage ihrer Kinder so selten vermeiden, warum können sie ihnen in ihrer Trauer so wenig helfen?

Eine Scheidung ist für Eltern auch ein Stück schlimmer Erfahrung, eine Erfahrung der Enttäuschung, des Verlustes, der Trennung, ja auch eine Erfahrung der geschehenen und der schweren Kränkung. Diese negative Erfahrung allein in Trauer bewältigen zu müssen, überfordert viele aus mancherlei Gründen. Wo Ehepaare sich diese schlimmen Erfahrungen ersparen können, oder wo ein Elternteil diese in Trauer bewältigen kann, entstehen im allgemeinen auch für Kinder keine Probleme, mit denen sie nicht selbst, gemeinsam mit dem Elternteil, bei dem sie leben, fertig werden. Die Kinder nehmen an der Trauer ihrer Eltern teil und können diese gemeinsam mit überwinden. Wenn aber Eltern ihre Enttäuschung, ihr Verletztsein und ihre Kränkung nicht überwinden können, bleibt ihnen nur der Weg in die Aggression, in die Ablehnung, in die Wut, den Zorn und den Haß. Dies teilen sie aber ihren Kindern, ob sie wollen oder nicht, unverändert mit und nötigen, ob sie wollen oder nicht, das Kind, daran teilzuhaben, ja diese Gefühle zu übernehmen. Diese übertragenen Gefühle stoßen aber beim Kind auf ganz andere Gefühle, auf schöne Erinnerungen mit dem weggegangenen Elternteil, auf Erinnerungen voller Zärtlichkeiten, frohe Stunden, auf das Gefühl der Geborgenheit und Sicherheit, auf Gefühle von Zuneigung und Liebe. Wie soll das Kind mit diesen widerstreitenden Gefühlen fertig werden? Die Gefühle lassen sich nicht vereinbaren, man kann keine gute Erinnerung an einen bösen Menschen haben, aber man kann jemanden, den man zärtlich geliebt hat, auch nicht plötzlich hassen. Das Kind ist aber auch nicht stark genug, seine ursprünglichen Gefühle bei sich zu bewahren gegen alles, was der Elternteil, mit dem das Kind ständig zusammenlebt, über den anderen berichtet, verbal oder nonverbal; denn das Kind muß auch mit diesem möglichst in Übereinstimmung leben. Anders kann es nicht existieren.

In ihrer Enttäuschung und ihrer Ablehnung des ehemaligen Partners können Eltern natürlich auch nicht mehr verstehen, daß ihr eigenes Kind, das sie ehrlich lieben, vielleicht anders fühlen oder empfinden könnte als sie selbst, und natürlich wollen sie ihr Kind vor demjenigen schützen und bewahren, der sie so gekränkt, enttäuscht und verletzt hat. Sie streiten daher in ehrlicher Überzeugung um das Wohl des Kindes — wie es im Gesetz heißt — das natürlich nur gewährleistet sein kann, wenn das Kind bei ihnen bleibt. Und wenn das Kind unverständlicherweise äußern sollte, daß es lieber zum anderen möchte, und daß es diesen vielleicht sogar ein wenig mehr liebe, dann kann dies ja nur eine böswillige Beeinflussung des Kindes durch den anderen bedeuten. Der Kampf um das Kind macht für dieses alles nur noch schlimmer. Das Kind ist mit einer Flut von sich widersprechenden und miteinander unverträglichen Gefühlen überschüttet, ist sich des eigenen Gefühls unsicher geworden und muß sich von daher schwer bedroht fühlen. Das Kind fühlt sich daher durch die Auseinandersetzung alleingelassen, denn die Menschen, denen es vertraut, können es nicht mehr verstehen, weil sie zu sehr mit der eigenen Krise beschäftigt sind. Mehr noch, unbewußt laden sie die eigenen Probleme auf das Kind ab. Ein solcher Trennungskonflikt des Kindes ist nur vermeidbar, wenn Eltern sich als »faire Kontrahenten« erweisen. Es gibt genügend Paare, die beweisen, daß das funktionieren kann, die trotz gegensätzlicher Meinung sich noch Achtung und Wertschätzung für den anderen bewahren und wo vor allem die Kinder nicht zum Zerrball der eigenen Gefühle werden. Es gibt aber auch Eltern, wo ein Elternteil die Scheidung nicht akzeptieren kann und will und daher in chronische Trauer verfällt. Kinder in solchen Familienverhältnissen erleben im Gegensatz zu den Eltern Trauer und nicht Wut. Ihre Eltern haben die Trauer um die Scheidung und alles, was damit zusammenhing, nicht ausgehalten und aus der Kränkung sind sie in die Wut geflüchtet, in eine narzißtische Wut. Dies ist die Wut, die notwendig erscheint, um im eigenen Selbstwert nicht an der Kränkung zu zerbrechen. Diese Eltern können nicht mehr ertragen, daß das Kind den anderen noch liebt, sie können nicht verstehen, daß das Kind die Welt anders sieht als sie selbst und sie haben sich aus einer für sie nicht zu bewältigenden Trauer in die Wut und in den Haß hinübergerettet. Das kleine Kind, das Kind im Vorschulalter und das schwache Kind wird nichts anderes tun können als Wut und Haß zu übernehmen, gute Erinnerungen zu vergessen und Liebe und Zuneigung abzutöten. Es muß sich mit demjenigen, mit dem es zusammenlebt, identifizieren. Das etwas ältere Kind, das Kind im Grundschulalter, das stärkere Kind aber kann sich seine guten Erinnerungen nicht kampflos wegnehmen lassen, es wird sich die Liebe zum weggegangenen Elternteil nicht einfach rauben lassen und kann für sich selbst wichtige Gefühle und Bindungen nicht von heute auf morgen annullieren. Es kann sich also nicht aus der Trauer in die Wut und den Haß hinüberretten, es kann sich aber auch nicht von beiden Eltern zurückziehen, in eine selbstsichere Einsamkeit, ihm bleibt nur die Trauer. Das Kind hat gewissermaßen von seinen Eltern die Trauer übernommen, die diese nicht auszuhalten vermochten.

Eltern, die sich scheiden lassen und dies nicht in einer letzten Gemeinsamkeit und unter gegenseitiger Achtung und Rücksichtnahme tun können, scheiden sich letztlich immer auf Kosten und zu Lasten ihrer Kinder, ob sie wollen oder nicht. Sie sollten daher daran denken, daß die Kinder nicht so sehr unter der Trennung von Vater oder Mutter leiden, von denen einer nun nicht mehr ständig mit ihnen zusammenlebt, sondern daß sie unter der Trennung der Eltern voneinander leiden, weil die Eltern es versäumen oder nicht dazu imstande sind, auch weiterhin den anderen Elternteil dem Kinde zu erhalten.

Eine erfüllte und wirklich befriedigende Beziehung zu unseren Kindern wird geboren, wenn wir anfangen, sie als unabhängige Menschen, aber dennoch als unser eigenes Fleisch und Blut zu betrachten. In Ehen, die auf Scheidung zusteuern, sind beide Elternteile häufig so sehr mit sich beschäftigt, daß sie keine Zeit oder Kraft haben, wirklich auf ihre Kinder zu achten und ihnen zuzuhören. Aber in jedem unserer Söhne und Töchter kämpft eine Persönlichkeit darum, hervortreten zu können und anerkannt zu werden. Aus dem Erleben des Trauerns, das man in einer aktiven Scheidung durchlebt, kann sich zwischen zwei Menschen eine enge Beziehung entwickeln, die darauf beruht, daß sie sich gegenseitig um dessentwillen akzeptieren, was sie sind, und nicht als das, was sie sein müssen.

Zugegeben, es ist schwierig, unsere Kinder wirklich als

Menschen und nicht als Verlängerung unseres Selbst und unserer Bedürfnisse zu sehen, weil sie ja, genetisch betrachtet, Verlängerung unseres Selbst sind. Aber in vieler Hinsicht überschreiten wir ständig die unsichtbaren Grenzen zwischen uns und ihnen, indem wir die biologische Beziehung zum Schaden ihrer Individualität nutzen. Ich glaube, daß die meisten Kinder ganz sicherlich einzigartig wären und keinem ihrer Eltern gleichen würden, wenn die Eltern sich nicht zu sehr einmischen würden. Ich glaube, daß das, was tatsächlich vererbt wird, minimal ist. Daß ein Kind seinen Eltern in seiner Persönlichkeit gleicht, wäre eher die Ausnahme der Regel — wenn es die zuvielen Einmischungen der Eltern nicht gäbe.

Schauen wir uns einmal einen Katalog unbewußter Einmischungen an:

1. Sich körperliche Freiheiten mit Kindern herausnehmen: Sie plötzlich aufheben, ihre Hände anfassen, sie willkürlich von einem Platz zum anderen bringen oder sie einfach festhalten, wenn sie es nicht wollen.

2. Ein Kind zu unterbrechen, ohne sich dafür zu entschuldigen oder es zu erklären.

3. Annehmen, daß ein Kind nicht weiß, was es denkt oder fühlt.

4. Die Gefühle des Kindes nicht berücksichtigen, wenn Entscheidungen gefällt werden, die es mitbetreffen.

5. Das kindliche Verhalten männlich-weiblichen Klischees unterwerfen.

6. Versuche, die Gefühle des Kindes unter Kontrolle zu bringen, indem man sie als »gut« oder »schlecht«, »passend« oder »unangemessen« einstuft.

Natürlich braucht jedes Kind von der Geburt bis ins Jugendalter elterliche Hilfe dabei, Grenzen zu setzen, damit es andere nicht beeinträchtigt. Das Bedürfnis des Kindes, eine eigene Wahl auf der Grundlage dessen, wer es ist und wie es fühlt, zu treffen, ist gleichermaßen wichtig. Wenn wir aber Kindern verwehren, ihre eigenen Gefühle zu respektieren, dann verletzten wir ihre Würde und sagen eigentlich: »Du bist nicht gut, weil du nicht wie ich bist«. Oder: ». . ., weil du das nicht tun willst, was ich dir sage.« Wenn man ein Kind es selbst sein läßt, bedeutet das nicht, daß man seine Verantwortung als Eltern aufgeben muß. Ein Kind kann ohne Verlust seines Selbstwertgefühls sein Verhalten ändern, um sich anzupassen, wenn die Eltern anerkennen, daß es das Recht hat, anders zu fühlen als die Eltern. Es kann nach seinen Gefühlen leben und sich frei selbst ausdrücken und wissen, daß es von Zeit zu Zeit gescholten, aber niemals herabgesetzt, unterdrückt oder kleingemacht wird. Es wächst zu einem Erwachsenen heran, der deutlich und sicher weiß, daß er am meisten vollbringt, wenn er ganz er selbst ist. Es kann überleben und das bekommen, was es braucht, ohne Täuschungen, Vorspiegelungen, Machenschaften oder Verdrehungen. Dieses Wissen ist die Basis für ein individuelles Gefühl seiner selbst als ganze, unabhängige Persönlichkeit.

Eltern und Kind sind keine natürlichen Feinde. Aber wenn keiner von beiden eine klare Vorstellung vom anderen oder von sich selbst als selbständige, unabhängige Persönlichkeit hat, kann jeder unwissentlich zum Feind für das Selbstwertgefühl des anderen werden. Eine Scheidungskrise kann die Spiele verschärfen, in denen man sich gegenseitig quält, in denen Vater oder Mutter gegen das Kind steht, oder das Kind gegen Vater oder Mutter und die Eltern durch das Kind gegeneinander — und das nur deswegen, weil alle Beteiligten in ihrem seelischen Gleichgewicht voneinander abhängig sind. Wenn die Scheidung die täglichen Gewohnheiten und die angestammten Rollen zerstört, die einst für das Gleichgewicht gesorgt haben, dann können sowohl Eltern als auch Kinder darauf verfallen, einige Spiele mit zerstörerischer Wirkung zu spielen, um ein Gefühl von Kontrolle und Fortdauer wiederherzustellen. Sie tun das, wenn sie nicht in der Lage sind, Sicherheit darin zu finden, ihre Gefühle offen miteinander zu teilen.

Auch wenn es kein Patentrezept für die vielschichtigen Probleme gibt, denen frisch geschiedene Eltern und ihr dadurch belasteter Nachwuchs gegenüberstehen, gibt es einen sehr nützlichen Rat: nämlich zu erkennen, daß Sie und Ihre Kinder voneinander abgelöste, wechselseitig abhängige Persönlichkeiten sind. Wenn Sie den Prozeß des Trauerns erfolgreich hinter sich gebracht haben und Ihr Gefühl für Ihre eigene Unabhängigkeit gewachsen ist, dann können Sie ehrlich Ihren Kindern dasselbe Recht gewähren. Wenn Sie selbst genau wissen, wer Sie sind, können Sie auch Ihre Kinder eher als Persönlichkeit und nicht nur als Spiegelungen Ihrer Ängste und Enttäuschungen sehen. Wenn Kinder spüren, daß man sie wahrnimmt, liebt, für sie sorgt und sie als Mensch respektiert, dann werden sie darauf reagieren.

Verstehen Sie, was Ihre Kinder von Ihnen wollen. Kinder wünschen Sicherheit und Offenheit — Sicherheit, um die Welt zum Besten ihrer Fähigkeiten erfahren zu können und zu wissen, daß sie die Zuneigung und Unterstützung ihrer Eltern besitzen, zu der sie zurückkehren können. Kinder möchten auf ihre Eltern zählen können, um gewiß zu sein, daß sie sich aus der Sicherheit ihres Heims entfernen können und daß es noch da ist, wenn sie zurückkommen. Sie brauchen die Gewißheit, daß sie mit lösbaren Banden an ihre Eltern geknüpft sind, die sie selber abschneiden können, wenn sie dazu reif sind. Wenn sie feststellen, daß sie auf ihre Eltern nicht zählen oder haben zählen können, werden sie unruhig, verletzt, ungläubig und mißtrauisch — und das sind alles Gefühle, die dadurch hervorgerufen werden, daß sie sich betrogen und verlassen fühlen.

Und Kinder brauchen Offenheit, eine Atmosphäre, in der sie mit ihren Gefühlen auf ihre Eltern reagieren können, seien sie nun »gut« oder »schlecht«, und nicht nur mit denen, die als akzeptabel qualifiziert wurden. Wenn sie ihren Eltern nur auf bestimmte Weise antworten können, dann sind sie vielleicht niemals in der Lage, die Wut und die Enttäuschung auszudrücken, die die Scheidung ausgelöst hat. Sie haben vielleicht Angst, daß sie das emotionale Gleichgewicht, wie auch immer es beschaffen sei, zerstören würde, wenn sie negative Gefühle artikulieren. Ermutigen Sie Ihre Kinder, ohne Angst vor Verbot, Lächerlichmachen oder Bestrafung alle ihre Gefühle ausdrücken zu dürfen. Stellen Sie ganz klar, daß Ihr Kind zwar für etwas bestraft werden kann, was es tut, niemals aber für etwas, was es fühlt oder sagt. Erkennen Sie an, daß das Aussprechen von Gefühlen für Eltern und Kind unangenehm sein kann. Eltern laufen Gefahr, schrecklich verletzt zu sein, wenn sie hören, was ihr Kind über sie denkt. Wenn es Ihnen schwerfällt, sich die bewegten Gefühle Ihrer Kinder anzuhören, dann wenden Sie sich an jemand, der ihnen helfen kann, mit Ihren eigenen Gefühlen ins reine zu kommen. Wenn Eltern mit ihren Kindern zum Psychotherapeuten kommen, stellen diese nicht selten fest, daß in erster Linie den Eltern geholfen werden müßte.

Das Ende der Trauerzeit

Jeder Mensch ist vom anderen verschieden, und genauso unterschiedlich dauert die Trauerzeit beim einzelnen. In der Regel kann man sagen, daß diese Zeit etwa nach sechs Monaten ihren Höhepunkt erreicht und danach merklich abnimmt. Aber es gibt große Unterschiede. Das deutliche Anzeichen dafür, daß eine Trauer überwunden ist, ist, daß der Betreffende allein weiterkommt. Das Gefühl, überlebt zu haben, ist ein weiteres Anzeichen dafür. Wenn die Vergangenheit trotz aller widrigen Umstände nicht mehr die Gegenwart bestimmt, dann beginnt das Leben sich neu zu formen. Für viele beginnt der Trauerprozeß schon bevor sie sich trennen. Viele Männer und Frauen haben Monate und Jahre vor ihrer Trennung im vollen Bewußtsein verbracht, daß ihre Ehe kaputt gehen werde, aber sie waren aus einer Vielzahl gefühlsmäßiger, wirtschaftlicher oder juristischer Gründe nicht in der Lage, auszubrechen. Es kann sein, daß sie die Möglichkeit einer Scheidung mit dem Partner offen besprochen haben; oder daß sie in Wut und Kampf zwar weitergemacht, aber in vielen Bereichen doch schon mit dem schmerzlichen seelischen Vorgang, sich voneinander zu lösen, begonnen haben. Wer schon Monate oder Jahre vor der Trennung erkannt hat, daß seine Ehe nicht halten wird, kann sich sehr erleichtert fühlen, wenn die Entscheidung dann gefallen ist. Er kommt sich vor, als ob sich die Schlinge um seinen Hals gelöst hätte. Als Folge davon wird er den Prozeß des Trauerns nach der erfolgten Trennung wahrscheinlich schneller durchlaufen als Männer und Frauen, für die eine Scheidung teilweise ganz überraschend kommt. Auch wer sich gefühlsmäßig nie wirklich in der ehelichen Beziehung engagiert hat, dem Partner nie richtig nahe gekommen ist und Distanz gehalten hat, wird die Trennung nicht so empfinden, als wäre ihm eine Lebensader durchtrennt worden, weil da gar nichts ist, was zu zerschneiden wäre.

Umgekehrt kommen manche nie aus der Phase der Trauer heraus. Es gibt unter ihnen Frauen zum Beispiel, die nach zehn Jahren der Trennung immer noch sagen: »Ja, ich möchte mich schon wieder verlieben, aber ich bin noch nicht so weit.« Oder der Mann, der seine Frau noch Jahre nach Beendigung seiner Ehe dafür verantwortlich macht, daß es ihm gegenwärtig schlecht geht. Wie erkennen wir, daß wir über den Berg sind? Dann, wenn sich das innere Chaos beruhigt hat, wenn die Wutanfälle weniger werden, wenn innerlich sich immer mehr Ruhe ausbreitet. Wer im Chaos steckt, neigt eher dazu, über seine Probleme zu klagen, anstatt sie anzupacken. Aber Klagen sind nun einmal Steine, die nach unten ziehen. Es ist, als ob der Sturm sich gelegt hat. Die neu aufkeimende Ruhe läßt uns besinnen. Plötzlich haben wir wieder Lust, alte Freunde anzurufen, oder uns derart zu öffnen, neue Freunde zu finden. Die Einstellung, gegen die Regeln der Gesellschaft verstoßen zu haben, nimmt rapide ab, es tritt das Gefühl auf, daß es nichts gibt, dessen wir uns schämen müßten. Es ist die Zeit der Neuentscheidungen in Hinsicht auf Lebenslust und Lebensoffenheit. In dieser Phase spüren wir plötzlich, daß das andere Geschlecht, im Gegensatz zu unserer Meinung vor einigen Monaten, doch ganz interessant ist. Wir überdenken unsere Aussagen, und unsere neue Freiheit führt dazu, festzustellen, daß es doch Spaß machen kann, jemand einzuladen. Allmählich breitet sich das Gefühl aus, daß wir nicht ein Mensch sind, der geschieden wurde und damit etwas Außergewöhnliches getan hat, sondern wir stellen fest, wir sind nicht die einzigen, die davongelaufen sind. Überall begegnen wir Männern und Frauen, die ebenfalls geschieden sind und ebenfalls nicht daran gestorben sind. Das Gefühl, versagt zu haben, verschwindet immer mehr, wir spüren, etwas in uns will aufatmen.

Wenn unsere Scheidungskrise allmählich abebbt, dann ist die wichtigste innere Quelle wiederum unsere Vergangenheit und wie wir mit den kleinen und großen Krisen fertiggeworden sind, die uns das Leben gebracht hat. Beim Erwachsenwerden haben wir alle gelernt, mit unserer Umgebung zurechtzukommen. Wir sind in die Schule gegangen, wir haben wichtige Entscheidungen gefällt, wir haben gearbeitet, eine Familie gegründet, andere Menschen glücklich gemacht. Für viele von uns war die Scheidung nicht die erste große Krise im Leben. Es gab schon andere, und wir haben sie alle überstanden. Und selbst in den tiefsten Tiefs der Scheidung, wenn wir uns völlig hilflos fühlten, ist ein Teil von uns noch immer funktionsfähig, sei es bei der Arbeit, in der Gemeinschaft, in der Familie oder mit Freunden.

Wenn wir erfolgreich aus dem Prozeß des Trauerns herauskommen, können wir anfangen, diese Fähigkeiten zu erkennen, und zwar nicht als neue Errungenschaften, sondern als ein Ergebnis unserer Lebensgeschichte.

Wie Günter K. Sein Leben lang war Trauer in ihm gewesen, immer wieder war er in Situationen geraten, die etwas mit Trennung und Trauer zu tun hatten. Er wollte die Trauer in sich nicht wahrhaben, schob sie immer wieder beiseite und ebensooft gab es Situationen in seinem Leben, die ihn mit Trennung und Trauer konfrontierten. Was er nie begriffen hatte war, daß er diese Situationen unbewußt selbst anzog, anzog deswegen, weil er alte Trauer und alten Schmerz in sich nicht anschaute, sich nie damit auseinandergesetzt hatte. Und die neueren Trennungen, und vor allem die vielen Trennungen von seiner Frau Eva Maria, zeigten ihm eigentlich immer wieder, daß es da noch etwas zu klären gab in ihm. Erst als er begann, sich diesen inneren Gefühlen zu stellen, löste sich der Knoten allmählich. Er erkannte die inneren »Leichen«, setzte sich mit ihnen auseinander und ist heute in der Lage, sein Leben mit Frauen anders zu organisieren.

Wenn geschiedene Männer und Frauen aufgrund des Affektenrummels, in dem sie leben, außer ihrem eigenen »Versagen« nichts mehr wahrnehmen können, dann sollten sie einmal einen Brief an sich selbst schreiben, worin sie ausführen, was für besondere Fähigkeiten und Talente und Stärken sie in sich haben. Die Ergebnisse sind immer wieder beeindruckend — für sie selbst und für andere: Sachlichkeit, Interesse an Menschen, der Wunsch, produktiv und nützlich zu sein, Verantwortungsbewußtsein, Anpassungsfähigkeit, Beständigkeit, Organisationstalent, Geduld, planvolles Verhalten, technische Fähigkeiten, gutes Gedächtnis, künstlerisches Ausdrucksvermögen — das sind nur einige der Qualitäten, die sie erwähnen. Kurz nach der Scheidung kommt kaum jemand auf die Idee, sich für liebenswert zu halten, die Fähigkeit zu spüren, daß er lieben kann. Das sind dann immer noch Schmerzpunkte, die ausgeklammert werden. Warum eigentlich? Es ist, als ob sie ihre Fähigkeit zu lieben im Gerichtssaal zurückgelassen hätten. Gestehen Sie es sich doch ein, wenn es Ihnen ähnlich geht; daß Sie liebenswert sind und daß Sie vor allem die Fähigkeit zu lieben nicht verloren haben.

Viele Geschiedene, besonders Frauen, sind immer noch allzugern bereit, die negativen Bewertungen, die ihre Expartner über sie verhängten, als unumstößliche Wahrheiten anzunehmen. Eine Scheidung wird allzuoft durch Unzufriedenheit ausgelöst. Sie kann dann einen Fortschritt in der persönlichen Entwicklung bewirken, wie man ihn nie vorausgesehen hätte. Auf der anderen Seite gibt es immer wieder genügend Paare, die irgendwann erkennen, daß Voreinander-Davonlaufen sie auch nicht weiterbringt. Darum ist es sehr wertvoll, zu prüfen, ob es wirklich nötig ist, sich scheiden zu lassen, denn nicht selten kann das den einen oder anderen in seiner Persönlichkeitsentfaltung zurückwerfen. Wir können nicht sagen, lasse dich scheiden, wir können ebensowenig sagen, lasse dich nicht scheiden. Das sind Entscheidungen, die jeder für sich selbst treffen muß. Zu bedenken geben möchte ich aber, daß man sich die Entscheidung nicht leichtmachen sollte, sich selbst zuliebe, den Kindern zuliebe und auch dem Partner zuliebe, zu dem uns ja einst Liebe hingezogen hatte. Manche verfahrene Situation erweist sich bei genauer Betrachtung doch als ein Knoten, der zu lösen wäre. Die bessere Entwicklung machen wir durch, wenn wir uns unseren Konflikten stellen, anstatt ihnen durch Scheidung entgehen zu wollen. Aber wie gesagt, jeder muß für sich selbst entscheiden. Auf der anderen Seite zeigt sich natürlich auch ein Entwicklungsprozeß bei Geschiedenen, aber meist nur dann, wenn sie sich kreativ mit der Scheidung auseinandergesetzt haben. Die Ehe war für viele eine Serie von Opfern, mit denen sie ihr Selbstwertgefühl ausgehöhlt haben. Wenn sie anfangen, ihren eigenen Bedürfnissen Wert beizumessen und nach ihnen zu handeln, ohne sich schuldig zu fühlen oder sich selbstsüchtig vorzukommen, dann beginnen sie, auch über andere Menschen besser zu denken und haben bessere Möglichkeiten, aus ihren eigenen Fähigkeiten das Beste zu machen.

Man geht über Menschen hinweg, auf denen »Fußabstreifer« geschrieben steht. Sie fordern geradezu heraus, auf ihnen herumzutrampeln. Sie fühlen sich schikaniert und ausgenützt, sind wütend auf die eigene Rückgratlosigkeit und böse auf andere, die sie übervorteilen. Sie lassen sich im täglichen Leben genausoviel gefallen, wie sie es in der Ehe schon taten.

Die Fähigkeit, sich selbst zu behaupten, sich selbst geradeheraus, aufrichtig, spontan und wirkungsvoll zum Ausdruck zu bringen, ist in jeder Situation, der man als Geschiedener gegenübersteht, lebenswichtig: Beim Aufbau einer neuen Karriere, beim Eintritt ins Arbeitsleben, beim Setzen eigener Prioritäten, beim Anfreunden mit sich selbst und mit anderen, beim Umgang mit den eigenen Kindern und beim Auskosten reifer Beziehungen zu Angehörigen des anderen Geschlechts.

Sich selbst behaupten, wird häufig mit Aggressivität verwechselt. Aber tatsächlich handelt es sich hier um zwei völlig verschiedene Dinge. Um sich behaupten zu können, braucht man Stärke. Zur Aggression gehören Stärke und Feindseligkeit. Obwohl viele Frauen die Fähigkeit zur Selbstbehauptung mit überenergisch und unweiblich gleichsetzen, ist sie in Wirklichkeit nichts anderes als das wirkungsvolle Ausdrücken aller seiner Gedanken und Gefühle. Zur Selbstbehauptung gehört die Fähigkeit, sowohl »positive« als auch »negative« Gefühle auszudrücken; sowohl handeln zu können als auch die Freiheit zu haben, sich selbst Grenzen zu setzen und anderen mitzuteilen, wie sie beschaffen sind. Eine durchsetzungsfähige Persönlichkeit ist imstande, zu jemanden zu sagen: »Was du getan hast, hat mich geärgert.« Und das, ohne den anderen dabei zu erniedrigen. Ein aggressiver Mensch hingegen stürzt sich auf andere und sagt: »Wie blöd von dir, daß du das getan hast.« In der Praxis ist der Unterschied häufig nur sehr klein, aber trotzdem außerordentlich wichtig. Menschen, die aus Angst, als aggressiv, unhöflich oder unfreundlich betrachtet zu werden, zögern, das zu sagen, was sie wirklich fühlen.

In der Tat wissen viele Menschen nicht, wie sie ihre Rechte geltend machen können, ohne aggressiv zu sein. Folglich versuchen sie, ihre Gefühle in sich abzukapseln und lassen sie schwelen. Das ist bei vielen Ehen ein Problem. In einer solchen Situation sind zwei Lösungen möglich. Entweder kommt es aufgrund einer Nebensächlichkeit zu einem wilden — und anscheinend unbegründeten — Angriff, der den verletzten Partner dazu bringt, zurückzuschlagen und dem Angreifer Schuldgefühle für seinen Angriff zu vermitteln, oder, und das ist der schlimmere Ausgang, die Gefühle werden nach innen gerichtet. Wenn das passiert, zieht sich der Mensch gefühlsmäßig und manchmal auch körperlich zurück. Er oder sie werden verbittert und nehmen alles mögliche übel: in manchen Fällen kann das Zurückhalten der Gefühle die Fähigkeit unterbinden, sexuell zu reagieren. Es kann auch, wie wir schon gesehen haben, Depressionen und psychosomatische Erkrankungen hervorrufen. Beim Ausdrücken der Gefühle haben Männer meist die größeren Schwierigkeiten. Frauen finden es leichter, positive Gefühle auszudrücken und zu sagen: »Ich mag dich.« Männer neigen dazu, das Ausdrücken von Liebe oder Zärtlichkeit als ein Zeichen von Schwäche anzusehen und für unmännliches Benehmen zu halten. Tatsächlich scheint sich da in letzter Zeit aber ein Wandel abzuzeichnen. Es gibt sehr viele jüngere Männer, die absolut in der Lage sind, ihre Gefühle zu äußern.

Die vielen Gruppenangebote, Selbsthilfegruppen und andere Angebote machen es immer mehr möglich, daß sich Männer nicht mehr schämen, ihre Gefühle zu zeigen. Manchmal scheint es neuerdings gerade so, als ob es die Männer sind, die sich öffnen können, und viele Frauen aus falschverstandenen Emanzipationsbemühungen meinen, sie müßten »männlich«, das heißt »cool« sein, um sich durchzusetzen.

Sich nicht zu behaupten, kann das eigene Selbstwertgefühl beeinträchtigen. So ist es für nicht wenige Frauen wesentlich leichter, mit einem Mann auszugehen, den sie eigentlich nicht ausstehen können, als im richtigen Moment »nein« zu sagen. Aber indem sie das tun, schätzen sie sich selbst gering. Männer leiden auch unter der Unfähigkeit, sich abzugrenzen. In Wirklichkeit tut man sich selbst aber den größten Gefallen, wenn man den anderen die eigenen Grenzen und Gefühle mitteilt. Damit sagen wir uns selbst, daß wir ein Mensch mit Rechten und Vorrechten sind, und wir machen uns und den anderen Menschen das Leben erträglicher.

Wenn man seine Gefühle in dem Augenblick ausdrückt, in dem sie auftreten, schafft man Kompromißmöglichkeiten.

Oft setzen sich Menschen Ziele, die nur schwer zu erreichen sind. Das wird zum Mittel, sich aus der Gegenwart zu flüchten. Der Geschiedene, der kreativ in der Gegenwart leben möchte, braucht Selbstbehauptung. Und er braucht in der Tat mehr davon als Menschen zeigen müssen, die ein Leben führen, das sich nicht verändert hat. Das Leben ist für geschiedene Männer und Frauen zunächst leer. Um diese Leere nicht mit bedeutungslosen Aktivitäten oder übermäßigen Pflichten oder Verbindlichkeiten anderen gegenüber zu füllen, müssen jene in der Lage sein, die eigenen Interessen zu vertreten. Die Anforderungen, denen sich Frauen, die alleine leben, oft gegenübersehen, machen häufig neue Einstellungen den Dingen gegenüber erforderlich, die sie zuvor nie gehabt haben. Um die persönlichen oder beruflichen Möglichkeiten aufgreifen zu können, die die Zukunft uns bringen wird, müssen wir in der Lage sein, unsere wirklichen Bedürfnisse und Fähigkeiten von denen zu unterscheiden, die die Gesellschaft uns einprogrammiert hat. Gerade die Scheidungskrise kann ein solches Sich-selbst-Erkennen auslösen, und wenn wir danach handeln, gelangen wir noch zu weiterer Reife. Jeder Mensch hat da seine eigene Einstellung, wenn er sich neuen Realitäten stellt. Aber wenn wir nach den folgenden Vorschlägen vorgehen, können wir größere Erfolgschancen haben.

Wichtig wäre, daß wir unsere echten Gefühle und Bedürfnisse von dem trennen, was die Gesellschaft unserer Meinung nach von unserem Rollenspiel als Mann oder Frau erwartet. Wir sollten ruhig hin und wieder etwas wagen und uns zugestehen, Fehler zu machen. In einem Leben ohne Irrtümer gibt es keine Möglichkeiten zu persönlichem Wachstum.

Setzen Sie sich realistische Ziele und warten Sie nicht, bis alles vorbei ist, ehe Sie sich Fortschritt eingestehen. Zu wissen, wieviel Sie schon erreicht haben, wird Ihnen den Antrieb geben, das, was Sie erreichen möchten, zu Ende zu bringen. Sehen Sie die Gegenwart als eine Folge von Wahlmöglichkeiten und nicht von Unausweichlichkeiten an. Wenn Sie aufgrund der Umstände in Ihrem privaten oder Ihrem beruflichen Leben gelegentlich in eine unangenehme Lage kommen, dann lernen Sie daraus, was Sie können und fangen Sie an, Pläne zu schmieden, um vorwärts zu kommen, statt in ständigem Unglück und Verzweiflung zu resignieren. Unterschätzen Sie die Wirkung nicht, die selbst der kleine Akt der Selbstbehauptung auf die Hebung Ihres Selbstbewußtseins als unabhängige Persönlichkeit haben kann. Suchen Sie Hilfe, wenn Sie sie brauchen — bei der Familie, bei Freunden oder bei professionellen Beratern. Das Leben ist eine Prüfung, und mogeln Sie nicht, wenn Sie andere um Unterstützung bitten. Wachsen wir hinein in die Freiheit, nach unseren Fähigkeiten zu leben, alle unsere Gefühle auszudrücken, sogar die ärgerlichen, einfach, weil wir ärgerlich werden, die Freiheit, die Verantwortung für unser eigenes Leben zu übernehmen und es nicht durch unsere Beziehungen zu anderen Menschen bestimmen zu lassen, und in die Freiheit, andere Menschen sie selber sein zu lassen, und das zu genießen, was sie sind, weil wir sicher wissen, wer wir selber sind.

Wann können Sie sagen, daß Ihre Scheidung »gut« verlaufen ist in dem Sinne, daß Sie etwas daraus gelernt haben? Was ist die Trennlinie zwischen Anpassung und Reifen, zwischen dem Über-die-Vergangenheit-hinwegkommen und dem »Aus-ihr-lernen«, zwischen dem Erkennen selbstzerstörerischer Gewohnheiten und dem Ersetzen derselben durch angepaßtes Verhalten? Das sind Fragen, für die jeder vor dem Hintergrund seiner Vergangenheit, der gegenwärtigen Umstände und der zukünftigen Erwartungen seine eigene Antwort finden muß. Da eine Scheidung ein Prozeß ist, der sich über einen gewissen Zeitraum hinweg erstreckt, werden sich die Antworten aus dem Leben heraus ergeben, das wir führen: Unser Handeln wird die Qualität der Scheidungserfahrung bestimmen. Eine Scheidung, die wieder in ein positives Leben führt, ist im wesentlichen der Anfang zu einer Reise der Selbstentdeckung und -entwicklung, die durch die Trennungskrise in Gang gesetzt wurde und möglicherweise unser ganzes Leben ändern wird. Selbst in den frühen Phasen der Trennung findet man schon Ansatzpunkte zu einer gelungenen Scheidung, wenn wir nämlich die »Keimlinge unter dem Schnee« erkennen. Schätzen wir diese ersten Anzeichen der unentdeckten Persönlichkeit, die in unserer Ehe verschüttet war, ist dies ein Anzeichen zum Beginn unserer Selbstfindung. Das Herzstück einer gelungenen Scheidung liegt im Prozeß des Trauerns und wie wir diesen Vorgang einsetzen, um die Gefühle zu identifizieren, zu verstehen und uns »zu eigen« zu machen, die während dieses Prozesses bis zur Oberfläche durchgebrochen sind. Wenn wir während dieses Prozesses des Trauerns mit unseren Gefühlen in Berührung kommen und aus ihnen eine sichere Identität als Einzelperson aufbauen können, dann schafffen wir die Grundlage dafür, alle Aspekte unseres Lebens einer neuen Bewertung zu unterziehen: unsere moralischen und ethischen Maßstäbe, unsere beruflichen Ziele, unsere Beziehungen zu unseren Kindern und Freunden und zu unserem Lebensstil.

Die Veränderungen in unserem Leben hängen stark von unserer Bereitschaft ab, das Risiko einzugehen, lebendig zu sein — kreativ in der Gegenwart zu leben. Je mehr kleine Wagnisse wir auf uns nehmen, desto deutlicher erleben wir, daß diese Risiken sich lohnen und um so mehr bewegen wir uns auf die Gegenwart zu. Mit dem Wachsen der Selbstachtung wächst die Sicherheit, unsere Handlungen von Gefühlen und Fähigkeiten leiten zu lassen. Jede erfolgreiche Handlung bringt uns ein Stück über die Halb-Person hinaus, als die wir uns gefühlt haben, und näher zu der »ganzen« Persönlichkeit, zu der wir werden. Das Leben entfaltet sich dann vor uns als eine Folge von Anforderungen, mit denen wir es vertrauensvoll aufnehmen. Dieses Vertrauen basiert nicht darauf, daß wir diese Prüfungen immer besser bestehen werden oder daß die äußeren Umstände nie gegen uns sein werden; es besteht darin zu wissen, daß das Leben nur voll ausgeschöpft und glücklich gelebt werden kann, wenn man sich einem lebenslangen Reifen und Wachsen verpflichtet.

Das beste Anzeichen dafür, daß Sie diese Verpflichtung eingegangen sind, ist Ihre Bereitschaft, neue Beziehungen zum anderen Geschlecht anzuknüpfen. Ihre Fähigkeit, eine solche Beziehung aufrechtzuerhalten, ohne Ihre Persönlichkeit zu opfern, ist eines der sichtbarsten Zeichen dafür, daß Sie Ihre Scheidung kreativ gestaltet haben. Jeder Mensch hat in seinem tiefsten Innern das Bedürfnis nach einer Beziehung zu einem anderen, mit dem er durch Liebe, erotische und sexuelle Freuden, Freundschaft, Anteilnahme, Wärme und Zärtlichkeit verbunden ist, nach einer Gemeinsamkeit, die unseren Lebensmut erneuert und unsere Schwierigkeiten meistern hilft. Die Tatsache, daß wir diese Freuden bis zu einem gewissen Grad in unseren früheren Ehen schon kennengelernt haben — wenn sie auch zum Zeitpunkt der Trennung nicht mehr existieren —, ist ein wesentlicher Ansporn dazu, sie in neuer Form in neuen Beziehungen zu erreichen. In den Gefühlen geschiedener Menschen aber bestehen die Erinnerungen an frühere Intimität neben den Erinnerungen an das Leid, das dieser Intimität folgte: Verlassenheit, die gefühlsmäßig dem Tod gleicht, verstärkt durch das Echo elterlicher Zurückweisung, das aus der Kindheit hochsteigt. Bis wir uns von der Überzeugung freimachen können, daß Intimität immer Zurückweisung, Verlust und Verlassenwerden nach sich ziehen, werden unsere Beziehungen zum anderen Geschlecht entweder kurzlebig sein oder die Persönlichkeit eines der beiden einbezogenen Partner beeinträchtigen.

Je mehr wir die kreative Ebene im Scheidungsprozeß bejahen, desto größer sind die Chancen, diese Gleichsetzung von Intimität und Verlassenwerden zu durchbrechen. Erstens werden Sie als unabhängige Persönlichkeit stärker und damit weniger anfällig für das vergiftete Bedürfnis, die Liebe eines anderen Menschen dafür zu benutzen, Ihre Existenz zu bestätigen und sich »ganz« zu fühlen. Zweitens lernen Sie, das Neue an einer Beziehung zu erkennen. Und das ist es, was es mit der Phase des Experimentierens nach der Scheidung mit ihrer zweiten Adoleszenz auf sich hat. Das geschieht, wenn Sie neue Wege gehen, um mit Vertretern des anderen Geschlechts in einer Vielzahl von Beziehungen in Berührung zu kommen, von denen manche beiläufig, andere ernsthafter sind. Das ist eine Zeit in Ihrem Leben, in der Sie ohne jegliche Fessel sind, wenn Sie diese Beziehungen nicht durch das Verlangen ersticken, sie in ein vorgefertigtes Muster zu pressen. Das ist die Zeit, um neue Beziehungen mit unterschiedlichem Grad an Verpflichtung auszuprobieren und zu sehen, wie sie zu den Bedürfnissen der sich herausschälenden Einzelpersonen passen, und um herauszufinden, welche Menschen Sie mögen oder nicht mögen, welche Aktivitäten und Lebensweisen Sie genießen, wer Ihnen gefällt oder nicht und warum. Die Entscheidung zu einem größeren Maß an Intimität wird sich aus den Beziehungen selbst ergeben.

Für den geschiedenen Mann oder die geschiedene Frau bedeutet das Sich-Zubewegen auf eine neue intime Beziehung, das Stimmchen in sich zum Schweigen zu bringen, das sagt: »Vorsicht, denk daran, was geschehen ist, als du in der Vergangenheit jemandem zu nahe gekommen bist.« Die Zugkraft der Vergangenheit erkennen und außer Kraft setzen ist zweierlei.

»Es gab eine Zeit«, sagte Günter K., »da dachte ich, daß unser Ausgangspunkt zu unterschiedlich war. Als Eva Maria und ich uns kennenlernten, da war für mich ein Lebensabschnitt abgeschlossen. Ich dachte, daß es uns in unserer Beziehung gutgehen würde. Aber darin sah ich mich bald getäuscht. Es waren Jahre des Sichtrennens und des Sichfindens. Aber immer wieder Trennungen. Ich hatte das Gefühl, ich ginge vor die Hunde dabei.«

»Und trotzdem bist du bei deiner Frau geblieben, immer wieder zu ihr zurückgekehrt?« fragte ich ihn.

»Nach jeder Trennung habe ich es mir anders vorgestellt, immer wieder dachte ich, daß es besser werden würde, und es sah dann, wenn wir wieder zusammenkamen, auch so aus.«

»Aber da war doch etwas Zwanghaftes«, sagte ich zu ihm. »Trennen ja, wenn es nicht geht. Vielleicht auch noch ein zweites und ein drittes Mal, aber da darf doch kein Unendlich-Spiel daraus werden.«

»Natürlich hast du recht. Das waren immer schlimme Zeiten für mich, und wenn es auch zwanghaft war, wie du meinst, ich habe jedesmal etwas gelernt. Nicht gleich, erst im nachhinein. Das schlimme war, allein auf mich geworfen, konnte ich nicht arbeiten. Wenn ich aus der Redaktion kam, empfand ich die Räume des Hauses als dunkel. Oft habe ich gedacht, ich wollte eine andere Wohnung, und habe es doch nicht fertiggebracht, mir eine zu suchen. Ich saß dann da, steigerte mich in Wut und Traurigkeit hinein. Am liebsten wäre ich weit weggelaufen. Aber man läuft nicht vor sich selbst davon. Damals erkannte ich nur eine Lösung für unseren Konflikt. Sie sollte anfangen, sich selbst aufzubauen, etwas für sich tun, das sie erfüllte, zufrieden machen sollte, egal, was das war.«

Ich sah ihn fragend an.

Er nickte. »Ich weiß schon, was du sagen willst. Klar, ich selbst mußte etwas an mir tun. Aber das war mir noch nicht gleich klar. Anfangs dachte ich immer, es war ihre Schuld. Sie war für mich die Mimose, die immer davonlief. Und die Mimose ist sie auch heute noch. Vielleicht wird sie noch einmal davonlaufen. Ich weiß es nicht. Das ist auch längst nicht mehr mein Problem. Heute klammere ich nicht mehr so. Ich denke mir, wenn sie wieder einmal davonlaufen sollte, dann wäre das sicherlich schmerzhaft für mich. Aber ich habe gelernt, allein zu sein, ich gehe anders mit mir um. Ich weiß, daß ich heute in der Lage wäre, mich endgültig von Eva Maria zu trennen und es auch zu überwinden.«

»Und warum tust du es nicht?«

»Weil es im Augenblick nicht notwendig ist. Wir verstehen uns jetzt, jedenfalls viel besser als zu einer Zeit, da wir zusammenwohnten.«

Lieben heißt teilen und teilen heißt auch trennen. Zum Beispiel, sich trennen von unrealistischen Vorstellungen über sich selbst, über einen früheren Partner und den gegenwärtigen Partner. Liebe nach der Liebe, sie ist nicht nur möglich, sondern reichlich vorhanden. Dafür kann man sich trennen und die Bereitschaft zum Teilen mitbringen. Ein neuer Partner muß uns teilen, teilen mit unserer Vergangenheit, mit dem, was wir mitbringen, und umgekehrt ist das genauso. Kein dümmerer und fatalerer Satz in bezug auf Partnerschaft und Liebe als: »Wir gehören uns ganz«. Alle anderen ausschließen und sich selbst einschließen, so werden Liebe und Partnerschaft versucht, das ist doch eine Illusion!

»Von Anfang an glaubten wir, uns selbst zu genügen«, meinte Günter K. »Keiner ging ohne den anderen auch nur irgendwohin, wenn es sich machen ließ. Es machte auch Spaß. Aber immer mehr von meinen alten Freunden blieben weg. Eva Maria hatte zu diesem Zeitpunkt sowieso keine. Ich spürte gar nicht, wie sehr es mich immer mehr in ein Gefängnis hineinzog. Es war schlimm genug, zu erkennen, daß Eva Maria auf alles und jeden eifersüchtig war, auf Freunde, Arbeitskollegen, das Fernsehen, meine Tochter. Das war die andere Seite meiner Trennungen: Ich konnte immer wieder aufatmen, fühlte mich freier, nicht beengt. Und immer, wenn ich zurückkehrte, zog sich die Klammer wieder zu.«

Wer gerade eine Scheidung hinter sich gebracht hat und sich sofort wieder bindet, gerät in Schwierigkeiten. Vor allem dann, wenn der neue Partner so etwas wie ein »Fluchthelfer« war. Sozusagen das Sprungbrett für den Absprung aus der Ehe. Besonders wenn das Eingehen einer Zweitehe dazu dienen soll, einen Schlußstrich unter die vergangene Ehe zu ziehen, kann für beide Partner eine komplizierte Situation entstehen. Bedingt durch die lange Periode ehelicher Zwistigkeiten reduziert sich das Anspruchsniveau von Getrennten. Deshalb neigen sie in dieser problematischen Phase dazu, sofort eine neue Beziehung einzugehen. Da ihr Vergleichsniveau sich aber im Laufe der Zeit wieder verändert, besteht die Gefahr, daß eine in dieser Phase geschlossene Verbindung wieder scheitert.

Die wichtigste Aufgabe, die sich einem Scheidenden oder Geschiedenen stellt, kann man in drei Worte fassen: »Lebe den Tag!«

Wer die enge Gemeinschaft mit seinem Partner aufgegeben hat und wem eine solche Trennung aufgedrängt wurde, der läuft Gefahr, Vergangenheit oder Zukunft zu ernst zu nehmen und darüber den Tag, die Gegenwart zu vergessen. Scheidende binden viele Kräfte dadurch, daß sie immer wieder neue Erklärungen für vergangenes Geschehen suchen oder immer wieder neue Pläne für irgendeinen Tag X machen. Dabei würden sie gerade diese Kraft für die vielfältigen neuen Anforderungen im Hier und Jetzt gut gebrauchen können. Ein afrikanisches Sprichwort sagt: »Es ist genug, daß jeder Tag seine Mühsal hat.«

Wer es lernt, immer mehr Kräfte auf den Tag zu konzentrieren — und das fängt mit kleinen Dingen an: einen Brief rechtzeitig zur Post zu bringen, einen Traum nach dem Aufstehen aufschreiben, den Geschmack von Wein oder einer Speise zu spüren, Wetter und Temperatur erkennen, bevor man aus dem Haus geht, und sich ein entsprechendes Kleidungsstück anziehen — wird eine erstaunliche Entdeckung machen: Plötzlich werden Vergangenheit und Zukunft klarsichtiger. Der Schleier vor einem Rätsel oder Geheimnis zieht sich merkwürdigerweise oft erst weg, wenn wir nicht mehr hinstarren, flehen, betteln, drohen, erpressen.

Scheidende und Geschiedene fühlen sich mehr noch als andere Menschen gedrängt und gezwungen, nach einem Sinn ihres Tuns und Lebens zu suchen. Aber jede Aussage von der Art: »Ich tue, weil . . .«, »Ich habe getan, weil . . .« zerrinnt beim zweiten oder dritten Nachdenken wieder. Günter K. sagte einmal zu mir: »Oft habe ich mir gedacht, wenn nur jemand mal die Welt anhalten würde, nur einen kurzen Moment lang, damit ich wieder zu Atem kommen, mir eine Notiz machen, alles mal in Ruhe bedenken kann. Und dann wurde mir schlagartig klar, welches Sonderrecht ich da für mich verlangte. Die Welt dreht sich weder um mich, noch für mich, sondern ich mich auf ihr.«

Wer scheidet oder scheiden muß, wird den darinliegenden Sinn sicher irgendwann entdecken. Meist teilt es sich in Bruchstücken mit, die sich nach und nach zu einem Bild zusammensetzen. Aber der Trick mit dem Weltanhalten und alles auf einmal gesagt bekommen geht nicht, glücklicherweise nicht.

Die Gefahr von Ehe- und Scheidungsmodellen ist, daß wir, um uns irgendwo einzupassen, das eigene Leben in seiner Vitalität und seinen zum Teil noch nicht entdeckten Möglichkeiten katalogisieren und systematisieren.

Faßbarmachen, begradigen, Ordnung schaffen — das sind die Todsünden unserer Zeit. Nicht von ungefähr werden Trennungen von denjenigen Menschen besonders hart erlebt, die immer darauf achten wollen, daß in ihrem Leben alles stimmt. Das Haus ist bezahlt, der Rasen im Garten auf zwei Zentimeter über der Narbe geschnitten, die Vorhänge passen zu den Möbeln, die Möbel zur Kleidung, die Kleidung zur Farbe des Autos, und das Auto hat eine gute Chance, auf dem Markt der Eitelkeiten mitzuhalten. Jetzt müssen nur noch der Partner, die Partnerin und die Kinder paßbar für diese Welt gemacht werden. Wenn das auch Übertreibung ist, so ist dieses Modell doch in Ansätzen bei vielen erkennbar. Solche Systeme, und viele Menschen leben bewußt oder unbewußt in der Vorstellung, daß es ihnen irgendwann möglich sein muß, alles stimmig in ihrem Leben zu machen, werden nur unter dem hohen Preis von Verlust an Lebendigkeit geschaffen und aufrechterhalten. Menschen töten ihre Wünsche, Hoffnungen, Sehnsüchte ab, um diesen Schein der Sicherheit zu erhalten. Und was sie bei sich selbst nicht mit Mühe und Zwang hinbekommen, klagen sie bei anderen mit Unerbittlichkeit ein. Aber eines Tages schießt dann doch etwas Unvorhergesehenes in diese Rechteck-Landschaft der Seele und der Beziehungen. Jemand »bricht aus«, im wahrsten Sinne des Wortes, und nichts stimmt mehr.

Gute Ehen und gute Scheidungen, soviel läßt sich sagen, haben sehr vieles gemeinsam. In der guten Ehe ist trotz aller Bezogenheit der Partner, der Eltern und Kinder aufeinander nicht alles begradigt, ausdiskutiert, festgelegt worden. Raum für Überraschungen, Einfälle, neue Wege, neue Anregungen, Abenteuer ist da. Für jeden, auch besonders für die Kinder. Aber es ist der Wille erkennbar, in bezug zueinander zu bleiben, sich mitzuteilen, Anteil zu nehmen oder nehmen zu lassen, egal, wie weit und ungewöhnlich der Solo-Gang des einzelnen geht. Gute Scheidungen enthalten die gleichen Elemente: Risiko-Bereitschaft, Interesse am eigenen Weg und Stolz darauf, Anerkennung der Tatsache, daß der Partner seinen Weg finden muß und finden wird. Der Unterschied liegt darin, daß mein Wille sich jetzt auf andere Ziele richtet. Eines der Ziele ist, wieder zu einem Menschen »ja« und nicht nur »vielleicht« zu sagen. Das stellt sich aber nicht von heute auf morgen ein. Auf dem Weg zu diesem Ziel sollte man nichts abkürzen. Geschiedene und Menschen, die sich trennen, haben die große Chance, wieder ein Gefühl dafür zu bekommen, wieviel unterschiedliche »Ja« sie wieder zu anderen Menschen sagen können. In jeder menschlichen Beziehung liegt eine große Chance. Oft wird sie dadurch vertan, daß wir uns undifferenzierten, überhöhten Erwartungen an jeden neuen Kontakt hingeben. Es muß doch wirklich nicht immer Ehe sein.

Scheidende müssen deshalb auch lernen, sich und ihre Situation ganz ernst zu nehmen, mit allem, was sie tun und mit allem, was sie leiden und erleiden. Das ist nicht zuletzt deshalb wichtig, damit sie auch von anderen ernst genommen werden können. Und es ist wichtig, daß sie von ihren Erfahrungen, so vorläufig, provisorisch, experimentell sie sein mögen, auch hin und wieder berichten.

Leben ist Versuch. Heißt, immer wieder neue Antworten auf die *ewigen Fragen* zu finden. Aus welchem Bewußtsein will ich meine Antworten finden? Darum sollten sich Scheidende kümmern. Die Zeit ist gut dafür. Dann wird auch schnell die Beschränktheit, Kleinlichkeit der Fragen erkannt, wo denn nun der »Eine«/die »Eine«

sitzt und zu finden ist. Am Ende des Lebens werden wir vielleicht sagen können, daß wir einem Menschen näher kamen und dieser Mensch uns näher war als alle anderen. Aber deshalb hatten die Kontakte, die diese Nähe nicht erreichten, nicht weniger Bedeutung. Die Summe aller ist mein Leben.

Nur wer fähig ist, sich für einen anderen einzusetzen, seinen Wachstums- und Reifeprozeß zu fördern, ist wahrhaft zu einer Liebe fähig. Wer Verantwortung übernehmen kann, für sich selbst und auch für andere, wird die Aufgabe der Liebe erahnen können. Dazu bedarf es der Achtung vor der Persönlichkeit, die man liebt. Und achten kann man nur, was man kennt: daher müssen wir für die Liebe auch Einfühlung und Wissen um das Du mitbringen, wenn nicht der ganze Aufwand an Gefühlen und Leidenschaften ins Leere verströmen soll. Die Kümmerformen der Liebe, die an der Tagesordnung sind, zeigen uns, wie wenig reife Menschen für eine Hingabe in diesem umfassenden Sinne sind. Soviel wir auch im Leben lernen: das eine, was nottut, lernen wir zuwenig — nämlich zu lieben.

Die Psychologie lehrt uns, daß Liebe nicht davon abhängt, ob wir den eigenen Partner gefunden haben. Unzählige Menschen glauben, es liegt daran, daß sie diesbezüglich kein Glück hätten: sonst könnte es exemplarische Liebe sein. In Wirklichkeit hat derjenige, der liebesfähig ist, fast immer Gelegenheit zu lieben.

Wem sich das Herz öffnet zur Anteilnahme an Welt und Leben, wer in seinem Gemüt die verschütteten Kräfte der Warmherzigkeit erweckt hat, wird unwillkürlich auch jene Menschen treffen, die seinem Rufe ein Echo geben. Um einen liebenden Menschen herum wird es hell in der Welt; wie sollte da nicht Erwiderung entstehen, wenn einer wach und liebenswürdig durchs Leben geht.

Ein weitverbreiteter Irrtum vieler Menschen ist der Traum von einer problem- und konfliktlosen Liebe. Aus Naivität und mangelnder Weltkenntnis, wie auch aus entstellenden Romanen und Filmen, zimmern sie sich ein Weltbild zusammen, ein Idealbild der Liebe, das es in Wirklichkeit nicht gibt. Das Erwachen aus so einem Traum muß notwendigerweise enttäuschend sein. Die »Träumer der vollkommenen Liebe« bringen dann nur sehr unvollkommene Liebschaften zuwege. Demgegenüber muß ich betonen, daß eine echte menschliche Beziehung nie ohne Schwierigkeiten auskommt. Nur wer am anderen vorbeilebt, wird mit ihm keine Komplikationen erleben. Eine Liebe aus dem persönlichen Wesensgrund geht an Klippen und Gefahren vorbei und wird um Erschütterungen mannigfacher Art nicht herumkommen. Liebe ist also nicht Konfliktlosigkeit, sondern Austragen der Gegensätze zwischen zwei Menschen und unerschütterliches Bekenntnis zueinander trotz der Schwierigkeiten. Gerade daran bewährt sich eine echte Liebesbeziehung, daß sie an Meinungsverschiedenheiten und Uneinigkeiten nicht zugrunde geht. Ein kluger Autor hat einmal formuliert: »Sie stritten sich — so erfuhren sie wiederum, daß sie zusammengehörten.« Natürlich dürfen derartige Streitigkeiten nicht in gegenseitiges Verletzen ausarten. Es muß der Wille zur Verständigung und zum konstruktiven Kompromiß vorherrschen. Im Bestreben, immer wieder einen Weg zueinander zu finden, beweist sich die Dauerhaftigkeit der Liebe. Von daher kommen immer Beunruhigungen, Aufgaben, Forderungen: denn Liebe ist nicht Ausruhen nebeneinander, sondern liebender

Kampf und Konfliktüberbrückung zu einer Einigkeit, die täglich erobert werden muß.

Es gibt genügend Menschen, die darunter leiden, zuwenig Liebe zu bekommen. Man muß sich fragen, warum das so ist. Die Betroffenen meinen immer, das läge an äußeren Umständen. Meistens ist es aber so, daß es an der eigenen Liebesfähigkeit mangelt. Wer selber lieben kann, wird stets etwas oder jemand finden, dem er seine Liebe zu schenken vermag, und er wird auch — gewiß im unterschiedlichen Ausmaß — Gegenliebe erhalten. Aber selbst wo er nur wenig Gegenliebe findet, ist ihm die eigene Liebesfähigkeit Trost und Freude. Ein liebender Mensch lebt in einer Welt, wo Liebe möglich ist. Die Quellen der Liebesfähigkeit liegen in der Kindheit und Jugend. Wer als Kind im Elternhaus einen richtigen Umgang gehabt hat, hat die psychische Disposition im späteren Leben, sich an andere anschließen zu können. Alle vereinsamten und isolierten Menschen haben in der Jugend nicht gelernt, sich mit den Mitmenschen zu verbinden. Sie verschließen sich in sich selbst und sind dabei todunglücklich. Einsamkeit und damit auch Abwesenheit von Liebe ist einer der unerträglichsten Zustände, die wir kennen. Der Einsame hofft dann zumeist, da auch er liebeshungrig ist, daß er von außen aus seiner Ummauerung erlöst werde. Aber die wahre Hilfe kann nur durch eine innere Umstellung kommen. In vielen Fällen muß psychotherapeutische Hilfe die verschüttete Liebesfähigkeit befreien, bevor jemand darangehen kann, Kontakte mit der Umwelt aufzubauen.

Wo immer ein Mensch scheinbar keiner Liebe bedarf, handelt es sich um Täuschung oder oberflächliche Betrachtung. Im Grunde sehnt sich jeder nach Liebe. Wer sich dagegen wehrt, hat nur Angst, von ihr enttäuscht zu werden. Aus dieser Haltung heraus ist fast jede Verschlossenheit, Isoliertheit und Gefühlskälte zu verstehen. Gerade solche innerlich abgekapselten Menschen hungern nach Liebe wie ein Ausgehungerter nach Nahrung. Weiß man sich den Zugang zu ihnen zu verschaffen, so sind sie überglücklich.

Der Mensch ist immer beides zugleich: Handelnder und einer, der behandelt wird. Er wird aktiv und trägt gleichzeitig die Folgen seiner Entscheidungen, die angenehmen und die weniger angenehmen, die bösen und die begrüßenswerten. Es ist dabei uninteressant, ob die Verhaltensweisen bewußt oder unbewußt gesteuert werden. Er muß den Kopf hinhalten. Der Mensch als Handelnder und Leidender kann nur aus seinem sozialen Kontext verstanden werden. Jedes Kind strebt schon nach seinem Platz in der Gesellschaft. Es will dazugehören, denn ohne Gemeinschaft, ohne Kommunikation kann es nicht existieren. Konflikte und Probleme entstehen durch Zusammenstöße mit anderen Menschen, nicht nur durch irgendwelche Kämpfe im Inneren.

Viele von uns verstehen es, die Verantwortung auf andere abzuschieben. Findet ein Mädchen keinen Partner, sind die Eltern, die Arbeit, seine Schüchternheit und seine schiefen Zähne, für deren Korrektur der Vater kein Geld herausrückte, und anderes schuld. Es macht anderen und sich selbst vor, es sei dem unentrinnbaren Zusammenhang von Ursachen und Wirkung unterworfen und könne nur mehr oder weniger geduldig sein Schicksal ertragen. Aber solange ein Mensch sich für verantwortlich hält, auch das ist eine persönliche Zielsetzung und Entscheidung, muß er die Folgen seines Selbstbetrugs tragen. Er flieht vor der Verantwortung, er leugnet die Willensfreiheit und unterwirft sich einem blinden Schicksal oder einem pseudowissenschaftlichen Naturgesetz. Wer das Steuer seines Lebens aus der Hand gibt, muß damit rechnen, daß ein starker und unkontrollierter Strom ihn mitreißt. Bei Licht besehen überlassen sich aber nur wenige Menschen diesem sogenannten unentrinnbaren Strom. Ziele, die wir auf tausend verschiedene Weise, auf legitime und illegitime, auf auffällige und unauffällige, auf krankhafte und gesunde Art zu erreichen versuchen. Zweifellos können das neurotische Ziele und neurotische Fehlhaltungen sein.

Wir sind keinem unentrinnbaren Schicksal unterworfen und schon gar nicht dann, wenn wir uns von einem Partner trennen. Viele, die sich aus einer Partnerschaft lösen, gehen durch eine Phase starker Zweifel. Manche kommen aus ihr über Jahre nicht hinaus, einige bleiben ein Leben lang im Zweifel, ob sie das Richtige getan haben, obwohl sie sich schließlich trennten und auch neue Partnerschaften eingingen. Zweifel ist eine zutiefst menschliche Eigenschaft. Das Tier, dessen Handlungen von Instinkten und von ganz bestimmten Reizreaktionsmustern bestimmt werden, kennt Zweifel nicht. Menschen, die den Zweifel aufgeben, fallen auf die Stufe tierischer Verhaltensabläufe zurück, mit dem grausamen Unterschied allerdings, daß das Tier im Gegensatz zum Menschen eingebaute Bremsinstinkte hat. Sobald das unmittelbare Ziel eines aggressiven Instinkts erreicht ist, etwa die Deckung des Nahrungsbedarfs oder die Abwehr eines Feindes, geht beim Tier dieser Impuls zurück. Beim Menschen wirken die Bremsen nicht immer.

Bei Eheschließungen — besonders von solchen, die nur im Himmel geschlossen werden — scheinen auf magische

Weise alle Widersprüche des Lebens aufgehoben zu sein. Ich und Du, Gegensätze in unserer Persönlichkeit, die gestern noch spürbar waren, »alles, was uns trennt« ist jetzt unwichtig. Das glückliche Paar, die schluchzenden Verwandten, die strahlende Schar der Gratulanten vergessen, daß Vereinigung, Einheit in der Ehe und in jeder Partnerschaft nur heißt, sie immer wieder zu wollen, sie immer wieder zu versuchen und auf sie zu warten, wenn sie sich momentan nicht einstellt. Aber gönnen wir allen Frischvermählten die Freude ihres Festtages. Die Freude, der Rausch, die Leidenschaft eines Versprechens sind ebenfalls wichtig, ohne sie würde manches Versprechen nicht gegeben. Aber es einlösen, es wieder auflösen — und das ist der Alltag einer Beziehung — beides ist schwer.

Eine gute Ehe ist auch eine Kette von Zweifeln, kleinen Scheidungen, die aber wieder zu neuen Vereinigungen, zu einem neuen »Ja« führen. Wer sich aus einer Ehe löst, bei dem verstärken sich Zweifel daran, ob die Grundlage des gegebenen Verprechens noch stimmt. Diesen Zweifel erfährt der Scheidende zumeist auch als starken Zweifel an sich selbst. Wie er diese Zweifel löst, bestimmt ganz entscheidend seinen weiteren Weg. Kann er die Selbstzweifel aushalten? Gibt er sich Zeit und inneren Raum, sich den Fragen an sich selbst zu stellen? Das ist wichtig, führt zu Lösungen. Lösungen, das Wort sagt es, bedeutet lossagen, aber nicht, wie man vordergründig meinen könnte, unbedingt vom Partner, sondern lossagen von falschen Vorstellungen. Die wichtigen und notwendigen Zweifel beim Scheiden aus einer Ehe, aus einer Partnerschaft, wollen wir in erster Linie als vernünftige Zweifel an uns, am bisherigen Gang der Dinge verstehen. Selbstverständlich sind auch Zweifel am Partner vorhanden und nicht weniger wichtig, doch wenn sie überwiegen, dann baut sich der Betreffende eine Falle: Er lenkt von sich ab und schiebt letztlich dem Partner die Verantwortung für das Geschehen zu, immer dann, wenn er ihn herabsetzt und abwertet. Diesen Prozeß müssen wir uns näher ansehen.

Viele Ehen enden in einer Kette von Auseinandersetzungen, Vorwürfen und Gegenvorwürfen. Tief im Inneren spüren die Partner zwar, daß sie mit jedem Vorwurf an die Adresse des anderen, mag er berechtigt sein oder nicht, selbst ein Stück hinuntersinken. Aber nichtsdestotrotz widmen sie sich ihm mit einer Energie, die sie sonst kaum noch nach den fast täglichen Auseinandersetzungen aufbringen. Nach und nach wird auch jede Rücksicht, die man anfangs zum Beispiel noch auf die Kinder nahm, fallengelassen. Wer sich gut kennt, wie zwei Menschen, die ein Stück Weges miteinander gegangen sind, der weiß, wohin er »schlagen« muß, um dem anderen wehzutun. Es muß gar kein »Schlagen« sein, nicht einmal ein verbaler Hieb, sondern es geht auch stumm, denn gerade die stummen Schläge treffen genau. Die Frau, die abends ihre Bettlektüre aufs Kopfkissen wirft, bevor sie sich zu ihrem Mann ins Bett legt, »sagt« etwas durch diese Handlung und die Botschaft wird sehr wohl verstanden, auch wenn der Partner keine Reaktionen zeigt. Der Mann, der ein Gespräch mit seinen Freunden oder Eltern zelebriert, während das aufgedeckte Essen wartet, teilt etwas mit, auf »schwer verdauliche« Weise. Vorwurf und Gegenvorwurf, versteckte, passive Aggression. Das ist das tägliche Einerlei, das die Spannung immer wieder steigert, bis sie sich zum wiederholten Male in einem lauten Knall entlädt.

Die Folge einer solchen Situation: Beide Partner verlieren einen großen Teil ihrer Selbstachtung und ihres Selbstvertrauens. Das mündet schließlich in die Frage, warum man eigentlich geheiratet habe. Doch bis es soweit ist, steht schon fast kein Stein mehr auf dem anderen. Unter dem Verlust des Selbstvertrauens leiden auch die Außenkontakte. Kein Freund, kein Verwandter will mehr die Storys und Klagen hören, und beide Partner geraten immer häufiger in eine starke Isolation. Der Schmerz darüber legt neue Scheite in das Feuer des gemeinsamen Streits. Schließlich hält es einer von beiden nicht mehr aus und geht. Vielleicht erfolgt der Absprung mit Hilfe eines anderen Menschen, der als Retter, Fluchthelfer hochstilisiert und überbewertet wird, zumindest zeitweise. Hauptsache weg. Wegzulaufen ist eine menschliche Reaktion und vielleicht die letzte Chance vor einer chronischen Verhärtung und lebenslangem Zynismus oder einem Knall mit nicht abzusehenden Folgen. Das Gesagte beantwortet auch die vielgestellte Frage nach dem Neuanfang einer in die Sackgasse geratenen Beziehung. Die Chancen dafür sind so gut, so schlecht wie die Chancen einer neuen Beziehung mit einem anderen Menschen, eher schlechter. Die Partner, die sich in einem Stellungskrieg miteinander befinden, müßten erst einmal wieder auf Distanz gehen. Wie am Beispiel heißer militärischer Auseinandersetzungen müßte die Friedenstruppe zwischen die Fronten, damit jede Seite eine Chance erhält, das Ausmaß des Schadens festzustellen, die eigenen Wunden zu erkennen und die verbleibenden Möglichkeiten einzuschätzen. Oft aber dienen solche Pausen, sollten sie überhaupt eingelegt werden können, nur dem Atemholen für ein neues Aufrüsten für die nächste Runde der Auseinandersetzungen.

»Wie hast du die vielen Trennungen von der Eva Maria

erlebt?« fragte ich Günter K. »Hat es dir wirklich etwas gebracht?«

»Jedem von uns beiden hat es etwas gebracht«, antwortete er, »jeder einzelne, jeder für sich. Ich habe sehr viel daraus gelernt, bin ein gewaltiges Stück gewachsen, habe gelernt, allein zu leben, was ich vorher nicht konnte. Auch Eva Maria hat vieles daraus gelernt, auch sie ist gewachsen.«

»Demnach wäre jetzt alles in Ordnung?« meinte ich weiter.

Er schüttelte den Kopf. »Wie kann es das. Ich weiß längst, daß das bei uns nicht geht.«

»Was willst du damit sagen?«

»Als ob du das nicht wüßtest. Ich hatte gehofft, die Streitereien würden aufhören. Das war aber nicht immer der Fall. Wir stritten uns auch am Telefon. Wir stritten uns, wenn wir uns sahen, und zogen uns jeder für sich wieder zurück. Wenn wir wieder beieinander wohnten, dann war das in der Anfangszeit immer sehr schön. Jeder von uns paßte auf, daß wir nicht wieder ins alte Muster gezogen wurden. Dadurch lebten wir viel zu kontrolliert. Wir paßten auf, lagen auf der Lauer, was der andere tun würde, wie er reagieren würde.«

»So kann man aber nicht auf Dauer leben, irgendwann bricht sich das, was hinter den Kontrollbarrikaden steckt, doch wieder Bahn, oder nicht?«

»Genauso war es. Irgendeine Kleinigkeit passierte und schon waren wir wieder in unserer Kampfhaltung. Eva Maria ergriff die Flucht und ich war wieder allein und alles begann von vorne.«

»Ihr könnt also immer noch nicht richtig miteinander leben?«

»Doch, das könnten wir schon, wenn jeder sich Mühe gäbe. Aber wer mag schon von morgens bis abends sich Mühe geben. Ich möchte meine Fehler machen dürfen und nicht gleich als Sündenbock abgestempelt werden. Eva Maria möchte das gleiche. Manchmal denke ich, dieses Leben ist viel zu anstrengend: Wir lieben uns, daran besteht kein Zweifel. Es ist aber nicht ganz einfach, aus dem alten Muster herauszukommen.«

So manche Ehe, die heute geschieden wird, müßte nicht unbedingt aufgelöst werden. Diese Feststellung steht einem Plädoyer für ein faires Auseinandergehen nicht entgegen. Viele Partner, die scheiden, sich dabei auf andere Personen berufen, die Schwächen des Partners für den Entschluß in Anspruch nehmen, stellen nach vielem, notwendigen Zickzack fest: Egal, wo ich hingehe, ich treffe dort doch immer mich selbst. Aber der Weg zurück zum Partner, wenn dafür überhaupt eine Chance besteht, kann so wenig eine Abkürzung sein wie der Weg zu einem neuen Menschen. Sich in einer heißen, aufgeladenen Situation Geduld, Beherrschung, Verzicht aufzuzwingen, ist nicht jedermanns Sache. Es gelingt häufig noch am ehesten, wenn es für ein neues, wenngleich auch noch unbekanntes Ziel erbracht wird. Die Lösung mit der Lösung wird bevorzugt. Das wollen wir nicht beklatschen und auch nicht bejammern. Wir wollen es einfach feststellen.

Einem in Zweifel geratenen Paar zu raten, das ist nicht leicht. Die Entscheidung muß jeder für sich selbst fällen. Zwischen Ende einer Partnerschaft und einem Neubeginn mit einem anderen Menschen steht die lange Trauerzeit. Wird sie gut verarbeitet, ist für den Neubeginn vieles gewonnen.

Der Neubeginn

Die ersten Monate der Trennung oder die Monate nach der Scheidung geben Zeit, lang bestehende Freundschaften auszusortieren. Wir sollten sie sorgfältig prüfen und keine Angst davor haben, uns von solchen, mit denen wir keine Gemeinsamkeiten mehr haben, zu lösen, oder davor, selbstsüchtig zu erscheinen. Bei der Überprüfung werden sich einige dieser Beziehungen als reine Zweckfreundschaften herausschälen, angenehme Vereinbarungen zwischen Paaren und nicht zwischen Personen. Da sich unser Leben geändert hat, sollten wir erwarten, daß sich diese Freundschaften auch wandeln. An einigen von ihnen hat man vielleicht aus Gewohnheit festgehalten. Wenn wir unsere Gewohnheiten ändern und zu Alleinstehenden werden, fallen diese Freundschaften weg, und das häufig, ohne daß wir überhaupt merken, daß sie zu Ende gegangen sind. Diese Periode bietet die Gelegenheit, sich nach anderen Menschen umzusehen, deren Interessen unseren eigenen besser entsprechen; oder Beziehungen zu Männern und Frauen zu vertiefen, zu denen vorher nur eine lose Bekanntschaft bestanden hat.

Der heilende Prozeß des Trauerns kann nun so zusammengefaßt werden: In unseren Gefühlen ruft eine Scheidung einen Trennungsschock hervor, der in seiner Heftigkeit dem gleichkommen kann, was durch den wirklichen Tod eines Partners ausgelöst wird. Und er setzt Reaktionen in Gang, die denen ähneln, die ein wirklicher Tod verursachen kann: anfängliches Leugnen, daß die Beziehung zu Ende ist, was meist ein Zurückziehen ins Phantasieleben bewirkt, wo sie noch weiterleben kann; starke Gefühle der Feindseligkeit und der Wut auf den abwesenden Menschen, weil er uns einem unerträglichen Leben ohne ihn oder sie überantwortet hat. Alles durchdringende Schuldgefühle, die entweder internalisiert oder projiziert werden und noch zu schmerzhaft sind, um überhaupt berührt zu werden; oder zu unbedeutend, um in unserem gegenwärtigen Leben weiter zu bestehen. Ein schrittweises Prüfen und Wiederprüfen der Realität und ein langsames Nachlassen der Einflüsse, die die vergangene Beziehung ausübt, so daß man ein neues Leben beginnen kann.

Dieser unumgängliche Prozeß ist hier vereinfacht dargestellt. Wir durchlaufen diese Phasen ganz offensichtlich nicht etwa genauso wie die Schule, wo wir von einer Klasse in die nächste versetzt werden. Die Elemente des Trauerns begleiten jede Scheidung, aber ihre Zusammensetzung und die Intensität der einzelnen Phasen unterscheiden sich bei den einzelnen in großem Maße. Wir bringen in unserer Scheidungserleben die ganze Summe unserer Kräfte und unserer Schwächen, unsere Prägung zur Persönlichkeit mit ein. Der Zeitpunkt, zu dem die Keimlinge unter dem Schnee beginnen, Blüten zu treiben und Früchte zu tragen, ist gekommen, wenn wiederentdeckte Fähigkeiten, Stärken und Selbstausrichtungen häufiger werden. Ein weiteres Zeichen ist der Zeitpunkt, wo wir beginnen, als Single, als alleinstehender Mensch, zu denken, zu fühlen und zu handeln. Diese Veränderungen in uns gehen oft so leise und so allmählich vor sich, daß wir eine Art äußeres Symbol brauchen, um zu wissen, daß sie überhaupt stattfinden. Wenn es dann aber soweit ist, können wir Rückschau halten und mit Genugtuung feststellen, welcher Unterschied zwischen dem ungücklichen halbierten Menschen besteht, der wir direkt nach der Trennung waren, und der zuversichtlichen und unabhängigen Persönlichkeit, zu der wir uns nun schnell entwickeln.

Und dann eines Tages ist es soweit, wir öffnen uns einem anderen Menschen. Alle Einsamkeit des Lebens ist ausgelöscht, wenn sich zwei Liebende umarmen. Aus dem Ich, das sich mit seinen Sorgen und Nöten abmüht, wird erneut ein Wir, das trostvoll »im Augenblick Ewigkeit empfindet.«

Wer sich getrennt hat, wer geschieden ist, wird allerdings vorsichtiger werden, wird mit der Partnerwahl sorgsamer umgehen als bisher, denn er hat schlechte Erfahrungen gemacht und möchte nicht wieder »hereinfallen«. Die geheimen Triebfedern menschlicher Anziehung und Partnerwahl bleiben in der Regel verborgen. Wir legen uns Gründe mit dem Kopf zurecht, warum uns dieser Partner fasziniert und jener anspricht. Viele tun selbst das nicht einmal. Sie geben sich keine Rechenschaft, prüfen ihre Motive nicht und lassen sich von ihren Gefühlen kutschieren. Sie kommen, sehen und siegen, lassen ihre Gefühle sprechen und das vielzitierte Schicksal entscheiden. Sie unterwerfen sich Anziehungsmechanismen, die unbewußt vom Ziel gesteuert werden. Ein undefinierter »Unfall« hat sie zusammengeführt, ein mystischer Kompaß hat ihre Fährte bestimmt.

Was steckt hinter der menschlichen Anziehung? Gibt es eine Programmierung unseres Denkens, Fühlens und Wollens? Eine einheitliche Antwort kann uns bis heute kaum einer geben.

Mich hat das, was Günter K. mir einmal gesagt hat, nachdenklich gestimmt. »Wir machen uns immer Gedanken über die falsche Partnerwahl, die wir gemacht haben, wenn die Kiste schon gelaufen ist«, sagte er.

»Wie meinst du das?« fragte ich ihn und war gespannt, was er antworten würde. »Paß mal auf«, meinte er, »mir fielen bei Eva Maria Dinge auf, von denen ich wußte, ich würde nicht mit ihnen leben können. Dinge, die mich ängstigten, die mich auf die Palme brachten. Damals, als mir ihre Verhaltensweisen das erste Mal auffielen, da hätte ich noch abhauen können. Das legt sich noch, dachte ich. Pustekuchen. Nichts hat sich gelegt. Manches wurde sogar noch schlimmer.«

»Jeder Mensch hat seine Fehler, du auch«, antwortete ich ihm.

»Weiß ich selbst. Darum geht es doch gar nicht. Irgendwann hätte ich mir die Frage stellen müssen, ob ich mit ihren Fehlern leben kann und will. Eine andere Frau hätte auch Fehler gehabt, aber vielleicht solche, die ich akzeptieren hätte können.«

»Ohne die Fehler von deiner Frau hättest du nicht deine Spiegelung gehabt, du deinen Lernprozeß nicht gehabt«, gab ich ihm zu bedenken.

»Weiß ich ja selbst. Das habe ich ja öfter selbst schon gesagt, wir haben beide gelernt. Was ich meine, ist etwas ganz anderes. Wenn schon eine Ehe schiefgelaufen ist und ich schaue mir meine eigenen Fehler nicht an, dann habe ich nichts kapiert, nichts gelernt. Ich habe aber gelernt und bin gewachsen. Aber irgendwann habe ich mir die Frage gestellt: Was würde sein, wenn wir uns ganz trennen würden? Könnte es mir nicht passieren, daß ich wieder einer Frau begegnen würde, die all das noch einmal mitbringt?«

»Nicht, wenn du deine Lektionen gelernt hast. Du ziehst dann andere Frauen an, die nur noch dort eine Spiegelung haben, wo du noch Fehler hast, die du mit der Eva Maria nicht geklärt hast.«

Er nickte nachdenklich. »Das kommt mir auch so vor. Trotzdem . . .«

»Trotzdem was?«

»Na ja, ich meine, wenn man sich einmal die Frage stellen würde, wie der Mensch beschaffen sein soll, mit dem man sein Leben lang durch dick und dünn gehen will, dann fielen einige mögliche Partner doch schon aus dem Raster.«

»Du meinst, du willst vom Kopf her bestimmen, wie das auszusehen hat?«

»Das will ich überhaupt nicht sagen. Ich meine, als erstes müßte ich eine innerliche Entscheidung fällen, also nicht so eine Entscheidung vom Kopf her, sondern mehr so innerlich. Sozusagen ein inneres Bild schaffen von dem Menschen, mit dem ich zusammenleben möchte. Kein Bild, wie diese Frau äußerlich aussehen sollte. Ich meine mehr die charakterlichen Eigenschaften. Müßte man dann nicht einen solchen Menschen anziehen?«

»Mhm . . . könnte sein«, antwortete ich.

Er wurde lebhafter. »Weißt du«, meinte er, »die ganze Scheiße beginnt doch damit, daß wir mit der Partnerwahl nicht verantwortungsbewußt genug umgehen. Schau, was da alles dranhängt. Wenn du die richtige Partnerwahl triffst, ist die Wahrscheinlichkeit geringer, daß du geschieden wirst. Du tust also dir und deiner Frau etwas Gutes an. Dann die Kinder, die kriegen doch ein geborgenes Zuhause, werden dadurch selbst später wesentlich besser mit Partnerschaften umgehen.«

Was Günter K. gesagt hatte, trifft ganz bestimmt zu. Sicherlich lohnt es sich, vorher verantwortungsvoll mit der Partnerwahl umzugehen. Natürlich kann man sich einigen Ärger dadurch ersparen, wenn man nicht nur blind seinen Gefühlen folgt.

»Drum prüfe, wer sich ewig bindet«, sagt zu Recht der Volksmund.

Die Liebe auf den ersten Blick steht bei vielen Mitmenschen hoch im Kurs. Man hört viel Romantisches und Rührendes darüber. Und doch endet sie vielfach in Kummer und Enttäuschung. Das Mädchen, das den Mann seiner Träume und der Mann, der seinen »Typ« liebt oder sein Jugendideal heiratet, werden oft in der Ehe unglücklich. Und am Ende ihrer leidenschaftlichen Liebe steht die Scheidung. Idealbilder, Typen und Idole können durch Kommunikationsmittel sozusagen gemanagt werden: Plötzlich schwärmen Tausende für Rock- oder Filmidole. Teenager hängen sich einschlägige Poster an die Wände und tapezieren sie damit im Großformat. Ihr Traum hängt an der Wand. Natürlich sind Vorbilder für junge Menschen immer gut. Aber gerade neurotische Zufallsstars?

Dann doch schon eher einen Menschen, den wir irgendwann persönlich gekannt haben, mit dem wir viel Gutes erlebt haben. Die Liebe auf den ersten Blick beruht auf einer affektiven Resonanz. Es ist kein Gesetz der Psychologie, sondern ein Gesetz der Physik, das von Heisenberg stammt: »Das Ergebnis der Beobachtung ist immer schon im Beobachter vorgegeben. Es ist daher kein Wunder, daß sich der erste Eindruck bestätigt, denn der Beobachter kann ja nichts anderes herausfinden, als was er vorher wahrgenommen hat.« Mit anderen Worten: Er kann nichts anderes sehen als was er sehen will. Es gibt Menschen, die davon überzeugt sind, daß Liebe auf den ersten Blick instinktsicheres Handeln sei. Man müsse sich auf die innere Stimme, die unfehlbar die Richtung zeige, verlassen. Aber mit dieser Theorie sollte man aufräumen. Mittlerweile ist bekannt, daß unsere Instinkte durch die gesellschaftliche und kulturelle Entwicklung recht verkümmert sind und daher nicht mehr als treffsicher betrachtet werden dürfen. Auf sie können wir uns nicht mehr verlassen. Die große Liebe, die uns wie ein Blitzschlag treffen kann, ist nicht selten das plötzliche Wiederbewußtwerden eines Bildes aus Kindertagen. Es gibt unzählige Möglichkeiten dieses Wiederbewußtwerdens: körperliche Ähnlichkeiten, vertraute Bewegungen, vertrautes Lachen, physische Auffälligkeiten — alles kann eine lebhafte erotische Resonanz auslösen, kann eine Anziehung hervorrufen. Die Liebe auf den ersten Blick entflammt weniger am Charakter eines Menschen, sondern oft an seiner körperlichen Ausstrahlung: Geruch, Ton, Stimme, Figur, Haarfarbe, Brüste und Augen können diesen Effekt auslösen. Es handelt sich in der Regel um unbewußte und uneingestandene Idealvorstellungen, die im Augenbllick eine partielle Wunscherfüllung anbieten. Die vom Menschen meist unbewußt gewählten Ideale stammen im allgemeinen aus der Kindheit oder der Pubertät.

Wollen wir uns anschauen, was eine erfolgreiche Partnerschaft ausmacht, dann müssen wir die Familiensituation in der Kindheit betrachten. In allen bekannten Gesellschaften verbringt fast jeder Mensch sein Leben im Geflecht familiärer Rollenbeziehungen. Der Sozialisierungsprozeß in diesem Rahmen ist für das Kind entscheidend und für die Lebensstilentwicklung ausschlaggebend. Die stark emotionale Bedeutung der Familienbeziehung ist in der gesamten menschlichen Geschichte zu beobachten. Eine Gesellschaft büßt ihre Lebenskraft ein, wenn die Familie an Einfluß verliert.

Das in der Familie erlernte Rollenverhalten wird zum Modell oder Prototyp des in anderen Bereichen der Gesellschaft erforderlichen Rollenverhaltens. Der Mensch ist mehr als jedes andere Lebewesen vom Lernen abhängig und kann sich ohne sozialen Kontakt nicht normal entwickeln.

Zu den Hauptmerkmalen der Familienkonstellation gehören die Stellungen in der Geschwisterreihe, die Geschwisterposition der Eltern, unter Umständen noch die der Großeltern und besonders auffällige Schicksale, die dieser Personenkreis erfahren hat. Die Beziehung zwischen Kind und Eltern und die Beziehung der Geschwister untereinander spiegeln die dauerhaften, gestörten oder gelungenen Beziehungen zu anderen Personen, Männern, Frauen und Kindern wider. Sie beschreiben die Einstellung zur Autorität, zum Eigentum, zum Besitz, zur Arbeit, zur Politik, zur Religion und vor allem zum Partner. In dieser Darstellung werden die Einstellungen zur Politik und Arbeit, zum Geld, zu Werten und zur Religion weitgehend ausgeklammert. Im Mittelpunkt stehen die Partnerbeziehungen und die Partnerwahl. Wen ich einmal als Freund oder Freundin, Bekannte oder Partner, Angestellte oder Vorgesetzte wählte, wird nach den Vorbildern früher und frühester innerfamiliärer sozialer Beziehungen gesucht. Die Wahl des Partners im außerfamiliären Bereich wird um so erfolgreicher sein, je mehr sie den erfolgreichen frühren und frühesten Beziehungen entspricht. Hinter der Theorie der Familienkonstellation steht die Beobachtung, daß das, was ein Mensch wirklich getan hat, entscheidend ist für das, was er tun will. Interessant ist also nicht so sehr, was einer denkt, was er gerne möchte, welchen idealen Partner er in seiner Phantasie entwirft, sondern welche Partnerbeziehungen, welche Kontakte zu welchen Personen erfolgreich, harmonisch oder weniger erfolgreich und weniger harmonisch verliefen.

Diese Interaktionen verraten seine Gedanken und Wünsche. Sie spiegeln seinen Lebensstil wider, vergangene Freundschaften, Schulerfolge, Berufswahlen, Wohnverhältnisse, Krankheiten und Strafdelikte zeigen bestimmte Weichenstellungen auf, wie künftige Schulerfolge, Berufswahlen, Wohnungspläne, Rechtshändel und Partnerwahlen verlaufen können. Auch neurotische Partnerbeziehungen haben in der Familie einen besonderen Akzent erfahren. Die Einstellung zu Vater und Mutter gibt Aufschluß über die Einstellung zum Partner: Aggressionen und negative Erwartungen gegen die Eltern werden schnell in den Partner projiziert. Der Lebensstil profiliert sich an Eltern und Geschwistern.

Wir müssen uns nochmals fragen, warum klappt es in so vielen Partnerschaften nicht?

Es liegt wohl daran — ganz banal ausgedrückt —, daß jeder andere Vorstellungen von Partnerschaft hat. Die einen wollen geliebt und damit anerkannt werden, andere wollen Sicherheit, Geborgenheit und Schutz und begeben sich in Abhängigkeit. Sie nennen es Liebe. Die Tendenz zum Nachgeben, das Streben nach Einfluß, die Neigung zur Distanz, der Wunsch nach Macht und Erfolg, alle diese Tendenzen müssen nicht von vornherein neurotisch und zweifelhaft sein. Neurotisch werden solche Handlungen, wenn sie aus dem Rahmen fallen, wenn sie unnatürliche Züge annehmen.

»Ich habe, vor allem in jüngeren Jahren und auch am Anfang mit der Eva Maria immer ein hochgradiges Liebesverlangen gespürt«, sagte Günter K. »Ich suchte nach Frauen und Mädchen, die freundlich zu mir waren, die mir meine Einsamkeit vertrieben, die mich anerkannten und ständig bewunderten, weil es das in meiner Kindheit nie gegeben hatte. Ich merkte in dieser Zeit nicht, daß ich hochgradig empfindlich war, daß andere unter meiner Empfindlichkeit litten. Ich machte immer andere für meine Schwierigkeiten, für meine schlechten Launen und für schlechte Atmosphären verantwortlich. Daß ich in Wirklichkeit unfähig war zu lieben, weil mein Anspruch an Liebe zu groß war. Das eruhr ich erst im gesetzten Alter. Meine Therapie machte deutlich, wo zum Beispiel meine Feindseligkeiten ihren Ursprung hatten. Wir waren drei Geschwister gewesen, doch meine Eltern zogen meinen älteren Bruder vor. Er war ein Muster an Sauberkeit, Pünktlichkeit und Korrektheit. Ich fühlte mich zurückgesetzt, begann aggressiv gegen den Bruder und auch ein wenig gegen meine Schwestern zu werden. Ich war eindeutig eifersüchtig. Ich wurde häufig bestraft und sah im Entzug mehrerer Dinge eine persönliche Ungerechtigkeit. Dadurch verstrickte ich mich immer tiefer in Trotzverhalten und Feindseligkeiten. Ich fühlte mich gedemütigt. Ich wurde immer hilfloser, zeigte dann immer weniger Opposition, als ich mit meinem Trotz nicht durchkam. Ich unterdrückte meine Feindseligkeiten immer mehr, um nicht die Aufmerksamkeit der Eltern ganz zu verlieren. Allmählich schleppte ich Schuldgefühle mit mir herum, weil es nicht zulässig war, den Eltern zu grollen. Ich verrannte mich regelrecht in eine negative Erwartungshaltung. Von den meisten Menschen erwartete ich nur Unangenehmes. Mißtrauisch und trotzig stand ich der Welt gegenüber. Die Welt war gefährlich und angsteinflößend. Heute kann ich es zugeben: Solche Liebesbedürfnisse zu stillen war kaum möglich. Das kann man von einer Frau einfach nicht erwarten. Daraus resultierten aus meiner Sicht all die Schwierigkeiten mit der Eva Maria. Heute liegt das alles Gott sei Dank hinter mir. Ich habe es durchgearbeitet und ablegen können.«

Günter K. hat an sich gearbeitet, sich irgendwann einmal die Frage gestellt, was man tun kann, um falsche Partnerschaften zu vermeiden.

»Wo kann ich nette, interessante Männer kennenlernen?« Diese Frage hört man häufig von Frauen. Ebenso fragen die Männer: »Wo kann ich nette, interessante Frauen kennenlernen?«

Das sind die Fragen, die immer wieder gestellt werden. Und ebenso häufig kommen Antworten von anderen Menschen: »Was meinen Sie, ich treffe sie überall. Bei der Arbeit, auf Parties. Im Museum, im Aufzug.« Es scheint ein dreifacher Konflikt vorzuliegen. Wenn Männer Frauen kennenlernen möchten und Frauen Männer, und wenn ein paar von ihnen überhaupt keine Schwierigkeiten haben dabei, dann kann das nicht nur daran liegen, daß es an Gelegenheit mangelt, daß man eine schlechte Figur macht, zu alt ist, nicht genug Geld hat oder merkwürdige Moralvorstellungen. Es gibt tatsächlich Beschränkungen, die sich nicht wegdiskutieren lassen, aber doch nicht so viele. Manche Männer und Frauen wollen lieben und geliebt werden, senden aber völlig anderslautende Signale aus. Wie oft sieht man auf Parties und Empfängen Frauen, die einem wirklich leid tun können. Man weiß, sie wollen jemanden kennenlernen, aber kaum sind sie da, kleben sie in einer Ecke oder sind so abweisend, daß sie die anderen abschrecken. Bei den Männern ist es oft noch schlimmer. Wenn sie nicht in Gruppen herumstehen und über Fußball diskutieren, kommen sie daher, als ob sie das alles nichts anginge. Die Fähigkeit, wirklich jemanden Neuen finden zu können, erwächst aus dem gleichen Prozeß, der auch das persönliche Wachstum fördert und der in einer kreativen Scheidung mit der Trennung seinen Anfang nimmt. Mit dem Bewußtsein, daß jeder Mensch, einschließlich Sie selbst, etwas Einzigartiges darstellt, und wenn Sie immer weiter die eigenen Interessen und Fähigkeiten entwickeln, dann werden Sie Menschen treffen, von denen Sie das Gefühl haben, daß sie Ihnen entsprechen — und zwar so, daß es Ihnen beiden möglich ist, voll darzustellen, was Sie zu bieten haben. Und das ist nicht nur belangloses Partygeschwätz oder ein Sexualakt.

Ich habe in meinen Seminaren immer wieder festgestellt, daß die Männer und Frauen mit dem größten Erfolg beim Kennenlernen neuer Leute im Grunde genommen gar nicht darauf aus waren. Sie verbreiteten einfach den Eindruck, daß sie sich wohl fühlen und daß sie Menschen wirklich gerne mögen, und das zieht andere an. Hören wir uns einmal ein paar Gründe an, warum Männer und Frauen sich aus dem Weg gehen:

»Ich war am Boden zerstört und mußte lernen, auf meinen eigenen Füßen zu stehen.«

»Vor jeder Verabredung hatte ich solche Angst, daß ich in meiner Wohnung auf dem Flur auf und ab lief. Ich hatte schreckliche Angst vor dem anderen Geschlecht.«

»Ich wollte immer verheiratet sein, weil ich das Gefühl hatte, nur dann etwas zu gelten.«

»Bevor ich geheiratet habe, hatte ich vor dem anderen Geschlecht Angst. Ich glaube, die habe ich immer noch . . .«

»Ich habe furchtbare Angst, daß ich mit den anderen Menschen kein Glück habe. Die müssen das irgendwie spüren.«

»Ich stürze mich in eine neue Beziehung hinein, aber dann schrecke ich zurück, weil ich Angst bekomme.«

Es überrascht nicht, wenn man hört, daß diese Aussagen von Männern stammen, die gerade erst geschieden waren. Für Frauen ist es schwer zu glauben, daß Männer solche Gefühle haben. Aber sowohl bei Männern als auch bei Frauen ist der Wunsch nach einer neuen Beziehung meist mit Furcht und Angst vermischt. Wenn man weiß, daß beide Geschlechter Angst haben, kann einem das helfen, Unterschiede zu überwinden.

Nicht wenige Menschen verlieren nach einer Scheidung den Antrieb, sich weiterzuentwickeln, nicht aus den Augen. Natürlich finden sie nicht alle Personen anziehend, die sie kennenlernen, und sie werden auch nicht immer auf die gleiche Wellenlänge treffen.

Das wichtigste ist, daß Sie nicht das Gefühl haben, sich auf etwas einzulassen, was Ihren Reifeprozeß oder Ihr Glücklichsein behindern kann. Es ist eine unbeschreibliche Befreiung, wenn man alte Rollenklischees durchbricht, die uns vorschreiben, was Männer und Frauen sind. Das ist ein Prozeß, der sehr langsam abläuft. Man fühlt sich kulturell freier, wenn man anfängt, die Form zu durchbrechen, in die wir ohne unser Zutun hineingepreßt worden sind. Die alten Verhaltensweisen sind sehr schwer totzukriegen. Männer verbessern ihre Beziehungen zu Männern und Frauen können ihre Beziehungen zu Frauen verbessern. Und die zum jeweils anderen Geschlecht ebenfalls. Günter K. sagt dazu: »Meine Beziehungen zu Frauen sind durch die vielen Trennungen letztendlich viel besser geworden. Ich will damit nicht so tun, als ob ich nicht sexuell auf Frauen reagiere und mich nicht nach einer attraktiven Frau auf der Straße umdrehe, aber ich habe festgestellt, daß ich mit Frauen jetzt auf eine ganz andere Art Freundschaft schließen kann. Ich habe in meinem Leben viele Freundinnen gehabt. Aber bei diesen Freundschaften gehörte notwendig eine unterschwellige sexuelle Spannung mit dazu, die nun nicht mehr in jedem Fall vorhanden ist. Ich habe mich nicht bewußt darum bemüht, das abzustellen, und die Spannung ist auch nicht völlig geschwunden, aber seit ich angefangen habe, Frauen als Menschen zu sehen, ist sie nicht mehr dominierend. Heute kann ich bei Frauen ganz andere Aspekte viel ernster nehmen und reagiere viel umfassender auf sie.« Sehen Sie das Unerwartete eher als Verheißung statt als Bedrohung. Sehen Sie jeden Tag als ein Abenteuer an, statt ihn als etwas zu erleben, vor dem Sie davonlaufen möchten. Die Spanne unseres Lebens zwischen unserem Geburtstag und unserem Sterbetag besteht in großem Maße aus Unsicherheiten und unerwarteten Ereignissen. Wenn man das Unerwartete fürchtet, heißt das, sich vor dem Leben selbst zu fürchten. Eine kreative Scheidung bietet die Möglichkeit, solche Ängste abzustreifen und damit anzufangen, in einer Ungewißheit sowohl Verheißung als auch möglichen Schmerz zu sehen. Zu wissen, daß wir allein für die Qualität unseres Lebens verantwortlich sind, daß wir innere Reserven haben, auf die wir zurückgreifen können, wenn Neues auf uns zukommt, daß neue Situationen uns vor Wahlmöglichkeiten stellen und nicht vor Endgültiges, ist die Art von Erkenntnis, die unsere Angst zum Verschwinden bringen kann. Die Sicherheit und das Gleichgewicht, nach denen wir ständig suchen, liegen in uns und nicht in der Welt um uns herum.

»Nachdem ich das zweite Mal geschieden war«, gestand mir Günter K., »war ich wild entschlossen, dieselben Fehler von früher nicht noch einmal zu machen. Ich habe mir tatsächlich eine Liste mit all den Qualitäten aufgestellt, die ich mir bei einer Frau wünsche: Wärme, Zuneigung, Spontaneität und die Fähigkeit, richtig herzlich zu lachen. Als ich Eva Maria kennenlernte, dachte ich, ich hätte das nun alles gefunden. Sie hätte nicht gegensätzlicher zu meiner früheren Frau sein können: sehr emotional und lebhaft, keine penible Hausfrau und sexuell außerordentlich anziehend. Auch in der äußeren Erscheinung gab es keine Ähnlichkeiten, sie war mittelgroß, füllig, ganz das Gegenteil von meinen früheren Frauen. Ich ließ mir Zeit mit der Hochzeit. Als wir geheiratet hatten, gingen wir wenige Monate später das erste Mal auseinander. Ich konnte ihre Wutausbrüche nicht ertragen. Die kleinste Sache konnte sie völlig niederschmettern; ich war ständig in der Position, mich für etwas entschuldigen zu müssen, von dem ich nicht die blasseste Ahnung hatte: Ich hatte ständig das Gefühl, sie morgens schon mit den Worten begrüßen zu müssen: Es tut mir leid.« Günter K.s Problem lag darin, daß er sich zunächst nur auf den äußeren Unterschied zwischen seinen beiden ersten Frauen und Eva Maria bezog und dabei ignorierte, was in ihm selber lag. Er setzte Liebe mit Tyrannisieren gleich, er kontrollierte. Das alles nur, weil das die Form war, nach der seine Mutter ihn großgezogen hatte. Obwohl sein Bedürfnis, beherrscht zu werden, um geliebt zu werden, mit anderen Teilen seiner Persönlichkeit deutlich im Konflikt stand, waren die Signale, die er aussandte, dennoch stark genug, mindestens zwei herrschsüchtige Frauen an sich zu ziehen. Für ihn lag die Lösung seines Problems nicht darin, eine Liste der Qualitäten aufzustellen, die er sich wünschte. Für ihn war es wichtig, daß er sich seinen eigenen inneren Konflikten stellte, denn sie würden ihn garantiert immer wieder in enge Beziehungen zu dem Typ von Frau bringen, von dem er sich schließlich abwenden mußte. Man kennt das Phänomen sehr genau, daß der geschiedene Mann oder die geschiedene Frau unbewußt genau die Wiederauflage des früheren Partners, sei es körperlich oder psychisch, heiratet. Oft merken diese Menschen erst durch eine hingeworfene Bemerkung eines Freundes, wie genau sie die Vergangenheit wiederholt haben. Umgekehrt sehen wir in den neuen Beziehungen manchmal die Vergangenheit vermeintlich auch dort, wo sie überhaupt nicht ist. Wenn zwei Menschen etwas Ähnliches tun, entspringt das nicht notwendigerweise derselben Absicht, noch fällt es unter dieselbe Bezeichnung.

Die Periode des Experimentierens, die einer Scheidung folgt, ist geradezu dafür geschaffen, Verhaltensmuster aus der Vergangenheit zu entdecken und zu durchbrechen.

Auf der anderen Seite fällt man leicht darauf herein, in einem anderen Menschen seine Erwartungen zu sehen, wenn einem der andere kein genaues und deutliches Bild davon gibt, wer er ist. Einer der Gründe dafür, warum viele Frauen auf den starken Mann hereinfallen, ist, daß sie hier die Möglichkeit haben, Luftschlösser zu bauen. Die Erwartungen, die an eine Ehe gestellt werden, sich mehr auf den Wunsch nach einer tiefen und offenen gefühlsmäßigen Bindung richten und weniger auf Elternschaft, Status und wirtschaftlicher Sicherheit, wächst bei Männern und Frauen — und ganz besonders bei denen, die geschieden sind — die Bereitschaft, ihre Bindung aneinander gradweise zu prüfen. Sie haben das Erlebnis, sich »in die Liebe zu verlieben« genossen, aber sie glauben nicht länger daran, daß Amors Pfeil eine dauerhafte Garantie ist. Sie haben erfahren, daß es wahr ist, was Sir Walter Scott vor fast zweihundert Jahren geschrieben hat: »Was wir in den ersten Tagen lieben, ist im allgemeinen etwas, was wir selber kunstvoll erschaffen haben, und nicht etwas Wirkliches. Wir schaffen Statuen aus Schnee, und wir weinen, wenn sie schmelzen.« Da äußere Unterstützungen fehlen, die einst den Ehestand abgesichert haben, gehen die Menschen heute mit Vorsicht an die Ehe heran, die ihren hohen Erwartungen von einer Gemeinschaft in Offenheit, Eigenständigkeit und echter Intimität entspricht. Sie möchten Zeit haben, sich selber und ihren Partner im Zusammenleben zu erforschen, anstatt den Eindrücken zu trauen, die sie während der Zeit der Werbung gesammelt haben. Günter K. drückte das so aus:

»Ich habe meine Lektion gelernt. Ich habe nicht lange gebraucht, bis ich gemerkt habe, daß ich über Eva Maria überhaupt nichts wußte, als wir uns zusammentaten. Alles, was ich sah, war die Spitze eines Eisbergs. Und das war auch alles, was ich wirklich sehen wollte, denn ich war so sehr darauf aus, mit ihr zusammenzuleben.«

Immer mehr Menschen, die sich von dem frei fühlen,

was ein kluger Mann einmal das »Gift Notwendigkeit« genannt hat, probieren die neuen Formen des Zusammenlebens aus, in denen sie nicht mehr gegenseitige Verpflichtungen eingehen müssen, als sie selber bereit sind zu gehen.

Ich bewundere die geschiedenen Männer und Frauen, die bereit sind, doppelt do hart an ihrer nächsten Ehe zu arbeiten, damit sie zu einem Erfolg wird.

Günter K. sagt: »Ich weiß, daß ich die Befriedigung brauche, die eine tiefe und dauerhafte Beziehung zu einer Frau mit sich bringt, aber ich frage mich wirklich, ob wir erwarten können, daß eine solche Beziehung für immer bestehen bleibt? Die Dinge und die Menschen ändern sich heute so schnell, daß nach zehn Jahren sich zwei völlig andere Menschen gegenüberstehen, als die, die sich einst begegneten. Ich bin nun das dritte Mal verheiratet, auch wenn ich viele Dinge, die zwischen Eva Maria und mir gestanden waren, bearbeitet habe, so ist doch nicht sicher, ob wir wirklich zusammenbleiben werden.«

»Warum meinst du das?« fragte ich ihn.

»Du hast doch eine Zeit gehabt, da glaubtest du, alles überwunden zu haben und nun das Leben mit deiner Frau zu schaffen.«

»Das glaube ich auch heute noch«, antwortete er. »Aber heute stelle ich mir vor, daß ich das Leben mit vielen verschiedenen Frauen schaffen würde. Ich habe meine ›innere Mutter‹ überwunden, die mir im Wege stand, wenn es um das positive Zusammenleben mit Frauen ging. Ich sagte ja, ich bin offener und ehrlicher gegenüber Frauen geworden. Wenn ich sage, daß es möglich wäre, mich von Eva Maria zu trennen, dann meine ich das so, daß wir das, was es zu bearbeiten galt, bearbeitet haben.«

»Der Mohr hat seine Schuldigkeit getan und jetzt kann er gehen?« fragte ich ihn.

»So kannst du das nicht sehen«, antwortete er. »Wenn die Dinge ausgeräumt sind, dann ist es, als ginge die Spiegelung weg. Es ist etwas anderes geworden. Wir stehen nicht mehr am gleichen Punkt. Als Mensch schätze ich Eva Maria immer noch sehr. Das ist es nicht. Ich habe einfach das Gefühl, daß Menschen, Paare sich begegnen, um aneinander zu lernen. Und wenn die Lektionen erfolgt sind, dann begegnen wir anderen Partnern, an denen wir wieder lernen können. Ich werde manchmal das ungute Gefühl nicht los, daß die Ehe ›bis daß der Tod euch scheidet‹ manche Menschen in ihrer Entwicklung blockiert.«

Vielleicht können wir das so sehen: Bei Erwachsenen muß ein kreatives Wachstum Bereiche umschließen, in denen Intimität miteinander geteilt und Ziele gemeinsam verfolgt werden. Jeder kann in vielfältiger Weise vom anderen abhängig sein, aber jeder muß ohne den anderen weiterleben können. Jeder ist für seine eigene Entwicklung verantwortlich. Sein Überleben muß von der Fähigkeit abhängen, diese Entwicklung zu erreichen, indem er seine Gefühle und seine eigenen Abgrenzungen offen und direkt ausdrückt. Die Ehepartner müssen in der Lage sein, einen solchen Selbstausdruck des anderen als Hinweis darauf zu akzeptieren, daß sie unterschiedliche Menschen sind. Das schließt ein, daß man diese Unterschiedlichkeit im besten Fall als etwas ansieht, was die Beziehungen zueinander bereichern kann, und im schlimmsten Fall als etwas, was sie einengt. Wenn sie als ein Angriff oder eine zerstörerische Absicht wahrgenommen wird, dann kann sich die Beziehung nicht weiterentwickeln. Eine »funktionierende« eheliche Beziehung bedeutet also nicht, daß aus zwei eins wird. Sie ist die Erfüllung zweier Menschen, die in ihrer eigenständigen Persönlichkeit unbeschädigt bleiben, so daß sich ihre Individualität gemeinsam weiterentwickelt. Und im Idealfall wird das persönliche Wachstum des einen durch das des anderen gesteigert.

Mögen sich zwei Menschen noch so sehr aufeinander einstellen, wenn sie eine Beziehung eingehen, so bleiben sie doch immer zwei getrennte Personen. Jeder bringt seine eigene Persönlichkeit und seine emotionale Vergangenheit mit, die seine Bedürfnisse und Erwartungen diktieren. Wenn es jedem darum geht, seine eigene Unversehrtheit zu behalten, muß die Beziehung ständig in Reaktion auf die eigenen Gefühle, Bedürfnisse und Einschränkungen und auf die des Partners hin geprüft und angepaßt werden. Nicht einmal die differenziertesten Diskussionen über diese Unterschiede können die Notwendigkeit ersetzen, in der täglichen Routine des Zusammenlebens durchzuarbeiten, und zwar mit Mitteln, die der gegenwärtigen Beziehung angemessen sind und nicht mit Gewohnheiten und Vorstellungen, die auf Erinnerungen an die frühere Ehe basieren.

Um eine enge Beziehung zu erreichen, die befriedigender ist als die in der vergangenen Ehe, muß man oft Gewohnheiten und Verhaltensmuster erkennen, durcharbeiten und ablegen. Sowohl Sie als auch Ihr neuer Partner müssen lernen, daß die alten Wege nicht die einzigen sind, auf denen man Liebe zum Ausdruck bringen kann. Sie können neue Verhaltensmuster nur durch offenen und direkten Gefühlsaustausch lernen und durch die Bereitschaft, Störungen zu bearbeiten, sobald sie entstehen. Natürlich sind wir durch das, was wir sind, und wie wir unsere Gefühle ausdrücken und unsere Grenzen setzen, verwundbar für Zurücksetzung, Wut, Ablehnung und Feindseligkeit. Aber wenn es eine liebende Beziehung ist, in die wir uns als Persönlichkeiten nicht gegenseitig niedermachen wollen, sobald wir nicht miteinander übereinstimmen, können wir solche Unstimmigkeit als Zeichen dafür akzeptieren, daß wir die Beziehung neu regulieren müssen und nicht als Angriffe auf unseren persönlichen Wert. Je mehr wir uns daran halten, um so größer ist das Vertrauen, das wir in die Beziehung setzen. Und dieses Vertrauen brauchen wir, um der normalen Reibung standzuhalten, die zum täglichen Zusammenleben mit einem anderen Menschen gehört.

Je mehr Sie die kreative Ebene im Scheidungsprozeß bejahen, desto größer sind die Chancen, diese Gleichsetzung von Intimität und Verlassenwerden zu durchbrechen. Erstens werden Sie als unabhängige Persönlichkeit stärker und damit weniger anfällig für das vergiftende Bedürfnis, die Liebe eines anderen Menschen dafür zu benutzen, Ihre eigene Existenz zu bestätigen und sich ganz zu fühlen. Zweitens lernen Sie, das Neue in einer anderen Beziehung zu schätzen. Darum ist es gar nicht falsch, sich der Annäherung zu einem anderen Menschen unter dem Gefühl von Versuch und Irrtum hinzugeben. Eine zu schnelle Wiederverheiratung während dieser Phase ist ein starkes Hemmnis für die persönliche Weiterentwicklung. Jeder Scheidungsanwalt rät seinen Klienten, sich nicht geradewegs in eine neue Ehe zu stürzen. Diese Aussicht läßt sich sehr gut in den Ratschlag zusammenfassen, den ich einem meiner Schüler nach seiner Scheidung gab: »Heirate mindestens innerhalb der nächsten zwei Jahre nicht wieder oder ich garantiere dir, daß du sehr schnell wieder bei deinem Anwalt sitzt, um dasselbe durchzumachen.«

Männer und Frauen, die sich schnell wieder in eine neue Ehe stürzen, sind an irgendeinem Punkt ihrer Trauerphase steckengeblieben. Wer trauert, dem verschließt sich die Liebe. Liebe braucht Freiraum. Man sagt, Liebe sei stets eine Quelle von Leiden. Sie bringt auch tatsächlich eine gewisse Angst mit sich, wie alle psychischen Syndrome, wenn sie aus dem Unbewußten auftauchen; sie führt zu einer Entfaltung der Kräfte des Instinkts und zu Gefühlsschwingungen, die das Bewußtsein mitreißen. Es ist eine Entladung von Energien, über die der Verstand einen großen Teil seiner bändigenden Kraft verliert, daher die Angstgefühle in der Liebe. Weiter regt die Liebe eine psychische Entwicklung von größter Bedeutung an, die — wie man weiß — grundlegende Umwälzungen mit sich bringt, gerade auch bei einer Behinderung dieser Abläufe. Das Ergebnis ist nicht selten ein drohendes Gefühl kommender Leiden und einer tiefen Beunruhigung. Dies ist die Ursache dafür, warum die Liebe — eine Besessenheit, eine Zwangsvorstellung — Ängste mit sich bringt, die manchmal Psychopathien ähneln. In dem Augenblick, in dem das Liebesgefühl ausgelöst wird, endet sozusagen der neutrale Zustand des Menschen, in dem er sich vorher befand: Er empfindet den Gegenstand seiner Liebe als einen Teil von sich selbst, aber einen sehr ungesicherten Teil, dessen Einbeziehung in die Einheit seiner Persönlichkeit oft durchaus problematisch erscheint. Das Ergebnis ist vor allem die starke Empfindung des Ungenügens, der inneren Unvollständigkeit, eine Art Mangelgefühl, das die Psychoanalyse mit der Verzweiflung des Kindes verglichen hat, das geboren wird und sich brutal von der mütterlichen Hülle getrennt findet, mit der sein Dasein verbunden war.

Der Liebende wird sich in gleicher Weise seiner Einsamkeit bewußt, als sei er abgeschnitten, amputiert; zugleich fühlt er das Bedürfnis, sich der Verbindung mit dem Menschen zu versichern, auf den er einen Teil des eigenen Seins geworfen hat, um es damit zu einer unersetzbaren Ergänzung zu machen.

Dieser Hunger nach dem geliebten Menschen äußert sich in verschiedener, aber typischer Weise, manchmal als tyrannisches Besitzstreben nach der Art der Verdauungsinstinkte, manchmal als Selbstvergessenheit und ekstatischer Anbetung, also als opfernde Liebe, die spezifisch sexuell ist. Jeder reagiert auf sein Liebesschicksal gemäß dem Entwicklungsstand seiner Triebe; die am wenigsten entwickelten versuchen zu überwältigen. Die reiferen wünschen Zusammenschluß, gegenseitiges Verstehen, die am weitesten fortgeschrittenen verschenken sich wirklich selbst in Ergebenheit und Opfer; für sie ist Liebe ein Mittel, allen Egoismus abzustreifen.

Jeder, der mindestens eine Liebe hinter sich hat, weiß, daß Liebe nicht nur Sonnenschein bedeutet. Tatsächlich trägt die Liebe nicht ohne weiteres ihre kostbarsten Früchte. Es handelt sich dabei um einen psychischen Prozeß von längerer Dauer, der neue Erfahrungen an jeder Lebenswende in der Spanne zwischen Heranwachsen und Alter erforderlich macht.

In das Leben des Menschen eingebettet muß die Liebe alle Etappen des unumkehrbaren Ablaufs der menschlichen Existenz erhellen. Der große Irrtum junger Liebender ist es, sich einzubilden, ihr Gefühl habe eine unabänderliche Gestalt: Die Empfindung der Synthese, die diese zu Beginn haben, läßt das Bestreben nach fester Dauer der Bindung in ihnen entstehen, aber es gilt zu erkennen, daß ein solcher Zustand der Tod der Liebe wäre, der Ersatz der lebenden Realität durch eine Erinnerung. Der innere Rhythmus der Liebe ändert sich täglich in ungreifbarem Ausmaß, genau wie der Organismus vom Zustand der Kindheit zum Alter fortschreitet, einschließlich aller physiologischen oder anatomischen Veränderungen, die sich daraus ergeben. In der Liebe des gleichen Liebespaares gibt es stets Unterschiede zwischen gestern, heute und morgen. Und es genügt auch nicht, daß die Liebe einmal vollkommen gewesen ist; auch ihre Weiterentwicklung in der Zeit muß bei beiden Partnern im gleichen Schritt und Tritt erfolgen.

Erich Fromm, der große Psychologe und Humanist, hat auf die Unteilbarkeit der Liebe hingewiesen: »Wenn ich einen Menschen liebe, dann liebe ich alle Menschen.« Alles andere ist Schutz suchen unter einem Regendach, Erweiterung des eigenen Schutzwalles um die zweite Person, Spiegelung des eigenen Egoismus im anderen, verdoppelte Isolation. Das Gegenteil drückt sich im hilflosen Geständnis eines frisch getrennten Mannes aus: »Seitdem ich meine Freundin liebe, liebe ich auch wieder meine Kinder. Vorher waren sie mir nur lästig.« Damit werden wir alle so schwer fertig, solches wollen wir nicht so gerne wahrhaben: Wenn ein Mensch liebt, dann liebt er nicht nur mich, dann liebt er überhaupt. Dann ist sein Fühlen und Handeln von der Liebe geprägt, wie es vorher von anderen Gefühlen geprägt war.

Eine kreative Scheidung bietet die Möglichkeit, Beziehungen zu anderen Menschen dadurch zu bestimmen, indem man sie erlebt, statt daß man sie in ein Schema vorgefaßter Erwartungen hineinpreßt. Jede neue Erfahrung, die wir machen, steigert unsere Fähigkeit, zusätzliche Erfahrungen zu sammeln, und zwingt uns verstärkt dazu, in der Gegenwart zu leben, die mit der Trennung angefangen hat. In diesen ersten Monaten ist aus dem Leiden langsam eine Bewußtheit dafür entsprungen, was für ein Mensch sich hinter der Fassade des Ehemannes oder der Ehefrau wirklich verbirgt. Wenn wir anfangen, diesen alleinstehenden Mann, diese alleinstehende Frau wirklich zu mögen, dann werden wir feststellen, daß wir andere Menschen auch ganz anders sehen — die Familienmitglieder, die langjährigen Freunde, die neuen Menschen in unserem Leben. Gesichert in dem Wissen, wer wir sind, werden wir beginnen, für uns befriedigende Abhängigkeiten von denen zu trennen, mit denen andere uns ausnützen und anfangen, andere Menschen um ihrer selbst willen zu mögen. Zu diesem Prozeß gehört ganz wesentlich eine deutliche Veränderung der Werte, eine Neustrukturierung der Voraussetzungen, unter denen wir jahrelang während der Ehe und auch davor gelebt haben. Es kommt zu einer Verlagerung von Oberflächen zum Wesentlichen, vom Äußeren zum Inneren, vom »Ich sollte« zum »Ich bin«, von der Realität zur Flexibilität, von der Verpflichtung zum Versuch. Menschen sind wichtiger als materielle Güter.

Günter K. sagte: »Die größte Änderung in meinem Leben ist, daß ich darauf achte, mit Menschen zusammenzukommen, die mir wirklich etwas bedeuten, wie meine Kinder und meine Freunde. Bevor ich Eva Maria kennenlernte, vor allen diesen Trennungen, stand für mich die Arbeit an erster Stelle und die Menschen an zweiter. Aber, was hat man von einem Reihenhaus, einem neuen Auto, einem Farbfernseher, wenn man niemanden hat, mit dem man Liebe oder auch nur Spaß gemeinsam erleben kann?«

Wir schätzen Menschen um ihrer selbst willen und nicht aufgrund ihres Auftretens, ihres Reichtums oder ihrer Zugehörigkeit zu irgend etwas. Zu dieser Änderung kommt es oft dann, wenn man sich in einer Ehe aufgerieben hat, die auf einem oder mehreren dieser oberflächlichen Attribute gegründet war. Weil sich die Menschen in einer kreativen Scheidung über die Bedeutung ihrer eigenen Gefühle klar geworden sind, sind sie empfänglicher für das Bedürfnis, mit anderen Menschen auf dieser Gefühlsebene in Berührung zu kommen, und sie werden wahrscheinlich keine neue Beziehung eingehen, die auf den früheren Einstellungen gründet.

Das sind die Ausdrücke, die man in Wörterbüchern über Liebe findet: Schwärmerei, Abenteuer, Sentimentalität, Verzauberung, Faszination, Sehnsucht, Erotik, Bewunderung, Leidenschaft, Verblendung, Enthusiasmus, Verführung.

Aber das sind Zustände, wie sie nur in der ersten Verliebtheit auftreten. Der amerikanische Analytiker Sam Keen hat sehr treffend beschrieben, was nach den »Tagen der Rosen« geschieht: »Wir lernen zu warten, zu arbeiten, geduldige Bande der Fürsorge zu knüpfen, eheliche Pflichten zu erfüllen, den Lebensunterhalt zu verdienen und Windeln zu wechseln. Wenn sich die Liebe zur Verpflichtung entwickelt, muß sie oft unmittelbare Befriedigung opfern, dem spontanen Impuls der Leidenschaft entsagen. Der Eros muß Arbeitshandschuhe und Schürze anziehen.«

Fest steht, daß das leidenschaftliche Prickeln, das am Anfang einer jeden Liebesbeziehung steht, schon bald schlappmacht. Dann beginnen Gleichmaß und Gleichförmigkeit wie Routine den Alltag zu bestimmen. Routine ist allerdings in einer guten Ehe nicht gleichbedeutend mit zermürbender Tretmühle, sondern meint Vertrauen, Vertrautheit, Intimität, Geborgenheit, Zuverlässigkeit, Loyalität, Verständnis, Respekt.

Im Tao, einer chinesischen Weisheitslehre, steht geschrieben, daß Sehnsucht zu unserem Leben gehört wie das tägliche Brot, wie die Luft zum Atmen. Eine Sehnsucht, die uns mal sanft wie ein Windhauch durch die Haare streicht, mal wie ein Orkan an die Türen und Fenster unserer Persönlichkeit rüttelt. Diese Sehnsucht ist das Perpetuum mobile unserer Existenz. Wir sind rastlos bemüht, diese namenlose Sehnsucht zu unterdrücken oder zu stillen. Das Gefühl der Erfüllung kann aber immer nur von kurzer Dauer sein. Unermüdlich wie ein Wasserrad schöpft unser Dasein neue Sehnsüchte, die uns und unser Tun vorantreiben.

Das Tao will uns lehren, diese Sehnsucht nicht als schmerzvolle Qual zu empfinden und erst recht nicht nach einer vermeintlichen Erfüllung von Seelenfrieden zu hoffen. Statt dessen sollen wir Sehnsucht einsaugen wie eine Waldluft und uns an ihr freuen — als unserer treibenden Kraft.

Liebe, die keine Worte braucht . . .

Sehnsucht nach Liebe mit einem wunderbaren Menschen, Sehnsucht nach Liebe und Seligkeit, wer kennt das nicht?

Verena Kast drückt die Sehnsucht, die nur durch eine neue Liebe gestillt werden kann, folgendermaßen aus: ». . . im emotionellen Fasziniertsein wird eine Qualität der Transzendenz, des Überschreitens der alltäglichen Lebensqualität angedeutet: Jeder Geschiedene sehnt sich danach. Auch wenn das Alltägliche das Stützkorsett unseres

Lebens darstellt, das uns hilft, weiterreichende Entscheidungen zu treffen — bisweilen überkommt uns die Sehnsucht, uns aus dem Werktagsmieder zu schälen. Dann wollen wir frei sein, haben Fernweh in der Seele, wollen auf eine geheimnisvolle Insel, die noch niemand betreten hat und wo wir uns selbst in neuer Dimension erfahren dürfen. Denn die Sehnsucht, das Alltägliche zu sprengen und neue Grenzen kennenzulernen, hat eine Schwester: die Sehnsucht, zu Regionen unserer Psyche vorzudringen, die noch brachliegen.« Jede intensive Begegnung mit einem anderen Menschen hilft uns, Brachland in unserer Seele zu bestellen — und das ist ein Stück Selbsterfahrung: jeder Mensch, der uns fasziniert, so meint Verena Kast, liebt etwas aus uns heraus, spricht etwas in unserer Psyche an, was dann ins Leben hereingeholt werden kann. »Was einmal angesprochen worden ist, verändert unser Leben und uns selbst. Auch wenn wir uns von einem Menschen trennen, bleibt das, was er aus uns herausgeliebt hat, etwas, was uns nicht mehr verlorengehen kann, was uns neue Aspekte von uns selbst erfahrbar und erlebbar gemacht hat.«

So ist jede Liebe voller Impulse zur persönlichen Weiterentwicklung. Und noch ein Name findet sich für unsere namenlose Sehnsucht: Sehnsucht nach Ganzheit. Das Gefühl der Ganzheit durch eine Partnerschaft zu verwirklichen, gelingt immer nur in Sternstunden. Danach fühlt man sich wieder allein, als Einzelkämpfer, mal mit mehr und mal mit weniger Verbindung zu den lieben Mitmenschen.

Ob bewußt oder unbewußt, wir wollen das Getrenntsein aufheben, in eine ausschließende Zweisamkeit, in ewige Umarmung verwandeln. Die Verantwortlichkeit für unser Einzelsein abschieben, dieses Dasein als einzelne zu überwinden. Der immer wiederkehrenden Entzweiung zu entkommen, ist ein existentielles Grundbedürfnis, das auch in der besten Ehe immer nur auf Zeit befriedigt werden kann. Wenn man sich verliebt hat, darf man für eine Weile daran glauben, daß nun die Einsamkeit für immer ein Ende hat. Wir werden dann zwar stets eines Besseren belehrt, aber dürfen dennoch nicht müde sein, weiter zu wandern und zu suchen. All diese Sehnsüchte begleiten uns bis ins Grab. Egal, ob wir allein oder zu zweit leben. Eine gute Ehe aufzugeben, weil andernorts ein Garten Eden in ewiger Blüte und ohne die sattsam bekannten Dürrezeiten seine Tore zu öffnen scheint, wäre deshalb schlichtweg fatal. Vor allem Frauen sind gefährdet, einen folgenschweren Fehler zu begehen. Sie sind zu mehr Bindungsfreudigkeit erzogen, tragen noch starke, religiöse und gesellschaftliche Barrieren in sich, haben gelernt, daß man nur »einen« wirklich lieben kann — und für den muß man sich voll und ganz entscheiden. Deshalb werden häufig außereheliche Beziehungen von Frauen überdimensioniert, um eine Alternative zu konstruieren und eine Entscheidung zu rechtfertigen. Eine solche Entscheidung ist aber nicht nur nicht nötig, sondern schlicht falsch. Wenn das (Ehe-)Paar nämlich wirklich nicht zusammenpaßte, hätte sich das schon viel früher gezeigt. Solange für uns Liebe etwas mit Haben- und Besitzenwollen zu tun hat, werden zum Beispiel außereheliche Beziehungen vom Zurückgebliebenen immer als persönliche Katastrophe erlebt. Mit dem Konzept für einen neuen Typus der Monogamie, mit dem Mitte der sechziger Jahre Dr. George O'Neill Furore gemacht hat, sind viele Ehen schlecht gefahren. Das Ideal »offene Ehe« war für das menschliche Gemüt um einige Nummern zu groß und ist es immer noch.

Loslassen und Losgelassenwerden sind die Gesetzmäßigkeiten der reifen Liebe. Es gibt kein Patentrezept für die Liebe und das Rollenverhalten. Das erkannten schon unsere Ahnen, und das werden wohl unsere Urenkel ebenso erfahren müssen. Gott sei Dank vertrauen Menschen immer wieder auf eine neue Partnerwahl. Man mag Platons Parabel von den zwei Menschenhälften, die sich verloren haben und wiederfinden, als romantisch abtun und sich abgeklärt über die »große Liebe« äußern: wir suchen dennoch alle in unseren Liebesbeziehungen nach dem Menschen, der zu uns »paßt«. Wen wir als »passend« wahrnehmen, hängt dabei weniger vom Schicksal, Zufall und von Fügung ab, wie wir vielleicht gerne glauben wollen sondern der berühmte Funke, der uns entflammt, entspringt unserer Lebensgeschichte. Welchen Mann, welche Frau wir als Partner aus vielen möglichen Menschen auswählen, wird vor allem von den Erfahrungen beeinflußt, die wir bis zu diesem Zeitpunkt mit Gleichaltrigen in Freundschaften und ersten Liebesbeziehungen sammeln konnten. Das am meisten charakteristische Symptom eines Menschen besteht in der Wahl seines Partners. Ein Symptom, das erkennen läßt, welche Wünsche wir an die oder den Auserwählten richten, welche Bedürfnisse wir erfüllt, welche Defizite wir ausgeglichen haben wollen. Damit wird die Partnerwahl auch zu einem Symptom, in dem mögliche Konflikte, die früher oder später auftauchen, erkennbar werden.

In einer Zeit, in der immer mehr Familien vor den Scheidungsrichter ziehen, in der Trennungen inzwischen »normaler« geworden sind als stabile Beziehungen, wird die Frage nach dem Symptom — und damit nach dem Warum des Scheiterns — immer wichtiger. Nicht nur Familienpolitiker, die sich aus vordergründigen Motiven um den »Zerfall« der Familie sorgen, auch Familientherapeuten versuchen, Antworten zu finden. Woran liegt es, daß Trennungen heute als »echte Lösung« erscheinen? Natürlich spielen veränderte soziale und ökonomische Verhältnisse eine Rolle, ebenso wie die Tatsache, daß unser soziales Leben nicht gerade bindungsfreundlich ist. Es werden von Menschen Dinge verlangt, die stabile Beziehungen erschweren. Es geht aber auch um die Frage, welche familiären Leitbilder neben den sozialen die Wahl des Partners beeinflussen und inwieweit sie für das Scheitern von Beziehungen mitverantwortlich gemacht werden können.

Kann also, wer die Geschichte der Herkunftsfamilie kennt, vorhersagen, ob zwei Menschen miteinander glücklich werden? Prognosen sind schwierig. Dazu müßte man prospektive Studien betreiben, und das wäre methodisch kaum möglich. Aber ganz sicher gibt es ein paar Faktoren, von denen man sagen kann, daß sie sich ungünstig auf eine Beziehung auswirken können. Zum Beispiel lassen sich spätere Schwierigkeiten aus der »Zeit davor« erklären. Bevor sie ihren Partner oder ihre Partnerin kennenlernen, lebten viele Personen sozial isoliert. Sie waren Einzelgänger, die sich von Gleichaltrigen unter anderem durch besondere Interessen oder auch ihr Aussehen unterschieden. Allen war gemeinsam, daß sie in irgendeiner Weise noch stark an ihr Elternhaus gebunden waren. Entweder lebten sie noch im Haushalt der Eltern oder zumindest in deren Nähe, besuchten die Eltern häufig oder wurden von ihnen noch materiell unterstützt und zum Teil auch verpflegt. Selbst wenn sie sich räumlich von den

Eltern getrennt hatten, telefonierten sie regelmäßig mit ihnen — manchmal täglich — und bezogen sie in all ihre Lebensplanungen mit ein. Sowohl diejenigen, die noch mit den Eltern zusammenlebten, als auch die, die äußerlich ungebunden erschienen, wurden von ihren Eltern zusätzlich noch durch besondere Erwartungen — »Aufträge« oder Delegationen nennen das die Familientherapeuten — im Dunstkreis der Familie gehalten. Durch die Delegationen wurde es ihnen erschwert, Bindungen außerhalb der Familie aufzubauen.

In der Familientherapie wird zwischen »gebundenen« Delegierten und »ausgestoßenen« Delegierten unterschieden. Gebundene Delegierte müssen ihre Eltern, Geschwister oder auch den Großeltern Stütze sein, ihnen wird die Rolle eines Ratgebers, Trösters oder Vertrauten zugewiesen. Oder es wird von ihnen erwartet, daß sie Familienmitglieder umsorgen und versorgen. Eigene Wünsche nach Geborgenheit, nach Außenkontakten, nach sexuellen Beziehungen haben dann keinen Raum und müssen unterdrückt werden.

Ausgestoßene Delegierte sind in anderer Form an die Familie gebunden. Sie versuchen, wenn sie längst das Elternhaus verlassen haben, die Leistungserwartungen ihrer Familie zu erfüllen: Karriere zu machen, ein »anständiges« Leben zu leben, einen auch von der Familie akzeptierten Partner zu finden. Mit Partnerschaften haben diese »ausgestoßenen« Delegierten deshalb Probleme, weil es ihnen so schnell kein Partner recht machen kann, weil keiner ihren Ansprüchen, in denen sich die Familie widerspiegelt, genügt. Diese Männer und Frauen wachsen in einer Art Familienghetto heran, das sie, auch wenn sie erwachsen sind, nicht wirklich verlassen können. Meistens herrscht in solchen Familien — trotz der Nähe — eine Atmosphäre, die wenig Wärme und Geborgenheit vermittelt, eine Atmosphäre, die zudem durch Sexualfeindlichkeit und einen einengenden, konfliktunterdrückenden, beziehungsweise rivalisierenden Umgangston gekennzeichnet ist. Diese Familiensituation — die Einengung, die ungelösten Konflikte, Aufträge und Bindungen — bilden ein Raster, das — unbewußt — an den Menschen angelegt wird, den der junge Erwachsene als möglichen Partner ins Auge faßt. Und in dieser Situation hat die Allerweltsweisheit vom Gleichen, das sich gerne gesellt, und von den Gegensätzen, die sich anziehen, tatsächlich etwas Wahres.

Es mag widersprüchlich klingen, aber eine Partnerschaft bietet für Menschen, die in einem einengenden Familienkreis aufwachsen, und in ihm immer noch verhaftet sind, sowohl die Möglichkeit, aus dem Familiengefängnis auszubrechen als auch die »Chance«, alles beim alten, gewohnten zu belassen. Wie ist das zu verstehen? Jeder Mensch hat die Tendenz, sich zu verändern, nach Neuem zu suchen. Aber auf der anderen Seite gibt es auch Lernerfahrungen: Eben zum Beispiel das Familienklima, eine bestimmte Art zu kommunizieren, eine bestimmte Art, mit Sexualität umzugehen, und bestimmte Werte, die favorisiert werden. Zumindest in unserer Generation vermittelt in erster Linie die Herkunftsfamilie diese Lernerfahrungen und hat so einen Einfluß darüber, wie wir Beziehungen gestalten. Und so kommt es, daß wir, wenn wir einen Partner wählen, in ihm Eigenschaften suchen, die anders sind als die, die wir aus unseren Familien kennen, daß wir aber auch gleichzeitig auf Ähnlichkeiten und Vertrautes reagieren. Akzentuieren wir die Unterschiede, wird die Partnerwahl zur »Protestwahl«: Es kommt dann vor allem darauf an, daß der Partner ganz anders als die Eltern ist. Große Hoffnungen sind mit ihm verbunden: Er soll all das leisten, was die Herkunftsfamilie nicht leisten konnte. Er wird zum Gegenbild der Eltern und muß stellvertretend Konflikte mit der Familie ausfechten; er soll Bedürfnisse befriedigen, die die Familie nicht befriedigen konnte. Bei alledem soll dieser »Andere« aber auch Kontinuität gewährleisten. Wenn dieses Bedürfnis überwiegt, dann ist die Partnerschaft für viele Menschen nur eine Fortsetzung des Elternhauses — einschließlich der dort vorhandenen Konflikte — mit anderen Personen. Manche Menschen ziehen eine geordnete Welt, obwohl sie schwierig ist, einer neuen, nicht vorhersagbaren vor. Denn, so erklärt es der Psychologe Sam Keen: »Das erste und schwierigste ›Nein‹ ist die Entscheidung, unsere Bande mit dem Zuhause zu lösen, die Entfremdung zu ertragen, die sich unweigerlich einstellt, wenn man alles Vertraute hinter sich läßt. Wir sind versucht, in Sicherheit zu bleiben, und der Tragödie auszuweichen. Aber wenn wir alles tun, werden sich alle wonnigen Tugenden der Kindheit in Abhängigkeit und Unselbständigkeit verwandeln. Anstatt Verantwortung zu übernehmen, entwickeln wir uns zu Reaktionären; statt kreativ, werden wir konservativ. Um etwas zu erschaffen, müssen wir erst zerstören lernen.«

Diese Zerstörung muß spätestens in der Adoleszenz stattfinden. Da die Erwartung an spätere Partner besteht, sowohl Veränderungsmöglichkeiten zu bieten als auch Bekanntes zu bewahren, steigt die Wahrscheinlichkeit von Schwierigkeiten in der Partnerschaft, wenn die Ablösung in der Adoleszenz von den Eltern nicht gelungen ist. Die Adoleszenz ist meines Erachtens immer etwas zu kurz gekommen, besonders wenn es um Partnerwahl und Paarbeziehungen geht. Denn die Jugend ist die zweite Chance im Leben eines Menschen. Hier hat er die Möglichkeit, Korrekturen an früher gebildeten Beziehungsmustern vorzunehmen, kindliche Fixierungen und Bindungen zu lösen. Hier muß die bezogene Individuation, wie es im Fachjargon der Familientherapeuten heißt, gelingen. Damit ist nichts anderes gemeint, als daß der Jugendliche die ihm vermittelten Wertorientierungen überprüfen muß, daß es in Beziehungen zu Gleichaltrigen neue Lebensformen erproben kann und daß er sich von Leitbildern, Hoffnungen und Wünschen trennen muß.

Er muß Trauerarbeit leisten, er muß sich damit abfinden, daß er bestimmte Bedürfnisse nicht befriedigt bekommen hat, und er muß in der Lage sein, sich selbst die Geborgenheit und Anerkennung zu besorgen, die ihm von den Eltern verwehrt worden ist. Und schließlich muß er auch lernen, ein Stück weit auf diese Bedürfnisbefriedigungen verzichten zu können. Die Fähigkeit zur Trauer ist deswegen wichtig, weil sie eine der wesentlichen inneren Voraussetzungen zum Eingehen einer dauerhaften Liebesbeziehung ist. All das, was die bezogene Individuation ausmacht, gelingt natürlich immer nur mehr oder weniger. Wenn die Betonung auf »weniger« liegt, dann soll meist der Partner all das leisten, was in der Jugend nicht bewältigt werden konnte. Die Paarbeziehung wird dann zur dritten Chance: Sie soll die räumliche Trennung vom Elternhaus möglich machen, aus familiären Machtstrukturen befreien, sexuelle Hemmungen und Konflikte überwinden helfen, Zuwendung und Geborgenheit oder die immer vermißte Bestätigung des eigenen Selbstwertes liefern, aus familiärem Über-Ich und Ich-

Idealorientierungen befreien, Auftragskonflikte lösen und einen eigenen Lebensstil verwirklichen helfen. Diese Aufzählung macht deutlich, wie überfordert ein Liebespartner mit all diesen Ansprüchen sein muß. Was wir Liebe nennen, wird dann zur vergeblichen Suche nach dem, was uns — nach unserer Vorstellung — fehlt: ein Vater oder eine Mutter, die uns genügend lieben würden. Das Vakuum ist eine Ikone unserer Sehnsucht. Je mehr wir einen Liebhaber, eine Ehefrau, einen Ehemann, ein Kind, einen Beruf, eine Ursache, ein Ding oder eine Droge für den Versuch einspannen, die Leere auszufüllen, desto eher wird dieses Liebesobjekt zu einem Ersatzziel des Eros, zum Idol, das uns unausweichlich enttäuschen wird und das wir schließlich hassen werden.

Tatsächlich scheint die Enttäuschung vorprogrammiert, wenn es in der Adoleszenz nicht gelungen ist, sich von der Herkunftsfamilie ausreichend zu lösen. Denn dann gelingt es auch dem Paar nicht, Einmischungsversuche zu verhindern und innere wie äußere Bindungen an die Eltern zu überwinden.

Wenn die Individuation in der Partnerschaft nicht gelingt, werden Schwierigkeiten größer, und dann bleibt als Ausweg häufig nur noch die Trennung. Durch sie oder durch einen neuen Partner wird versucht, alte Konflikte doch noch zu bewältigen, bei deren Lösung der gegenwärtige Partner versagt hat. Ein verhängnisvoller Irrtum. Manche Menschen ahnen zwar, daß irgend etwas falsch läuft, und fragen sich vielleicht: »Warum gerate ich immer an den falschen Partner?« Aber ohne Hilfe können sie meist nicht erkennen, daß sie einem intrafamiliären Wiederholungszwang erliegen, der dazu führt, daß sie immer wieder ähnliche ungeeignete Partner suchen. Wie dieser Wiederholungszwang sich konkret auf Beziehungen auswirken kann, wurde in diesem Buch wiederholt dargestellt. Wiederholt werden in den Partnerschaften aber nicht nur die eigenen Kindheitserfahrungen in der Herkunftsfamilie. Auch die Qualität der Elternbeziehungen wie auch das Verhältnis, das die Eltern zu ihren eigenen Eltern hatten, werfen Schatten auf die jetzige Paarbeziehung.

Für viele Paare ist die Ehe der Eltern kein Vorbild. Sie gab kein Modell dafür ab, wie Partnerschaften befriedigt gelebt werden können. Die Beziehungen der Eltern sind in der Regel stark belastet, Trennungen und Scheidungen sind ebenso häufig wie bei der jungen Generation. Man kann schon von einer Scheidungstradition sprechen, und das gilt auch für jene Fälle, in denen es nicht tatsächlich zur Scheidung kam. Denn Kinder bekommen sehr wohl mit, daß die Eltern nicht miteinander glücklich sind.

Der Mehrgenerationenansatz zeigt, daß die Vergangenheit nicht unausweichlich zum Schicksal werden muß. Wir sind nicht dazu verdammt, ständig die Muster der Familie zu wiederholen, an ihre Botschaften ein Leben lang gebunden zu sein.

Jede Familie stellt eine Herausforderung dar, eine Gegebenheit, die akzeptiert und überschritten werden muß, wenn wir uns zu unabhängigem Selbst-Sein und darüber hinaus entwickeln wollen. Und wenn sehr viele Menschen an dieser Herausforderung zu scheitern scheinen, wenn die Beziehungen in die Brüche gehen, gibt es dennoch Beispiele, daß diese Entwicklung zum Selbst-Sein gelingen kann.

Auch wenn man nicht die Möglichkeit hatte, sich in der Adoleszenz von seiner Familie zu lösen, und wenn man keinen Menschen getroffen hat, der einem dabei hätte helfen können — die Liebe, die enge Beziehung zu einem anderen Menschen ist immer eine Chance, mit ihrer Hilfe mehr Flexibilität und Toleranz, auch sich selbst gegenüber, zu entwickeln.

Das Leben läßt uns nur noch Erinnerungen. Sie sind unser ganzer Besitz. Die, die wir am häufigsten hervorrufen, werden mit der Zeit schal und abgenützt. Die meisten entziehen sich uns oder geraten durcheinander. Glückliche Erinnerungen werfen auf die Gegenwart den Schatten der Abwesenheit. Traurige Erinnerungen, deren Trauer die Zeit allmählich gelindert hat, sind geneigt, sich in der Sprachwelt mit Worten zu verbinden, mit deren Hilfe man sie erzählen kann — nicht ohne schlechtes Gewissen — so, als wollte man sie aus Untreue loswerden. Und trotzdem, erst durch unsere Erinnerungen und durch eine schon als Erinnerung erlebte Gegenwart kennen wir die Trennung und die Verbannung — schließlich auch die Trennung von uns selbst, die Verbannung von uns selbst oder uns selbst als Verbannte.

Verbannt aus der Vergangenheit durch ihre jetzige Abwesenheit, verbannt aus der Gegenwart durch ihre Schärfe und unsere eigene Schlaffheit, durch die Unerbittlichkeit ihrer Absage oder ihr zu rasches Entschwinden oder durch ihre ungeduldige Sehnsucht nach einer Zukunft, in der alles noch vor der Erwartung und Begierde offen zu sein scheint; verbannt aus der Zukunft durch ihre Unwirklichkeit — wir wissen nicht, wo wir in der Zeit unseren Lebensort finden sollen.

Beides, die Undurchsichtigkeit der Zeit, sowohl als ihre Durchsichtigkeit, ihre unbegreifbare Allgegenwart trennen uns von uns selbst. Nur so, als von uns selbst Getrennte, ist es uns möglich, durch eine flüchtige Wirklichkeit der für uns tödlichen Ewigkeit zu entfliehen.

Eines ist eine unumstößliche Wahrheit: Das Leben ist Abschied, ist Wandel, ist Begegnung, und in der Begegnung liegt schon wieder der Abschied. Wenn wir das akzeptieren, begreifen wir auch, daß im Abschied schon die nächste Begegnung liegt.

Literaturverzeichnis

Allendy, René: Die Liebe. München 1979

Bowlby, John: Trennung. München 1976,

—: Verlust, Trauer und Depression. Frankfurt 1983

Branden, Nathaniel: Liebe für ein ganzes Leben. Reinbek 1985

Brocher, Tobias: Von der Schwierigkeit zu lieben. Stuttgart 1975

Caruso, Igor A.: Die Trennung der Liebenden. Frankfurt 1974

Dally, Ann: Die Macht unserer Mütter. Stuttgart 1979

Fischle-Carl, Hildegund: Fühlen, was Leben ist. Stuttgart 1988

—: Sich selbst begreifen. Stuttgart 1978

Franz, Marie-Louise von: Der Schatten und das Böse im Märchen. München 1974

Friday, Nancy: Eifersucht. München 1986

Fromm, Erich: Die Kunst des Liebens. Frankfurt 1976

Goulding, Mary: Neuentscheidung. Stuttgart 1986

Gruen, Arno: Der Verrat am Selbst. München 1984

Johnson, Robert A.: Traumvorstellung Liebe. Olten 1985

—: Der Mann — die Frau. Olten 1981

Kast, Verena: Trauern. Stuttgart 1982

Keen, Sam: Die Lust an der Liebe. Weinheim 1985

Krantzler, Mel: Der Weg aus dem Scheidungsschock. München 1977

May, Rollo: Die Erfahrung ich bin. Paderborn 1986

Rattner, Josef: Psychologie und Pathologie des Liebeslebens. München 1965

Ruthe, Reinhold: Psychologie der Partnerwahl. München 1972

Schellenbaum, Peter: Das Nein in der Liebe. Stuttgart 1984

—: Abschied von der Selbstzerstörung. Stuttgart 1987

Schultz, Hans-Jürgen (Hrsg.): Trennung. Stuttgart 1984

Sperling, Ernst: Partnerwahl und Ehekrisen. Eschborn 1987

Stierlin, Hans: Delegation und Familie. Frankfurt 1978

Tietze, Henry G.: Der Alpha Mensch. München 1987

Watzlawick, Paul: Anleitung zum Unglücklichsein. München 1983

Eine packende Autobiographie,

in der Probleme zwischen
Partnern aus verschiedenen
Kulturkreisen deutlich werden!

Als Band mit der Bestellnummer 61 130 erschien:

1984 fliegt Betty Mahmoody mit ihrer kleinen Tochter und ihrem persischen Ehemann in den Iran, um dessen Familie zu besuchen. Bereits nach kurzer Zeit muß sie feststellen, daß sich ihr Mann immer mehr verändert und keineswegs in die USA zurückkehren will. Ihre einzige Hoffnung ist die Flucht . . .

BASTEI
LÜBBE

Erfahrungen

Als Band mit der Bestellnummer 61 124 erschien:

Die faszinierende, bewegende Lebensgeschichte einer Frau, die im Zweiten Weltkrieg alles verlor — und dennoch nicht zur Richterin über ihre Verfolger werden wollte.